La civilisation française en évolution II

Institutions et culture de la Ve République

ROSS STEELE
University of Sydney

SUSAN ST. ONGE
Christopher Newport University

RONALD ST. ONGE
College of William and Mary

HH HEINLE & HEINLE PUBLISHERS
Boston, Massachusetts
ITP A division of International Thomson Publishing, Inc.
The ITP logo is a trademark under license.

Boston • Albany • Bonn • Cincinnati • Detroit • Madrid • Melbourne • Mexico City
New York • Paris • San Francisco • Singapore • Tokyo • Toronto • Washington

The publication of *La civilisation française en évolution II*
was directed by the members of the Heinle & Heinle College Foreign Language Publishing Team:

Wendy Nelson	Amy R. Terrell	Gabrielle B. McDonald
Editorial Director	*Market Development Director*	*Production Services Coordinator*

Also participating in the publication of this program were:

Vincent Duggan	Beth Kramer	Julianna Nielsen/Sloane Publications
Vice President and Publisher	*Managing Editor*	*Project Manager*
Jonathan Stark	George Lang	Melissa Tingley
Photo/Video Specialist	*Assistant Editor*	*Associate Market Development Director*
Lisa Winkler	Wendy Kilborn	Julianna Nielsen/Sloane Publications
Production Assistant	*Manufacturing Coordinator*	*Photo Coordinator*
Bruce Kennett/Bruce Kennett Studio		Bruce Kennett/Bruce Kennett Studio
Interior Designer		*Cover Illustrator and Designer*

*The portrait on the title page depicts Marianne, who has
served for many years as a symbol of the French Republic.
This bas-relief by Roty appears on the 1-franc coin,
and is reproduced here larger than actual size.*

Student edition ISBN: 0-8384-6009-7
10 9 8 7 6 5 4 3 2 1

Free copy edition ISBN: 0-8384-6011-9
10 9 8 7 6 5 4 3 2 1

Table des matières

Préface

The impetus for the creation of *La civilisation française en évolution* in two volumes stems from a simple principle: the lack of effective, usable materials available in the American market for the teaching of French culture at the post-intermediate level. Texts on contemporary culture produced in France tend to assume too much regarding the existing cultural knowledge of our students and, typically, these **manuels** lack the kinds of pedagogical support and activities that American instructors expect. Recently a few American textbooks devoted to contemporary civilization have appeared. Most of these titles target the intermediate level, and both the scope and depth of their content and activities are limited by constraints of language-use appropriate to that level. In addition, their emphasis on "small c" culture involves heavy reliance on authentic materials and realia with little explanation. Consequently, students do not acquire an in-depth comprehension of the cultural principles involved, and instructors must provide extensive supplementary information in order to help students grasp the full cultural import of the readings. In some cases, activities that are minimal in number or quite narrow in focus compound the lack of cultural depth. Furthermore, many textbooks currently available treat only the social, political, and economic aspects of contemporary culture and virtually ignore artistic production. *La civilisation française en évolution II* addresses these issues. The text offers sufficient depth of coverage to allow students to understand the underlying principles of French culture today, and it establishes links between "small c" and "Big C" cultural trends in contemporary society in France. *La civilisation française en évolution II* also includes numerous authentic documents and realia, but it situates these in a framework that provides both an explanatory context and a rich and varied assortment of activities.

Genesis and Organization of the Text

In creating *La civilisation française en évolution II* our primary goal is to acquaint non-French students with the fundamental notions that form the basis of the **bagage culturel** that their French counterparts would have. In the case of "small c" contemporary culture, this goal makes explicit those everyday aspects of life that are truly second nature to the individual and to which he or she rarely gives much thought (e.g. the size and layout of housing, attitudes towards ethnic minorities, the structure of government, etc.). Many of the activities of *La civilisation française en évolution II* are designed to lead non-French students to an awareness of the concept of culture and to re-view their own cultural knowledge in light of the specific French cultural phenomena discussed. Thus, the goal of the text is not simply to introduce students to social, political, economic, or intellectual and artistic manifestations of French culture today, but to provide them with a broader cultural dimension that raises their awareness of intercultural perspectives. Each chapter, or **dossier**, traces a specific aspect of contemporary French culture, but key concepts are frequently re-cycled throughout the text and viewed from different vantage points. To take but one example, the key concept of **la centralisation** is not an isolated phenomenon limited to French administrative services. Rather, students see the concept illustrated in different **dossiers** as it affects the workplace, economic development, the political scene, the social welfare and educational systems, and even state support for the arts. By returning frequently to a given cultural principle, each time from a different point of reference or emphasis, students come not only to assimilate the necessary facts and details that form the framework of contemporary culture in France, but also to develop an appreciation and a deeper understanding for how and why a specific phenomenon fits into the grand scheme of the sociocultural panorama of modern France. Students see why France remains one of the most influential countries in our modern world (a prime mover of the European Union, a purveyor of modern technology, a defender of the principles of freedom and democracy around the world, the fourth greatest economic power, etc.). They also understand how, at the core of contemporary French society, lie a myriad of concepts and attitudes that form the eternal basis of French civilization.

Organization of the Text

The text opens with a **Panorama de la France**. This preliminary section provides a brief and schematic overview of France, including descriptions of basic geographical features and sociopolitical structures, a listing of significant historical milestones and maps of France and the Francophone world. This segment of the text is meant primarily for reference purposes so that users can readily situate the events of France's cultural development within the context of contemporary cultural phenomena. The section provides quick reference data; therefore, no activities accompany this material. Instructors might well choose, however, to go over this preliminary material with the students, drawing their attention to important aspects of contemporary France.

The body of *La civilisation française en évolution II* consists of six **dossiers**, each treating a particular aspect of contemporary French culture. ***Dossier un: L'individu et ses valeurs*** offers an overview of lifestyles in contemporary France including housing, eating and spending habits, leisure activities, and evolving trends in family life. ***Dossier deux: La collectivité*** examines the concept of the State as it influences the social, educational and working environments of different groups within contemporary French society. ***Dossier trois: La vie politique*** describes both the structure of government as well as the various evolutions and revolutions within the political scene of the Fifth Republic. ***Dossier quatre: La vie économique*** outlines the factors that make contemporary France the world's fourth leading economic power and emphasizes high technology as well as the traditional cultural principles that lie at the core of French attitudes toward economic development. ***Dossier cinq: La vie intellectuelle et culturelle*** examines not only specific creators and works that constitute contemporary French culture, but also French attitudes toward culture and the particular role of the media in the dissemination of modern culture in France. Finally, ***Dossier six: La présence française dans le monde*** explores the various manifestations of French culture by discussing not only the contemporary view of the concept of **la francophonie** but also the issues and concerns that affect cultural and ethnic minorities within France today. The goal of this thematic presentation through the six **dossiers**, each with its particular focus and perspective, is to present an overview of the people, ideas, concepts, and events that are interwoven to constitute the rich tapestry of contemporary French culture.

The final segment of *La civilisation française en évolution II* consists of an **Index** that references the most significant elements treated in the text. Users may find this tool useful in preparing activities, researching material for writing assignments, or examining a particular aspect of culture in its various historical, political, intellectual, and artistic manifestations.

The essential material of each **dossier** consists of an overview created by the authors to elucidate and bring to life the particular cultural principles, phenomena, or personalities that constitute the focus of the unit. These explanatory segments strive in all cases not to overwhelm students with lists of isolated facts but to lead students to a true understanding of the cultural concepts at issue in a particular **dossier**. Each of these segments is followed by a **Témoignages culturels** section that contains authentic readings to reinforce and expand the general cultural information of the segment. These **Lectures** are drawn from a variety of sources including literature, contemporary periodicals, and documents. All have been chosen with the goal of rendering the cultural focus of the segment lively and enabling students to view the cultural information in greater depth. Readings have been glossed to facilitate comprehension of more difficult terms. All readings are introduced by brief explanations that serve as advance organizers by establishing the context of the selection and focusing the students' attention on the essential concepts of the reading and the aspect of the cultural information that it is designed to illustrate. Since each reading is freestanding, instructors should not feel it necessary to use them all as the basis for work in class and may choose to skip readings because of time constraints, the particular interests of the students, or other pedagogical reasons. Readings not used in class could provide material for individual student projects, short papers, or tests.

Both the author-generated material and the authentic readings are immediately followed by a **Découvertes culturelles** feature. These activities, usually brief, focus

Chapter Features

on the content of an individual segment, enabling students to verify their comprehension of the key ideas of the section. Great care has been given to making these activities as varied as possible (questions, completions, true/false, multiple choice, adding further information to key statements about the readings, etc.) both to aid students in their assimilation of the material and to enhance the level of student interest and interaction with the material and in the classroom. Many of the **Découvertes culturelles** could be discussed with students prior to their own reading of the text in order to establish familiarity with the context and focus attention on the key concepts. The **Découvertes culturelles** often require students to give some further explanation of their response which leads them to a discovery of principles, rather than just an acquisition of facts. These varied activities, designed to avoid the repetitive **Questions sur le texte** format, lend themselves easily to pair and group work as well as classroom discussion.

Each **dossier** culminates with a section of **Activités d'expansion** inspired by the most fundamental goal of the text, to help students see the flow and interaction of the principles that lie at the heart of French culture. These capstone activities are constructed in such a way as to lead students to assimilate and integrate fully the cultural information they have acquired from the individual segments of the unit. The **Activités d'expansion** are progressive in nature. The first section, called **Repères culturels,** contains activities that deal with discrete point information such as significant dates, titles, personalities, concepts, and geographical locations of cultural import. Because of their cumulative nature, the **Repères culturels** would normally be used as classroom activities upon completion of the entire **dossier**. Though quite specific, these activities lend themselves to a variety of uses in the classroom. They could be done, for example, in a question/answer format, as a springboard for competitive exercises, or as the framework for pair and group work where one set of students provides the specific information and others must add further explanation. Other possible functions for the **Repères culturels** include using them as pre-tests, advance organizers, or pedagogical tools to assess student knowledge of the cultural material, to establish the context of the readings, or to prepare cultural points that students should look for in their reading. The **Repères culturels** also provide test material either for shorter quizzes or for the factual section of longer tests.

The sections within the **Activités d'expansion** called **Quelques liens culturels** are designed to build on the foundation of factual material created by the discrete point activities in the **Repères culturels**. The **Quelques liens culturels** are divided into three different kinds of activities, all fostering more in-depth discussion of the broad cultural concepts at the heart of the **dossier**. The **Discussion** section consists of general questions that focus on the particular themes and concepts of the **dossier**. These questions are designed primarily to serve as a springboard for classroom discussion, and again, can be used by the instructor or as the basis for group work, round-table discussions, debates, etc. Because the **Discussion** questions focus on a single concept, they could easily be used as discussion material during the course of study of the **dossier**, rather than upon completion of the unit. The overall goal of these activities remains to aid students in assimilating and truly understanding the general cultural focus of the **dossier**. The **Mise en scène** sections are role-playing activities. Role-play has the potential not only to immerse students in the cultural milieu in question and add a lively dimension to the capstone activities, but also to require that students demonstrate a solid grasp of the cultural concept in question and the human import of the cultural information that they have acquired. The final **Activités écrites** provide further discussion questions that lend themselves to a written format. Most of the questions require no research beyond the material in the text itself, though instructors might choose to use the **Activités écrites** as the basis for research papers by asking students to seek supplementary information. These activities, as well as the **Discussion** questions, can easily be combined, modified, or enhanced to form the essay or discussion features of longer tests and examinations.

The entire array of end-of-unit activities is capped off by the **Perspectives interculturelles** feature. Though the obvious focus of *La civilisation française en évolution II* is to enhance the students' knowledge of contemporary French culture, an important goal targets students' contemplation of the phenomenon of culture itself and their ability to grasp the relevance of these principles to the world today. The questions that form the **Perspectives interculturelles** implement both of these goals. They focus on the most essential cultural themes of the **dossier** and ask students to relate those key concepts to the comparable phenomena in their own culture. The questions have purposefully been kept very general in order to facilitate comparisons of phenomena in France with those of any other country or with minority cultures within countries, focusing on trends and issues rather than on very specific cultural manifestations. All other activities to this point have served to make students comfortable with both the facts and the theories of the **dossier**, to provide the foundation necessary to enable them to go beyond the culture of France and see not just the big picture of modern French culture but also the areas of commonality and divergence between French culture and their own. Through this **Perspectives interculturelles** feature, *La civilisation française en évolution II* comes full circle. The essential cultural focus is announced and prepared in the **dossier** title and introduction, is explained and elucidated through the various readings, and is reinforced by the graded capstone activities that implement the primary goal of the text: to provide students with the **bagage culturel** that their French peers have. The **Perspectives interculturelles** return to the basic unit focus and engage the students in that most worthwhile of pursuits, the bringing together of their own cultural backgrounds with the rich and varied civilization of the country they have chosen to study.

Color Plates

In addition to the many black and white photographs used throughout the text to highlight the cultural material and help bring it to life, an extensive section of full-color photographs, associated with *Dossier cinq*, appears following page 264. These color photographs have been selected to illustrate key works of art and architecture, especially those referenced in the text as examples of a particular artist or artistic movement. Again, a significant aspect of *La civilisation française en évolution II* is its attempt to avoid lists that give only a brief mention of various artists and works. Discussions of literary, philosophical, and artistic movements do give students a broad overview of general tendencies and their most important practitioners. A practical aspect of the text is that it is, in effect, freestanding. Instructors with access to extensive slide libraries or other video material may supplement the explanations in the book, if desired, but those instructors without ready access to such supplementary material will find that the text and its illustrations alone enable them to offer their students a solid and thorough treatment of the visual aspects of contemporary culture.

Scheduling

Because of its organization, the length and nature of the readings, and the sequencing of activities, *La Civilisation française en évolution II* is adaptable to a wide variety of academic schedules. The most appropriate format for the text is a one-semester course meeting three hours a week. Within such a format, approximately two weeks would be devoted to each **dossier**. Field testing has demonstrated that the individual sections of a **dossier** constitute appropriate material for a single class meeting, leaving two to four class meetings for the instructor's choice of the end-of-unit activities. Ample time exists within such a schedule for capstone discussions, role-play, writing assignments, and testing. Though the text itself provides extensive material for classroom work, instructors who wish to do so might also provide supplementary material, especially to enhance the aural and visual comprehension or conversational components of the course. Possibilities for supplementary material include slides from the instructor's own sources and recordings of relevant pieces of music or other audio material. In addition, the material of *La civilisation française en évolution II* might well be supplemented with excerpts from appropriate works of literature, by any of the videos and CD-ROMs currently available that offer visual reinforcement of many of the facets of contemporary and "small c" culture, or by use of contemporary films, such as those discussed in ***Dossier cinq***.

Volume I: Institutions et culture avant la Vᵉ République

Conceived and developed according to the same goals as this text on France today, *La civilisation française en évolution I* treats what has come to be called "Big C" culture from pre-history to the birth of the Fifth Republic. The primary focus of *La civilisation française en évolution I* is to give an in-depth presentation of the historical and social aspects of the development of French civilization and the artistic manifestations emanating from a particular period. It is also to establish connections between political and social events, philosophical movements and artistic production. This approach, which is supplemented by a rich and varied assortment of activities, encourages students to perceive and understand the underlying principles of the evolution of French civilization.

As in the present volume, *La civilisation française en évolution I* gives non-French students a familiarity with the same fundamental notions of culture that their French counterparts have. The traditional, chronological, and linear approach to "Big C" culture is replaced by a subject division into logical categories: important historic personalities, key political developments, attitude-shaping philosophical movements, significant artistic trends, etc. Each chapter, or **dossier**, traces the cultural manifestation in question through all of the major periods of French history prior to 1958. There are two principal advantages to this approach. First, each phase of French cultural evolution can be treated in more depth. Second, key concepts are frequently recycled throughout the text and viewed from different perspectives. By returning frequently to a given period, but each time from a different point of reference and emphasis, students come not only to assimilate the necessary facts and details, but also to develop an appreciation and a more in-depth understanding for how and why a specific phenomenon fits into the grand scheme of the cultural heritage of France. Furthermore, for most artistic and cultural phenomena, the presentation of a reduced number of historical figures, cultural artifacts, movements, and guiding principles, selected for their symbolic value to the period, leads students beyond the acquisition of facts to a deeper understanding of French civilization as it exists and continues to evolve.

La civilisation française en évolution I follows the same format as Volume II, providing broad explanations of cultural phenomena reinforced by authentic readings drawn from a variety of sources. The varied activities of this text also parallel the types found in Volume II.

The composing of a text on French civilization entails, by definition, a process of selection. In this final section of the **Préface**, we address some of the issues of inclusion and approach that lie at the heart of *La civilisation française en évolution II*. Working from the goals and objectives of the book, all of our decisions were predicated on implementing an approach that we feel is adapted to the needs and interests of today's students and usable in instructional situations that may involve a wide variety of ability levels and resource availability.

Why?

Why two volumes and not a single one?
Many undergraduate programs in French offer two courses in civilization: classical civilization and contemporary culture. Indeed, some smaller institutions or departments have reduced their offerings to a single course, often emphasizing the modern era. For those programs providing a broad view of French civilization, Volume I (from the gallo-roman era to 1958) proposes a manageable amount of material that can be easily adapted to a course of either one or two semesters. Volume II focuses on the Fifth Republic and provides a study of French society today. Chronologically and, to some extent, thematically, Volume II is therefore different enough from the first volume to warrant separate publication.

Why are certain facts or types of information mentioned more than once?
Certain topics find their way naturally into various parts of the book. The concept of the European Union, for example, is discussed in several of the **dossiers**. Recycling this topic in different contexts shows students that France's integration into the new Europe is not a one-dimensional issue. Students see that union within Europe is a concept that has significant impact on multiple aspects of contemporary French culture, including not just the political or economic realms, but also individual lifestyles and the attitudes of an entire new generation of young people in France. The recycling of information from different perspectives within a thematic presentation, especially in connection with phenomena pertaining to a culture

other than one's own, provides reinforcement and enables students, who often are not used to assimilating large blocks of detailed information, both to acquire facts and to grasp the concepts behind the facts. They learn that nothing happens in a discrete, isolated way; aspects of a people's culture are manifest in a variety of often interconnected areas. Thus, when a fact or concept appears more than once, the new context provides different perspectives that enhance the students' cultural understanding.

Why does the text emphasize the use of full-color photographs?

Full-color plates and black-and-white reproductions are incorporated into the book, especially in connection with **Dossier cinq** on arts and literature. Their presence, close at hand, enables students to access them immediately and more conveniently. The color photographs have been chosen to illustrate the particular artists or works that form the essence of the explanations in **Dossier cinq**. Using *La civilisation française en évolution II* requires no supplementation on the part of the instructor, and illustrative material is easily accessible to all students in the classroom or during their reading of the text outside of class.

Why **this** writer (painter, sculptor, architect, musician) and not another?

Our choice of writers and other artists, literary selections and other works of art, as well as the book's selection of photographic reproductions is consistent with the book's philosophy: reduce the mass of information to a manageable quantity and stress the representative nature of those items that have been selected. There are, without doubt, certain personalities who have contributed to contemporary French culture who are not found within the pages of *La civilisation française en évolution II*. Such omissions are inevitable, since the entire approach of the text has been to emphasize the understanding of concepts rather than an encyclopedic accumulation of names and facts. Information on authors, works, or artists not included here can easily be provided by the instructor or can form the framework for further research, projects, or in-class reports and discussions on the part of the students themselves. The goal at the core of the textbook, as conceived and presented, remains to offer ample information from which students may obtain a firm grasp on modern French culture and retain a reasonable number of representative examples of personalities and phenomena to illustrate their ideas.

Why are the discussion questions found at the end of a unit?

Although specific comprehension questions follow each segment of a unit, discussion questions are grouped at the end of the **dossier**. This arrangement is justified by the nature of the discussion questions that encourage students to look at the broader perspective that gives coherence to the discrete facts. Our overriding concern has been to avoid encouraging the simple memorization of facts while using factual information as the springboard to the comprehension of underlying causes and principles. The end-of-unit questions are intended to help the student see the forest and not just the trees.

We have tried to create in *La civilisation française en évolution II* a contemporary culture book that is comprehensive, flexible, useful, and user-friendly. We hope that we are providing a tool that will help students and instructors share in the profound admiration and love of French culture that motivated the creation of this text.

The authors wish to acknowledge the reviewers who provided such useful and encouraging response on this project: Kim Campbell, New York University; Hervé Corbé, Youngstown State University; Marcia Diamond, Susquehanna University; Marie-Christine Koop, University of North Texas; Mary de Lopez, University of Texas, El Paso; Thérèse Myntoo, California State University–Hayward; Mimi Mortimer, University of Colorado; Jean-François Fourny, Ohio State University; Christophe Pinet, Montana State University; Alex Silverman, School for International Training; Roland Simon, University of Virginia; Anne Williams-Gascon, Metropolitan State University; and the students at Christopher Newport University who used the text in manuscript form and gave us invaluable insight regarding its content and readability.

The authors also wish to acknowledge the enthusiasm and dedication of the editorial staff at Heinle & Heinle, without whose vision this project would not have been possible: Charles Heinle, Stan Galek, Vincent Duggan, Wendy Nelson, Amy Terrell, Gabrielle McDonald, Beth Kramer, George Lang, Melissa Tingley, Lisa Winkler, Wendy Kilborn and Jonathan Stark.

We would like to offer particular appreciation to Project Manager Julianna Nielsen, for her editorial skills and unfailing support. We also offer special thanks to Bruce Kennett, for his creative energies and diligence, and to Sophie Masliah for her patient reading of the manuscript and helpful suggestions on its style and content. In addition, we thank the following freelancers: Patricia Menard, Nicole Dicop-Hineline, Florence Boisse-Kilgo and Florence Brodky.

Panorama de la France

LA GEOGRAPHIE PHYSIQUE

La superficie 551 602 kilomètres carrés (212 918 miles carrés)

La France métropolitaine comprend aussi l'île de la Corse. Souvent appelée
l'Hexagone, la France métropolitaine a approximativement la même superficie que l'Etat du Texas aux Etats-Unis.

Les montagnes principales

Les Alpes séparent la France de l'Allemagne, de la Suisse et de l'Italie à la frontière
est du pays.

A l'intérieur de la France, les chaînes principales sont le Jura et les Vosges, toutes
deux situées dans la partie est du pays, et le Massif central.

Dans le sud-ouest de la France, les Pyrénées marquent la frontière entre la France
et l'Espagne.

Les fleuves principaux

La Seine, qui traverse Paris, coule d'est en ouest et débouche près du Havre, dans
la Manche.

La Loire, le plus long fleuve de France et site des châteaux de la Renaissance,
prend sa source dans le Massif central, traverse le sud du bassin parisien et
débouche dans l'Atlantique à Nantes. La Loire marque la délimitation entre le
sud et le nord du pays.

La Garonne est le fleuve le plus important du sud-ouest de la France et se jette
dans l'Atlantique près de Bordeaux, un des ports les plus actifs du pays.

Le Rhône prend ses origines dans les Alpes suisses et coule vers Lyon, puis vers la
Méditerranée, pour déboucher à Marseille, le port le plus important du sud de
la France.

Le Rhin marque la frontière entre la France et l'Allemagne.

Le territoire

Le territoire français est composé de...

- 22 régions
- 96 départements
- 5 départements d'outre-mer (la Guadeloupe, la Guyane, la Martinique, la Réunion, Saint-Pierre-et-Miquelon)
- 5 territoires d'outre-mer (la Nouvelle-Calédonie, la Polynésie française, Mayotte, les îles Wallis-et-Futuna, les Terres australes et antarctiques françaises)

On utilise souvent l'acronyme DOM-TOM pour désigner les départements et territoires d'outre-mer.

Renseignements généraux

1 km = 0,624 miles	Unité monétaire = le franc
1 hectare = 2,47 acres	Drapeau = le tricolore (bleu-blanc-rouge)
1 litre = 1,056 quart	

LA GEOGRAPHIE HUMAINE

Nombre d'habitants   58 027 000

Etrangers	4 500 000 en situation régulière
Portugais	838 500
Algériens	610 000
Marocains	570 000
Italiens	337 200
Espagnols	304 900

Les étrangers originaires du Maghreb et de l'Afrique noire constituent 46,8% de la population étrangère du pays.

Le tiers de la population (18 millions de Français nés entre 1880 et 1980) descendent d'immigrants de la 1re, 2e ou 3e génération.

Les groupements religieux

Catholiques	79% de la population
Musulmans	3% de la population
Protestants	1,7% de la population
Juifs	1% de la population

La population urbaine

Région parisienne =	9 320 000	Région de Lille =	950 265
Région de Lyon =	1 262 223	Région de Bordeaux =	685 456
Région de Marseille =	1 087 276		

La population urbaine représente 80% de la population globale du pays.

UN PEU D'HISTOIRE

Les origines

40 000 avant Jésus-Christ	La préhistoire (l'homme de Cro-Magnon).
12 000 av. J.-C.	Les Gaulois (peuple d'origine celtique) s'établissent.
58–52 av. J.-C.	Conquête de la Gaule par Jules César. Début de la colonisation de la Gaule par les Romains.
500 apr. J.-C.	Invasions barbares suite à la chute de Rome.
600 apr. J.-C.	Les Francs s'établissent. Epoque du roi franc Clovis. La Gaule s'appelle désormais la France.

La naissance de l'Etat

800 apr. J.-C.	Charlemagne est couronné Empereur.
987 apr. J.-C.	Hugues Capet devient roi. La monarchie se développe.

Le Moyen Age

XIe–XIIIe siècles	Les croisades.
1226	Le roi Louis IX (Saint Louis) accède au trône et réforme la justice.
XIVe et XVe siècles	Guerre de Cent Ans contre les Anglais. Exploits de Jeanne d'Arc.

La Renaissance

1515	Le roi François Ier accède au trône et introduit la Renaissance en France.
1562–1589	Guerres de religion entre les Catholiques et les Protestants.
1589	Henri IV est couronné roi de France. Fin des guerres civiles de religion. Fondation de la dynastie de Bourbon.

L'Absolutisme

1661–1715	Régime absolutiste de Louis XIV. La France devient le centre mondial de la culture occidentale.

Le Siècle des lumières

XVIIIe siècle	Le Siècle des lumières. L'absolutisme est mis en question.
1789	La Révolution française.
1792	Début de la Terreur. Institution de la Ire République.
1793	Louis XVI et Marie-Antoinette sont guillotinés.

La nation se développe

1804–1815	L'Empire de Napoléon Ier.
1815	Défaite de Napoléon à Waterloo. Restauration des rois Bourbons. Louis XVIII devient roi de France.
1830	Révolution contre la monarchie restaurée. Louis-Philippe, de la branche d'Orléans, devient roi des Français. Début des conquêtes coloniales.
1848	Révolution contre la monarchie de Louis-Philippe. Institution de la IIe République.
1851	Coup d'Etat du président Louis-Napoléon (neveu de Napoléon Ier). Institution du second Empire.
1852–1870	Règne de Napoléon III.
1870	Défaite de la France dans la guerre contre la Prusse. Institution de la IIIe République.

La France républicaine

1880–1910	Création de l'école laïque. Séparation de l'Eglise et de l'Etat en 1905. Expansion du colonialisme.
1914–1918	Première Guerre mondiale. La France est dévastée.
1936–1938	Le Front populaire de Léon Blum: Premier régime socialiste.

1939–1945	Seconde Guerre mondiale. La France est occupée par l'armée de Hitler. Gouvernement français de Vichy. Etablissement à Londres d'un gouvernement libre sous la direction du général Charles de Gaulle.
1946–1958	Instauration de la IVe République. Période de reconstruction. Indépendance de plusieurs des colonies françaises.
1958	Institution de la Ve République par de Gaulle. Guerre d'indépendance en Algérie.
1962	Indépendance accordée à l'Algérie.
1968	Révolte des étudiants et grève générale des ouvriers.
1969	De Gaulle démissionne. Georges Pompidou est élu président.
1974	Mort de Pompidou. Valéry Giscard d'Estaing est élu président.

L'époque contemporaine

1981	François Mitterrand est élu président. Régime socialiste.
1986	Elections législatives. Majorité de droite. Jacques Chirac est nommé Premier ministre. Cohabitation du président socialiste avec un gouvernement conservateur.
1988	Elections présidentielles. François Mitterrand est réélu président.
1991	Edith Cresson nommée Premier ministre, la première femme à occuper ce poste.
1992	Edith Cresson démissionne.
1993	Elections législatives. La droite est de nouveau majoritaire. Deuxième cohabitation. Edouard Balladur devient Premier ministre.
1995	Elections présidentielles. Jacques Chirac est élu président.

LES INSTITUTIONS POLITIQUES

Le pouvoir exécutif

Le président de la République   Elu au suffrage universel direct.
                                    Mandat de sept ans.
                                    Maximum de deux mandats
                                    consécutifs.
                                    Résidence au palais de l'Elysée.

Le Premier ministre   Chef du gouvernement.
                                    Nommé par le président.
                                    Responsable devant l'Assemblée nationale.

Le pouvoir législatif

L'Assemblée nationale   577 députés élus au suffrage
                                    universel direct.
                                    Mandat de cinq ans.
                                    Siège au palais Bourbon.

Le Sénat   321 sénateurs élus au suffrage
                                    universel indirect.
                                    Mandat de neuf ans.
                                    Siège au palais du Luxembourg.

LES FETES LEGALES ET LES CONGES

le premier Janvier (*le Jour de l'An*)
le lundi de Pâques
le premier Mai (*la fête du travail*)
le 8 mai (*anniversaire de la victoire de 1945*)
l'Ascension (*40 jours après Pâques*)
le lundi de la Pentecôte (*50 jours après Pâques*)
le 14 juillet (*la Fête nationale*)
le 15 août (*l'Assomption*)
la Toussaint (*le 1er Novembre*)
le 11 novembre (*anniversaire de l'armistice de 1918*)
le 25 décembre (*Noël*)

Chaque personne qui travaille en France a aussi droit à 30 jours de congé annuel
pour 12 mois de travail.

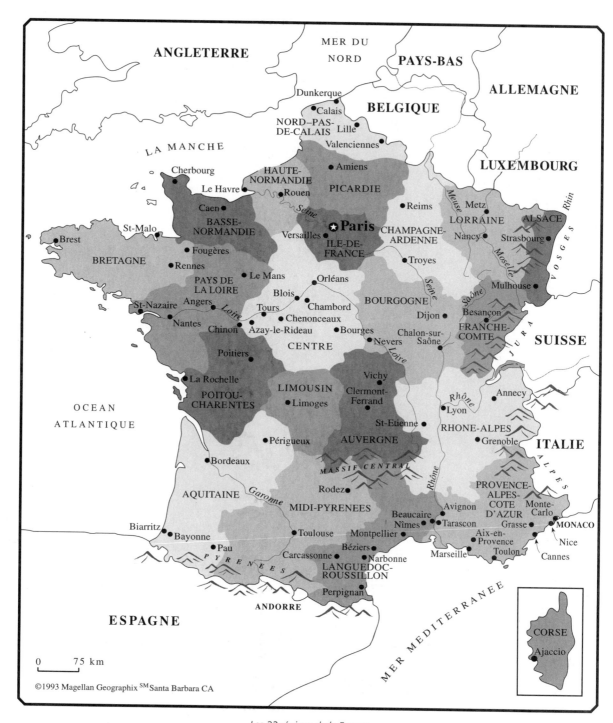

ANGLETERRE

MER DU NORD

PAYS-BAS

ALLEMAGNE

BELGIQUE

LUXEMBOURG

LA MANCHE

Dunkerque
Calais
Lille
Valenciennes

NORD–PAS-DE-CALAIS

Cherbourg
Le Havre
HAUTE-NORMANDIE
Rouen
PICARDIE
Amiens

Reims
Metz
LORRAINE
Nancy
ALSACE
Strasbourg

Caen
BASSE-NORMANDIE
★ Paris
Versailles
ILE-DE-FRANCE
CHAMPAGNE-ARDENNE

St-Malo
Fougères
Rennes
BRETAGNE
Brest

PAYS DE LA LOIRE
Le Mans
Orléans
Blois
Chambord
Tours
Chenonceaux
Azay-le-Rideau
Bourges
CENTRE

Troyes

BOURGOGNE
Dijon
Besançon
FRANCHE-COMTE

Mulhouse

St-Nazaire
Angers
Nantes
Chinon
Poitiers

Chalon-sur-Saône
Nevers

SUISSE

La Rochelle
POITOU-CHARENTES

LIMOUSIN
Limoges

Vichy
Clermont-Ferrand

St-Etienne

Annecy
Lyon

RHONE-ALPES

OCEAN ATLANTIQUE

Périgueux

AUVERGNE

MASSIF CENTRAL

Grenoble

ITALIE

Bordeaux

AQUITAINE

Garonne

Rodez

MIDI-PYRENEES

PROVENCE-ALPES-COTE D'AZUR
Avignon
Beaucaire
Nîmes
Tarascon
Grasse
Aix-en-Provence
Marseille
Toulon

Monte-Carlo
MONACO
Nice
Cannes

Biarritz
Bayonne
Pau

Toulouse
Montpellier
Béziers
Narbonne
Carcassonne

PYRENEES

LANGUEDOC-ROUSSILLON

Perpignan

ANDORRE

ESPAGNE

MER MEDITERRANEE

CORSE
Ajaccio

0   75 km

©1993 Magellan Geographix ℠ Santa Barbara CA

Les 22 régions de la France

Canada

AMERIQUE
DU NORD

QUEBEC

Quebec
Montréal

NOUVEAU-BRUNSWICK

St-Pierre-et-Miquelon

NOUVELLE-ECOSSE

NOUVELLE-
ANGLETERRE

Etats-Unis

Louisiane

La Nouvelle-
Orléans

OCEAN
PACIFIQUE

OCEAN
ATLANTIQUE

Haïti

LES ANTILLES

Port-au-
Prince

Guadeloupe

Martinique

Cayenne

Guyane
française

AMERIQUE
DU SUD

Wallis-et-
Futuna

Polynésie
française

Vanuatu

Nouvelle-
Calédonie

Tahiti

AUSTRALIE

Le monde francophone

©1993 Magellan Geographix^{SM} Santa Barbara CA

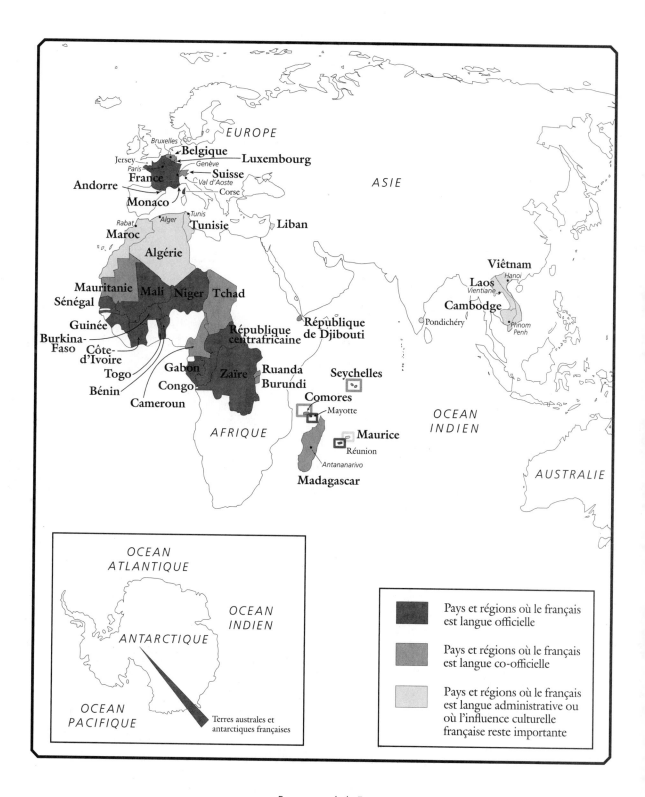

EUROPE

ASIE

Bruxelles
Belgique
Jersey
Luxembourg
Paris *Genève*
France **Suisse**
Val d'Aoste
Andorre
Corse
Monaco
Tunis
Alger
Rabat **Tunisie** **Liban**
Maroc
Algérie
Viêtnam
Hanoi
Laos
Vientiane
Mauritanie **Mali** **Niger** **Tchad**
Cambodge
Sénégal
Pondichéry
Guinée
République *Phnom*
Burkina- **centrafricaine** **République** *Penh*
Faso **de Djibouti**
Côte-
d'Ivoire
Togo **Gabon** **Zaïre** **Ruanda**
Congo **Burundi**
Bénin **Seychelles**
Cameroun
Comores
Mayotte OCEAN
AFRIQUE INDIEN
Maurice
Réunion
Antananarivo
Madagascar
AUSTRALIE

OCEAN
ATLANTIQUE

OCEAN
INDIEN

ANTARCTIQUE

Terres australes et
OCEAN antarctiques françaises
PACIFIQUE

Pays et régions où le français
est langue officielle

Pays et régions où le français
est langue co-officielle

Pays et régions où le français
est langue administrative ou
où l'influence culturelle
française reste importante

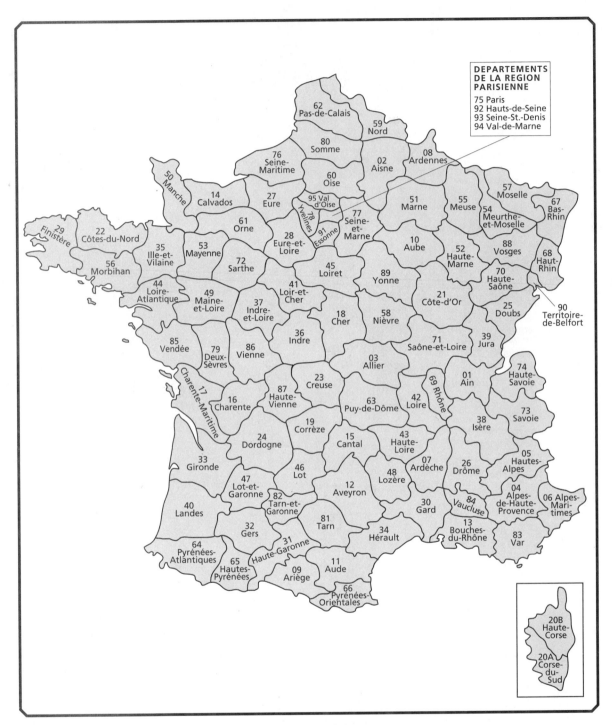

DEPARTEMENTS
DE LA REGION
PARISIENNE
75 Paris
92 Hauts-de-Seine
93 Seine-St.-Denis
94 Val-de-Marne

62
Pas-de-Calais

59
Nord

80
Somme

76
Seine-
Maritime

02
Aisne

08
Ardennes

60
Oise

50
Manche

14
Calvados

27
Eure

95 Val
d'Oise

78
Yvelines

77
Seine-
et-
Marne

51
Marne

55
Meuse

57
Moselle

54
Meurthe-
et-Moselle

67
Bas-
Rhin

61
Orne

91
Essonne

10
Aube

52
Haute-
Marne

88
Vosges

68
Haut-
Rhin

29
Finistère

22
Côtes-du-Nord

35
Ille-et-
Vilaine

53
Mayenne

28
Eure-et-
Loire

45
Loiret

89
Yonne

70
Haute-
Saône

56
Morbihan

72
Sarthe

41
Loir-et-
Cher

21
Côte-d'Or

25
Doubs

90
Territoire-
de-Belfort

44
Loire-
Atlantique

49
Maine-
et-Loire

37
Indre-
et-Loire

18
Cher

58
Nièvre

85
Vendée

79
Deux-
Sèvres

86
Vienne

36
Indre

71
Saône-et-Loire

39
Jura

17
Charente-Maritime

16
Charente

87
Haute-
Vienne

23
Creuse

03
Allier

69 Rhône

01
Ain

74
Haute-
Savoie

19
Corrèze

63
Puy-de-Dôme

42
Loire

73
Savoie

24
Dordogne

15
Cantal

43
Haute-
Loire

38
Isère

33
Gironde

46
Lot

48
Lozère

07
Ardèche

26
Drôme

05
Hautes-
Alpes

47
Lot-et-
Garonne

12
Aveyron

30
Gard

84
Vaucluse

04
Alpes-
de-Haute-
Provence

06 Alpes-
Mari-
times

40
Landes

82
Tarn-et-
Garonne

81
Tarn

34
Hérault

13
Bouches-
du-Rhône

83
Var

32
Gers

31
Haute-Garonne

64
Pyrénées-
Atlantiques

65
Hautes-
Pyrénées

09
Ariège

11
Aude

66
Pyrénées-
Orientales

20B
Haute-
Corse

20A
Corse-
du-
Sud

Les 96 départements de la France

DOSSIER UN

L'individu
et ses valeurs

L'individu et ses valeurs

Pendant la première décennie de la Ve République (1958–1968), la vie de famille et la vie quotidienne des Français étaient encore très différentes de celles d'aujourd'hui. Le ménage à deux parents avec trois ou quatre enfants représentait la norme. La majorité des femmes ne travaillaient pas hors du foyer. Le gouvernement récompensait généreusement les familles nombreuses par des allocations familiales. La contraception était illégale et le divorce assez peu courant puisque la loi le rendait difficile à obtenir. Un grand pourcentage de Français vivaient encore à la campagne, et les citadins avaient des difficultés à trouver un logement ou étaient assez mal logés. En 1962, plus de trois millions de foyers n'avaient pas l'eau courante, 40% n'avaient pas d'installation sanitaire à l'intérieur de leur logement, et seulement 19% avaient le chauffage central.

Sitôt le petit déjeuner terminé et les enfants partis à l'école, la femme au foyer sortait avec son filet faire le tour des petits commerces du quartier afin d'effectuer les courses d'alimentation. Le mari et les enfants rentraient à la maison à midi pour le déjeuner, qui représentait le repas principal de la journée. Les repas étaient encore très traditionnels. Les produits en boîte n'étaient pas d'usage courant, et les produits surgelés n'existaient pas. Les articles de luxe coûtaient très cher. En 1960, seulement 15% des ménages avaient un téléviseur et moins d'un tiers possédaient une voiture. Dans ce contexte économique, les loisirs tendaient à être simples. On s'offrait de temps en temps un repas à l'extérieur ou une soirée au cinéma et on retrouvait ses amis au café ou au restaurant. Les trois semaines de congés payés faisaient déjà partie des traditions de vie chez les ouvriers, mais moins de la moitié d'entre eux partaient en vacances.

En somme, au début de la Ve République, les Français vivaient encore à plusieurs égards selon le modèle de leurs parents et grands-parents.

En mai 1968, une révolte des étudiants et une grève générale des ouvriers, résultats d'une grave crise sociale, ont marqué une évolution profonde qui allait transformer la vie quotidienne des Français. La contraception a été légalisée et le divorce libéralisé. Ces deux phénomènes ont eu des conséquences importantes, en particulier sur la structure de la famille française, la condition et le comportement des femmes, le mariage et la maternité. Cette évolution, ainsi que la croissance économique remarquable des années soixante-dix et surtout des années quatre-vingts, ont encouragé le développement de la société de consommation. Le mode de vie des Français dans la dernière décennie du XXe siècle n'est plus, à beaucoup d'égards, très différent de celui des autres grands pays industrialisés. Pourtant, au cœur de leurs habitudes et de leurs mentalités, il demeure certaines manifestations contemporaines des traditions qui représentent les valeurs constantes de la culture française.

I
La famille
et le rôle de la femme

En France comme dans beaucoup d'autres pays à l'heure actuelle, la nature et la structure même de la famille ont subi des changements profonds. Le nombre de mariages, qui avait baissé entre 1975 et 1987, puis augmenté jusqu'en 1990, est de nouveau en baisse. De plus, on se marie moins jeune. Curieusement, l'âge moyen auquel les Français se marient (28,3 ans pour les hommes, 26,3 ans pour les femmes) est maintenant le même qu'au XVIIIe siècle mais, à la différence des couples de cette époque-là, plus de la moitié des couples modernes ont vécu ensemble avant le mariage. Les jeunes d'aujourd'hui cherchent avant tout à terminer leurs études et à trouver un emploi plutôt que de s'engager trop tôt dans un mariage qui pourrait bien durer cinquante ans puisque l'espérance de vie a considérablement augmenté. Si les Français ont encore tendance à se marier à l'intérieur de leur groupe socio-économique, c'est de moins en moins avec quelqu'un de leur région, car la mobilité professionnelle est beaucoup plus grande qu'auparavant. De plus, les jeunes, pour augmenter leurs chances sur le plan des études et du travail, quittent plus volontiers l'endroit où ils sont nés. Un mariage sur sept en France se fait avec un partenaire étranger, souvent quelqu'un d'origine espagnole, portugaise ou nord-africaine habitant en France. Plus d'un tiers des femmes travaillent maintenant hors du foyer, et les rapports entre les conjoints sont devenus plus égalitaires.

La société française a d'ailleurs pris certaines mesures pour faciliter la situation des femmes qui désirent ou doivent continuer à travailler après la naissance d'un bébé: celles-ci ont droit à un congé maternité rémunéré par l'employeur ou la Sécurité sociale équivalent à presque 84% de leur salaire. Elles peuvent donc rester à la maison pendant les six semaines qui précèdent l'accouchement et les dix semaines qui le suivent (pour un troisième enfant et les suivants, la période s'étend à huit semaines avant et dix-huit après) sans craindre la perte de leur emploi, qui leur est garanti par la loi. A la suite du congé maternité, lorsque la femme reprend le travail, elle peut confier la garde de l'enfant à une crèche collective publique de quartier (dans la mesure des places disponibles) ou choisir une solution plus coûteuse telle que les crèches parentales, les nourrices ou le système des jeunes filles «au pair». Quand l'enfant atteint l'âge de deux ans, on peut l'envoyer à l'école maternelle, qui n'est pas obligatoire mais accueille presque tous les enfants français de trois à six ans. Les écoles, surtout dans les grandes villes, proposent souvent aussi un service de garderie en dehors des heures de classe (le matin à partir de 7h30 et le soir jusqu'à 19 heures) pour venir en aide aux parents qui travaillent. Pendant les nombreuses vacances qui divisent l'année scolaire (deux semaines de congé toutes les six semaines environ: Toussaint, Noël, hiver, printemps) les parents disposent de centres de loisirs qui prennent en charge les enfants à partir de trois ans pour la journée. On peut également envoyer dans des centres de vacances les enfants de six à dix-sept ans pour des séjours plus longs.

A l'intérieur des foyers, même si les travaux ménagers reviennent encore très souvent aux femmes, les décisions concernant la famille et l'argent sont prises de plus en plus fréquemment par les deux époux. En France, le compte bancaire joint est un phénomène relativement récent qui a permis de confier aux femmes une plus grande responsabilité dans les activités financières de la famille. En même temps qu'a eu lieu l'évolution du mariage traditionnel, la vie du couple s'est également transformée. Comme dans beaucoup d'autres pays, on ne considère plus la famille nucléaire comme le seul modèle de structure familiale. Soixante pour cent des jeunes couples cohabitent avant de se marier. L'union libre est maintenant perçue comme un mode de vie et non comme un simple apprentissage en vue du mariage. Le «concubinage» est même un statut officiel reconnu par l'Etat, qui permet au ménage de bénéficier de certains des mêmes droits qu'un couple marié. Ce style de vie qui est plus courant dans les villes, et surtout parmi les professions libérales, semble être préféré par les femmes. Ce n'est que récemment qu'on a modifié les lois qui désignaient le mari comme chef de famille disposant d'une autorité presque sans limites sur tous les biens et toutes les personnes appartenant à son ménage. Les Françaises d'aujourd'hui, qui ont souvent été élevées sous l'ancien régime matrimonial, sont peu disposées à compromettre leur nouvelle indépendance sociale et économique. De nos jours, les hommes et les femmes, qui semblent plus soucieux de conserver leur liberté d'agir en tant qu'individus, considèrent que l'union libre permet mieux cet épanouissement de soi. Par conséquent, même la naissance des enfants n'entraîne pas automatiquement le sacrifice de la liberté individuelle représentée par l'union libre. Aujourd'hui, on considère le mariage comme un choix plutôt que

Le taux actuel de natalité en France est de 1,8 enfant par famille.

comme une nécessité sociale. En plus de l'union libre, d'autres phénomènes sociaux contribuent à l'augmentation des familles non-traditionnelles. Le nombre des divorces a augmenté progressivement jusqu'en 1985 environ, mais il s'est maintenant stabilisé à 41% des mariages. Les couples divorcent plus tôt, et beaucoup moins de divorcés se remarient. Par conséquent, on constate une nette augmentation des familles monoparentales et des familles recomposées.

Toutes ces variations dans la structure familiale contemporaine s'accompagnent bien sûr de changements quant au nombre d'enfants, à leur situation familiale et à la manière dont ils sont élevés. Le phénomène le plus important à noter est la baisse du taux de natalité. Il n'est plus nécessaire d'avoir une famille nombreuse pour travailler la terre ou pour s'occuper du commerce familial. Les diverses méthodes de contraception ont donné aux familles un plus grand contrôle sur la fécondité, et l'influence de l'Eglise catholique, opposée à la contraception, a diminué considérablement depuis trente ans. Le désir d'améliorer le niveau de vie s'ajoute à ces facteurs qui font que le taux de natalité n'est plus actuellement que de 1,8 enfant par famille. Le pourcentage de la population vieillissante est en hausse, alors que le nombre d'enfants représente moins d'un tiers de la population, chiffre qui continue à diminuer. Cette tendance inquiète le gouvernement, car les démographes prédisent que le taux actuel de natalité ne permettra pas le nécessaire renouvellement des générations. On prévoit dès lors un grave manque de contribuables pour le siècle à venir. Toutefois, les gens d'origine étrangère, qui représentent 7% de la population française, sont responsables de plus de 13% des naissances enregistrées chaque année. Ce phénomène est un de ceux qui contribuent à l'évolution qui s'opère actuellement dans la composition d'ensemble de la population du pays.

Bien que le gouvernement s'inquiète de la situation démographique future, cette baisse de la natalité s'est accompagnée d'une modification des modes d'éducation, plus favorables à l'épanouissement des enfants. Les parents, surtout dans les milieux urbains et plus aisés, passent plus de temps avec eux et peuvent leur offrir plus d'avantages matériels. Ils semblent cependant avoir modifié les objectifs qu'ils fixent pour l'enfant. Ils sont devenus plus ambitieux et ont tendance à définir leurs ambitions par rapport au niveau de la future situation professionnelle et financière de leurs enfants. Par conséquent, les parents d'aujourd'hui non seulement surveillent avec attention les études de leurs enfants mais commencent également à leur proposer assez tôt toute une variété d'activités supplémentaires destinées à accroître leurs chances dans la vie. Les enfants français, qui passent déjà un plus grand nombre d'heures par jour et plus de jours par an à l'école que ceux des autres pays occidentaux, consacrent aussi une bonne partie de leur temps libre à prendre des cours de tennis, de musique, de danse ou de langues étrangères. En été, ils font souvent des stages destinés à développer des aptitudes spéciales, stages qui, de plus en plus, visent l'acquisition des connaissances nécessaires pour réussir dans le monde professionnel moderne, comme l'initiation à l'informatique. Cette attention portée au développement de l'enfant, la prolongation de la scolarité et le manque relatif d'emplois font que les enfants français deviennent adolescents plus tôt et adultes plus tard. Sous l'effet de la pression exercée sur les jeunes par le besoin de réussir et en raison de l'impact des médias, de la publicité, du mode de vie engendré par le fait que les deux parents travaillent et de la plus grande sensibilisation aux événements mondiaux, les enfants grandissent plus vite, et la préadolescence est en train de devenir une phase plus précise et plus importante de la vie. Les enfants de onze à quatorze ans partagent de plus en plus les mêmes modes, les mêmes intérêts et les mêmes préoccupations que les adolescents. Cependant, ceux qui ont de quinze à vingt-cinq ans et qui sont par définition de jeunes adultes, dépendent de plus en plus longtemps de leur famille. Un nombre croissant de jeunes poursuivent leurs études supérieures ou une autre formation professionnelle au-delà de l'âge de vingt et un ans. Beaucoup de ceux qui ont terminé leurs études ne trouvent pas d'emploi dans leur spécialité ou ont du mal à s'établir professionnellement et financièrement. Par conséquent, l'âge auquel les jeunes Français peuvent atteindre une véritable indépendance se situe de plus en plus tard dans la vie. Ils restent donc plus longtemps chez leurs parents. Des enquêtes indiquent qu'à 22 ans, 60% des garçons et 45% des filles habitent encore chez des parents qui les soutiennent financièrement.

Les préadolescents et adolescents utilisent les transports publics ou bien un vélomoteur ou un scooter pour se déplacer.

Toutefois, certaines traditions de la culture française marquent encore l'éducation des enfants et les rapports parents-enfants. Les jeunes sont élevés dans une atmosphère affectueuse à l'intérieur du foyer familial où ils sont pourtant considérés comme des enfants, et non comme des adultes miniatures. Ils n'ont pas le droit de perturber le monde des adultes. La discipline est assez stricte. Quand la famille reçoit, les enfants sont présentés aux invités mais doivent ensuite se retirer et manger séparément. Il arrive que les parents prennent leurs vacances en couple et que les enfants aillent dans des colonies de vacances ou fassent un stage d'été. Les parents français de type traditionnel ne semblent pas vouloir établir de liens d'égalité avec leurs enfants et gardent envers eux une attitude de soutien mais aussi d'autorité. Pourtant, quand les enfants deviennent adolescents, les parents leur accordent une plus grande indépendance. Le mode de vie des lycéens ressemble à celui des étudiants: on a beaucoup de liberté dans sa vie privée et la responsabilité de sa vie sociale. La durée et la rigueur de leur journée scolaire empêchent la plupart des adolescents d'avoir un emploi à mi-temps. Ils n'ont pas de voiture et, comme ils habitent en général assez près de leur école et de leurs amis, ils utilisent les transports publics ou bien un vélomoteur ou un scooter pour se déplacer. L'argent de poche, provenant des parents, est souvent le seul revenu des adolescents et constitue un lien important avec la famille. Malgré leur autonomie relative, les adolescents passent beaucoup de temps avec leur famille à l'occasion des repas, des sorties et des réunions familiales. Le temps passé à regarder la télévision diminue à mesure que l'enfant grandit, car les études prennent de plus en plus de place dans son emploi du temps. Les jeunes utilisent de plus en plus le téléphone pour communiquer avec les copains, et rendre visite à des amis ou les recevoir chez soi est de plus en plus fréquent malgré la superficie relativement limitée des logements. Toutefois, l'intimité des rapports entre parents et enfants demeure assez forte en France. Des enquêtes auprès des jeunes indiquent que la famille représente l'influence la plus importante dans leur vie, aussi bien qu'une source de réconfort et de stabilité. La majorité des jeunes répondent qu'ils estiment avoir de bons rapports avec leurs parents. Ainsi, malgré les transformations actuelles subies par la famille française, celle-ci constitue encore une des bases les plus solides de la société française contemporaine.

Découvertes culturelles

Développez chacune des constatations suivantes en y ajoutant des renseignements supplémentaires.
1. Avant les années 70, les Français menaient une vie similaire à celle de leurs parents et grands-parents.
2. La conception du mariage a beaucoup évolué en France.
3. La société française essaie de faciliter la situation des femmes qui souhaitent continuer à travailler après la naissance d'un bébé.
4. L'union libre est une pratique de plus en plus courante en France aujourd'hui.
5. Les Français de souche française ont moins d'enfants que dans le passé.
6. Les parents s'intéressent beaucoup à la réussite professionnelle de leurs enfants.
7. Les jeunes Français sont «adolescents plus tôt, adultes plus tard».
8. Certains aspects de l'éducation des enfants en France n'ont pas tellement évolué.
9. Plusieurs des changements qui interviennent dans les modes de vie en France sont universels et s'opèrent dans beaucoup de pays.
10. Les rapports entre parents et enfants en France sont bons.

Témoignages culturels

Le phénomène des mères qui travaillent hors de la maison a engendré, en France comme ailleurs, toute une gamme de problèmes, d'attitudes et de réactions. Trois des lectures qui suivent décrivent certaines de ces attitudes, du point de vue des mères et des enfants.

Lecture 1

restaurant collectif / centres de loisirs / je me suis sentie en faute
encombrement qui arrête le trafic

difficile

Français «moyens»

J'ai 39 ans, je suis mère de deux enfants de 10 et 13 ans. Je suis employée à la Caisse d'Epargne. Mon mari, âgé de 44 ans, est technicien en électronique. Mes enfants ont connu crèche, cantine,° centres aérés.° J'ai culpabilisé° souvent en les imaginant si petits déjà à la cantine... J'ai «stressé» plus d'une fois, lorsque, coincée dans un embouteillage,° je savais que je serais en retard pour l'étude...

Mes enfants, pour autant, ne semblent pas perturbés ni malheureux. Pour arriver à ce résultat, il a fallu souvent prendre sur soi, être disponible le soir après une journée de travail pénible,° savoir être à l'écoute, vérifier les devoirs, jouer avec les enfants, ne pas s'irriter du désordre...

Nous faisons notre possible, mon mari et moi-même, pour partager nos congés afin que l'un de nous soit toujours présent pendant les vacances scolaires. Lorsque cela n'est pas possible, les enfants ont, c'est une chance, des grands-parents aimants et disponibles...

Ce témoignage est celui d'une famille de Français «moyens». Beaucoup pourront s'y retrouver.

Monique S., «La Parole aux lecteurs», *Le Nouvel Observateur*, 18 novembre 1992.

Découvertes culturelles

Développez chacune des constatations suivantes en y ajoutant des renseignements supplémentaires.

1. Cette femme est mère de deux enfants.
2. Son mari et elle travaillent tous les deux.
3. Les enfants sont souvent gardés hors de la maison.
4. La mère s'est souvent sentie très «stressée».
5. Le soir, il faut être disponible.

6. Le mari et la femme partagent leurs congés.
7. Les grands-parents aident quelquefois cette famille.
8. La situation de ce couple qui se présente comme un ménage de «Français moyens» est de plus en plus typique de la vie familiale d'aujourd'hui en France.

Où sont passés les parents?

... Deux mères de famille sur trois travaillent. Elles ont conquis tous les bastions.... Et personne ne les en délogera... Elles ont été entraînées au pas de course° par les féministes, encouragées par les psys et les spécialistes de l'enfant. Si vous ne travaillez pas, leur ont dit les militantes de l'égalité des sexes, vos filles, déjà en extase devant leurs poupées Barbie, mèneront une vie de légume. Vos fils, qui se prennent dès le berceau pour Goldorak,° deviendront à leur tour des pères oppresseurs. Foncez, travaillez, sans complexes, et n'oubliez pas que les mères dévorantes, étouffantes,° trop présentes, ont fait beaucoup de mal, que l'apprentissage de la séparation est indispensable à la constitution de la personnalité....

très vite

personnage de bande dessinée assez violent

trop proches

... Aujourd'hui, pourtant, un changement pointe à l'horizon.... Le travail féminin est une idée qui s'enracine,° bien qu'elle demeure encore minoritaire chez les Français. En 1978, 29% d'entre eux acceptaient que les femmes s'évadent du foyer contre 43% aujourd'hui. Mais cette progression, que l'on croyait inexorable, est en train de s'essouffler.° Alerte rouge: les chiffres stagnent depuis 1983.

s'établit de façon durable

perdre son rythme de croissance

Parce que les machos reprennent du poil de la bête?° Non. Ils n'osent pas encore trop sortir de leur caverne. Alors que se passe-t-il? Eh bien, les femmes actives, leurs conjoints aussi, ont le vague à l'âme.... Et 39% des «femmes travaillantes» (selon l'horrible expression des statisticiens; dit-on «hommes travaillants»?) se demandent si leur activité professionnelle est bien compatible avec l'éducation de jeunes enfants. Plus intéressant encore: cette opinion gagne du terrain dans les catégories traditionnellement les plus attachées au travail féminin. Plus de la moitié des mères actives, diplômées, jeunes et citadines... sont tentées de déposer les armes momentanément, le temps que les enfants grandissent. Ce n'est pas la nostalgie du foyer, le retour des vieilles lunes° réactionnaires. C'est une question pragmatique: quelle génération d'enfants préparent des parents toujours absents?

se ressaisissent

époques du passé

Marie-France Etchegoin, «Où sont passés les parents?», *Le Nouvel Observateur*, 14 octobre 1992.

Découvertes culturelles

1. Selon les statistiques, combien de mères de famille travaillent en France?
2. De quoi Barbie et Goldorak sont-ils les symboles?
3. Pourquoi certains disent-ils que la séparation d'avec la mère est bonne pour le développement de l'enfant?
4. Faites le portrait du type de femmes qui sont traditionnellement plus attachées au concept du travail féminin.
5. Pourquoi est-ce qu'un grand nombre de ces femmes commencent à mettre en question le travail hors de la maison?
6. Pour quelles raisons, dans votre pays, les femmes travaillent-elles hors de la maison ? Les attitudes des femmes qui travaillent commencent-elles à se modifier?

Lecture 3

Dix-sept ans de solitude

Chaque fois qu'elle repense à son enfance, aux après-midi et aux nuits où elle restait toute seule à la maison, à ses petits secrets qu'elle ne pouvait confier à personne, à cette *«boule dans le ventre»* qui ne la quittait jamais, chaque fois qu'elle repense à tout cela, Emilie a du *«brouillard° dans les yeux».* Pendant dix-sept ans—toute sa vie—, Emilie ne voit ses parents qu'au petit déjeuner, parfois le dimanche après-midi et quinze jours au mois d'août. Tous deux s'occupent d'un petit restaurant dans le 12ᵉ arrondissement de Paris, elle en salle, lui à la cuisine. Les affaires tournent plutôt bien, mais impossible d'embaucher un serveur. Tels des galériens° à leurs rames, ils sont enchaînés à leur commerce, midi et soir, tous les jours de l'année, sauf le dimanche.

Bébé, Emilie est gardée par la concierge, sa *«tante»* comme elle dit. C'est elle qui, plus tard, va la chercher à la sortie de l'école. *«J'avais un peu honte: mes copines étaient souvent attendues par leur mère ou leur père. Moi, jamais. Cela dit, jusqu'à 5 ou 6 ans, plus tard peut-être, j'ai préféré ma "tante" à ma maman, que je haïssais de m'abandonner, de m'oublier.»*

Emilie a de mauvaises notes, redouble° plusieurs fois, bien que ses parents aient embauché des étudiantes pour l'aider à faire ses devoirs.... Une de ces répétitrices la gifle° pour un rien, mais Emilie n'ose pas l'avouer à sa mère.... Mais la mère comprend toute seule le trouble d'Emilie et congédie° la jeune fille.

Emilie ne manque de rien; au contraire, ses parents la couvrent de cadeaux: *«C'était bien, mais chaque fois qu'au petit déjeuner je leur disais que je voulais la même marque de stylo ou de cahier de textes que mes copines, ils ne m'écoutaient pas et parlaient boulot.»*

Si elle en veut° encore un peu à ses parents, Emilie dit aujourd'hui qu'*«ils n'avaient pas le choix et qu'après tout ils ont fait cela pour [son] bien.»*

(marginal glosses:)
larmes

travailleurs forcés

recommence une seconde année de la même classe

frappe sur la joue

renvoie

est fâchée (contre)

Mais quand elle y repense vraiment, elle dit: «*Je crois que, peut-être, ils m'ont volé mon enfance.*»

Vincent JAUVERT, «Dix-sept ans de solitude», *Le Nouvel Observateur*, 14 octobre 1992.

Découvertes culturelles

1. Décrivez l'enfance d'Emilie telle qu'elle la reconsidère aujourd'hui.
2. Qui gardait Emilie quand elle était petite?
3. Quelle était son attitude envers sa mère quand elle était plus jeune?
4. Que reproche-t-elle rétrospectivement à ses parents?
5. En quoi la situation d'Emilie représente-t-elle les côtés négatifs des nouveaux modes de vie en France? A votre avis, s'agit-il d'un cas extrême ou bien Emilie est-elle typique d'une certaine génération?

Malgré les transformations subies par la famille française, la majorité des jeunes estiment avoir de bons rapports avec leurs parents.

II

Le logement

Au XVIIIᵉ siècle, la majorité des Français habitaient à la campagne. Depuis cette époque, l'industrialisation s'est accompagnée d'un phénomène d'urbanisation, et l'exode rural a accentué le mouvement progressif de la population vers les centres urbains. Aujourd'hui, la moitié des Français vivent dans des villes de plus de 50 000 habitants. Attirés par le plus grand nombre d'emplois disponibles en ville et par la perspective d'une vie plus aisée, les gens de la campagne sont partis travailler dans les nouvelles usines ou dans les commerces situés au cœur des villes. Il y a cent ou même cinquante ans, le citadin moyen louait un petit appartement qui n'avait souvent ni eau courante, ni équipement sanitaire, ni chauffage central. Les conditions de vie en ville, décrites dans les romans de Zola au XIXᵉ siècle, étaient souvent encore en vigueur dans la première moitié du XXᵉ siècle. La crise du logement s'est aggravée à l'occasion des mouvements de population et des destructions de la Seconde Guerre mondiale. Après cette guerre, les Français de la campagne ont été encore plus nombreux à partir s'installer dans les villes. Les efforts de reconstruction d'après-guerre ont permis de réduire la crise du logement avant l'arrivée des années soixante, mais un nouveau phénomène s'est alors produit: l'expansion des banlieues allait fortement influencer le mode de vie en France. L'explosion des naissances après la guerre ainsi que ce nouvel exode rural ont entraîné une augmentation rapide de la population des villes. Les difficultés pour se loger en centre-ville ont été à l'origine du développement des banlieues, certaines regroupant une population plutôt ouvrière et d'autres une population plus bourgeoise. Une nouvelle crise du logement a eu lieu à la fin des années soixante et le gouvernement a subventionné dans les banlieues un vaste programme de construction de logements sociaux appelés HLM (Habitations à loyer modéré). De plus en plus, ces HLM de banlieue ont été occupées par des immigrés et des familles défavorisées. Par conséquent, les problèmes de criminalité ont commencé à se manifester en France plutôt dans les banlieues qu'au centre des grandes villes, contrairement au phénomène de violence urbaine que l'on constate

dans d'autres pays. Dans les années quatre-vingt, les habitants des banlieues devenues elles aussi surpeuplées ont commencé à s'installer dans les petites villes et les
communes rurales qui se trouvaient à proximité des zones urbaines. Comme les
nouveaux logements étaient construits en dehors des villes, là où le terrain était
plus disponible et moins coûteux, on a bâti des maisons individuelles, chacune accompagnée de son petit jardin. En dehors des agglomérations, les urbanistes ont
désigné certains sites pour y créer des «villes nouvelles», c'est-à-dire des centres indépendants comprenant immeubles (dont des HLM), maisons individuelles,
commerces, services publics et écoles.

Au cours des années quatre-vingt, les conditions de logement se sont beaucoup améliorées en ce qui concerne la disponibilité, la superficie et l'équipement,
mais il est devenu beaucoup plus onéreux de se loger à cause de l'augmentation
des taux d'intérêt et des sommes plus importantes qu'il fallait emprunter. En
1980, le logement représentait 17,5% du budget familial; en 1993, ce pourcentage est passé à 21%. Aujourd'hui, plus de la moitié des Français sont propriétaires
de leur appartement ou de leur maison.

Plus de la moitié aussi habitent une maison individuelle, ce qui veut dire que
leur lieu de résidence se trouve souvent
dans des banlieues éloignées du centre-
ville ou dans des villes nouvelles qui sont
encore plus écartées. Soixante-seize pour
cent des foyers disposent maintenant
d'équipements sanitaires et ménagers,
contre 49% en 1970. Le logement français typique d'aujourd'hui est plus grand
que par le passé. La tendance étant aux
familles plus restreintes, il y a donc plus
d'espace pour chacun dans la maison.
Les appartements et les maisons individuelles sont conçus selon un plan
similaire. On y trouve souvent un salon
donnant sur une salle à manger qui n'est

*Quels éléments de cette maison la rendraient désirable
à une majorité des Français?*

pas toujours séparée, une cuisine équipée, deux ou trois chambres et une salle de
bains. Alors que dans presque 60% des logements, chaque enfant a sa propre
chambre, moins de la moitié des logements comportent une chambre d'amis. Le
pourcentage de logements qui disposent d'une salle de jeux ou d'un bureau séparé
se situe au-dessous de 10%. La machine à laver se trouve généralement dans la cuisine. Le téléviseur est souvent soit dans la cuisine soit dans la salle à manger ou le
salon. Malgré de nombreux éléments de modernisation, on retrouve certaines
caractéristiques traditionnelles même dans les logements les plus récents. Les matériaux de construction les plus utilisés demeurent la pierre de taille et le béton (la
construction en bois est chère et rare), l'ardoise pour les toits et le carrelage en
céramique pour les sols, matériaux qui, dans d'autres pays, sont souvent réservés
aux habitations de luxe. Les toilettes se trouvent presque toujours dans une petite

pièce comportant souvent un petit lavabo, séparée de la salle de bains qui, elle, contient un lavabo, un bidet et une douche ou une baignoire. Les sondages révèlent que la pièce la plus souvent rénovée est la salle de bains, mais même dans ce cas, les w.c. restent souvent à part. Les fenêtres et les portes-fenêtres ont toujours la possibilité d'être isolées de l'extérieur par des stores ou des volets. Ceux-ci protègent de la chaleur ou du froid et assurent une vie privée à l'abri du regard des voisins. Le jardin des maisons individuelles est souvent entouré d'un mur ou d'une clôture garnies d'arbustes pour garantir l'intimité de leurs habitants. A cause du manque relatif d'espace, les Français vivent entourés de gens, que ce soit dans les centres urbains encombrés ou dans la proche banlieue où le terrain coûte cher. Par conséquent, le grand souci de l'habitant d'une maison individuelle, comme du citadin dans son immeuble, est de se créer des conditions où l'on respecte sa vie privée, ce qui explique ce goût pour les stores, les volets et les murs, qui donnent souvent une impression de fermeture aux étrangers habitués à des espaces plus vastes.

Le nombre d'appareils électroménagers par foyer a beaucoup augmenté au cours des dix dernières années. La plupart des foyers disposent maintenant de cuisinières (87%) et de réfrigérateurs (98%). Les lave-vaisselle et les congélateurs sont moins courants et leur présence dans la maison dépend directement du niveau socio-économique du ménage. Les logements sont souvent équipés d'une grande variété de petits appareils électroménagers, y compris le four à micro-ondes que l'on trouve actuellement dans 40% des foyers français. La machine à laver est d'usage très courant mais le sèche-linge électrique ou à gaz est encore rare, en partie à cause du coût de l'énergie. 96% des foyers ont un téléviseur. 67% des foyers possèdent une chaîne stéréo. L'un des nouveaux appareils les plus populaires est le magnétoscope, car la télévision par câble ne s'est pas répandue aussi vite en France que dans d'autres pays et les Français ont toujours apprécié le cinéma comme distraction. On voit partout en France à l'heure actuelle des magasins qui louent des cassettes vidéo. Pendant les années soixante, le téléphone était considéré comme un luxe. Le service était médiocre, les appareils de mauvaise qualité et l'attente d'une installation téléphonique pouvait durer jusqu'à un an ou deux. De grands progrès ont été accomplis dans ce domaine. Maintenant, environ 95% des foyers disposent du téléphone, et le système de télécommunications géré par ordinateur et administré par l'Etat se vante d'être à la pointe de la technologie la plus avancée. Même si l'on trouve souvent un seul téléphone par foyer en raison de la petite superficie du logement, plus de cinq millions de foyers ont le Minitel, mini-ordinateur branché sur le système téléphonique qui permet d'effectuer une grande variété de démarches chez soi. Le Minitel peut d'ailleurs aussi être relié à un fax incorporé.

Le mouvement de la population vers les banlieues et les communes avoisinantes a fait de la voiture une nécessité plutôt qu'un luxe pour beaucoup. Un nombre croissant de personnes actives habitent dans des localités qui ne sont pas très bien desservies par les transports publics, bien que le système de transports en commun soit très développé en France. Aujourd'hui, plus de 75% des foyers possèdent une voiture, contre 30% en 1960 et 58% en 1970, et 27% en ont au moins deux. A cause de la crise économique actuelle, les Français gardent leur voiture plus longtemps (un peu plus de six ans en moyenne), et ils ont de plus en plus souvent recours au crédit-bail quand ils achètent un véhicule. Environ un tiers des voitures achetées en France sont de marque étrangère, mais on trouve relativement peu de voitures japonaises et encore moins d'américaines, car les gens préfèrent acheter des voitures construites à l'intérieur de l'Union européenne.

Tout panorama du logement en France doit tenir compte de la popularité des résidences secondaires dans le pays. Les Français détiennent le record mondial quant au nombre de familles possédant une résidence secondaire, c'est-à-dire presque 13% de la population. Bien souvent, il s'agit d'une maison familiale de campagne dont on a hérité ou d'un appartement que l'on a acheté dans une station de ski ou au bord de la mer. La tradition des grandes vacances d'été de quatre ou cinq semaines fait partie des habitudes françaises. Disposer d'un logement où passer leurs vacances tous les ans permet à beaucoup de Français de réaliser des économies et se sentir chez eux en vacances puisque chaque année, ils retrouvent les mêmes voisins, les mêmes amis et les mêmes habitudes. Bien que les propriétaires de résidences secondaires se trouvent surtout dans la catégorie des gens aux revenus élevés, il existe un nombre croissant de formules de multi-propriétés qui permettent à une population plus variée d'avoir accès à une résidence de vacances dont on est copropriétaire, ne serait-ce que pendant quelques semaines de l'année.

Découvertes culturelles

Choisissez l'idée qui complète le mieux chacune des phrases suivantes. Expliquez votre choix.

1. Depuis près de deux cents ans, la population de la France...
    a) est restée essentiellement agricole et rurale.
    b) s'est déplacée de plus en plus vers les centres urbains.
2. Plus récemment, un nouveau déplacement de la population française s'est produit...
    a) du centre-ville vers la banlieue.
    b) de la banlieue vers le centre-ville.
3. Aujourd'hui, plus de la moitié des Français...
    a) louent un appartement en centre-ville.
    b) sont propriétaires de leur logement.
4. La plupart des maisons françaises comportent...
    a) un salon, une salle à manger, une cuisine, deux ou trois chambres et une salle de bains.
    b) une chambre d'amis, une salle de jeux, un bureau et une pièce séparée pour la machine à laver.
5. Un des aspects traditionnels de l'habitation française typique est...
    a) la construction en bois.
    b) l'emploi de volets ou de stores.

6. Parmi les éléments de l'équipement électroménager du logement français typique, on trouve assez souvent...
  a) un four à micro-ondes, une machine à laver, un poste de télévision.
  b) un congélateur, un sèche-linge, plusieurs postes de télévision.
7. Les Français détiennent le record du monde pour...
  a) le nombre de voitures par famille.
  b) le pourcentage de familles possédant une résidence secondaire.

testimony, evidence

Témoignages culturels

Lecture 1

Les cités interdites

elsewhere

suburb

°Ailleurs dans le monde, c'est dans les banlieues que les gens essaient de se mettre à l'abri des problèmes de criminalité qui sévissent dans les centres-villes. En France, comme l'espace manquait à l'intérieur des villes pour y construire HLM et autres logements subventionnés, c'est bien souvent dans les banlieues° que se trouvent isolés les immigrés et les personnes défavorisées. C'est là aussi que des bandes de jeunes créent un climat de violence. La lecture suivante décrit certains blocs d'immeubles de la banlieue où la drogue circule, des jeunes femmes se prostituent, différentes bandes se disputent leur territoire, et la police même n'ose plus entrer.

A l'entrée de la cité, ils sont là, au milieu de la chaussée, méfiants comme des gardes-frontières. Une voiture s'approche. D'un signe, le plus âgé—il doit avoir 10 ans—arrête le véhicule. Il demande au conducteur: «— *T'es qui, toi, un teurspé* (... *un inspecteur*)? — *Non, je suis le commissaire.*° — *Qu'est-ce que tu fous là? — On se promène, c'est tout.*» Le gamin s'écarte, comme pour dire à ses copains: «laissez passer».

officier supérieur de la police judiciaire

La voiture s'engage, des ombres disparaissent sous des porches sales. Le commissaire pointe un doigt: «*Vous voyez l'impasse là-bas? Nous n'y allons jamais.... Si nous étions attaqués, nous devrions fuir en marche arrière. Trop risqué.*» Il désigne le ciel: «*Regardez, ils ont cassé toutes les ampoules des lampadaires, pour être tranquilles. Pour rester maîtres de leur territoire, de jour comme de nuit.*» Maîtres de leur territoire... Qu'on le veuille° ou non, il y a aujourd'hui, en France, des enclaves dans la République, des zones grises, aux confins de la misère et de la violence, où l'Etat et le droit ont quasiment... disparu. Des cités interdites où une autre loi est en train de s'imposer: celle des clans et des petites mafias.

coward

Des enclaves? Dans ces quartiers de haute insécurité, la police ne rentre que rarement et toujours en nombre; souvent, elle est accueillie par des jets de pierre, de boules de pétanque, voire des cocktails Molotov. Parfois, elle négocie ses quelques interventions avec les chefs de bandes, et le reste du temps regarde ailleurs....

Des enclaves? On lapide° aussi les ambulances, les camions de pompiers et les centres sociaux. Pourquoi? Par peur de l'intrus, par haine des institutions ou pour protéger tous les trafics. Ici, dans ces ghettos pour les plus pauvres, on vend—souvent à ciel ouvert—du haschisch, de l'héroïne ou des pièces détachées de voitures volées. Les commerces légaux ont déserté, les facteurs ne font plus leur tournée, les bus ne s'arrêtent qu'épisodiquement ou jamais. Parfois° même les ordures ne sont plus ramassées. Les HLM préfèrent murer l'entrée des appartements vides que trouver de nouveaux locataires; pour éviter les cambriolages, on ne ferme pas ses volets, on les soude.°

Des enclaves? Dans ces banlieues de banlieue, où l'Etat et la plupart de ses institutions ont démissionné depuis longtemps, quelques familles, quelques bandes fixent leurs règles, établissent les hiérarchies, délimitent et protègent leurs territoires. Par la force et l'intimidation. Rues, immeubles, cages d'escalier sont devenus les enjeux d'interminables guerres de clans. Même l'école n'est plus épargnée....

Combien sont-ils, ces quartiers de haute insécurité? En 1991,... les Renseignements généraux ont créé un observatoire de la violence urbaine: la section «Villes et banlieues», qui tient une comptabilité précise... des zones grises de la République. Sa responsable, le commissaire Lucienne Bui-Trong, une ancienne élève de l'Ecole normale supérieure,

ne que only

attaque avec des pierres

sometimes

joint ensemble en faisant fondre du métal

— nouveaux films ● Compétition officielle
Cannes 95 _____

La Haine ★★★★ De **Mathieu Kassovitz**.
Avec **Vincent Cassel, Hubert Koundé, Saïd Taghmaoui**... Scénario: **Mathieu Kassovitz**. Photo: **Pierre Aïm**. Prod.: **Christophe Rossignon** pour **Lazennec Productions**. Musique: **IAM, MC Solaar, FFF, Assassins**... Distr.: **MKL. 1 h 35. Sortie: 31 mai (80 copies).**

Bavure. Blessé par un inspecteur pendant un interrogatoire, Abdel, 16 ans, est à l'hôpital, entre la vie et la mort. Après une nuit d'émeutes, la cité des Muguets est sous pression. Dans le feu de l'action, un flic a perdu le sien. Et Vinz (Vincent Cassel) l'a ramassé. Vinz qui cherche à tuer le temps avec ses deux copains: Saïd le débrouillard (Saïd Taghmaoui), et Hubert le boxeur pacifiste (Hubert Koundé). Vinz qui n'est pas loin de penser que si les flics savaient qu'ils risquent leur peau, ils y réfléchiraient à deux fois avant de charger dans le tas...

Un Noir, un Beur et un Juif sont confrontés à la violence policière dans ce film sur la vie contemporaine et une certaine jeunesse actuelle en France.

a mis au point une échelle à huit degrés pour classer les 684 quartiers «sensibles» en France: du niveau 1 (actes commis en bande, contre les biens et les personnes) au niveau 8 (guérilla urbaine). Au-delà du niveau 4, la cité est réputée difficile d'accès pour la police, l'ordre public n'y est pas respecté: l'enclave se constitue.

Dans son premier «Etat des lieux», le commissaire Bui-Trong dénombrait, en juin 1991, 78 quartiers de niveau 4 et au-delà. Quatre ans plus tard, le chiffre a presque doublé: dans une note du 29 mai dernier, elle en recense 130—où vivent au total 1 million de personnes....

intégrés

Comment en est-on arrivé là? Comment des quartiers ont-ils pu dériver aussi loin? D'abord parce que la plupart n'ont jamais été bien arrimés° à la nation. La grande majorité de ces cités interdites ont été, dès le début, conçues comme des lieux de relégation.... Et qui a-t-on déposé là, comme autant de bombes à retardement? Les mal-aimés, les plus pauvres, les parias. Des exemples? La cité des Francs-Moisins à

agglomérations de baraques sans hygiène où vit la population la plus misérable

Saint-Denis a été édifiée pour vider les grands bidonvilles° de la banlieue nord; dans le quartier Monclar à Avignon, aujourd'hui l'un des plus durs de France, ont été regroupées presque exclusivement des

militaires indigènes d'Afrique du Nord restés français et rapatriés en France après l'indépendance.

familles gitanes et harkis,° dans plus de 700 logements; les 4 000 à La Courneuve ou Grigny-la-Grande-Borne ont été construites par les HLM de Paris pour «débarrasser» la capitale de ses pauvres.

Des lieux d'exil donc, qui ont de surcroît été dessinés comme des ghettos.... *«Les architectes des grands ensembles étaient des enfants du cubisme. Ils étaient fascinés par les "beaux plans", apurés comme des tableaux de Mondrian. Ils ont donc fait des machines à loger, sans réfléchir aux conséquences.»... «Leurs cités ont peu d'entrées.... Résultat, aujourd'hui il suffit d'y installer deux ou trois gamins pour "choufer" (... regarder), et le grand ensemble devient une citadelle imprenable. De même, les concepteurs ont multiplié les im-*

secrètes, cachées / personnes qui cachent de la drogue

passes, pour croyaient-ils rendre le lieu plus convivial. Désormais, elles servent de bases de repli° aux dealers et aux receleurs.°»

Architecture, urbanisme, politique de peuplement... dès l'origine certaines cités étaient, plus que d'autres, destinées à devenir des quartiers de haute insécurité. Lesquelles? Les plus durement frappées par le chômage, les plus pauvres? Non. Le commissaire Bui-Trong l'a montré: les quartiers les plus misérables sont, la plupart du temps, calmes.... La violence y est retournée contre soi-même (suicide, alcoolisme, drogue...) ou sa famille, mais pas contre les autres, les voisins, les institutions. Explication: ces cités les plus déshéritées sont dans des régions

défavorisées

elles-mêmes très sinistrées°..., alors que les quartiers les plus durs sont en général aux abords des villes les plus riches (Paris, Lyon, Grenoble...),

moteur, cause

comme si le déclencheur° de la délinquance urbaine était avant tout la distance sociale.

Or celle-ci, on le sait, ne cesse de s'accroître. *«Le plus dur est encore à venir,* prévient donc le commissaire Bui-Trong.... *Notre société multiraciale et duale risque de s'acheminer vers une situation analogue (toutes proportions gardées) à celle que connaissent actuellement les Etats-Unis.»* Délire policier? La menace est-elle si grave? Probablement pas. Les armes, d'abord, ne circulent pas aussi facilement, loin s'en faut!, dans les cités françaises que dans les ghettos américains.... Les meurtres y sont infiniment moins nombreux. Officiellement, il y a aux Etats-Unis 230 millions d'armes à feu, et 25 000 enfants ont été assassinés au cours des années 80! Rien de commun en France.

Mais, c'est vrai, certains indicateurs sont inquiétants, et en particulier le nombre d'agressions contre les policiers qui s'est brusquement accru cette année: +50%!... Autrement dit, ce qui menace un nombre croissant de banlieues, c'est que s'installe durablement une logique° de guerre—civile?—avec face à face des ennemis irréductibles. A moins que l'on décide un armistice....

°mentalité

Vincent JAUVERT, «Les cités interdites», *Le Nouvel Observateur,* 26 octobre–1er novembre 1995.

Découvertes culturelles

1. Qui arrête la voiture du commissaire à l'entrée d'une des «cités interdites»?
2. Pourquoi les bandes veulent-elles contrôler leurs cités?
3. Quels services n'osent plus pénétrer dans ces cités?
4. Le nombre de ces lieux de haute insécurité est-il en hausse ou en baisse?
5. Quelles sortes de personnes vivent dans ces HLM?
6. Quelle était la première préoccupation des architectes qui ont conçu ces im-meubles? En quoi l'architecture de ces immeubles favorise-t-elle leur contrôle par des bandes?
7. Lesquelles de ces cités connaissent le moins de violence? Le plus de violence?
8. Pourquoi cette situation risque-t-elle, selon le commissaire Bui-Trong, de devenir pareille à celle des ghettos aux Etats-Unis?
9. Selon l'auteur de cet article, pourquoi les «cités interdites» françaises ne devraient-elles pourtant pas connaître une violence égale à celle des ghettos américains?
10. Comparez ces informations sur la violence urbaine en France au problème de la criminalité aux Etats-Unis.

Lecture 2

Melun, au bout du monde...

Le but des villes nouvelles était de créer des possibilités de logement dans un contexte tranquille, hors des centres urbains. Mais le rêve de posséder une maison individuelle dans une ambiance paisible ne se réalise pas toujours de façon satisfaisante, ni pour les nouveaux propriétaires ni pour les campagnards qui voient leur paysage détruit et envahi par des réfugiés des grandes villes. Les villes nouvelles présentent des inconvénients aussi bien que des avantages. La situation de la ville de Melun n'en donne que trop d'exemples.

———

A Melun (Seine-et-Marne), asseyez-vous, je vous prie, devant un cous-cous royal au restaurant la Perle d'Agadir, et considérez très attentive-ment ce «front» inouï qui partage la ville par son milieu.... Face à ce restaurant marocain installé en vieille terre briarde,° ... la police vient de fermer, sans faire de vagues, un salon de massage où des dames antillaises et maghrébines°—plus vraiment jeunes, dit-on—dispensaient quelques brèves faveurs....

Melun, c'est l'équivalent de ces zones mouvantes d'estuaires où l'eau douce se mêle à l'eau salée. Ici, bien au-delà des banlieues, la France profonde frissonne° et recule devant la poussée des... Parisiens, de leurs autoroutes, RER et—bientôt—TGV. La vieille cité que fonda Robert le Pieux au XIe siècle est cernée° par des cités nouvelles où se parlent... une quarantaine de langues. Prodi-gieuse juxtaposition!... Sur l'avenue de la Libération, en fin d'après-midi, d'impavides° retrai-tés déambulent entre des pavillons de meulière.° Au bout de la même avenue, de jeunes blacks-beurs en blouson fluo battent la semelle° en attendant un train pour la gare de Lyon. S'aperçoivent-ils seulement?...

Mais c'est moins d'antagonismes qu'il faudrait parler que d'un phé-nomène évolutif qui procède du temps autant que de l'espace. Devant lui, Melun recule pied à pied, ses traditions s'étiolent,° sa mémoire se perd, ses commerces ferment et les villages alentour s'alanguissent... Quarante-six commerces récemment disparus dans la seule ville de Melun!...

Les nouveaux quartiers de l'Ile-de-France juxtaposent à l'infini au milieu des labours les mêmes pavillons aux murs ocres et aux toits de tuiles brunies, identiquement fermés sur des haies de thuyas° ou de lauriers; paysagés à la hâte avec des ronds-points courbes et des ralen-tisseurs° sur la chaussée. Tout ici n'est que silence, rigueur proprette et pelouses millimétrées à l'américaine.

Une génération après Sarcelles,° cette France-là ne témoigne pas seulement d'une prospérité améliorée. Elle affiche, en mordant° résolument sur la terre paysanne, un nouveau quant-à-soi° pavillonnaire.

---

de la région de la Brie

d'origine nord-africaine

tremble

entourée et menacée

courageux
pierre (variété de calcaire)
tapent des pieds pour se réchauffer

s'affaiblissent

arbres souvent utilisés pour former des haies

dispositifs routiers pour ralentir le trafic

première «ville nouvelle» construite en France / gagnant du terrain individualisme

Moi d'abord! La flaque de solitude plutôt que la cage d'escalier, le silence des champs plutôt que le tumulte des tours, l'espace conquis plutôt que la proximité.... Dans l'après-midi, hélas, ces faux villages-vacances qui sont de vraies cités-dortoirs ne sont hantés que par des femmes et des enfants. Une insondable tristesse s'y installe. Certains vivent plutôt mal le mélange des nationalités et trahissent une sourde effervescence, d'autres se spécialisent, comme Lognes, singulière cité asiatique, ou Emerainville, vrai-faux village africain; d'autres encore s'accommodent, on ne sait trop pourquoi, des cohabitations harmonieuses: c'est le cas de Courtilleraies, à deux pas de Melun. Mais c'est une exception....

C'est de transport que l'on se languit, sans relâche, dans ces villes nouvelles où l'on promet imprudemment, comme à Melun-Sénart «une nouvelle manière de ville». D'espace et de temps, d'horaires et de petits matins. A six heures et demie tapantes,° les parkings de toutes les gares (RER ou SNCF) sont complets; les bouchons° sont déjà formés.... Dure litanie, désespérants griefs, incroyable endurance quotidienne que s'efforcent de conjurer les projets pharaoniques qui, pour la plupart, ont le déplacement—sous toutes ses formes—pour objet. Un seul exemple: sur les quelque 90 000 habitants que compte l'agglomération de Melun, près de 20 000 salariés travaillent loin de chez eux. Ainsi l'Ile-de-France a-t-elle inventé... une nouvelle génération d'exilés. Ils ont échangé de l'espace contre du temps et paient leur living allongé d'une journée raccourcie.°

Jean-Claude GUILLEBAUD, «Melun, au bout du monde», *Le Nouvel Observateur*, 17 février 1993.

très précises

encombrements de voitures, embouteillages

devenue plus courte

Découvertes culturelles

Toutes les constatations suivantes sont fausses. Corrigez-les.

1. Melun se trouve très près du centre de Paris.
2. Malgré les changements, la ville de Melun a gardé sa culture traditionnelle et homogène.
3. L'économie de Melun est très active.
4. Les maisons des villes nouvelles près de Melun sont toutes très individualisées et spacieuses.
5. Dans les villes nouvelles, pendant la journée, il y a beaucoup d'activité et les différentes ethnies coexistent harmonieusement.
6. La plupart des habitants de l'agglomération de Melun travaillent assez près de la ville et profitent de plus de loisirs.

Paris, comment loger les pauvres?

En France, l'Etat et les grandes villes font un effort depuis plusieurs années pour offrir à tout le monde, même aux personnes défavorisées, la possibilité de se loger convenablement. Il existe partout des programmes de logements subventionnés, mais ce système ne fonctionne pas toujours d'une façon efficace ou égalitaire. Les problèmes de logement à Paris sont à la fois particuliers et typiques, et ils contribuent à faire de la capitale une ville «de très pauvres et de très riches».

---

subventionnés par la ville

complète

La procédure d'attribution des logements aidés° est simple: le candidat écrit à la mairie qui boucle° le dossier. Ensuite,... se réunit une commission d'attribution de sept membres.... Le préfet Christian Sautter affirme: *«En 1992, en dehors des 5% réservés aux fonctionnaires, nous avons soumis 1 148 candidatures, 758 ont été retenues.»* Un tiers de ces familles avaient des revenus très modestes....

excèdent

Etrangement, dès la première année d'occupation, 10% au moins des nouveaux locataires de HLM dépassent° le plafond de revenus fixé par l'Etat. Ils devraient quitter leur logement... *«Cela s'explique par la durée d'attente entre l'inscription et l'attribution,* dit Anne Cancellieri, présidente de l'Union des HLM d'Ile-de-France. *Les ressources, entre-temps, augmentent. Et puis, il ne serait pas bon de faire des HLM des ghettos de pauvres, elles ont un rôle d'intégration. Enfin, les offices ont toujours la possibi-*

loyer supplémentaire

réel

lité d'imposer un surloyer° à ceux qui ont un bon revenu.»...

A ce secteur aidé, relativement neuf et qui se développe lentement, il faut ajouter ce qu'on appelle bizarrement «le parc social de fait°»: des logements privés anciens, souvent en mauvais état et des hôtels meublés.... Marchands de biens, promoteurs de tous ordres et quelquefois sociétés HLM le surveillent d'un œil gourmand. Dans un Paris à la surface limitée, ces immeubles représentent évidemment la plus grande surface négociable....

En octobre 1961, les forces de l'ordre ne pénétraient pas dans le quartier Saint-Séverin. Trop dangereux. C'était une casbah en plein quartier Latin. Aujourd'hui, tout est nettoyé, blanchi. Et l'opération Paris Propre s'étend.... Le Paris populaire disparaît. Selon la Préfecture, on détruit à Paris chaque année de 5 000 à 10 000 logements plus ou moins insalubres, donc bon marché, et on ne construit que 2 000 appartements sociaux environ. En outre: il faut deux ou trois vieux logements HLM pour en faire un neuf. Résultat, le parc social perd chaque année 8 000 appartements à Paris! Et 23 700 en Ile-de-France, selon l'Union des HLM. L'équation est simple: comment loger 82 000 demandeurs de logement quand 8 000 appartements disparaissent chaque année? Insoluble. Et la liste des demandeurs ne cesse de s'allonger....

L'architecture en nid-d'abeilles est caractéristique de certaines cités HLM.

Le problème est encore aggravé par l'absence totale ou presque de turnover. Il y a quelques années encore, les HLM étaient un lieu de passage pour les jeunes ménages. C'est terminé. Le principe de base est «j'y suis, j'y reste».... Pour une véritable priorité au logement social à Paris, la rotation était de 3 à 4% en 1982; aujourd'hui, on parle de 0,5%! C'est que la différence des loyers entre le secteur privé et le secteur aidé ne cesse de grandir. Alors que le prix mensuel du mètre carré dans les PLI (prêts locatifs intermédiaires), des HLM de luxe, tourne autour de 50 francs, il atteint 110 francs dans le circuit libre.

Le problème, pour tous les candidats au logement social, est donc d'entrer dans le circuit... et d'y rester. Théoriquement, pour y accéder, il n'y a pas de revenu minimum exigé, mais il ne faut pas dépasser le plafond de ressources. En réalité, les HLM n'ont plus le droit de perdre de l'argent; les administrateurs ont peur des impayés.° Ils choisissent donc des candidats aux revenus sûrs, qui peuvent en plus bénéficier de l'allocation logement ou de l'APL (aide personnalisée au logement). Et dans les faits, les sociétés HLM ont fixé un revenu minimum. Exclus, donc, les plus pauvres, même si la loi Besson (1990) leur réserve théoriquement un quota garanti.

loyers qui ne sont pas payés

Paris des riches, Paris des pauvres

Les Parisiens étaient 2 176 000 en 1982; ils sont, d'après le recensement° de 1990, 2 152 000. Cette population plutôt stable change: les petits salariés sont de moins en moins nombreux. En revanche, entre 1975 et 1982, la proportion des étrangers est passée de 13,6% à 16,6%. Depuis dix ans, ce phénomène se serait accentué, alors que le parc de logement social n'a cessé de se réduire. Explication de ce paradoxe: les immigrés s'entassent dans de vieux logements, voire des taudis.° La Mairie de Paris, si avare en informations sur ses HLM, a publié récemment la liste des 101 immeubles squattés... *«C'est vrai*, dit un directeur du ministère de l'Intérieur, *les étrangers sont très souvent mal logés, mais ils le choisissent, pour bénéficier de la politique sociale de la capitale.»* C'est ainsi que, de plus en plus, Paris est une ville où cohabitent des très pauvres et des très riches.

Claude-François JULLIEN, «Paris: comment loger les pauvres?» *Le Nouvel Observateur*, 23 décembre 1992.

dénombrement des habitants

logements misérables

Découvertes culturelles

Choisissez l'idée qui complète le mieux chacune des phrases suivantes.

1. L'attribution des logements aidés est...
   a) décidée par une commission composée de plusieurs membres.
   b) décidée par le maire.
2. La philosophie sociale des HLM c'est...
   a) de ne loger que les très pauvres.
   b) d'intégrer des membres de différentes classes sociales.
3. Le «parc social de fait»...
   a) consiste en nouvelles HLM construites par l'Etat.
   b) perd tous les ans des appartements qui auraient pu loger des pauvres.
4. Aujourd'hui, les HLM...
   a) sont des lieux de passage pour des jeunes ménages.
   b) connaissent une absence presque totale de rotation.
5. Les administrateurs des HLM...
   a) cherchent à aider les locataires très pauvres.
   b) cherchent des locataires dont les revenus sont assurés.
6. La population de la ville de Paris...
   a) a beaucoup augmenté en dix ans.
   b) est stable mais change de nature démographique.
7. Les étrangers qui viennent habiter à Paris...
   a) sont très bien logés dans des HLM.
   b) choisissent d'être mal logés pour pouvoir bénéficier des programmes sociaux de la capitale.

III
Cuisine et gastronomie

L'évolution de la situation familiale, du mode de vie et de l'emplacement des logements en France a inévitablement influencé la manière de faire la cuisine ainsi que la composition des repas. De plus en plus de femmes travaillent hors du foyer et ne peuvent plus passer leur matinée à faire leurs courses et à préparer le grand repas de midi. Le lieu de travail de beaucoup de Français n'est plus assez proche de leur lieu de résidence pour qu'ils puissent rentrer à midi déjeuner en famille. La langue française a même inventé une nouvelle expression, la «journée continue», pour décrire ce phénomène des parents et des enfants qui quittent la maison le matin pour aller au travail ou à l'école et ne rentrent que vers les six ou sept heures du soir. A cause de la journée continue, les Français prennent leur repas principal le soir, passent moins de temps à le préparer et déjeunent plus légèrement à midi. Deux tiers des repas de midi sont maintenant pris dans le cadre de la restauration collective, c'est-à-dire à la cafétéria pour ceux qui travaillent dans des bureaux ou à la cantine pour ceux qui travaillent en usine ou vont à l'école. Le dîner, même s'il est devenu le repas principal de la journée, s'est simplifié et ne consiste souvent qu'en un potage et un plat garni suivi de fromages, de fruits ou d'un dessert. Il y a de plus en plus de différences entre le repas principal type et le repas de fête, qui seul aujourd'hui reflète ce qu'était autrefois le grand repas quotidien, comportant des plats nombreux et variés, préparés selon des recettes traditionnelles, avec des sauces, des desserts, etc.

Partout en France, l'aspect pratique tend à transformer les habitudes culinaires. L'utilisation d'aliments tout préparés est en hausse et la consommation de produits surgelés monte en flèche depuis quelques années. De plus en plus de plats sont spécialement conçus pour le four à micro-ondes. Le fait que l'on mange en dehors de la maison à midi et que l'on consacre moins de temps aux repas a contribué au développement de la restauration rapide. Les fast-foods restent plus spécialement le domaine des jeunes de moins de vingt-cinq ans pour qui cette formule simple et rapide représente une certaine liberté. On peut surtout y retrouver ses amis et s'offrir un repas qui ne coûte pas trop cher par rapport aux repas pris dans un restaurant traditionnel. Dans les plus grandes villes de France, les Macdo et les Kentucky Fried Chicken rivalisent avec des fast-foods français comme le Quick. Mais la restauration rapide qui attire les jeunes et les familles cherchant un «repas enfant» n'est pas forcément très bon marché. Même les menus spéciaux de l'été, comme celui qui propose un Royal Cheese, une grande portion de frites et une boisson, coûtent environ trente francs. D'autres nouvelles formules de restauration rapide se font une spécialité de sandwichs, de plats iraniens ou mexicains, ou simplement de «cookies».

De récentes préoccupations concernant la nutrition et la santé ont influencé la manière dont les Français mangent. Les ingrédients sans matières grasses et les recettes de cuisine allégée, en réduisant l'utilisation de crème, de beurre et de sauces, comme dans la nouvelle cuisine qui a révolutionné la gastronomie du monde entier, ont aussi changé la cuisine de tous les jours. En général, les Français consomment beaucoup moins de pain, moins de féculents et moins de graisses animales qu'il y a vingt ans. La consommation de viande rouge a baissé en faveur du porc, du poulet et des fruits de mer. La consommation de légumes, de fruits et de yaourts a beaucoup augmenté. Les Français, qui ont toujours été de grands consommateurs de glaces, en mangent plus encore à la maison aujourd'hui grâce aux congélateurs plus amples des réfrigérateurs.

Ils sont encore de grands buveurs de vin et d'eau minérale. Pourtant, la consommation de vin ordinaire a beaucoup baissé et celle des vins fins aussi, bien que dans une moindre mesure. Quoique beaucoup de jeunes âgés de moins de 25 ans fument, très peu d'entre eux boivent de l'alcool régulièrement, grâce en partie à une forte campagne antialcoolique menée par l'Etat depuis plusieurs années. Les jeunes se limitent à un verre à l'occasion des repas de famille ou entre amis. Cette même génération est celle qui fréquente le plus souvent les cafés (20% d'entre eux vont au café au moins une fois par jour), mais les jeunes y boivent surtout du café, des jus de fruits ou des boissons non-alcoolisées. Malgré cette tendance chez la plupart des jeunes à consommer moins de boissons alcoolisées, l'alcoolisme, plus encore que l'usage de la drogue, devient de plus en plus fréquent chez les jeunes marginalisés qui cherchent dans l'alcool un moyen de s'évader des problèmes sociaux qu'ils connaissent dans leurs milieux.

Aujourd'hui, les Français dépensent une plus faible partie de leur budget qu'avant pour la nourriture et achètent des produits meilleurs pour la santé. Cependant, comme les repas sont moins copieux, le grignotage entre les repas est en hausse. L'obésité, qui traditionnellement était très rare en France, l'est moins de nos jours. Auparavant, les Français ne mangeaient pas entre les repas, marchaient davantage, prenaient des repas assez équilibrés et mangeaient copieusement au milieu de la journée plutôt que le soir. Même la fameuse baguette française (faite avec de l'eau et sans lait) comptait peu de calories. Aujourd'hui, on mange légèrement à midi, on prend plus souvent la voiture pour se déplacer, on consomme plus d'aliments tout préparés et on reste assis au travail ou devant la télévision. Tous ces facteurs incitent à manger entre les repas plus fréquemment qu'auparavant. Cette tendance pourrait expliquer la popularité des produits allégés.

Plus de 20% des foyers utilisent maintenant des beurres et des huiles allégés pour faire la cuisine. On a estimé que les boissons basses calories, dont la vente n'est autorisée en France que depuis 1988, concernent une part non négligeable de la consommation globale de sodas. Presque partout maintenant, on peut trouver du «Coca Light» dans les rayons des supermarchés à côté des bouteilles de Coca-Cola classique, infiniment plus calorique et riche en sucre.

Il est vrai que le régime alimentaire des grands pays industrialisés tend à s'uniformiser. Si la France a importé la restauration rapide, le Coca Light et les repas à réchauffer au micro-ondes, elle a aussi exporté ses croissants, son eau minérale et sa nouvelle cuisine. Malgré toutes ces transformations, certaines caractéristiques des habitudes alimentaires de base des Français n'ont pas changé: les tartines et le café au lait au petit déjeuner; le plat principal où les légumes ou les pâtes sont plus copieux que la viande; la salade à la sauce vinaigrette servie après le plat principal afin d'aider la digestion; et, en guise de dessert, des fruits ou du fromage plutôt que des pâtisseries. En comparaison avec les autres sociétés, les Français aiment toujours bien manger et ne sont pas prêts à absorber n'importe quoi pour se nourrir. Bien qu'ils fassent de plus en plus souvent la plupart de leurs courses au supermarché et dans les grandes surfaces, les Français vont encore chez le petit commerçant de quartier ou au marché pour acheter leurs fruits et légumes frais, la viande de qualité, les fromages et le pain. Quatre-vingt pour cent des Français considèrent que la France est encore le pays de la «grande bouffe». Les repas de fête restent très traditionnels et demandent toujours une préparation minutieuse. D'ailleurs, pour beaucoup de Français, l'un des plaisirs les plus prisés demeure le repas entre amis dans un bon restaurant ou le repas en famille du dimanche, qui reflètent la vieille tradition gastronomique française.

Découvertes culturelles

Expliquez comment chacun des éléments suivants a modifié la façon dont les Français se nourrissent.

1. la journée continue
2. le travail féminin
3. les fours à micro-ondes
4. les fast-foods
5. la nouvelle cuisine
6. le grignotage
7. les campagnes antialcooliques
8. les produits allégés

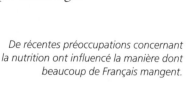

De récentes préoccupations concernant la nutrition ont influencé la manière dont beaucoup de Français mangent.

Lecture 1

Le biffteck et les frites

Roland Barthes, célèbre philosophe et critique du XXᵉ siècle, a souvent analysé la symbolique et les significations cachées de phénomènes qui font tellement partie de la culture qu'on cesse d'y réfléchir. Dans son livre *Mythologies*, il s'est ainsi penché sur divers éléments culturels devenus de véritables «mythes» du fait de leur importance et de leur qualité de base. Il n'est pas surprenant que, dans la culture française où la nourriture joue un rôle primordial, Barthes ait promu au rang de ses sujets d'analyse l'humble biffteck-frites.

Comme le vin, le biffteck est, en France, élément de base, nationalisé plus encore que socialisé; il figure dans tous les décors de la vie alimentaire: plat, bordé de jaune, semelloïde,° dans les restaurants bon marché; épais, juteux,° dans les bistrots spécialisés; cubique, le cœur tout humecté° sous une légère croûte carbonisée, dans la haute cuisine; il participe à tous les rythmes, au confortable repas bourgeois et au casse-croûte bohème du célibataire; c'est la nourriture à la fois expéditive et dense, il accomplit le meilleur rapport possible entre l'économie et l'efficacité, la mythologie et la plasticité de sa consommation.

De plus, c'est un bien français (circonscrit, il est vrai, aujourd'hui par l'invasion des steaks américains). Comme pour le vin, pas de contrainte alimentaire qui ne fasse rêver le Français de biffteck. A peine à l'étranger, la nostalgie s'en déclare, le biffteck est ici paré d'une vertu supplémentaire d'élégance, car dans la complication apparente des cuisines exotiques, c'est une nourriture qui joint, pense-t-on, la succulence à la simplicité. National, il suit la cote des valeurs patriotiques....

Associé communément aux frites, le biffteck leur transmet son lustre national: la frite est nostalgique et patriote comme le biffteck. *Match* nous a appris qu'après l'armistice indochinois, «le général de Castries pour son premier repas demanda des pommes de terre frites». Et le président des Anciens Combattants d'Indochine, commentant plus tard cette information, ajoutait: «On n'a pas toujours compris le geste du général de Castries demandant pour son premier repas des pommes de terre frites.» Ce que l'on nous demandait de comprendre, c'est que l'appel du général n'était certes pas un vulgaire réflexe matérialiste, mais un épisode rituel d'approbation de l'ethnie française retrouvée.

*dur comme la partie inférieure d'une chaussure / plein de jus
légèrement humide*

Le général connaissait bien notre symbolique nationale, il savait que la frite est le signe alimentaire de la «francité».

Roland BARTHES, «Le bifteck et les frites», *Mythologies*, Editions du Seuil, 1957.

Découvertes culturelles

1. Le bifteck est la base de quelle sorte de repas en France?
2. Quelles sont les qualités particulières du bifteck?
3. A quel autre aliment le bifteck s'associe-t-il dans la mythologie culinaire française?
4. Pourquoi le général de Castries, en Indochine, a-t-il demandé des frites pour son premier repas après l'armistice?
5. Existe-t-il un plat «mythologique» dans votre culture? Que représente ce plat du point de vue culturel?

L'histoire de France racontée aux gourmands

Lecture 2

Le rôle considérable de la cuisine et de la gastronomie dans la culture française est mis en évidence par l'inventaire gastronomique présenté dans l'article qui suit. Dans la création de cet inventaire, l'importance de la bonne cuisine se joint au respect qu'ont les Français pour l'histoire et pour leurs cultures régionales.

———

Dites: *Potjevlesch*. C'est imprononçable. Mais ça se mange. Ce sont des viandes et de la charcuterie en gelée.... Le potjevlesch est un des produits recensés et classés dans le premier volume de «l'Inventaire du patrimoine culinaire de la France....»

Ce fameux inventaire a été lancé par le CNAC (Conseil national des Arts culinaires) à la demande des ministères de l'Agriculture et de la Culture. Le premier objectif est culturel, proche de l'Inventaire des monuments historiques. Le second objectif est économique: permettre à une région de promouvoir° ses produits.... A terme, on espère que l'inventaire provoquera une valorisation° touristique de la région et que les produits seront exportés....

Pour être retenus, les produits doivent être vivants et marchands,° commercialisés, même en petite quantité, et de première transformation°.... Ensuite, il doit y avoir une dimension historique forte entre la région et le produit....

encourager la vente de

augmentation de la valeur

vendables

dans son état originel, non cuisiné

organisation, classement

croissants, pains au chocolat, pains aux raisins, brioches, etc., que l'on peut acheter dans une boulangerie / feuille où on inscrit des renseignements

Une trentaine de chercheurs de toute espèce sont partis à la recherche de ce patrimoine culinaire. Un comité de pilotage° de cinq personnes achève le travail. Ils ont classé les produits en sept catégories: fromages, charcuteries, bières-boissons-alcools, poissons, boulangeries, viennoiseries,° pâtisseries-confiseries. Le potjevlesch figure naturellement dans la catégorie charcuterie. Chaque produit donne lieu à une fiche° signalétique. On présente d'abord l'identité du produit: différences de nomination, orthographe, synonymes.... Les fiches donnent aussi l'histoire du produit: datation, origine, anecdote. Le dauphin, un fromage, a été créé à l'occasion d'une visite de Louis XIV et de son fils dans les Flandres, après la signature du traité de Nimègue. La bêtise de Cambrai est due à l'erreur bienheureuse d'un apprenti confiseur qui ajouta trop de menthe au bonbon qu'il fabriquait: à l'étonnement de tous, sa bêtise fut un succès total. Le fromage la mimolette tient son nom de ses créateurs, MM. Lamy et Molette....

C'est un livre qui se dévore. Chaque année, trois ou quatre volumes du même type seront publiés (sont déjà en préparation: Ile-de-France, Bourgogne, Franche-Comté, Pays de la Loire). Dans six ans, on aura fait le tour de la question, si tant est que ce soit possible, et plus de 2 000 produits auront été classés....»

Yvon LE VAILLANT, «L'Histoire de France racontée aux gourmands», *Le Nouvel Observateur*, 14 octobre 1992.

Découvertes culturelles

1. Expliquez les deux objectifs de cet inventaire gastronomique.
2. Qui sélectionne les produits à inclure dans l'inventaire?
3. Quels renseignements sont inscrits sur la fiche qui concerne chaque produit?
4. Décrivez les dimensions de ce projet.
5. Qu'indique ce genre d'inventaire sur les attitudes des Français vis-à-vis de la nourriture? Pourrait-il y avoir un tel inventaire gastronomique dans votre culture? Pourquoi (pas)?

Lecture 3

Allégées ou non, la différence est mince

En France, comme ailleurs, la mode des produits allégés s'est répandue. Cet article, tiré d'une revue qui vise à guider les consommateurs dans leurs choix, démontre que les produits «light» ne sont pas synonymes de minceur assurée. Chez les Français, il ne s'agit pas simplement d'adopter une mode devenue très populaire, mais aussi d'introduire des changements dans des habitudes alimentaires qui ont entraîné certains problèmes de santé.

La mode de l'allégé envahit tout. A nous les gourmandises° légères: même les glaces le sont, alors pourquoi se priver?° Mais notre test prouve que la différence ne justifie pas le choix d'un produit «light».

Effet des étés caniculaires?° Le marché des glaces a connu, ces dernières années, un boom considérable. Il faut dire que les fabricants rivalisent d'imagination pour proposer des produits de plus en plus variés. Du sorbet à la pomme verte avec noix de pécan, à la crème glacée à la noisette° avec cacahuètes au miel, en passant par les sorbets pêche/rose ou fraise/jasmin, il y en a pour tous les goûts. Soucieux de toucher les publics les plus divers, les glaciers ne pouvaient se passer de sacrifier eux aussi à la mode de l'allégé. Certaines grandes marques proposent des équivalents «light» à leurs gammes traditionnelles et, dans le créneau° des produits «forme», un hybride a récemment fait son apparition: la glace au yaourt, qui s'apparente, par sa composition, à un yaourt sucré et présente un intérêt certain sur le plan nutritionnel... On attend aussi l'arrivée prochaine d'une «crème glacée» sans lipides fabriquée à partir d'un substitut naturel des matières grasses venu des Etats-Unis....

Même si les glaces et sorbets allégés contiennent en général un peu moins de graisses et de sucres que leurs équivalents traditionnels, la différence n'est pas franchement déterminante. Pour un gain d'une vingtaine de calories par portion, faut-il oublier la gourmandise? Si vous êtes vraiment préoccupé par votre ligne et souhaitez consommer des produits allégés, mieux vaut diminuer les portions.

«Allégées ou non, la différence est mince», *Que Choisir*, juillet 1991.

choses délicieuses à manger

s'interdire de manger quelque chose

très chauds

sorte de petite noix

domaine commercial

Découvertes culturelles

1. Quels efforts de choix et de composition font les fabricants de glaces en France pour attirer la plus grande clientèle possible?
2. Combien de calories par portion économise-t-on en choisissant une glace allégée?
3. Que peut-on faire de plus efficace pour garder la ligne?
4. Actuellement en France, des problèmes d'obésité apparaissent. Quels changements dans la façon dont les Français mangent peuvent expliquer ce phénomène ainsi que le goût récent des Français pour les produits allégés?

IV
La consommation

Comme les autres pays industrialisés, la France est devenue une société de consommation. Au début de la Ve République, en 1958, la plus grande partie du budget des ménages était consacrée à l'achat de produits de première nécessité. L'argent qui restait après ces dépenses était économisé. Au cours des dernières décennies, le pouvoir d'achat du ménage français a progressivement augmenté, mais le pourcentage du budget dépensé pour la nourriture, l'habillement et l'équipement du logement a baissé. Le Français peut ainsi consacrer une plus grande part de son salaire aux loisirs et à la consommation d'articles de luxe. Même pendant les périodes de stagnation économique ou de grande inflation (comme la crise pétrolière de 1973 ou le krach de 1987), alors que les revenus disponibles et le pouvoir d'achat étaient en baisse, les Français ont continué à faire des dépenses non essentielles en réduisant la part du budget familial réservée à l'épargne. En France comme ailleurs, beaucoup de produits que l'on considérait, il y a une dizaine d'années, comme des articles de luxe (surtout dans le domaine de l'électroménager) sont aujourd'hui devenus pratiquement indispensables. L'existence relativement récente d'une société de consommation en France a transformé la nature des achats des Français. Un des éléments clés de cette transformation a été la croissance et l'évolution des grandes surfaces. Pendant les années soixante, on faisait encore la plupart de ses achats chez les petits commerçants qui se trouvaient dans chaque quartier. On prenait son pain à la boulangerie, son porc à la charcuterie, son fromage à la crémerie, les produits ménagers chez le marchand de couleurs, les articles pour l'école et le papier à lettres à la papeterie, et ainsi de suite. A cette époque, quelques chaînes de supérettes pour l'alimentation et les produits ménagers (comme Félix Potin ou Casino) ont fait leur apparition et, dans les villes moyennes et grandes, des magasins spécialisés dans les produits à bon marché, comme Monoprix et Prisunic, se sont installés. Au cours des années soixante-dix, les supermarchés se sont établis et, suite à leur succès, ils se sont agrandis en hypermarchés au cours des années quatre-vingt et quatre-vingt-dix.

Ces grandes surfaces rassemblent sous le même toit tout ce dont le consommateur français peut avoir besoin: alimentation, habillement, appareils ménagers, articles de sport, etc., si bien que les courses à Carrefour ou à Auchan sont devenues une véritable sortie pour la famille. Aujourd'hui, les courses que l'on fait à pied chez les petits commerçants ne représentent qu'environ 30% de tous les achats. Les Français fréquentent encore les petits commerces pour acheter des produits de bonne qualité, comme le pain, la viande, les fruits et légumes et les produits alimentaires de luxe. Ces petits commerces ont l'avantage d'être pratiques. On peut s'y arrêter en rentrant du travail, surtout si on a oublié quelque chose ou si on veut s'acheter une petite fantaisie. Les très grandes surfaces ne sont pas aussi pratiques, car la plupart d'entre elles ne sont pas à proximité des quartiers résidentiels et se trouvent en banlieue, où sont disponibles des terrains de grande superficie. La famille française doit donc utiliser sa voiture pour aller faire les courses en hypermarché. Toutefois, on renonce souvent à l'aspect pratique des petits commerces en raison de l'attrait que représentent une très vaste sélection

La grande distribution alimentaire (hypermarchés et supermarchés) réalise environ 53% des ventes dans ce secteur actuellement.

de produits réunis sous le même toit et des prix très compétitifs. De plus, la plupart des grandes surfaces sont équipées de systèmes de lecture optique, ce qui permet de gagner du temps. Par ailleurs, il est courant d'y régler ses achats par chèque ou par carte bancaire. Bien que, selon l'avis général, la qualité des produits soit inférieure à celle des produits qu'on achète dans les petits commerces, les prix intéressants des grandes surfaces permettent d'acheter plus pour une même somme. Cet avantage n'est pas sans inconvénients, cependant. A cause du prix élevé du terrain en France, les parkings ne sont pas toujours assez vastes et se trouvent donc fréquemment encombrés, et il y a souvent de longues queues aux caisses. Néanmoins, il est manifeste que cette formule moderne pour faire ses courses est désormais entrée dans les habitudes françaises.

Plusieurs phénomènes d'ordre social influent également sur la consommation en France. Le pouvoir d'achat varie selon la classe sociale. Pour un ouvrier, par exemple, le pourcentage du salaire consacré aux achats essentiels et autres frais estimés nécessaires, comme les dépenses concernant les grandes vacances, est nettement plus grand que pour une personne exerçant une profession libérale. La différence de pouvoir d'achat entre les membres des diverses classes sociales s'est réduite à la fin des années soixante-dix mais a augmenté progressivement au cours des années quatre-vingt. Un nombre croissant de monoménages actifs (presque le quart des ménages) doivent dépenser une plus grande part de leur salaire en nourriture, habillement et logement; mais inversement, un nombre croissant de ménages bi-actifs peuvent, grâce à leur double salaire, consommer plus, surtout en ce qui concerne les appareils ménagers. Ces ménages sont plus susceptibles de posséder un lave-vaisselle, deux voitures, et d'être équipés du Minitel. Un autre phénomène d'ordre social qui influence la consommation est le travail au noir. On estime que plus de 5% de la production intérieure brute est réalisée clandestinement par des travailleurs qui ne sont pas déclarés à l'Etat par leurs employeurs. L'une des raisons de ce pourcentage élevé du travail au noir est qu'après 1981, le gouvernement socialiste a imposé de lourdes taxes aux entreprises sur le salaire des employés ainsi que sur le chiffre d'affaires des employeurs. Pour beaucoup de petites entreprises, le seul moyen de pouvoir engager des ouvriers supplémentaires est donc de ne pas les déclarer. Mais si les revenus de ces travailleurs sont perdus pour l'Etat, une grande partie de l'argent qu'ils gagnent stimule l'économie par le biais de la consommation.

L'augmentation du taux de consommation en France ne s'est pas faite sans discrimination et depuis 1991, la croissance de la consommation a commencé à diminuer. En tant que consommateurs, les Français, tout comme les consommateurs d'autres pays industrialisés, font attention à ce qu'ils achètent et sont devenus plus sélectifs. Ils sont à la recherche d'articles en solde et de produits à bon marché. Plus que jamais, ils comparent les prix, alors qu'auparavant, ils tendaient plutôt à rester fidèles à certains magasins ou à certains commerçants. Ils sont plus conscients de la qualité des produits et cherchent des articles susceptibles de durer plus longtemps. Cette tendance est particulièrement marquée en ce qui concerne l'achat de vêtements, qui sont relativement chers en France. Les Français se préoccupent beaucoup moins de la mode, et ils préfèrent souvent se limiter à quelques vêtements de haute qualité, qu'ils renouvellent moins souvent et portent assez longtemps. Malgré cette prudence de la part des consommateurs, l'achat d'articles de luxe est en hausse dans toutes les classes sociales, même s'il faut les acheter à crédit. En effet, les Français achètent de plus en plus à crédit leurs produits de consommation.

Bien que la plupart des cartes bancaires, comme l'omniprésente Carte Bleue Visa, débitent automatiquement la somme dépensée sur le compte bancaire du client, de nouvelles cartes permettant un crédit documentaire renouvelable sont maintenant disponibles. L'utilisation du crédit à long terme est un comportement assez nouveau en France. Par conséquent, l'endettement des consommateurs joue maintenant un rôle important dans l'économie du pays. Deux autres phénomènes récents commencent également à influencer les habitudes des Français en ce qui concerne les achats. L'ouverture des magasins le dimanche est une possibilité qu'on envisage pour les mêmes raisons invoquées dans d'autres pays où l'ouverture des magasins le dimanche est devenue courante. Puisque de plus en plus de ménages sont bi-actifs et que les gens passent une plus grande partie de leur journée dans les transports, ils ont de moins en moins de temps pour faire leurs courses. Plus de la moitié des Français sont favorables à l'ouverture des magasins le dimanche, en particulier des magasins qui fournissent les produits nécessaires à la vie quotidienne, mais de nombreux salariés et la plupart des syndicats continuent à s'opposer à cette idée.

Il s'agit là d'un conflit entre les exigences de la vie moderne et les valeurs de la vie de famille si chères aux Français pendant si longtemps. Pour les consommateurs qui souhaitent pouvoir faire leurs courses à n'importe quelle heure et d'une façon extrêmement pratique, des formules de télé-achat sont disponibles sur les chaînes de télévision privées. Diffusés seulement depuis 1988, les programmes de télé-achat ont été submergés par la demande. Le télé-marketing aussi est devenu une pratique courante. Ces nouveaux modes de consommation sont en train de dépasser les ventes faites par Minitel qui, en 1990, représentaient déjà trente milliards de francs.

Découvertes culturelles

1. Quels sont les avantages et les inconvénients des grandes surfaces?
2. Dans quels cas les Français préfèrent-ils les petits commerces de quartier?
3. Quel groupe social a le pouvoir d'achat le moins élevé? Le plus élevé?
4. Décrivez l'attitude des Français face au crédit.
5. Qu'est-ce que le télé-achat? Cette formule existe-t-elle dans votre pays?
6. Quelle sorte de petit magasin remplit chez vous la fonction des petits commerces de quartier en France? Quelles différences y-a-t-il entre ces deux types de magasins?
7. Les magasins sont-ils ouverts le dimanche là où vous habitez? Pourquoi y a-t-il de nombreux Français qui s'opposent à l'ouverture des magasins le dimanche?

Témoignages culturels

Le commerce de détail

Lecture 1

Un des plus grands changements intervenus dans les habitudes des Français concerne leur façon de faire leurs achats. Depuis près de trente ans, une lutte sévère oppose en France les petits commerces, qui représentent la tradition commerciale, et les grandes surfaces (supermarchés et hypermarchés) qui incarnent la façon moderne et efficace de s'approvisionner. L'article qui suit explique pourquoi les Français fréquentent de plus en plus les grandes surfaces, même s'ils n'ont pas complètement abandonné les petits commerces de quartier.

Deux phénomènes ont modifié le paysage français du commerce de détail depuis les années soixante: le développement de la grande distribution alimentaire (hypermarchés et supermarchés) et l'émergence des grandes surfaces spécialisées non alimentaires (GSS). La grande distribution a opéré une percée° remarquable sur le marché alimentaire. En 1990, elle y réalisait 52,4% des ventes, contre 27,9% en 1980. Une réussite fondée sur la pratique du discount, autrement dit la concentration des achats et la vente à marge réduite. Celle-ci s'est étendue, à partir de secteurs non alimentaires comme le sport, l'ameublement et l'électroménager, l'habillement, la musique, la lecture et, plus tardivement, le jouet et les animaux (Toys 'R' Us France et Mille Amis.) Les GSS (près de 4 000) occupaient plus de 21% du marché non alimentaire en 1990. La part réalisée par les grandes surfaces alimentaires représentait à la même date 14% du secteur. Cela donne une idée du poids de la grande distribution en France.

développement spectaculaire malgré les obstacles

Pourtant, les perspectives de croissance de la grande distribution alimentaire se sont détériorées. Le marché alimentaire est saturé, les hypers et supers occupent déjà la quasi-totalité de la surface commerciale et la guerre du discount, qui a érodé les marges de la profession, ne se montre pas aussi efficace sur les secteurs non alimentaires. Pour faire face à cette mutation de l'environnement concurrentiel,° les entreprises de la grande distribution alimentaire ont déployé des stratégies variées. Elles recherchent une grande puissance d'achat pour obtenir des conditions d'approvisionnement (prix, ristournes°...) plus avantageuses que celles de leurs concurrents et une rationalisation de la logistique d'approvisionnement des magasins. Pour résister aux conditions d'achat des chaînes succursalistes,° les indépendants se sont regroupés: Leclerc et Intermarché sont aujourd'hui les leaders du commerce alimentaire. Les entreprises de ce secteur tentent également de gagner de nouvelles parts de marché, notamment par croissance externe (acquisitions, fusions...) et par une extension de leur réseau de vente par la franchise. Cette stratégie permet une hausse rapide du chiffre d'affaires (CA) et l'élimination d'une partie des concurrents. Par ailleurs, ces entreprises se diversifient par un développement des rayons non alimentaires (bijouterie, parapharmacie, voyage, épargne°...) et par des prises de participation financière en particulier dans les GSS.... Cette stratégie passe par un infléchissement° du discount au profit d'un effort sur la qualité et le service. Enfin, elles s'internationalisent pour se préparer à l'ouverture du grand marché européen....

compétitif

remises d'une somme

qui ont des annexes

comptes bancaires à intérêt

légère diminution

Sophie Loustau, «Commerce de détail: la concentration de la grande distribution s'accentue», *L'Etat de la France*, Edition 1992, Editions La Découverte, Paris, 1991.

LES CIRCUITS DE DISTRIBUTION DE LA VENTE AU DETAIL

%	1980	1985	1987	1988	1989	1990
Hypermarchés	9,0	12,3	14,7	15,5	16,0	16,7
Supermarchés	7,3	9,2	10,5	10,9	11,4	11,6
Magasins populaires	2,3	1,8	1,6	1,5	1,5	1,4
Petites surfaces de l'alimentation générale	10,1	6,6	5,7	5,4	5,0	4,9
Commerce de viandes	7,2	5,0	4,5	4,1	3,9	3,7
Autres commerces alimentaires spécialisés	4,0	3,5	3,4	3,4	3,1	3,0
Commerce non alimentaire non spécialisé	3,9	3,3	3,4	3,3	3,2	3,2
Pharmacies	4,4	4,7	5,0	5,3	5,5	5,6
Autres commerces spécialisés non alimentaires	32,9	30,7	31,3	31,2	30,9	30,8
Achats effectués hors du commerce de détail	18,9	22,9	19,9	19,5	19,4	19,1

Découvertes culturelles

Développez chacune des constatations suivantes en y ajoutant des renseignements supplémentaires.

1. Deux nouveaux types de magasins ont beaucoup modifié le commerce de détail en France depuis les années soixante.
2. La part de la grande distribution a considérablement augmenté dans le domaine du marché alimentaire.
3. La grande distribution s'est étendue aux secteurs non alimentaires.
4. Les magasins des secteurs alimentaires et non alimentaires pratiquent «la guerre du discount».
5. Pour améliorer leur situation, les entreprises alimentaires ont essayé plusieurs stratégies.
6. L'explosion des grandes surfaces en France reflète la hausse du niveau de vie et les changements dans les modes de vie des Français.

Europe: la France moins chère

L'Union européenne offre beaucoup de nouvelles possibilités à ses citoyens, surtout peut-être dans le domaine commercial. Une politique française visant à réduire les prix de presque tous les produits et services en France a créé un véritable exode des consommateurs des pays voisins vers les magasins et les marchés français. Le pays renommé pour les prix élevés de ses vins fins, de ses parfums et de ses vêtements haute-couture est en train de devenir «la France moins chère».

A 62 ans, Gina Conte ignore tout de la «désinflation compétitive». Elle sait juste une chose: le kilo de saumonette,° elle le paie 100 F à Soldano, patelin italien collé à la frontière française. Et 59 F à l'hypermarché Auchan de Nice. Alors, tous les deux mois, Gina l'horticultrice, sa tante et ses cousines s'entassent dans leur Ford Escort pour une virée° shopping: des orgies de gâteaux, de viande, de lessive Dash, de biscuits Petit Brun et... de café Lavazza, du vrai bon italien, incroyablement moins cher du côté français!... Maria Hermann, élégante Suissesse, fait aussi ses courses en France. En Alfa Romeo, certes. Mais ça n'empêche pas de compter. Au Géant Casino de Saint-Louis, banlieue française de Bâle, la viande vaut trois fois moins cher. Même les fromages et les laitages sont plus avantageux qu'au pays du gruyère! A Perpignan, les Espagnols remplissent leurs chariots. Sous Franco, ils venaient là pour voir des films pornos. Certains jours, les 54 caisses d'Auchan menacent d'exploser.... A Lille, les Belges aiment le Printemps. A Calais, les Britanniques gorgent leurs coffres° de vins, chocolats, cocottes en fonte° et vélos tout terrain: au Mammouth local, le VTT° est de 400 à 500 F moins cher que chez eux.

Pour les Européens, la France est un pays de cocagne,° souvent le moins cher d'Europe. Ebahis,° les plombiers anglais et les instituteurs italiens découvrent que la Riviera n'est plus réservée aux petits enfants de Scott Fitzgerald, que la France est à la fois moderne, organisée et... accessible. Ce n'est pas un miracle, mais l'effet d'une politique délibérée que les experts de Bercy appellent «désinflation compétitive». En clair: tout faire pour que nos prix augmentent moins vite qu'ailleurs. Et ça marche. Les touristes sont les premiers à profiter de l'aubaine.° Ces six dernières années, les prix ont progressé de 19,8% en France. Pour 32,2% en Espagne et 38,1% en Italie. Résultat, ces eldorados perdent des parts du marché touristique au profit de l'Hexagone. Les étrangers viennent de plus en plus nombreux chez nous passer leurs vacances, faire leur shopping ou investir massivement dans l'immobilier. En 1992, ils sont 57 millions (plus nombreux que les 56 millions de Français), faisant de la France le premier pays touristique du monde.... La désinflation

---

poisson qui ressemble quelque peu au saumon

voyage, excursion

espace à l'arrière d'une voiture pour ranger les bagages / marmites en métal pour faire la cuisine / vélo tout terrain

pays imaginaire où on a tout en abondance / très surpris

occasion inattendue

a les mêmes effets positifs sur les entreprises. Françaises, d'abord: elles exportent de mieux en mieux, car elles sont compétitives; et le commerce extérieur s'améliore. Etrangères, ensuite: certaines investissent dans l'Hexagone pour profiter, sur place, de cette modération.

Grâce à la sobriété° de ses prix, le pays le plus râleur° de la planète est donc devenu l'hôtesse d'accueil la plus courtisée!° Le voyageur, même argenté, réfléchit à deux fois avant de payer de 1 500 à 3 500 F pour un quatre-étoiles° transalpin. «Le double de nos tarifs»° affirme le président du Syndicat des hôteliers de la Côte d'Azur.... Mœurs identiques dans les Pyrénées: à Perpignan, certains quatre-étoiles proposent la demi-pension à 900 F pour deux. Les Espagnols demandent le double!... Alors, les Allemands en route pour la Costa Brava s'arrêtent souvent dans la douce France et les Espagnols font du tourisme gastronomique....

Les investissements plus lourds sont tout aussi intéressants: la pierre et la terre françaises attirent de plus en plus. Et pas seulement une clientèle dorée. A Nogent-le-Rotrou, l'agent immobilier Philippe Simon reçoit des plombiers, des instituteurs, des petits commerçants britanniques, qu'il «recrute» grâce à son journal

La plupart des cartes bancaires débitent automatiquement sur le compte bancaire du client la somme dépensée.

d'annonces «Living in France», vendu en kiosques à Londres.... Le Sundgau, campagne vallonnée et verdoyante entre Mulhouse et Bâle, est devenu une petite colonie helvète.° La pénurie° de terrains est telle en Suisse qu'il est quasi impossible d'y devenir propriétaire. Alors, on recherche la bonne occasion du côté français: des maisons de 600 000 à 800 000 F, rarement plus de 1 million. De l'autre côté de la frontière, comptez le double....

modération

toujours mécontent de sa situation

fréquentée, appréciée

hôtel de luxe

prix

suisse / manque

En réalité, la modération des prix agit sur l'ensemble de l'économie: les salaires, l'énergie, les terrains, etc. Signe encourageant: Péchiney vient d'inaugurer une usine d'aluminium à Dunkerque, grâce aux avantageux tarifs EDF. En d'autres temps, cette implantation se serait faite au Canada. Pour les mêmes raisons, le suédois Eka Nobel a choisi Ambès (près de Bordeaux) pour son usine à blanchir la pâte à papier. On sait moins que les salaires français sont inférieurs à ceux pratiqués par bon nombre de nos voisins (Allemagne, Pays-Bas, Italie...), malgré le poids de nos charges sociales.°... Un joli concentré qui explique pourquoi les étrangers sont—selon le vieux proverbe allemand—«heureux comme Dieu en France».

taxes sur le salaire des employés imposées par l'Etat aux entreprises

Corinne LHAIK et al, «Europe: la France moins chère», *L'Express*, 18 juin 1992.

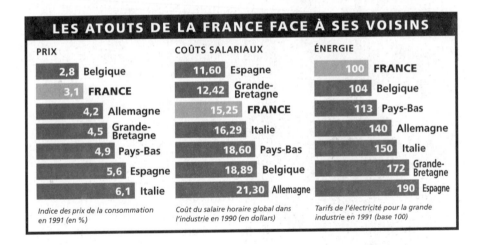

LES ATOUTS DE LA FRANCE FACE À SES VOISINS

PRIX	COÛTS SALARIAUX	ÉNERGIE
2,8 Belgique	11,60 Espagne	100 **FRANCE**
3,1 **FRANCE**	12,42 Grande-Bretagne	104 Belgique
4,2 Allemagne	15,25 **FRANCE**	113 Pays-Bas
4,5 Grande-Bretagne	16,29 Italie	140 Allemagne
4,9 Pays-Bas	18,60 Pays-Bas	150 Italie
5,6 Espagne	18,89 Belgique	172 Grande-Bretagne
6,1 Italie	21,30 Allemagne	190 Espagne

Indice des prix de la consommation en 1991 (en %) — *Coût du salaire horaire global dans l'industrie en 1990 (en dollars)* — *Tarifs de l'électricité pour la grande industrie en 1991 (base 100)*

Découvertes culturelles

1. Pourquoi les étrangers viennent-ils fréquenter les supermarchés français?
2. Pour quelles autres raisons dépensent-ils leur argent en France?
3. Quels effets la désinflation a-t-elle eus sur l'économie française?
4. Pourquoi les étrangers achètent-ils des maisons en France?
5. En quoi le nouveau marché européen va-t-il encore modifier l'économie française?

V
Loisirs et vacances

Tout comme le pouvoir d'achat, qui a considérablement augmenté depuis vingt ans, le temps libre et l'argent consacré aux loisirs sont également en hausse. Dans le passé, le travail dominait la vie de l'individu. On se divertissait peu et les loisirs étaient considérés comme une récompense qu'on s'accordait pour avoir travaillé dur. Les loisirs étaient simples et prenaient place à l'extérieur de chez soi, dans le cadre par exemple d'une sortie au café ou au cinéma, d'une promenade au parc, etc. Aujourd'hui, le loisir est considéré comme un droit et, en tant que tel, il est devenu une activité très importante. Une nouvelle philosophie met en valeur le développement complet de l'individu, dévalorise la notion du sacrifice présent en vue d'un objectif futur, et prône les activités de loisir, ce qui était inconcevable pour les générations précédentes. En France comme ailleurs, le loisir est devenu un but primordial qui acquiert autant d'importance que l'activité professionnelle. Par contre, la réalité, souvent difficile, n'est plus à la mode, et les activités qui offrent un moyen de s'échapper vers une existence idéalisée ou de faire un voyage dans l'imagination sont de plus en plus populaires. Les Français consacrent donc aux loisirs une part de leur budget de plus en plus élevée. Plus que jamais, et surtout dans la classe ouvrière, ils achètent des billets de Loto et autres nombreux jeux d'argent ou, le dimanche, jouent aux courses—tiercé, quarté ou quinté plus°— dans l'espoir de sélectionner les chevaux gagnants et d'empocher des fortunes. Les émissions de télévision les plus suivies sont «La Roue de la Fortune» et autres jeux où l'on peut gagner des prix considérables. Les parcs d'attractions où l'on reconstitue un monde imaginaire (Parc Astérix, Disneyland Paris, etc.) sont de plus en plus nombreux et l'on trouve partout, dans les galeries marchandes, dans certains cafés tout comme à la maison, des jeux vidéo de plus en plus sophistiqués.

C'est d'ailleurs, aujourd'hui, à la maison que l'on s'adonne le plus souvent aux activités de loisir. La plus grosse part du budget-loisir d'une famille est encore réservée à la presse. La plupart des Français lisent au moins un journal par jour, et un grand nombre d'entre eux indiquent que la lecture représente leur passe-temps

pari mutuel où l'on parie sur 3, 4 ou 5 chevaux dans la même course

préféré. De plus, depuis 1970, les achats d'équipement permettant d'améliorer les moments de loisir passés à la maison sont en hausse, et tout particulièrement les télévisions en couleurs et les magnétoscopes. L'objectif aujourd'hui semble être la création d'une sorte de «foyer bulle» dans lequel chacun peut s'isoler des soucis de la vie moderne.

Même si regarder la télévision est devenu le loisir principal, les Français pratiquent également plus de sports. L'Europe, dans l'ensemble, encourage depuis longtemps les associations sportives, encore nombreuses en Allemagne, en Angleterre et au Danemark. Les pays où les associations et les clubs prolifèrent donnent l'impression d'être plus sportifs que la France, mais ce type de comparaison est trompeur. La pratique du sport en France a tout simplement pris une autre direction, plus individualisée, moins compétitive, plus diversifiée. Les trois quarts des hommes et la moitié des femmes se livrent à une activité sportive plus ou moins régulière, l'objectif de cette activité étant de rester en bonne santé, ou de se libérer des tensions de la vie moderne. Le ski, le jogging, le cyclisme et la natation sont encore les sports individuels préférés, mais depuis quelques années, le tennis et le golf sont également devenus très populaires. Comme la pratique de ces sports nécessite souvent des dépenses importantes pour l'équipement et les cotisations, ce sont les gens aux revenus plus élevés qui les pratiquent. Mais chez ceux qui disposent de revenus modestes, les jeunes ont toujours accès aux sports dans les clubs municipaux et autres Maisons du sport et de la jeunesse, et les hommes (et de plus en plus de femmes) d'un certain âge continuent à se passionner pour la pétanque dans les jardins publics de France. Les sports individuels étant pratiqués particulièrement pour des raisons de santé, il n'est donc pas surprenant que les Français s'intéressent moins aux sports qui nécessitent un équipement mécanique. Cependant, la pratique de la planche à neige et du saut en chute libre attire de plus en plus d'adhérents. Pour ceux qui suivent passivement, en spectateurs, les événements sportifs, de nombreux matchs de football ou de rugby sont retransmis à la télévision le soir et le week-end, et la France entière se passionne chaque été pour le Tour de France.

D'autres activités jouent un rôle important dans la culture française. Plus de 88% des Français font du bricolage, et cette passion pour les petits travaux manuels effectués chez soi concerne les gens de tous âges et de tous niveaux sociaux. Etant donné le nombre de maisons individuelles en France, l'intérêt pour le jardinage, déjà très populaire, ne cesse d'augmenter. Les femmes plus âgées aiment faire de la cuisine-loisir, ce qui n'est pas étonnant dans un pays où la cuisine raffinée et la gastronomie sont de tradition.

Pour les jeunes, la photographie est un passe-temps de plus en plus à la mode. Mais la grande passion de beaucoup des quinze à vingt-cinq ans sont les concerts. Pratiquement toutes les vedettes du rock en tournée mondiale prévoient au moins un concert en France. Ils en donnent généralement un à Paris et un autre dans le sud de la France, attirant aussi des jeunes spectateurs d'Italie et d'Espagne. Toutes les places pour les concerts à Paris de Madonna, de Springsteen, de Michaël Jackson et de Rod Stewart se sont vendues rapidement. U2 joue à Montpellier, Ray Charles à Nice et Tina Turner ébranle les murs de l'amphithéâtre romain à

Arles. Les jeunes Français qui se rendent à ces concerts internationaux dépensent souvent des sommes importantes puisqu'ils doivent non seulement acheter le billet d'entrée, mais aussi payer les frais de transport, les consommations et, bien sûr, le tee-shirt obligatoire! En été, des chanteurs populaires français, comme Johnny Halliday, Julien Clerc, Patricia Kaas et le groupe Kassov, organisent des tournées de concerts à travers toute la France.

Par-dessus tout, ce sont les grandes vacances d'été qui préoccupent le plus les Français. A la fin de chaque été, ils commencent à faire des projets pour l'été suivant. La notion de congés payés est devenue une réalité grâce au Front Populaire de Léon Blum et à son gouvernement socialiste en 1936. Depuis cette époque, tous les travailleurs ont droit chaque année à des congés payés, et c'est ainsi que les grandes vacances sont devenues une habitude culturelle en France. La durée des congés payés a progressivement augmenté: trois semaines en 1956, quatre semaines en 1969 et, depuis 1982, sous le gouvernement socialiste de François Mitterrand, cinq semaines. Les congés payés des Français sont donc plus longs qu'ailleurs, sauf en Allemagne. La période de vacances la plus importante a lieu en été, bien entendu. Puisque l'année scolaire se termine début juillet pour reprendre début septembre, il est logique que les Français concentrent leurs vacances en juillet et en août. Durant ces mois, près de 60% de la population part en vacances; ce pourcentage est plus élevé que celui des autres pays de l'Union européenne. La grande majorité de ces «juilletistes» et «aoûtiens» (87%) restent en France en raison de l'impressionnante variété de possibilités de vacances qu'offre l'Hexagone: le soleil et le sable de la Méditerranée, les plages de la côte atlantique, la fraîcheur des Alpes ou du Jura, les plaisirs de la campagne, aussi bien que les festivals de musique, d'art, de théâtre et de danse qui sont de plus en plus nombreux. Quand on voyage en France, on se rend compte qu'en l'espace d'une ou deux heures de route, tout change: le paysage, l'architecture et la cuisine. Il n'est donc pas nécessaire de faire des centaines de kilomètres pour se dépayser. Pourtant, près de la moitié des vacanciers vont à la

La plage de Nice ainsi que celles des autres stations balnéaires de la Méditerranée attirent de nombreux «juilletistes» et «aoûtiens».

mer. Les centres urbains se vident de leurs habitants, beaucoup d'usines ferment pour ne rouvrir qu'en septembre et les petits commerces affichent: «Fermé pour congé annuel». Les jours de grand départ, vers le premier juillet et le premier août, les autoroutes du sud sont encombrées de vacanciers qui créent des embouteillages légendaires. Les petites stations balnéaires du Midi sont envahies par les touristes qui bouchent les routes, mettent à l'épreuve les services municipaux et assaillent les plages et les campings. Depuis dix ans, on essaie d'encourager l'étalement des vacances en dehors des mois de juillet et août. Pour ce faire, on a essayé de fixer la rentrée scolaire à des dates différentes selon les régions et même proposé des compensations aux familles acceptant de prendre la route des vacances à d'autres périodes de l'année. Ces efforts n'ont pas été couronnés de succès. Les Français prennent toujours leurs vacances «comme tout le monde», en juillet et août. Cependant l'économie est peut-être en voie d'accomplir le changement d'habitudes que le gouvernement n'a pas réussi à instaurer. La crise économique responsable du chômage de la fin des années quatre-vingt et du début des années quatre-vingt-dix a entraîné une diminution du nombre de vacanciers et de la durée moyenne des vacances. On dépense son budget-vacances autrement. On descend moins souvent à l'hôtel pour passer ses vacances. Le tourisme vert (c'est-à-dire les vacances à la campagne) et les gîtes ruraux (établissements à la campagne qui louent des chambres aux touristes) ne coûtent pas cher et attirent un nombre croissant de vacanciers. Par contre, plusieurs mesures économiques en faveur d'un franc relativement fort ont permis à certains Français de voyager davantage à l'étranger grâce à un taux de change plus favorable. Mais l'augmentation du nombre de vacanciers qui voyagent en dehors du pays reste assez faible. En général, 12% seulement des vacanciers quittent l'Hexagone. La plupart d'entre eux profitent des prix avantageux offerts par des voyages organisés pour visiter des territoires français comme Tahiti ou la Réunion, ou pour passer leurs vacances à l'étranger avec le Club Méditerranée. Une autre formule de vacances qui plaît de plus en plus, car elle est à un prix raisonnable et permet au vacancier d'améliorer ses capacités personnelles, est le stage d'apprentissage d'une activité particulière, un sport le plus souvent. Le prix du stage comprend la pension complète, plus les cours d'initiation ou de perfectionnement.

Depuis l'instauration de la cinquième semaine de congés payés en 1982, bon nombre de Français prennent huit jours de vacances en hiver. Presque un tiers des Français partent en vacances d'hiver, généralement à l'époque des congés scolaires de février. Le ski attire beaucoup de gens mais coûte assez cher, même si on participe à l'un des nombreux séjours organisés en montagne. Certains Français prennent des vacances d'hiver à la mer, mais beaucoup des vacanciers d'hiver vont à la campagne rendre visite à leur famille ou à des amis.

Il faut signaler une augmentation dans le nombre de voyages de fin de semaine bien que, pour les jeunes familles, le concept du week-end de deux jours libres n'existe pas, car beaucoup d'enfants vont à l'école jusqu'à midi le samedi. Certains établissements du secondaire ont déjà supprimé les cours du samedi et cette pratique pourra bientôt se généraliser en France. Dans l'état actuel des choses, cependant, on ne fait donc pas souvent de longs trajets le week-end. Même si on possède une résidence secondaire, on n'y va le plus souvent que pour les longs week-ends et les grands congés, car on n'aime pas faire trop de kilomètres pour ne rester qu'un jour une fois arrivé à destination.

Dans un sens, ce panorama du mode de vie des Français a décrit un grand cercle, car l'activité principale des fins de semaine reste aujourd'hui le repas familial du dimanche qui a lieu soit chez les parents, soit chez les grands-parents ou un autre membre de la famille. Les enfants devenus adultes, célibataires ou mariés, y participent et renforcent ainsi les liens qui font de la famille l'élément de base de la société française.

Découvertes culturelles

Vrai ou faux? Justifiez votre choix.

1. Les loisirs jouent un rôle de plus en plus important dans la société française.
2. L'expression «foyer bulle» signifie que les Français sortent plus souvent pour se distraire.
3. Beaucoup de Français pratiquent un sport, mais à un niveau très individuel.
4. Les jeunes Français n'ont guère l'occasion d'assister à des concerts de rock.
5. Les congés payés en France sont maintenant de cinq semaines par an.
6. La plupart des Français prennent leurs vacances d'été hors de l'Hexagone.
7. De plus en plus de Français prennent aussi des vacances d'hiver.
8. Les Français voyagent très souvent le week-end.

Témoignages culturels

Les Français n'ont jamais autant joué

Lecture 1

En France, le jeu a toujours constitué un loisir important. L'invention de nouvelles formes de jeux à contribué à rendre ce passe-temps encore plus accessible à tous les Français.

———

Au pays de Descartes, les jeux de hasard et d'argent sont très prisés.... En 1992, les Français ont dépensé 65 milliards de francs dans les courses de chevaux, loteries et autres cartes à gratter.° Les mises° on augmenté de 16% par rapport à l'année précédente. C'est la plus forte hausse enregistrée depuis 1977–1978, à la suite de la création du Loto.

frotter avec les ongles / sommes d'argent engagées

Les sommes dépensées sont légèrement supérieures à celles consacrées aux achats de livres et de journaux et dépassent d'un tiers celles consacrées aux boissons alcoolisées.

Les jeux sont d'autant plus attrayants qu'ils ne s'avèrent pas trop ruineux:° à défaut de gagner les millions espérés, les ménages récupèrent 72% de leurs enjeux dans le cas du PMU, mais seulement 55% dans les jeux de loterie. C'est en fait l'Etat qui décroche le jackpot, avec une recette de 9 milliards en 1992.

Témoignant de cet engouement,° les formules se sont diversifiées depuis plusieurs années. La Française des Jeux a créé le Loto en 1976, le Tapis vert en 1987 et, à partir de 1990, les jeux instantanés avec grattage comme le Banco. Depuis 1991, le système du millionnaire offre la possibilité à l'heureux élu° de passer à la télévision et de gagner en direct.°...

Depuis 1970, le public marque un intérêt croissant pour les billets de loterie et les cartes à gratter. Il y a 10 ans, ces jeux ne représentaient que le dixième des sommes engagées dans les jeux d'argent. Aujourd'hui, ils ont presque rattrapé les paris sur les chevaux. Le PMU et la Française des Jeux ont récolté respectivement 34,7 et 30 milliards de francs l'année dernière.

Les jeux de hasard ont fait de nombreux adeptes dans toutes les catégories de la population. Par contre, la population turfiste° est davantage masculine que féminine. C'est parmi les ouvriers et les anciens ouvriers qu'on trouve la plus forte proportion de turfistes exclusifs.

«Les Français n'ont jamais autant joué», *Midi Libre*, mardi 27 juillet 1993.

Découvertes culturelles

Vrai ou faux? Expliquez votre réponse.

1. Les Français dépensent beaucoup plus actuellement pour les jeux de hasard.
2. Ils dépensent moins pour jouer que pour acheter des livres et des boissons alcoolisées.
3. Les sommes d'argent engagées aujourd'hui dans les jeux sont plus élevées qu'avant.
4. Ceux qui jouent perdent assez peu, et l'Etat réalise des gains importants.
5. On joue plus, mais il existe aujourd'hui moins de formules de jeux de hasard.
6. Les billets de loterie et les cartes à gratter ont récolté plus d'argent que les paris sur les chevaux.
7. Ce sont surtout les jeux d'argent qui attirent la classe ouvrière.
8. Les «turfistes» viennent de toutes les classes et comprennent autant de femmes que d'hommes.

coûteux

passion

gagnant / au moment même où les téléspectateurs regardent l'émission

qui aime parier sur les courses de chevaux

Le Tour de France à la télévision

La grande course du cyclisme, le Tour de France, a toujours compté, avec la Coupe du monde de football, parmi les événements sportifs les plus populaires en France. Des milliers de Français se pressaient le long de la route des différentes étapes de la course pour apercevoir leurs cyclistes favoris, le Français Laurent Fignon, le Basque Miguel Indurain et l'Américain Greg Lemond. Depuis ces dernières années, le Tour de France est largement retransmis à la télévision, et comme les fanatiques de nombreux sports partout dans le monde, les Français tendent à rester à la maison pour regarder ce spectacle... dans leur fauteuil.

«Plus grand spectacle gratuit» de l'année, le Tour de France cycliste est aussi une des plus grosses «machines» télévisuelles. Plusieurs mois à l'avance, les techniciens... repèrent les parcours, les emplacements de leurs caméras... ou de leurs stations satellites (jusqu'à cinq sur certaines étapes de montagne).

Grâce à ce déploiement, grâce aux hélicoptères..., la couverture du Tour par France Télévision s'allonge: toutes les étapes° en continu depuis 70 km avant l'arrivée, au lieu de 30 km avant 1992; et certaines étapes filmées en intégralité par dix-sept caméras, soit cinquante-cinq heures d'étapes en direct, et quatre-vingt-dix heures avec les magazines.

sections du parcours

Mais la plus grande nouveauté technique du Tour 1993, c'était peut-être le son, avec les micros directionnels et micros d'ambiance... pour offrir au public des «plongées» sonores dans le peloton.

Malgré la domination d'Indurain et donc le faible suspense, l'audience a été relativement fidèle au rendez-vous de la télévision publique, avec plus d'un spectateur sur deux chaque après-midi pour les directs, et une part de marché° culminant à 74% (soit 8,5 millions de spectateurs) pour l'arrivée sur France 2....

pourcentage d'audience

M. C. I., «Le Tour de France à la télévision», *Le Monde*, jeudi 29 juillet 1993.

Découvertes culturelles

1. Quelles sortes d'appareils les techniciens de la télévision publique emploient-ils pour filmer le Tour de France?
2. Combien d'heures d'étapes en direct ont été offertes aux téléspectateurs pour le Tour 1993?
3. Quelle a été la plus grande nouveauté technique de ce Tour de France?
4. Qu'est-ce qui indique que ce reportage télévisé a intéressé un nombre considérable de téléspectateurs français?

Lecture 3

Les grands départs

Le concept des grandes vacances pose un problème logistique énorme, surtout pendant la période située autour du premier août: comment évacuer des villes du nord tous les vacanciers qui partent (les aoûtiens) et recevoir tous ceux qui rentrent (les juilletistes)? Les journaux, ainsi que les informations à la radio et à la télévision diffusent les indications du système Super-Bison sur les possibilités et les impossibilités du voyage presque infernal qui fait malheureusement partie du rituel des grandes vacances.

Et vous, vous partez quand? Ce week-end?... Pour cette fin de semaine, les aéroports parisiens ont prévu 500 000 voyageurs et les gares, un million. Et sur les routes, c'est onze millions d'automobilistes qui, ficelés° à leur siège, risquent de mouiller le Tee-shirt des heures durant.

attachés

«On s'attend à voir battre le record de trafic sur certains axes,° prévoit Jean-Michel Bérard, directeur de la Sécurité et de la circulation routière. *La conjonction des départs des aoûtiens avec ceux des amateurs de week-end, des flux de retours* [des juilletistes] *et surtout du beau temps annoncé promettent de beaux bouchons.»°* Les ingénieurs de la Sécurité routière ont en effet constaté que, par mauvais temps, le débit de véhicules par heure sur les grands axes diminue de 40%...

routes principales

embouteillages

Vendredi, journée rouge en Ile-de-France dans le sens des départs, et orange en province. Les plus courageux qui sacrifieront deux jours sur les plages pour éviter les bouchons, encombreront dès le début de la matinée les routes du littoral méditerranéen et de la Bretagne, qui seront saturées en fin d'après-midi. Ils formeront de gros bouchons le soir dans un rayon de 150 km autour de Paris. Dès 15 heures et jusqu'à minuit, quitter la capitale relèvera de l'exploit.°...

sera presque impossible

La journée de samedi est classée noire en départ, et rouge en retour... Il faut s'attendre à rencontrer de *«nombreuses difficultés».* Traduisez: cauchemar. Le pire est à craindre pour le milieu de la matinée dans le couloir Saône-Rhône, où viendront s'agglutiner° les lève-tôt, et sur les grandes liaisons vers l'Ouest, le Sud et le Sud-Ouest. Dans le sens des retours, les abords des grandes agglomérations° seront difficiles l'après-midi, et les entrées de la capitale ralenties en soirée.

se rassembler en masse

villes

Super-Bison voit aussi un **dimanche rouge** sur l'ensemble du territoire. Les difficultés se déplaceront du sud en matinée vers le nord dans l'après-midi, dans le sens des retours. Dès 7 heures, 40km/h de moyenne sur autoroute pour les aoûtiens qui quitteront Paris....

Bleuette DUPIN, «Le week-end aux onze millions d'automobilistes», *Libération*, 30 juillet 1993.

Découvertes culturelles

Développez chacune des constatations suivantes en y ajoutant des renseignements supplémentaires.

1. Le week-end du samedi 31 juillet et du dimanche 1er août, il y aura environ 11 millions de Français sur les routes.
2. Le temps influe fortement sur le nombre d'automobilistes qui prennent la route.
3. Le vendredi 30 juillet, il sera presque impossible de quitter Paris.
4. Samedi, il sera plus facile de partir de Paris que d'y rentrer.
5. Le dimanche 1er août, on ne pourra pas rouler très vite sur les autoroutes.
6. Cet article reflète un aspect essentiel du concept culturel des «grandes vacances».

En amont du Pont du Gard.
Découvrez ou retrouvez le canoë-kayak en toute
sécurité. 4 parcours de 6, 11, 22 et 29 km.
KAYAK VERT
Tél. 66 22 84 83 - 66 22 80 76 - Fax 66 22 88 78

Vacances en faux solo

Il est devenu presque obligatoire de partir en vacances, même si on n'a pas de compagnons de voyage. *Jeune et Jolie*, magazine féminin destiné aux jeunes, offre des conseils et des suggestions de vacances à celles qui voyagent seules, pour tous les goûts et pour toutes les bourses. En fait, selon les formules proposées, on n'est jamais vraiment seul(e).

nom imaginaire pour désigner un petit village

amusant

allez-y sans hésiter

Que vous alliez à Trifouillis-les-Oies° chez une vieille tante éloignée... ou que vous vous envoliez pour une destination de rêve, ne renoncez pas à vos vacances de peur de vous retrouver tout[e] seul[e]. Ok, ce n'est pas vraiment marrant° de se retrouver à 10 km voire à 15 000 km de chez soi sans une personne connue, mais souvenez-vous, la solitude, ça n'existe pas, alors, foncez!°...

Des vacances saines

Un esprit sain dans un corps sain. Quoi de plus naturel, gai et sympa que de passer des vacances sportives? Sans doute la meilleure façon de se faire des copains. Naturellement, sans arrière-pensées, enfin... apparemment!

7 jours sur un voilier, sur l'Atlantique (à partir de 2 110 F, sans le voyage). La vie en communauté pour [ceux] qui ne craignent pas la proximité, et qui ont bon caractère. On prépare le déjeuner ensemble, on rigole° ensemble, on se lave ensemble. Si tout se passe bien, ça crée des liens à vie....

rit

Version découvertes

vous familiariser avec / exploration des grottes et cavernes

petit avion ultra-léger

Mais vous pouvez aussi apprivoiser° la spéléo;° les cavernes et 6 pieds-sous-terre, ça rapproche! Apprendre le surf si vous restez dessus, et si vous êtes plus souvent dans l'eau, il y aura toujours une bonne âme pour vous tirer d'affaire. Faire de l'escalade, du parachutisme, du delta-plane, de l'ULM°... Dites-vous une chose, une seule: le sport est un moyen idéal pour lier connaissance. Même quand on ne participe pas! Regardez les supporters: un pour tous, tous pour un!

A nous les petits Anglais!

Et si vous profitiez de ce mois de congé pour parfaire votre anglais, votre espagnol, votre italien ou votre allemand.... Et sur place, cela va de soi. Avec cours ou sans cours, avec sports ou sans, dans une résidence, dans une famille, dans un camp... Le choix est grand et le Club des 4 Vents pourra vous offrir une foule de formules.

...Même si le Club Med... a axé souvent ses campagnes de pub sur le côté famille, il faut bien avouer que la clientèle du plus célèbre club de vacances est célibataire, jeune, et un brin° argentée.... De toute façon, le Club Med ne vous laisse jamais tout[e] seul[e] et vous n'avez pas le temps de vous ennuyer, on vous propose toujours quelque chose entre deux séances de bronzette.° Il y a évidemment tous les sports nautiques (si vous êtes à la mer), mais aussi des excursions, et puis les soirées. Les fameuses soirées....

un peu

courte période d'exposition au soleil

Vive les clubs

Côté destinations, le choix est immense. Si vous voulez juste vous offrir un village Club Med pour l'avoir fait au moins une fois dans votre vie, mais que votre porte-monnaie ou celui de vos parents fait grise mine,° offrez-vous une petite semaine à Vittel (à partir de 4 000 F sans voyage en août) ou à Ouarzazate (à partir de 5 000 F voyage inclus). Ce sont les clubs parmi les moins chers parce que plus près. Par contre, si votre chère marraine° ou votre oncle d'Amérique a décidé de vous offrir un beau voyage pour votre mention au bac,° alors là, foncez sur les destinations de rêve! Une petite semaine aux Bahamas? Une mer émeraude, une superbe plage de sable rose, c'est à Eleuthera, au large de la Floride (11 390 F voyage inclus en août).... Mais vous pouvez aussi jouer les stars et vous pavaner° sur le Club Med 1, l'un des plus beaux bateaux du monde pour une superbe croisière! Ambiance hollywoodienne! Vous pourrez choisir les escales° méditerranéennes et partir de Toulon pour découvrir la Corse avec entre autres Calvi et Bonifacio. Au retour vous irez prendre un coca bien frais à la terrasse du Sénéquier, à Saint-Tropez évidemment! (à partir de 10 950 F). Si vous préférez l'Espagne et le Portugal, vous embarquerez pour la Toulon-Saint-Jean-de-Luz (à partir de 17 000 F). Mais où que vous alliez, vous voguerez vers le bonheur éternel.

ne contient pas beaucoup d'argent

celle qui vous a tenu dans ses bras lors de votre baptême / brillant succès à l'examen du baccalauréat

vous promener avec un air fier

ports où les bateaux s'arrêtent pour quelque temps

Dans le genre plus relax, moins show-biz, moins cher aussi, vous pouvez opter pour le système Nouvelles Frontières. Ils ont tout. Du voyage organisé de bout en bout avec totale prise en charge, visite de la place Saint-Marc en troupeau° derrière le chef de file portant parapluie à l'effigie NF, au club de vacances tendance Club Med, en passant par les trekkings au Népal....

en trop grand groupe

Quoi qu'il en soit, où que vous choisissiez d'aller, persuadez-vous de toute façon qu'il est toujours plus drôle d'être seul[e] au soleil et dans un nouveau lieu à visiter, que coincé[e] dans le béton,° qu'il soit parisien ou marseillais. Dites-vous surtout qu'on ne reste jamais seul[e] bien longtemps, et que, bronzé[e] et en forme, vous rencontrerez toujours des tas de gens. Peut-être ne seront-ils pas des amis à jamais, mais l'important ce sont les souvenirs et l'essentiel est de ne pas vous ennuyer pendant les vacances. Bon vent!

les bâtiments de la ville

Marie-Pierre HOUSSAY, «Vacances en faux solo», *Jeune et Jolie,* août 1991.

Découvertes culturelles

1. Quels sont les avantages des vacances sportives en solo?
2. Quelles sont les différentes formules proposées par le Club des 4 Vents pour se perfectionner dans une langue étrangère pendant les vacances?
3. Pour quelles raisons culturelles, à votre avis, un(e) Français(e) se sentirait-il/elle obligé(e) d'aller en vacances même s'il lui fallait voyager seul(e)?
4. Qu'y-a-t-il de particulièrement «français» dans la formule de vacances Club Med?

Lecture 5

Escapades vacances

Admettons que vous soyez déjà souvent descendu sur la Côte d'Azur, à Biarritz ou à Deauville pour bronzer sur la plage, jouer au volley-ball et tenter vos chances sur une planche à voile. Pas de problème. L'industrie des vacances en France a des myriades de formules à proposer pour vous permettre de profiter pleinement de ce rituel d'été. Chez les Français, même les vacances doivent être organisées et avoir pour but, bien souvent, l'épanouissement de l'individu, que ce soit du point de vue physique ou intellectuel.

Et si on en profitait pour rompre avec les habitudes: trouver du temps pour s'occuper de soi, découvrir une activité manuelle, artistique, sportive, touristique, culturelle ou tout simplement pour goûter au plaisir de ne rien faire....

Les peintres au fil de l'eau

Pour celles qui passent une partie de l'été à Paris, voici une idée de week-end: découvrir les endroits où les peintres célèbres ont posé leurs chevalets.°

supports qui servent à tenir les toiles des peintres

    Une solution facile: suivre le Circuit des peintres mis au point par le conseil général des Yvelines en n'oubliant pas de s'arrêter à Fournaise, ce restaurant de l'île de Chatou que Renoir a immortalisé par «le Déjeuner des canotiers» et qui est encore une bonne étape gastronomique....

Week-end en pénichette

Plus original: louer une pénichette de plaisance (autrement dit un houseboat) pour suivre la Seine et la Marne. Le nec plus ultra consiste à assister au coucher du soleil sur le vieux pont de Moret-sur-Loing, en hommage à Alfred Sisley. La location d'un houseboat pour accueillir quatre adultes et un enfant revient à 3000 F pour un week-end....

Initiation à la tapisserie

La tapisserie a quelque chose de fascinant. En découvrir les techniques permet de l'apprécier encore plus: surtout quand cela se passe à

Aubusson, et qu'on peut se mettre à l'œuvre. En suivant un stage de 12 jours, sous la direction d'une ancienne élève de l'Ecole nationale d'art décoratif d'Aubusson, on peut repartir avec sa propre création. Prix: 4095 F. Hébergement° et repas non compris.... *logement*

Forme Fitness

Ancienne ferme béarnaise, la maison Loutarès abrite° piscine, sauna, jets d'eau, bains bouillonnants, solarium... dans un calme absolu. Séjour: libre à partir de 270 F par jour en pension complète, et cures° de 6 jours à partir de 3900 F.... *comprend*

traitements

Calme normand

Le Bec Hellouin est un petit village de la vallée de la Risle, à 5 km de Brionne. Les maisons à colombages° entourent un monastère: sur la place principale règne toujours un grand calme. L'Auberge de l'Abbaye est une maison ancienne du XVIIIe siècle. Affichant trois étoiles pour dix chambres, c'est le genre d'hôtel où on est certain d'être toujours soigné «comme à la maison». Tarifs: chambres à partir de 320 F, menus de 120 à 150 F.... *charpentes apparentes en bois*

Vie de château

Au cœur du Berry, la Brenne s'est transformée voici quelques années en Parc naturel régional. Ce dernier organise des séjours de découverte tranquilles et luxueux. On commence l'exploration de la Brenne par un survol en petit avion. Promenades en attelage° à cheval et à vélo, observation des animaux, soirées avec des conteurs°... occupent les quatre jours du séjour. *voiture attachée*

personnes qui racontent des histoires

Il en coûte 3750 F par personne en chambre double....

Dominique Le Brun, «Les Sentiers de l'équilibre», *Vital*, août 1991.

Découvertes culturelles

1. Pour quel type de personnes suggère-t-on des excursions qui peuvent se faire en un week-end?
2. Que remporte-t-on à l'issue des 12 jours de stage à Aubusson?
3. Que propose-t-on à Loutarès pour se mettre ou se remettre en forme?
4. Qu'y-a-t-il de particulièrement attirant dans les deux derniers séjours proposés au vacancier désireux de rester en France?
5. Pourquoi propose-t-on des excursions de week-end pour ceux qui sont obligés de rester à Paris en juillet et août?
6. Certaines de ces vacances vous intéressent-elles (ou ne vous intéressent-elles pas du tout)? Y en a-t-il qui vous semblent particulièrement «françaises»?

Activités d'expansion

Repères culturels

A. Expliquez l'influence que chacun des éléments suivants a exercée sur la vie de famille en France.

1. la contraception
2. la notion de «chef de famille»
3. la cantine (à l'école ou au bureau)
4. la mobilité professionnelle
5. les crèches et les centres de loisirs
6. l'union libre
7. les familles monoparentales
8. le compte bancaire joint
9. la «journée continue»
10. le congé maternité

B. Décrivez chacun des concepts suivants et expliquez en quoi il fait partie des modes de vie en France.

1. les résidences secondaires
2. le travail au noir
3. les petits commerces
4. les HLM
5. l'«exode rural»
6. les grandes surfaces
7. les maisons individuelles
8. les «villes nouvelles»

C. Indiquez si chacun des éléments suivants se rapporte aux loisirs traditionnels ou à la conception moderne du loisir.

1. le jeu de pétanque
2. le «foyer bulle»
3. les sorties au restaurant
4. le loisir comme un droit
5. le bricolage
6. le magnétoscope
7. l'ouverture des magasins le dimanche
8. les jeux vidéo
9. le Loto
10. la lecture

Discussion
Quelques liens culturels

1. Pour quels types de raisons les jeunes Français ont-ils tendance aujourd'hui à se marier plus tardivement?
2. Pourquoi est-ce les femmes qui préfèrent l'union libre?
3. Le mode de vie des étrangers et des immigrés habitant en France diffère souvent de celui des Français de souche. Comment? En quoi le taux de natalité chez les Français d'origine étrangère risque-t-il de changer la composition de la société française?
4. Pourquoi la voiture prend-elle une place de plus en plus importante pour la famille française?
5. Pourquoi les enfants français reçoivent-ils assez peu souvent leurs copains pour se divertir à la maison?

Lorsque les deux parents travaillent hors du foyer, ils s'arrangent souvent pour partager leurs congés afin que l'un d'eux soit présent pendant les vacances scolaires.

6. Quelles attitudes traditionnelles les Français ont-ils gardées dans leurs habi- tudes gastronomiques? En quoi la cuisine reste-t-elle un phénomène social plutôt qu'une simple nécessité?

7. Pourquoi est-il logique que la période des congés payés annuels ait été étendue sous le régime du président Mitterrand?

8. En dehors des raisons financières, pourquoi la plupart des Français restent-ils en France pour passer leurs vacances?

9. Après l'exode rural, la population s'est déplacée vers les banlieues puis, plus récemment, vers les villes nouvelles. Quels sont les avantages et les inconvé- nients de ce nouveau mode de vie?

10. Décrivez les vacances d'été d'une famille française type. Qu'est-ce qui vous frappe dans la conception que les Français ont des vacances?

11. Les Français se sont peut-être laissés américaniser dans certaines de leurs habitudes gastronomiques, mais ils s'intéressent toujours plus que d'autres à la qualité, au goût et à l'aspect social de la cuisine. Commentez.

12. Dans quels sens les Français sont-ils devenus des «consommateurs»? Quelles attitudes traditionnelles ont-ils gardées vis-à-vis de l'argent?

Mise en scène

1. Vous rencontrez un(e) jeune Français(e) de votre âge. Imaginez une discussion au cours de laquelle vous comparez les aspects fondamentaux de votre vie et la vie en France (travail, logement, argent, loisirs, transports, etc.)
2. Un(e) jeune Français(e) discute avec un de ses grands-parents. Imaginez leur conversation en comparant la vie en France aujourd'hui et la vie d'il y a quarante ans.

Activités écrites

1. Décrivez la maison française type et comparez-la avec la vôtre. Dans quelle mesure les différences les plus significatives ont-elles un rapport avec l'espace?
2. Décrivez les vacances typiques d'une famille dans votre culture et comparez ces vacances avec celles d'une famille française.
3. Connaissez-vous des jeunes adultes qui habitent toujours chez leurs parents? Pourquoi sont-ils toujours à la maison? Ces raisons sont-elles les mêmes que celles que donneraient les jeunes Français pour expliquer pourquoi ils habitent toujours «chez papa-maman»?
4. Quelles attitudes ou quelles habitudes des Français vous ont particulièrement frappé? Pourquoi?

Perspectives interculturelles

A. Les problèmes des mères de famille françaises qui travaillent sont-ils les mêmes que dans votre pays? Dans votre pays, quel type de congé maternité existe-t-il? Y a-t-il des crèches et des écoles maternelles?

B. En général, les Français ont-ils un sens de la famille plus ou moins fort que celui de vos compatriotes? Donnez des exemples de scènes de la vie familiale en France. Est-ce les activités que vous avez décrites existent au même degré dans votre culture?

C. Les parents français ont peut-être tendance à être moins indulgents que les parents américains, par exemple. Commentez.

D. Donnez des exemples du fait que le consommateur français est plus conservateur que vous.

E. En quoi le phénomène des HLM en France diffère-t-il du concept du logement aidé dans votre pays?

La collectivité

La collectivité

La spécificité de la société française actuelle résulte de l'évolution de la vie des habitants du territoire français à travers les siècles depuis l'époque des Gaulois vaincus par les Romains en 51 avant Jésus-Christ. La variété des paysages et des climats a façonné des modes de vie différents selon les régions. La croissance des villes à partir de la révolution industrielle du XIXe siècle a peu à peu transformé une société restée majoritairement paysanne en une société citadine. L'exode rural du XXe siècle ainsi que l'arrivée massive de travailleurs immigrés pour fournir la main-d'œuvre requise par l'expansion économique des «trente glorieuses» (1945–1975) ont parachevé ce processus.

L'environnement quotidien des Français est très différent entre le Nord et le midi de la France, entre l'Ouest, plutôt isolé, et l'Est, frontalier avec l'Allemagne, entre Paris et une ville régionale comme Montpellier, entre une grande banlieue et un petit village rural. Cependant, cette diversité s'articule autour du fil conducteur d'une histoire partagée qui est fièrement sauvegardée dans le centre historique des villes.

Le passage d'une économie agricole à une économie dominée par l'industrie et les services a créé de nouveaux groupes sociaux tels que les cadres. Malgré l'émergence d'une vaste classe moyenne du fait de l'augmentation générale du niveau de vie pendant les «trente glorieuses», la société française reste très hiérarchisée. Au sommet se trouve une élite dirigeante qui se recrute parmi la haute bourgeoisie dont les enfants constituent la majorité des élèves des grandes écoles. Le taux élevé du chômage actuel a vivement touché les milieux situés au bas de la hiérarchie, créant ainsi une fracture sociale caractérisée par une catégorie croissante de Français vivant dans la précarité, voire sans domicile fixe.

La France est un pays de tradition catholique. Des liens étroits ont toujours existé entre la bourgeoisie et l'Eglise. Celle-ci ne joue aucun rôle officiel dans l'Etat depuis la loi de séparation entre l'Etat et l'Eglise (1905) qui a symbolisé la victoire des partisans de la République laïque.

Le fondement principal du pouvoir de la bourgeoisie est le système éducatif. Tous les enfants sont scolarisés gratuitement dans les écoles publiques jusqu'à l'âge de seize ans, selon le principe républicain de la laïcité. Seul un petit pourcentage d'enfants sont envoyés par leurs parents dans des écoles libres. Tous les élèves reçus au baccalauréat ont le droit de s'inscrire à l'Université où les frais d'inscription sont très modestes. Par contre, des concours difficiles limitent l'inscription dans les grandes écoles.

Comme dans le domaine de l'enseignement, l'Etat exerce une grande influence sur le monde du travail, transformé par le pourcentage croissant des femmes dans la population active et par le déclin du syndicalisme. Bien que la France soit la quatrième puissance économique du monde, de par ses exportations le chômage touche actuellement tous les milieux sociaux.

La diversité de l'environnement quotidien

Par sa superficie, la France est le plus grand pays de l'Europe occidentale. Ses paysages sont très variés. Il y a des montagnes comme les Alpes et les Pyrénées qui, comme les côtes atlantique et méditerranéenne, servent de frontières naturelles, de vastes étendues de forêts qui recouvrent 27% du territoire et des plaines arrosées par de puissants fleuves comme la Seine, la Loire, le Rhône et la Garonne. La forme de la France ressemble à un hexagone pouvant s'inscrire dans un cercle de 1 000 km de diamètre. Aucun point du pays ne se trouve à plus de 500 km de la mer. Les quatre types de climat (atlantique avec des pluies fines et abondantes, méditerranéen avec des étés très chauds, montagnard avec de longs hivers et continental avec des hivers froids et des étés chauds) contribuent à la variété du terroir et à la richesse agricole.

La Loire, qui traverse la France de l'Auvergne jusqu'à l'Atlantique, et les monts du Massif central constituent une division naturelle entre le nord et le sud du pays. Dans la partie nord se trouvent la capitale, Paris, et la région Ile-de-France créée en 1976. Par son poids démographique et économique, l'Ile-de-France, dont les huit départements occupent 2% du territoire, domine le pays, produisant près du tiers du produit intérieur brut. Dans la partie sud, les régions urbanisées de Rhône-Alpes et de Provence-Côte d'Azur jouent aussi un rôle important sur le plan économique. D'autre part, la population du Midi augmente considérablement en été grâce à la foule des vacanciers attirés par le climat ensoleillé et les plages méditerranéennes.

Les trois plus grandes villes sont Paris, Lyon et Marseille, ces deux dernières formant une sorte d'axe entre la capitale et la Méditerranée. Si on trace une ligne entre les ports du Havre et de Marseille, on constate le développement inégal entre, d'un côté, le nord et l'est du pays avec leurs grands centres industriels et leurs riches terres agricoles et, de l'autre, le Centre et le Sud-Ouest moins privilégiés sur les plans industriel et agricole. Cet écart économique persiste aujourd'hui malgré la croissance du secteur tertiaire et le déclin des vieilles industries traditionnelles comme les mines de charbon du Nord, la sidérurgie en Lorraine et les textiles des Vosges.

Contexte géographique

Présentés comme les pétales d'une fleur, les huit départements forment le logo de l'Ile-de-France:
75 Paris
92 Hauts-de-Seine
93 Seine-Saint-Denis
94 Val-de-Marne
91 Essonne
78 Yvelines
95 Val-d'Oise
77 Seine-et-Marne

Afin de remédier à ce déséquilibre, la France métropolitaine a été divisée en 22 régions dont chacune possède une ville principale où siège le Conseil régional. La France métropolitaine est constituée du territoire français en Europe, c'est-à-dire la France hexagonale et l'île de la Corse en Méditerranée. La France d'outre-mer, souvent désignée sous le terme de DOM-TOM (les départements et territoires d'outre-mer) comprend des départements (la Guadeloupe, la Martinique, la Guyane, la Réunion, St-Pierre-et-Miquelon) et des territoires (la Polynésie française, la Nouvelle-Calédonie, Wallis-et-Futuna, Mayotte, les Terres australes et antarctiques françaises).

Urbanisation

La France métropolitaine de nos jours est fortement urbanisée: trois Français sur quatre vivent en ville. Il y a soixante ans, ils n'étaient qu'un sur deux. Au milieu du XIXᵉ siècle, les habitants de la ville ne constituaient que 30% de la population. La révolution industrielle a provoqué le déplacement de la population rurale vers les villes. Au cours du siècle suivant, la France, jusque-là société paysanne, s'est transformée en une société de citadins et de banlieusards. En même temps, une forte migration de provinciaux a accentué le développement de la capitale. Aujourd'hui, 60% des Parisiens sont nés en province.

L'urbanisation de la population à 75% correspond à une moyenne nationale, mais les différences régionales sont importantes. Dans la région parisienne, l'urbanisation atteint 95%; par ailleurs, l'Est est plus urbanisé (65%) que l'Ouest (45%). Etant donné que la densité de la population en France (104 habitants par km²) est l'une des plus faibles de l'Union européenne, la campagne française est l'une des moins peuplées en Europe. Cependant, la France est la première puissance agricole de l'Union.

Certaines des villes principales des 22 régions ont été désignées comme métropoles d'équilibre pour faire le contrepoids avec Paris: Lille, Rouen, Rennes, Nantes, Bordeaux, Toulouse, Montpellier, Marseille, Lyon, Clermont-Ferrand, Dijon, Strasbourg. La ville de Paris, deuxième ville d'Europe après Londres, compte 2 152 300 habitants. Paris et sa banlieue (la région parisienne) comptent 9 320 000 habitants, ce qui représente près du quart des citadins français. Trois autres agglomérations ont environ un million d'habitants: la capitale de la région Rhône-Alpes, Lyon (1 262 223); la capitale de la région Provence-Côte d'Azur, Marseille (1 087 270); et dans le Nord, la conurbation Lille-Roubaix-Tourcoing (950 265). Les autres capitales régionales ont entre 150 000 et 600 000 habitants. Trente-six villes comptent plus de 100 000 habitants. La croissance de ces villes provient de leur situation au carrefour des routes ou des voies d'eau ainsi que de leur importance économique. C'est pourquoi de nouvelles banlieues ont poussé autour d'elles pour loger les Français de la campagne et les immigrés attirés par les emplois nombreux dans les industries, les magasins et les bureaux.

La ville traditionnelle est formée d'un centre historique entouré de quartiers bourgeois, souvent appelés «beaux quartiers», et de quartiers populaires dont les résidents sont moins aisés. Les vieux immeubles du centre-ville n'ayant pas de garages, le nombre croissant de voitures crée des problèmes de stationnement et de congestion dans les rues. Pour y améliorer la qualité de la vie, le conseil municipal, élu pour administrer la ville, fait construire des parkings publics souterrains et interdit les voitures dans certaines rues désignées comme piétonnes. Les citadins peuvent se détendre dans des squares, des jardins publics et des places bordées d'arbres. Dans le Midi, à la fin de la journée, ces places sont animées par les joueurs de boules et de pétanque. Il reste vrai néanmoins que les vieilles villes manquent souvent d'espaces verts.

Malgré l'expansion des banlieues, le centre-ville reste le cœur de l'activité urbaine. Comme des immeubles résidentiels s'élèvent au-dessus des petits commerces, des cafés et des restaurants du rez-de-chaussée, les rues du centre ne se vident pas après l'heure de fermeture des bureaux.

A la différence des grandes villes américaines, le développement de la banlieue des villes françaises n'a pas entraîné le déplacement des résidents aisés du centre-ville vers l'extérieur. En France, ce sont les membres des classes populaires des quartiers historiques et ouvriers qui, ne pouvant plus payer les loyers élevés exigés par la restauration des immeubles anciens, se sont vus obligés de se déplacer vers la banlieue. On a ainsi assisté à un embourgeoisement progressif du centre-ville.

Les villes principales des 22 régions

La population des principales agglomérations de la France

Certaines villes se sont transformées en métropoles régionales à dimension européenne. Citons comme exemple Montpellier, capitale de la région méditerranéenne Languedoc-Roussillon. Grâce au lancement en 1977 d'un projet d'urbanisme reliant les grandes fonctions urbaines: tourisme et justice (dans le centre historique), commerce (dans le quartier Polygone), nouveaux immeubles d'un style néoclassique (dans le quartier Antigone) et universités (dans le quartier Richter), Montpellier s'est ainsi haussée démographiquement du rang de 25ᵉ à celui de 7ᵉ ville de France. Les 60 000 étudiants inscrits dans les universités de Montpellier, où la première école de médecine d'Europe est née en 1220, contribuent au développement d'un «technopôle». Les entreprises y sont attirées par les centres de recherche spécialisés dans les domaines de la médecine, de l'agronomie, de l'informatique, des télécommunications et du tourisme. Cette création de nouveaux emplois amène de nouveaux habitants: actuellement, 80% des Montpelliérains sont nés hors de la ville et le secteur tertiaire représente 83% des emplois. Parallèlement, la municipalité a encouragé le développement de la vie

La Place de l'Europe, au centre de Montpellier, avec l'Opéra Comique en arrière-plan

culturelle en établissant le Festival du film méditerranéen et la médiathèque Fellini, la plus grande en France avec 75 postes de visionnage, et en construisant le Corum, grande salle de 2 000 places qui sert aussi de Palais des congrès. Bénéficiant d'un climat très ensoleillé et de la proximité de la mer, Montpellier symbolise la réussite d'un vaste projet d'urbanisme contemporain améliorant le cadre de vie des habitants et suscitant la croissance économique de la ville.

Banlieue et cités

Au début, la banlieue entourant les grandes villes se distinguait par les petites maisons avec jardin, appelées pavillons, où résidaient les banlieusards. Les immeubles se trouvaient à l'intérieur de la ville. Après la Seconde Guerre mondiale, sous l'effet du «baby-boom», de l'accélération de l'exode rural, aussi bien que de l'arrivée massive de travailleurs immigrés venus des anciennes colonies françaises d'Afrique, et surtout du Maghreb, pour fournir la main-d'œuvre nécessaire à la croissance économique des «trente glorieuses» (1945–1975), la proche banlieue tranquille s'est étendue et transformée en grande banlieue, caractérisée par des immeubles d'une architecture fonctionnelle agressive. Le rapatriement des Français d'Algérie par la France en 1962, à la fin de la guerre d'Algérie, a également grossi les rangs des Français cherchant à se loger dans les banlieues. Les travailleurs immigrés, arrivés seuls au début et qui acceptaient de vivre dans des logements insalubres appelés bidonvilles, ont bientôt souhaité faire venir et installer leurs familles dans des logements plus adéquats. C'est ainsi qu'ont vu le jour, dans les nouvelles banlieues, les grands ensembles d'appartements en béton, vite construits et sans confort, appelés cités. Beaucoup de ces ensembles étaient constitués d'immeubles HLM (habitations à loyer modéré) financés par l'Etat pour loger les familles modestes ou défavorisées. L'absence d'espaces verts et de services publics sur place a contribué à rendre les conditions de vie pénibles dans ces cités-dortoirs devenues peu à peu des zones de pauvreté surpeuplées où la population était majoritairement immigrée.

Au cours des années quatre-vingt, le chômage croissant qui frappait en particulier les jeunes, la montée du vandalisme et de la violence ainsi que le trafic de drogue ont rendu la vie dans les cités encore plus précaire. A partir de 1990, suite à des brutalités policières, certaines cités de la Seine-Saint-Denis, dans la banlieue parisienne, et de Vaulx-en-Velin, dans la banlieue lyonnaise, ont été la scène d'émeutes sanglantes qui ont opposé les jeunes immigrés musulmans et les forces de l'ordre. Ces explosions de haine ont fait redoubler les accusations racistes portées par les Français ultra-nationalistes du Front national contre les immigrés maghrébins. Le mouvement SOS Racisme créé en 1984 par des enfants d'immigrés maghrébins et africains dans un effort pour protéger les immigrés contre la discrimination raciale, s'est montré peu efficace dans les années quatre-vingt-dix contre le racisme exacerbé par le chômage croissant en France. Il faut cependant signaler que la plupart de ces jeunes «beurs» ont la citoyenneté française, suivent le même cursus scolaire que tous les jeunes Français et désirent s'intégrer à la société française.

Les cités sont devenues des symboles de la fracture sociale ainsi que de la fracture ethnique entre les musulmans adaptés à la vie française et les intégristes inspirés par le Front Islamique du Salut en Algérie et responsables d'attentats terroristes contre les Français. Afin de résoudre la crise des cités-banlieues, le gouvernement du président Chirac a mis en place en 1995 un «plan national d'intégration urbaine» (PNIU) visant à réduire la «ghettoisation» des cités et à restaurer les valeurs républicaines d'égalité et de solidarité. Ce plan s'organise autour de quatre lignes directrices: emploi, logement, sécurité et démocratie. Face aux inégalités entre la vie dans la ville et la vie dans les cités, l'intégrisme musulman tend à s'enraciner chez les jeunes beurs au chômage. On compte sur l'élaboration de «petits boulots» pour les jeunes de 18 à 25 ans ainsi que sur la réhabilitation des logements et sur l'amélioration des services publics pour réduire le sentiment de marginalisation et d'exclusion ressenti par les habitants des cités. Le centre urbain ayant créé sa banlieue, celle-ci a créé à sa périphérie les cités. Un Français sur cinq habite en banlieue. Il est donc urgent que le gouvernement trouve des solutions à la fracture sociale qui caractérise certaines d'entre elles, car la paix civile en dépend.

Pour faire face à la crise du logement des familles du baby-boom, les urbanistes ont implanté des villes nouvelles à l'extérieur des grandes banlieues. Ces villes créées en pleine nature disposaient, dès l'arrivée des premiers habitants, de services sociaux et d'équipement sportif et culturel qui y rendaient la vie attrayante. Dans la région parisienne, par exemple, les cinq villes nouvelles (Cergy-Pontoise, Evry, Saint-Quentin-en-Yvelines, Marne-la-Vallée et Melun-Sénart) sont devenues des agglomérations dynamiques offrant des emplois dans le secteur tertiaire et dans la haute technologie.

Malgré la croissance des grandes capitales régionales qui tend à réduire la suprématie de Paris, les Français ont encore l'habitude d'appeler toute la partie du territoire extérieure à la région parisienne «la province». Dans cette perspective, on habite «à Paris» ou «en province» où, sous-entendu, la vie est isolée et en retard sur la vie parisienne. En réalité, la politique de décentralisation menée depuis 1982, la construction d'autoroutes, le développement de transports rapides comme le TGV, l'établissement de technopôles et la télévision nationale ont profondément transformé la vie en province. En 1994, 78% des ménages avaient une voiture et 96% possédaient un téléviseur couleur. D'ailleurs la qualité de la vie dans les grandes villes régionales est souvent jugée par leurs habitants supérieure à celle de la capitale.

Il reste vrai qu'en dehors de ces villes, à la campagne, le rythme de la vie a beaucoup moins changé. C'est là qu'on rencontre la France profonde où les traditions anciennes demeurent très vivaces. La campagne s'est malgré tout dépeuplée à mesure que des subventions gouvernementales et la politique agricole de l'Union européenne ont incité les propriétaires de petites fermes à vendre leurs parcelles de terre aux grands exploitants. Dans ces exploitations, le travail saisonnier est souvent effectué par des immigrés. Les grands bourgs où, sur la place, a lieu le marché agricole hebdomadaire, ainsi que les villes qui accueillent le comice agricole, maintiennent les traditions campagnardes d'autrefois. Par contre, les villages ont perdu beaucoup de leur activité. L'exode rural a fait diminuer leur population. L'implantation de grands supermarchés à la périphérie des villes a provoqué la fermeture de la plupart des petits commerces autour desquels s'organisait la vie du village. Quant aux familles qui, ayant vendu leurs terres, continuent à vivre au village, la voiture leur permet de faire le trajet quotidien pour aller travailler et se distraire dans la ville avoisinante.

Certains villages historiques ou pittoresques reprennent cependant vie pendant le week-end et les vacances, grâce au tourisme culturel. En été, des festivals de musique et des évocations historiques sous forme de spectacles «son et lumière» attirent des visiteurs dans les anciennes églises de village et les châteaux des alentours. D'autres petites villes ne survivent que grâce à l'achat de vieilles maisons par des citadins qui les restaurent pour en faire leurs résidences secondaires. En 1994, 13% des ménages français possédaient une résidence secondaire. Cette proportion de ménages propriétaires d'une résidence secondaire est la plus forte de tous les pays du monde.

Campagne

Découvertes culturelles

Commentez chacun des termes suivants qui font référence à différents éléments constitutifs de la diversité géographique, démographique et sociale de la France.

1. la diversité des paysages
2. le Massif central
3. l'Ile-de-France
4. le Midi
5. les régions

6. les DOM-TOM
7. l'urbanisation
8. la ville traditionnelle
9. le développement de la banlieue
10. SOS Racisme
11. les cités
12. le PNIU
13. les villes nouvelles
14. la province
15. la campagne

Témoignages culturels

Lecture 1

Classement général des villes

Quelles sont les villes françaises les mieux préparées pour l'an 2000? Où trouve-t-on la meilleure qualité de vie? La plus grande diversité culturelle? Le moins de cambriolages? Le moins de chômage? *Le Nouvel Observateur* a classé, à partir de critères objectifs, les vingt-cinq plus grandes villes de France et les a comparées avec la capitale. Voici le résultat de ce classement.

CLASSEMENT GENERAL

1. Grenoble ☆ ☆ ☆

2. Lyon ☆ ☆	7. Rennes	14. Toulouse	19. Amiens
3. Paris ☆	9. Marseille	15. Orléans	21. Poitiers
4. Nantes	10. Caen	16. Reims	22. Metz
4. Besançon	11. Bordeaux	16. Lille	23. Limoges
6. Strasbourg	12. Dijon	18. Clermont-Ferrand	24. Rouen
7. Montpellier	13. Nice	19. Saint-Etienne	25. Le Havre

Le Nouvel Observateur, 31 mars 1994.

Découvertes culturelles

1. Situez sur une carte de France les villes mentionnées dans ce classement.
2. Sur ces 25 villes, combien se trouvent a) dans le Nord; b) dans le Sud; c) dans l'Ouest; d) dans l'Est? Y a-t-il une région de la France où la qualité de la vie semble supérieure?
3. Quelles villes se trouvent a) sur le bord d'un fleuve; b) près d'une chaîne de montagnes; c) près de la mer? La situation géographique de ces villes semble-t-elle contribuer à leur bon classement?

Lecture 2

Montpellier aujourd'hui

Voici comment, dans une brochure touristique, les atouts de la modernisation de la ville de Montpellier sont présentés.

Après le ralentissement° économique et démographique de la première moitié du XXe siècle, Montpellier connaît un nouvel essor.° On bâtit de grands quartiers périphériques et d'importants centres commerciaux (Le Triangle, Le Polygone), tandis que le centre historique fait l'objet d'une constante mise en valeur.

Aujourd'hui, la ville s'illustre mondialement comme un pôle de création urbanistique. Avec Antigone° et son image forte, l'architecte Ricardo Bofill a su étendre harmonieusement la ville jusqu'au Lez. Le majestueux Opéra et Palais des Congrès, le Corum, dû au talent de l'architecte Claude Vasconi, prolonge l'Esplanade vers l'est.

Tandis que Richard Meier, le grand architecte américain, aménage l'Espace Pitot face aux jardins de la place royale du Peyrou. Enfin, le centre-ville s'étend vers le sud avec l'ambitieux projet de Port-Marianne— 400 anneaux,° 40 000 logements, Montpellier s'affirme comme un technopôle de dimension européenne, véritable Eurocité° au bord de la Méditerranée.

Extrait d'une brochure éditée par l'Office du Tourisme de Montpellier.

perte de vitesse
croissance

nom d'un quartier conçu par l'architecte postmoderniste Ricardo Bofill (voir page 297)

amarres pour bateaux
grande ville européenne

Découvertes culturelles

1. Qu'est-ce que ce texte sur la ville de Montpellier nous apprend sur sa population, son dynamisme économique, son lien avec le passé, ses projets d'urbanisme contemporain, son avenir technologique et européen, ses avantages géographiques?
2. Quelle image vous est ainsi donnée de cette capitale régionale?

Où vit-on le mieux?

La vie est-elle plus agréable à Paris ou dans une capitale régionale? Voici l'opinion d'une femme née en province et qui habite maintenant à Marseille, après avoir vécu dans la capitale.

J'étais une provinciale «montée» à la capitale. Et comme tous les Parisiens, de naissance ou d'adoption, je souffrais d'une névrose° dont je mesure aujourd'hui l'ampleur: le parigocentrisme.° Je croyais que «tout se passait à Paris». Voilà pourquoi il fut si difficile de partir. Aujourd'hui je sais qu'il y a une vie après la porte d'Orléans.° Je comprends que j'étais gravement intoxiquée. Accro° aux mythes et aux illusions. L'air de Paris, c'était du vent.° Maintenant, je respire la brise° du Vieux-Port, dans Marseille la magnifique. Qui a dit que «tout se passait à Paris»? Et OM-Valenciennes,° alors! Qui a parlé de «désert culturel»? Je vais plus souvent au théâtre ou à l'opéra. Tout ici est plus accessible, plus facile. Le répertoire est excellent, avec de bonnes créations et la reprise des «plus grands succès parisiens». Bien sûr, après 10 heures du soir, la ville dort, les rues sont à peines éclairées, la plupart des restaurants commencent à baisser le rideau.° Mais le lendemain, je prends ma revanche. A l'heure du déjeuner, en plein hiver, pendant que vous, les Parisiens, vous vous entassez dans des bistros enfumés, je mange en terrasse, avec vue sur les calanques.° Le mercredi après-midi, alors que vos enfants poussent leur bateau sur le bassin des Tuileries,° les miens pataugent dans la Méditerranée. Le week-end, vous faites la forêt de Rambouillet ou Fontainebleau. Moi, je me promène en Camargue, dans le Lubéron ou dans les Alpes-de-Haute-Provence. La carte du temps m'emplit d'aise° à chaque fois: un gros soleil sur Marseille, un gros nuage sur Paris. Je vais me coucher le cœur léger. Enfin presque.

Car vous, le soir, dans votre lit, quand vous avez enfin réussi à vous extirper des embouteillages, vous rêvez sans doute de la province. Moi, il faut maintenant que je vous l'avoue, je rechute.° Je pense à Paris, à l'air et aux illusions qu'on y respire. Qu'est-ce qui se passe là-bas?

Marie-France ETCHEGOIN, *Le Nouvel Observateur*, 23 septembre 1993.

maladie mentale

tendance à considérer que tout est centré sur Paris

limite sud de la ville de Paris

accrochée, très attachée

un mensonge / vent léger

affaire frauduleuse entre les clubs de football de Marseille et de Valenciennes

fermer

petites baies entourées de rochers / le jardin des Tuileries à Paris

bonheur

retombe (malade)

Découvertes culturelles

1. De quoi cette femme née en province et devenue Parisienne d'adoption était-elle victime quand elle vivait dans la capitale?
2. Pourquoi a-t-elle eu du mal à quitter la vie parisienne?

3. En quoi son jugement sur Paris a-t-il changé?
4. Où habite-t-elle maintenant?
5. Cette ville est très active sur le plan sportif et culturel, mais qu'est-ce qui est difficile d'y faire le soir?
6. Pourquoi les déjeuners en hiver y sont-ils plus agréables qu'à Paris?
7. Le jour de semaine où il n'y a pas d'école, qu'est-ce que les enfants parisiens peuvent faire dans le jardin public des Tuileries?
8. Quelle est la différence entre les promenades que les Parisiens et les Marseillais peuvent faire le week-end?
9. Quel est l'avantage du climat dans le midi de la France?
10. Cette femme a-t-elle encore une certaine nostalgie de la vie à Paris? Pourquoi?

La ville et ses banlieues

Lecture 4

Le surdéveloppement urbain a eu sur la vie des citadins des conséquences négatives comme le stress croissant, les embouteillages, la pollution et l'insécurité. Les émeutes des jeunes des banlieues ont mis en lumière l'échec de l'urbanisme technocratique des années soixante. La décomposition générale de tous les liens sociaux dans leurs quartiers a donné naissance à des bandes de jeunes soudés par des liens communautaires très forts. Ces protestations qui ont dépassé les banlieues posent aujourd'hui la question de la place accordée à la jeunesse par la société.

Les Français avaient un peu oublié leurs banlieues. Ils les ont brutalement redécouvertes à la fin de 1990, avec deux événements troublants. En octobre d'abord, quand ont éclaté des scènes d'émeutes à Vaulx-en-Velin, dans l'agglomération lyonnaise.° Puis en novembre à Paris, au cours d'une manifestation lycéenne, quand des dizaines de «casseurs» venus de la périphérie° se sont mis à saccager des vitrines et à piller° des magasins.

région urbaine de Lyon

banlieue / cambrioler

L'émotion provoquée par ces deux événements a été d'autant plus forte que les banlieues des grandes villes ont bénéficié ces derniers temps de beaucoup d'argent, d'imagination, et de bonnes volontés. Le confort des logements s'est amélioré; les moyens de transport se sont développés; les équipements sportifs et sociaux se sont multipliés... Et on a commencé peu à peu à corriger les excès des «années-béton», en allant jusqu'à détruire certaines «barres»° d'habitat collectif.

grands ensembles

Mais d'autres facteurs sont intervenus entre-temps: une spéculation immobilière effrénée° qui repousse les pauvres vers la périphérie; une immigration mal gérée° qui prend la forme de «ghettos» ethniques; et un mode de répartition° des aides de l'Etat dont les effets pervers° figent les inégalités entre les communes.°

excessive
contrôlée
distribution / négatifs
divisions administratives de la France

La diversité de l'environnement quotidien

Aujourd'hui, les mots «ville» et «banlieue» recouvrent des réalités très différentes, comme l'illustre l'exemple parisien. Le prix moyen des logements dans la capitale a doublé en cinq ans. Il n'a jamais fait si bon vivre à Paris pour ceux qui ont la chance d'y être bien logés et de disposer de revenus° élevés. A la périphérie, on compte quelques havres° de calme et de verdure, mais qui côtoient des communes réellement sinistrées°...

Les pouvoirs publics ont mis en place ces dernières années une série de dispositifs pour réhabiliter les quartiers en difficulté. On s'est vite aperçu qu'il ne suffisait pas de ravaler° les façades ou de réparer les ascenseurs. L'objectif est de créer des emplois, de casser les mécanismes d'exclusion, de changer les mentalités... bref, de recoudre un tissu° social déchiré, tout en inventant un nouvel urbanisme.

Robert SOLÉ, *Le Monde*, Dossiers et documents, no. 185, février 1991.

moyens financiers / refuges

dévastées, qui ont subi des dommages

nettoyer

organisme

Découvertes culturelles

1. Qu'est-ce qui a attiré l'attention des Français sur les banlieues à la fin de 1990?
2. Qu'est-ce que le gouvernement avait déjà fait pour améliorer la vie dans les banlieues des grandes villes?
3. Pourquoi a-t-on commencé à démolir certains grands ensembles d'HLM en béton construits pendant les années soixante?
4. Quels nouveaux facteurs ont compliqué les démarches positives du gouvernement?
5. Comment l'exemple de Paris illustre-t-il les forces qui repoussent les pauvres vers les quartiers périphériques défavorisés?
6. Qu'est-ce que le gouvernement a fait pour remettre en état les logements collectifs dégradés des banlieues?
7. Pourquoi ces travaux ont-ils produit peu d'effet sur le malaise social qui règne sur ces banlieues?
8. Quels aspects de ce problème des banlieues sont similaires aux problèmes sociaux créés par l'urbanisme dans votre pays? Y a-t-il aussi des différences?

II
Les milieux sociaux

Les structures sociales en France restent aujourd'hui plutôt hiérarchisées malgré l'évolution vers un schéma plus simple formé d'une élite dirigeante et d'une grande classe moyenne qui absorbe peu à peu le milieu ouvrier. Cette hiérarchisation reflète la distribution du pouvoir économique à travers les couches sociales au cours des siècles précédents.

Jusqu'à la Révolution de 1789 et l'instauration de la Iʳᵉ République, la société française a été dominée par l'aristocratie dont le pouvoir découlait de la naissance. Pendant le XIXᵉ siècle, la bourgeoisie a développé sa puissance grâce, non à la naissance, mais à la réussite financière et professionnelle. La révolution industrielle a donné naissance à une classe ouvrière qui travaillait dans les mines et les usines. Cette main-d'œuvre exploitée par les industriels bourgeois qui s'enrichissaient a bientôt constitué un véritable prolétariat. A la même époque, à la campagne, existait une division sociale entre les notables, riches propriétaires des terres, d'un côté, et de l'autre les petits paysans et les ouvriers agricoles. A mesure que la population urbaine s'est accrue, la ville s'est scindée entre les «beaux» quartiers où résidaient les bourgeois riches et les quartiers populaires habités par la classe ouvrière. A l'intérieur de la bourgeoisie, l'écart entre la fortune des familles a créé trois niveaux sociaux: la grande bourgeoisie, la bourgeoisie moyenne et la petite bourgeoisie, formée en partie de petits fonctionnaires bénéficiant de la sécurité de l'emploi. Une distinction s'est faite aussi entre les employés travaillant dans les magasins et les bureaux et les ouvriers des usines. Ceux-ci se remarquaient par exemple sur le plan vestimentaire par le port du «bleu de travail».

Plus récemment, l'expansion économique des «trente glorieuses» (1945–1975) a fait naître un nouveau groupe social: celui des cadres. Sur le plan hiérarchique, ceux-ci se situent entre les patrons et les travailleurs (employés et ouvriers). Ils s'occupent de la gestion du bureau ou de l'entreprise et font partie de la bourgeoisie. Selon leur niveau de responsabilité professionnelle, ils se répartissent en cadres supérieurs, cadres moyens et petits cadres. Signalons qu'un cadre sur trois travaille actuellement dans la région Ile-de-France. Les cadres ont adopté un mode de vie fortement influencé par la «société de consommation» qui s'est mise en place à partir des années soixante. Ils se sont, par exemple, montrés davantage attirés par le désir de dépenser et de faire des emprunts pour s'acheter de quoi améliorer leur qualité de vie que par l'épargne qui caractérisait l'attitude traditionnelle de la bourgeoisie envers l'argent. Les goûts et les modes des cadres aisés sont devenus les critères de la réussite de la nouvelle bourgeoisie. La bourgeoisie conformiste qui menait une vie discrète en rejetant les signes extérieurs de richesse et qui investissait ses économies dans des valeurs sûres n'a pas disparu pour autant.

L'élite bourgeoise constitue la classe dirigeante qui représente en quelque sorte l'aristocratie actuelle de la société française. La plupart des décideurs dans les secteurs public et privé ainsi que dans les domaines politique et économique sortent des grandes écoles dont les concours d'entrée sélectionnent les élèves les plus brillants. Dans les familles bourgeoises règne une ambiance culturelle favorable au succès des études qui garantissent le recrutement aux postes clés de la nation. Cette élite se distingue des autres milieux sociaux par sa culture, son accès à l'information et son pouvoir d'achat très abondant.

Juste avant la Première Guerre mondiale, la population paysanne représentait plus de 55% de la population française. Après la Seconde Guerre mondiale, l'exode rural s'est accéléré. Aujourd'hui la population agricole ne constitue que 5% des Français. Ce déplacement massif de la population campagnarde vers la ville et sa banlieue a transformé profondément le milieu agricole. En même temps, le paysan traditionnel qui vivait en autarcie sur sa ferme est devenu un agriculteur qui utilise les ressources de la technologie moderne pour améliorer le rendement de son exploitation. Par conséquent, un agriculteur moyen peut aujourd'hui subvenir aux besoins alimentaires d'une quarantaine de personnes et la France doit gérer un excédent énorme de produits agricoles. Bien que ce milieu encore assez conservateur ne constitue qu'un faible pourcentage de la population, il continue cependant à exercer une influence notable sur les décisions du gouvernement, en particulier dans le cadre de la politique agricole de l'Union européenne.

L'augmentation générale du niveau de vie depuis la Seconde Guerre mondiale a rapproché le mode de vie de la classe ouvrière et celui de la petite bourgeoisie. Des salaires plus élevés ont permis aux ouvriers de s'ouvrir aux apports de la «société de consommation». Une conséquence visible de ce phénomène s'est manifestée, par exemple, par la disparition des différences vestimentaires entre les ouvriers et les employés. La Sécurité sociale fondée en 1945, qui garantit à tous les milieux sociaux une protection financière en cas de maladie, d'accident de travail ou de licenciement, a aussi joué un rôle important dans l'amélioration de la vie de la classe ouvrière, tout comme les congés payés assurant des vacances annuelles à tous les travailleurs.

L'embourgeoisement du milieu ouvrier a donné naissance à un nouveau prolétariat composé de travailleurs immigrés venus en France pour fournir la main-d'œuvre nécessaire, en particulier dans le secteur industriel, pendant les «trente glorieuses». Provenant d'abord d'autres pays européens tels que l'Italie, l'Espagne et le Portugal, puis des anciennes colonies de l'Afrique francophone et surtout du Maghreb (l'Algérie, le Maroc et la Tunisie), ces travailleurs se sont vu confier les travaux pénibles n'exigeant pas de qualification particulière. Aujourd'hui la population étrangère, qui constitue 6,2% de la population totale, se compose de 41,3% d'Européens, 46,8% d'Africains et 11,9% d'Asiatiques. Les principaux groupes d'Européens étaient en 1990 les Portugais (838 500), les Italiens (337 200) et les Espagnols (304 900). Leur mode de vie similaire à celui des Français et leur catholicisme ont facilité leur intégration dans la société française. Les Maghrébins constituent la majorité des Africains (610 000 Algériens; 570 000 Marocains, 210 000 Tunisiens). Les traditions islamiques qui caractérisent la vie des Maghrébins les placent à part de la majorité des Français. Environ 60% de la population étrangère travaille dans la région parisienne et dans les régions Rhône-Alpes et Provence-Côte d'Azur.

Le premier choc pétrolier de 1973 a freiné la croissance économique ininterrompue depuis 1945 et engendré le chômage, qui a touché en particulier les travailleurs immigrés et les milieux sociaux modestes. En même temps, les avances technologiques ont transformé le marché de l'emploi, notamment pour les vieilles industries où les besoins en main-d'œuvre non qualifiée ont diminué. A mesure que le chômage s'est accru pendant les années quatre-vingt, une société à deux vitesses s'est établie avec d'un côté le milieu des gens favorisés, et de l'autre celui des démunis, composé des chômeurs de longue durée, des jeunes ne trouvant pas de travail et des exclus vivant dans la précarité, en marge de la société. Parmi ceux-ci, un nouveau

Un travailleur immigré de l'Afrique dans l'usine Renault

groupe social s'est dessiné, celui des SDF (sans-domicile-fixe) dont on estimait le nombre à 250 000 en 1995. La mendicité a commencé à faire sentir sa présence dans les rues. Le gouvernement a préparé des plans de réinsertion sociale pour les victimes de la crise en soulignant le caractère essentiel de la cohésion sociale dans les valeurs républicaines. «La lutte contre l'exclusion est une priorité nationale engageant le pays entier» a annoncé le président Chirac en 1995. Malgré la volonté du président et les mesures sociales prises par le gouvernement en faveur des «nouveaux pauvres» qui se détachent du bas de la classe moyenne, il semblerait que la fracture en deux groupes économiques, qui caractérise actuellement les milieux sociaux, soit difficile à enrayer.

Découvertes culturelles

Développez les constatations suivantes en ajoutant des renseignements supplémentaires.

1. La société française reste hiérarchisée.
2. Certains changements sociaux au cours des dernières années ont fracturé la société française en plusieurs groupes sociaux.
3. Les cadres constituent un groupe social créé par l'expansion économique qui a suivi la Seconde Guerre mondiale.
4. Il existe une classe dirigeante au sommet de la hiérarchie sociale en France.
5. La modernisation de l'agriculture a beaucoup modifié la vie à la campagne.
6. La «société de consommation» a eu des effets sur la structure sociale en France.
7. Les immigrés ont formé un nouveau prolétariat.
8. Le chômage a créé une société à deux vitesses.
9. Le nombre de SDF est en augmentation.
10. Il existe des différences notables entre la société française d'aujourd'hui et celle d'il y a 50 ans.

Témoignages culturels

Lecture 1

Je choisis la République française

Les liens qui unissent les différents milieux français sont-ils menacés par l'installation en France d'importantes communautés d'immigrés vivant selon d'autres valeurs traditionnelles? Cette question a provoqué la modification du Code de la nationalité, en 1993, en ce qui concerne les enfants nés sur le territoire français de parents étrangers. Jusque-là, ces enfants devenaient automatiquement français par le droit du sol (*jus soli* en latin). La principale altération du Code a consisté à supprimer l'automaticité de l'acquisition de la nationalité française pour ces enfants: ceux-ci pourraient désormais devenir français en en faisant la demande explicite par une démarche administrative, entre les âges de 16 et 21 ans. Les enfants de Français, quant à eux, ont automatiquement la nationalité française par le droit du sang (*jus sanguinis*).

Jean Daniel explique dans le texte qui suit pourquoi lui, homme de gauche pour qui «l'étranger est mon ami, l'exilé mon complice et l'immigré mon frère», s'est montré favorable à cette modification alors qu'un autre homme de gauche, Jack Lang, ancien ministre de la Culture et de l'Education nationale, s'y est opposé.

Sulfureux,° décidément, le débat sur le Code de la Nationalité. A lire Jack Lang dans le dernier numéro du «Nouvel Observateur», il opposerait les hommes et les femmes de progrès à tous ceux qui veulent porter atteinte° à *«la continuité nationale»* et à *«l'âme de la France»*. Rien que cela. Les arguments de l'ami Jack Lang ne sont d'ailleurs pas dépourvus de force, et la fureur polémique dont il fait preuve ne facilite pas la discussion. Cela dit, il faut trouver embarrassant que nombre d'immigrés, de migrants ou de Français nés de parents étrangers acceptent volontiers ce qui l'indigne:° à savoir la nécessité, pour obtenir la nationalité française, de la demander....

passionné, explosif

nuire

irrite

Alors, de quoi s'agit-il? En gros, bien sûr, de l'identité française. Mais surtout de la conception républicaine qu'on s'en fait; du désir qu'on peut nourrir de la voir se pérenniser;° du doute que l'on peut avoir aujourd'hui sur la capacité de la France à absorber, aussi bien que dans son passé, la richesse des apports étrangers pour se les approprier. Pourquoi le problème serait-il nouveau?

se perpétuer

Pourquoi la France pourrait-elle avoir cessé, en partie tout au moins, d'être cette merveilleuse machine à fabriquer des Français qu'elle a été au cours des siècles? Pour deux raisons essentielles. La première, c'est que nous avons affaire à une immigration de peuplement qui, comme l'a souligné Fernand Braudel, n'a plus correspondu, à partir de 1973, aux besoins de la nation économique. Cette immigration de peuplement, favorisée par un légitime regroupement familial,° tend à se traduire par une installation communautaire. Or il est plus difficile d'intégrer des communautés, qui ont tendance à maintenir leurs valeurs, que des individus.

réunion des membres d'une famille

Plus importante, la seconde raison vient de ce que la société française a vu se gripper° tous les mécanismes privilégiés de la grande machine à fabriquer des Français: l'école, l'Eglise, l'armée, les syndicats, le Parti communiste. C'est au moment où la France, réduite à l'Hexagone ou presque, s'est trouvée en situation d'affronter les flux migratoires les plus importants et les plus homogènes qu'elle s'est révélée le moins armée° pour faire fonctionner ses mécanismes intégrateurs comme elle avait l'habitude de le faire dans le passé. Jack Lang a raison de dire que le respect absolu du droit du sol constitue une preuve éclatante de la confiance qu'une société se fait à elle-même.

se détériorer

équipée

Si cette magnifique confiance était toujours justifiée, non seulement je serais partisan° du maintien du *jus soli* mais je demanderais qu'il soit plus radical. Car, contrairement à ce qu'on écrit souvent, un enfant

en faveur

né en France de parents étrangers n'est pas français. Il ne le devient qu'à sa majorité,° s'il n'a pas refusé de l'être. Mais comme j'observe que notre politique d'intégration ne met en place aucune compensation au grippage° de tous les mécanismes intégrateurs évoqués plus haut, je ne trouverais pas inutile qu'on enseigne à un jeune étranger, influencé par son milieu familial, ce à quoi il s'engage en entrant, pour notre bonheur, dans la société républicaine. Et que, librement, il choisisse.

A partir de là, il y a deux chemins: l'un emprunté par les esprits soucieux de défendre les valeurs de la République, l'autre par ceux qui désirent protéger l'ancienne chrétienté supposée gauloise.° Les premiers ouvrent les bras à l'étranger en se félicitant de son adhésion à la conception française de la démocratie républicaine: on ne peut donc sans mauvaise foi les soupçonner d'une quelconque xénophobie. C'est même exactement le contraire, car il y a dans les principes de la République le respect fraternel de l'étranger. Les seconds se vautrent dans° le repli,° le rejet, l'exclusion. Comme ceux qui viennent de célébrer Jeanne d'Arc°— à leur manière, qui est hideuse.

Alors, pour accueillir l'enfant prodigue° dans la communauté républicaine, certains, j'en suis, ont estimé qu'il n'était ni indécent ni discriminatoire de souhaiter que le désir d'en faire partie fût formulé. Aggravant mon cas, j'ai même imaginé qu'il pourrait y avoir une fête, en tout cas une cérémonie, pour célébrer l'entrée dans cette communauté de ceux qui voulaient bien en faire la demande. A la condition *évidemment* qu'aucune exigence ne soit imposée pour formuler cette demande.... Ce qui est essentiel, j'espère l'avoir montré, c'est l'*esprit* avec lequel on transforme un mécanisme automatique en accord contractuel, un bénéfice passif en volontariat.° Ce Code n'a d'importance que selon l'*esprit* qui peut, qui doit l'accompagner. Code ou pas, il s'agit de savoir si l'on est attaché à la République à la fois *ouverte* et *laïque, fraternelle* et *une*. Et si, dans cette perspective, on est prêt à faire les efforts qui s'imposent, dans tous les domaines, pour faciliter l'insertion° des enfants républicains de ce pays.

Jean DANIEL, *Le Nouvel Observateur*, 13 mai 1993.

Découvertes culturelles

1. Comment Jack Lang caractérise-t-il les Français qui s'opposent à cette modification du Code de la nationalité?
2. Selon Jean Daniel, qu'est-ce qui affaiblit l'argument de Jack Lang?
3. Citez les deux raisons pour lesquelles l'obtention automatique de la nationalité française par les enfants nés en France de parents étrangers est devenue un problème d'actualité.

4. Jusqu'à présent, quelles institutions ont joué un rôle important pour transformer en Français les étrangers possédant le droit du sol?

5. Pourquoi et comment faut-il, selon Jean Daniel, suppléer à ces institutions?

6. Comment devraient se comporter envers les immigrés qui demandent la nationalité française ceux qui croient aux valeurs de la République française?

7. Par contre, quelle est l'attitude de l'extrême droite qui a choisi Jeanne d'Arc comme symbole?

8. Par quel moyen Jean Daniel voudrait-il sauvegarder la continuité d'une République formée d'individus libres et empêcher qu'elle ne se transforme en une association de communautés ethniques ou religieuses?

9. Dans quelles conditions les enfants d'étrangers résidant dans votre pays peuvent-ils obtenir votre nationalité? Ces conditions sont-elles plus ou moins strictes qu'en France? Pourquoi?

Une France divisée

Lecture 2

La «fracture sociale» est un thème que Jacques Chirac a développé pendant sa campagne présidentielle, couronnée par son élection en mai 1995. En décembre 1994, un sondage, mené auprès d'un échantillon représentatif de l'ensemble de la population âgée de 18 ans et plus, a donné le résultat suivant.

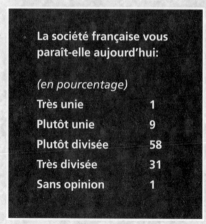

La société française vous paraît-elle aujourd'hui:	
(en pourcentage)	
Très unie	1
Plutôt unie	9
Plutôt divisée	58
Très divisée	31
Sans opinion	1

La France multiculturelle

Un journaliste commente ce sondage:

Le constat° est massif, sans appel:° 89% des personnes interrogées par la Sofres jugent «divisée» la société française. Deux sur trois estiment que c'est la distinction entre les gens aisés° et les exclus qui crée les disparités°

constatation / incontestable

fortunés / inégalités

les plus importantes. Ce n'est plus, comme par le passé, l'opposition entre les gens des villes et les gens des campagnes qui détermine les cassures° sociales, pas plus que les distinctions classiques entre les jeunes et les vieux, les patrons et les salariés, les hommes et les femmes. Toutes les réponses du sondage réalisé par la Sofres vont dans le même sens: le lien social est en train de se délier.° Une véritable fracture sociale est en cours de constitution avec, à terme,° un réel risque d'explosion.

Les enquêtes réalisées ces derniers mois se rejoignent° en montrant à quel point, en France, la situation sociale se dégrade. 63% des personnes interrogées considèrent qu'en ce qui concerne le niveau de vie, depuis dix ans, les distances entre les différentes couches° de la société ont tendance à augmenter. Election présidentielle oblige,° la lutte contre l'exclusion et la grande pauvreté est considérée par les principaux prétendants à la fonction suprême° comme un dossier prioritaire. Mais, par-delà les mots, il n'y a pas grand-chose de réellement concret qui permette d'espérer que des solutions novatrices vont être mises en œuvre. En général, chacun s'y retrouve lorsqu'il s'agit d'identifier le ou les responsables de cette situation: au choix, la société libérale coupable de porter en elle-même la discrimination et l'exclusion et l'Etat-providence,° incapable de prodiguer autre chose que de la solidarité mécanique (retraite, Sécurité sociale, allocations familiales). Avec, de toute manière, un même constat: les exclus sont aujourd'hui bien plus démunis° que par le passé pour s'en sortir. Les minimums sociaux (salaires, allocations de chômage ou d'insertion°) sont trop bas, parfois à un niveau proche du seuil° de pauvreté, engendrant° l'apparition de ghettos et d'une nouvelle délinquance.

Une situation explosive

Même si, lorsque la Sofres les interroge, les Français estiment que, parmi les dangers les plus graves qui les menacent, il y a, dans l'ordre, le sida, le chômage et la drogue, bien avant la violence dans les banlieues et le phénomène de l'exclusion, il n'est pas exagéré de considérer la situation actuelle comme explosive.

Dès lors, quelles solutions envisager? Au-delà des grands principes, réinventer des liens communautaires, une nouvelle écologie sociale, il est clair aujourd'hui que de nouvelles prestations,° plus individualisées, doivent être mises en œuvre avec la participation des associations, des entreprises, des partenaires sociaux, des collectivités locales, du service public. La lutte contre l'exclusion sous toutes ses formes: par le chômage, la maladie, le handicap, l'âge, l'absence de diplôme, la drogue, l'alcoolisme, etc. doit devenir, réellement, une priorité nationale.

La société française se décompose, le sentiment de faire partie d'une seule et même communauté se désagrège.° Et comme souvent en pareil

ruptures, différences

se défaire
à la fin
convergent

niveaux
en raison de l'approche de l'élection d'un nouveau président en mai 1995
présidence du pays

Etat qui distribue beaucoup d'argent en subventions sociales

sans moyens

réintégration professionnelle
limite / créant

services

disparaît

cas, lorsqu'un peuple ne sait plus où il va, ne sait plus qui il est, il s'abandonne à la facilité, au populisme ou au nationalisme. Il y a vingt ans, les premiers graffiti «No future» apparaissaient sur nos murs. On se disait que ce non-futur n'était pas pour demain. Il est pourtant bel et bien° là, aujourd'hui, dans les cités,° dans les banlieues, dans des campagnes° qui n'attendent plus rien, ni de cette société, ni du temps.

vraiment / grands ensembles de logements collectifs / endroits en dehors des villes

Franck Nouchi, *Le Monde*, 22 décembre 1994.

Découvertes culturelles

1. Quelles divisions pouvait-on remarquer auparavant dans la société française?
2. Quelle division est la plus importante aujourd'hui?
3. Qu'est-ce qui risque de résulter de cette division?
4. L'écart entre le niveau de vie des différentes couches de la société est-il en train d'augmenter ou de diminuer?
5. Quelles raisons pourrait-on citer pour expliquer cette tendance?
6. Les allocations sociales minimales sont-elles suffisantes?
7. Qu'est-ce qui pourrait surprendre dans la hiérarchie des dangers dont les Français se sentent menacés?
8. Citez différentes formes d'exclusion.
9. Dans quelles catégories de la société y a-t-il aujourd'hui «No future»?
10. Existe-t-il dans votre pays des divisions socio-économiques? Lesquelles? Menacent-elles l'unité nationale?

III
Les religions

Les trois principales croyances des Français sont le christianisme, l'islam et le judaïsme.

La France est un pays de tradition et de culture catholiques. La christianisation de la Gaule a commencé dès le Ier siècle. Le titre de «fille aînée de l'Eglise (de Rome)» a été attribué à la France parce qu'elle avait été le premier pays à devenir officiellement catholique. A partir de 496, année du baptême de Clovis, roi des Francs, le roi de France a été le protecteur des églises du royaume et le défenseur de la foi catholique. Le sacre de chaque roi, au début de son règne, dans la cathédrale de Reims, rappelait au pays le principe fondamental du pouvoir de la monarchie française, et notamment la royauté de droit divin. La Révolution de 1789 a marqué le début du déclin du rôle de l'Eglise dans les affaires de l'Etat. La nouvelle République était laïque. L'Eglise a donc été écartée de l'administration de l'Etat. Le principe de la laïcité s'est encore affirmé avec l'instauration de l'enseignement public, obligatoire et gratuit institué par la loi Jules Ferry en 1882. En 1905, une loi a séparé définitivement l'Etat et les Eglises: les différentes religions, sans distinction, se sont toutes vues exclues du fonctionnement civil de la République. Toutefois, la longue histoire du catholicisme comme religion dominante du pays, aussi bien que l'enracinement social profond de traditions catholiques continuent à influencer encore les mentalités.

Aujourd'hui 79% des Français se déclarent catholiques, mais le pourcentage de pratiquants est faible. En 1993, seulement 15% des catholiques allaient régulièrement à l'église; 20% étaient des pratiquants occasionnels et 65% des non-pratiquants. Soixante-six pour cent des pratiquants réguliers étaient des femmes. Les jeunes générations sont beaucoup moins pratiquantes que les générations plus âgées et les gens de la campagne, pour qui l'Eglise reste une référence morale. Les jeunes pratiquants sont souvent aujourd'hui des militants de la foi car ils sont conscients de leur statut minoritaire. La forte baisse de la pratique religieuse depuis le milieu des années soixante s'est effectuée en parallèle avec la croissance de l'urbanisation, la généralisation des valeurs matérielles de la société de consomma-

tion et le déclin de valeurs institutionnelles au profit de la satisfaction de besoins individuels. Signalons aussi la libération sexuelle de la femme suite aux lois
des années soixante-dix en faveur de la
contraception et de l'interruption volontaire de la grossesse (IVG). Le catéchisme, la première communion, le mariage à l'église et l'enterrement religieux
ne jalonnent plus les étapes de la vie de la
plupart des Français. En 1970, 95% des
mariages étaient célébrés religieusement,
contre 52% seulement en 1994. En
même temps, le nombre de couples
choisissant le concubinage plutôt que le
mariage civil, aussi bien que le pourcen-

La cathédrale Notre-Dame de Paris

tage de divorces, ont augmenté considérablement. Par contre, l'Eglise continue à
jouer un rôle important en prêchant la solidarité sociale et en aidant les défavorisés. Personne n'incarne mieux cette mission que l'abbé Pierre (né en 1912), devenu une personnalité admirée par une grande partie de la population. Menant
lui-même une vie pieuse très simple, il s'est consacré depuis 1954 à améliorer le
sort des pauvres et des sans-logis en créant les Compagnons d'Emmaüs et en
adoptant la cause des sans-domicile-fixe au début des années quatre-vingt-dix.

Le protestantisme date de la «Réforme» de l'Eglise catholique prônée
par l'Allemand Martin Luther (1483–1546) et par le Français Jean Calvin
(1509–1564). De 1562 à 1598, les guerres de religion opposant les catholiques et
les protestants dans des conflits armés ont abouti à la signature de l'édit de Nantes
(1598) garantissant les droits des membres de l'Eglise réformée appelés calvi-
nistes, huguenots ou protestants. La persécution des protestants a toutefois repris
après la révocation de cet édit par le roi Louis XIV en 1685, et ce n'est que grâce à
l'édit de 1787, juste avant la Révolution, que le protestantisme a été officiellement
toléré. Cette religion a toujours été très minoritaire en France. Aujourd'hui les
protestants ne constituent que 1,7% de la population, et leurs temples se trouvant
principalement dans le Languedoc, au sud du massif des Cévennes. La morale personnelle du protestantisme, qui prône les vertus de l'austérité, de la simplicité et
de l'authenticité plutôt que les valeurs matérialistes, se rapproche de la nouvelle
priorité accordée par les Français à l'individualisme dans leur vie quotidienne.

L'islam a aujourd'hui remplacé le protestantisme comme deuxième religion
de France. L'arrivée massive de travailleurs immigrés arabes, originaires surtout du
Maghreb, explique la montée de l'islam. Attirés par les régions industrialisées et
vivant principalement dans les banlieues parisienne, lyonnaise et marseillaise, les
quatre millions environ de musulmans sont en majorité de condition modeste. Ils
appartiennent à plus de 120 nationalités mais près de 40% d'entre eux sont de nationalité française. Moins de 10% pratiquent la prière du vendredi, mais environ
40% vont régulièrement dans une mosquée. Il y a en France de 2 000 à 3 000
lieux de prière. Parmi les quelque 1 000 mosquées, on en compte huit de plus de

La Grande Mosquée de Paris

1 000 places; 100 de 100 à 600 places; 900 de 10 à 40 places. Les deux mosquées les plus importantes sont la Grande Mosquée de Paris à laquelle sont affiliées un tiers du millier d'associations islamiques qui existent en France, et la Mosquée de Lyon de 2 600 places, inaugurée en 1994.

L'intégrisme musulman qui s'est répandu à travers les pays arabes à partir de l'Iran, après le retour de l'ayatollah Khomeiny en 1979, a gagné la France où il divise la population d'obédience musulmane. Un signe visible de l'implantation intégriste en France s'est manifesté par le port du voile chez un nombre croissant de femmes musulmanes. L'«affaire du foulard» qui a commencé en 1989 quand des élèves musulmanes ont porté le foulard en classe a été généralement perçue dans l'opinion comme un défi lancé aux valeurs laïques de la République. L'intégrisme a progressé chez des jeunes Français d'origine maghrébine qui veulent pratiquer ouvertement, et non de façon presque honteuse comme leurs parents immigrés, une religion dont ils sont fiers et qui leur enseigne des principes moraux d'honnêteté et de respect des autres. Certains d'entre eux, qui sont au chômage et se considèrent rejetés par la société française, trouvent dans l'islam intégriste du Front islamique du salut (FIS) algérien un moyen d'affirmer leur identité. Parallèlement à cette forme radicale de l'islam existe un islam sécularisé que favorise la lente assimilation sociale des familles musulmanes désirant faire partie de la société française.

On estime à 600 000 personnes la population juive en France. La moitié de cette population—dont une partie occupe des postes importants—habite Paris. La France compte la plus forte minorité juive de l'Union européenne. A peu près le même nombre de personnes sont des adeptes du bouddhisme. Les deux tiers d'entre eux proviennent des anciennes colonies françaises du sud-est asiatique.

Les personnes sans religion constituent 16% de la population. Elles se retrouvent chez les ouvriers, les cadres et les professions intellectuelles qui sont souvent animées par l'esprit laïque républicain. Aujourd'hui, un pourcentage croissant de jeunes s'ajoute à la catégorie des incroyants. Par contre, le renouveau d'un certain besoin de transcendance spirituelle s'observe chez les gens qui se déclarent sans religion. Les sectes se multiplient et on a de plus en plus recours à l'astrologie. Selon des enquêtes, il y a en France deux fois plus d'extralucides professionnels que de prêtres et chaque année, huit à dix millions de Français consultent des voyants et des astrologues. Ces chiffres, qui pourraient étonner dans le pays de Descartes où l'analyse logique s'apprend dès l'école primaire, révèlent que l'aspiration vers l'au-delà continue d'animer beaucoup de Français déçus par les religions institutionnelles. De plus, cette recherche de nouvelles croyances s'accompagne chez les pratiquants des religions établies d'une tendance à croire en Dieu de façon plus personnelle. Ce mouvement vers l'individualisme s'observe dans d'autres domaines de la vie française à mesure qu'il apparaît que les autorités et les institutions traditionnelles n'apportent pas de solutions aux problèmes sociaux.

Découvertes culturelles

1. Quelle religion a dominé l'histoire de la France? Pourquoi?
2. Qu'est-ce qui caractérise aujourd'hui les pratiquants de cette religion?
3. Comment le déclin de cette religion a-t-il influencé le comportement des Français?
4. Pourquoi le protestantisme a-t-il toujours été une religion mineure en France?
5. Qu'est-ce qui explique la position actuelle de l'islam comme deuxième religion en France?
6. Quelles sont les conséquences sociales de l'intégrisme musulman et de l'islam sécularisé?
7. Qu'est-ce que la multiplication des sectes et la consultation croissante d'extra-lucides révèlent chez les Français d'aujourd'hui?

Témoignage culturel

Mieux connaître les religions

Lecture

La pratique religieuse est en déclin. Faut-il alors enseigner à l'école l'histoire des religions, leurs ressemblances et leurs différences? Oui, selon les gens qui font la distinction entre l'enseignement des religions et l'enseignement religieux interdit dans les écoles françaises publiques et laïques. Selon eux, la connaissance des religions fait partie de la culture générale.

Des hommes comme Jacques Le Goff, Philippe Joutard, son successeur à la tête de la commission de réforme des études d'histoire, ou Pierre Garrigue, doyen de l'inspection générale d'histoire-géographie, tirent la sonnette d'alarme.°

avertissent du danger

A part quelques images stéréotypées et une vague information télévisuelle, l'ignorance religieuse des jeunes est un phénomène massif. Dans ce diagnostic, les historiens sont de plus en plus rejoints° par les

soutenus

philosophie au lycée

professeurs de lettres ou de philo:° «*Comment leur enseigner la métaphysique,* dit Jacqueline Lagrée, de Rennes, *s'ils ne connaissent pas des mots comme nature, grâce, foi, œuvres ou salut? Comment leur expliquer la différence entre loi humaine et loi divine s'ils ne connaissent même pas les Dix Commandements?*»

apparition soudaine et massive

L'irruption° de l'islam en France a pour une bonne part servi de révélateur. Les élèves juifs ou musulmans sont réputés pour être plus attentifs que les autres au fait religieux. «*Mes élèves juifs n'écrivent le mot Dieu qu'avec trois petits points,* dit Véronique Sot, qui enseigne à Paris dans le quartier du Marais.° *Certains musulmans font le ramadan, mais les jeunes, baptisés ou catéchisés,° ne vont plus à l'église.*»

quartier traditionnel des juifs
ayant appris le catéchisme

L'islam, le bouddhisme et tout «exotisme» religieux passent généralement mieux que le christianisme, et les professeurs se disent eux-mêmes plus à l'aise pour parler des cinq piliers de l'islam que pour expliquer les différences entre le luthéranisme et le catholicisme, la justification par la foi ou par les œuvres.°

actions charitables
manque de connaissances
bataille célèbre de 1515

Les autorités religieuses s'inquiètent de cette inculture.° Apprendre Marignan,° c'est bien, mais que fait-on de l'Ancien Testament? demande le grand rabbin Joseph Sitruk. «*Notre littérature, notre art, notre philosophie, sont marqués par la Bible. L'ignorer serait se couper de notre héritage*», ajoute le pasteur réformé° Jean-Pierre Monsarrat. Pour le cardinal Lustiger, la France devient l'un des pays les plus ignorants de son patrimoine religieux et culturel.

protestant

Les Eglises exerçaient autrefois le quasi-monopole de la transmission des valeurs et des connaissances religieuses. Si, pour cause de neutralité, Jules Ferry° et les législateurs du siècle dernier ont voulu extraire la religion de l'école, ce n'était pas pour aboutir au désert actuel. L'indifférence des parents, le déclin de l'influence des Eglises, la faible fréquentation et les nouvelles méthodes du catéchisme—moins attentif qu'hier à la chronologie et au vocabulaire de base—sont aussi incriminés.°

promulgateur de la loi sur l'école publique laïque

accusés

Encore faudrait-il s'entendre sur les mots et distinguer strictement l'«enseignement religieux» (la catéchèse), qui est l'affaire de chaque confession, de l'«enseignement des religions», encore appelé parfois «culture religieuse» ou «information sur les religions».

pas obligatoire
régions où la religion protestante occupe une place particulière
trop chargé

En toute hypothèse, la solution d'une heure facultative° de culture religieuse (comme dans les départements concordataires° d'Alsace et de Lorraine, en Belgique ou en Allemagne), surajoutée à un calendrier scolaire déjà démentiel,° ne paraît guère praticable. «*Même si c'était possible, je m'y opposerais,* dit Philippe Joutard. *Car pour moi, la religion ne se détache pas de la société globale. C'est l'impact du fait religieux sur la vie politique, sociale, littéraire, artistique, qu'il est intéressant d'apprendre aux enfants.*» La solution serait pour lui dans un renforcement° de la dimension religieuse de ces matières profanes.

consolidation

Le Monde, 10 novembre 1988.

Découvertes culturelles

1. Trouvez dans le texte
   a) le nom de trois grandes religions
   b) le nom de deux religions chrétiennes
   c) deux mots associés à la foi chrétienne
   d) le nom d'une fête musulmane
   e) l'équivalent chrétien des «cinq piliers de l'islam»
   f) l'équivalent spirituel de la «loi humaine».
2. Pourquoi, selon les historiens, certains professeurs et les autorités religieuses, est-il important que les jeunes Français connaissent ces mots et expressions?
3. Quelle conséquence la loi Jules Ferry sur la laïcité de l'école a-t-elle eue sur l'activité des Eglises?
4. Comment peut-on expliquer l'ignorance religieuse des jeunes d'aujourd'hui?
5. Laquelle des deux solutions proposées pour remédier à l'ignorance sur les religions vous semble préférable?

Eglise de Maguelonne, cité romaine et port de mer au XIᵉ siècle. Un des plus anciens évêchés de la Gaule.

IV
L'enseignement

L'éducation est une préoccupation majeure des Français car leur place dans la hiérarchie sociale est déterminée par les études qu'ils ont faites et les diplômes qu'ils ont obtenus plutôt que par la fortune dont ils disposent. C'est pourquoi deux événements scolaires dominent les médias chaque année: la rentrée de septembre, après la fermeture des écoles pendant les grandes vacances d'été, et les épreuves et les résultats du baccalauréat en juin et juillet. Les Français révèrent les diplômes. Lors d'un sondage effectué en 1992, 66% des personnes interrogées ont déclaré qu'il était indispensable d'avoir des diplômes pour réussir dans la fonction publique, 54% dans les entreprises privées et 76% dans les finances et à la Bourse. La réussite scolaire a longtemps été le seul véritable moyen de s'élever dans l'échelle sociale pour les enfants de milieux modestes. Au cours de la Ve République, les nombreux projets de réforme du système éducatif ont tous donné lieu à de vives controverses nationales, souvent accompagnées de grandes manifestations dans la rue. C'est que le système éducatif a longtemps été en France le terrain d'affrontements idéologiques. De plus, les programmes scolaires, ayant pour objet de produire des citoyens cultivés, capables de raisonner et de manier des idées générales, ont déterminé la répartition du pouvoir à travers les différents milieux sociaux. La grande bourgeoisie a pu, de cette façon, consolider sa position prééminente, et l'enseignement technique a longtemps été déconsidéré. Le chômage croissant depuis 1973 a remis en question ces finalités pédagogiques. La société française actuelle se pose la question de savoir si l'école devrait donner la priorité à l'éducation intellectuelle ou à la formation professionnelle.

Certains aspects caractéristiques du système éducatif français, comme sa centralisation, la guerre scolaire entre l'enseignement public et l'enseignement privé, les grandes manifestations organisées soit par les parents soit par les lycéens ou étudiants, et la volonté officielle de démocratisation, permettent de mieux comprendre son fonctionnement.

Le rôle dominant de l'Etat à tous les niveaux du système donne une importance capitale à toute décision prise par le ministre de l'Education nationale concernant les conditions et les objectifs de l'enseignement. Le budget de l'Education nationale, qui constituait en 1990 18,6% du budget de l'Etat, a continué à augmenter chaque année car le gouvernement lui accorde toujours la priorité. En 1995, son budget de 304,4 milliards de francs dont 42,32 milliards pour l'enseignement supérieur représentait 20,5% du budget de l'Etat. On estime que plus d'un Français sur 20 travaille pour l'Education nationale, dont l'administration est centralisée au ministère, rue de Grenelle à Paris. Malgré un début de décentralisation qui, depuis 1982, confère aux collectivités territoriales un certain pouvoir, l'Etat continue de définir les orientations pédagogiques et les programmes d'enseignement; d'assurer le recrutement, la formation et la gestion des personnels; de fixer le statut et les règles de fonctionnement des établissements, leur attribuant les postes nécessaires en enseignants et en personnel administratif. Pour ce qui est des collectivités territoriales, la commune a la charge des écoles; le département celle des collèges; la région celle des lycées. La France est divisée en 27 Académies dont chacune est dirigée par un recteur, nommé par le ministre. Le recteur est responsable de toute l'organisation jusqu'à l'université. Si la centralisation a ses détracteurs, ses adeptes arguent du fait qu'elle garantit la même qualité d'enseignement pour tous partout en France.

La centralisation a été mise en place par Napoléon Ier, qui a créé les lycées d'Etat pour qu'ils fournissent les fonctionnaires instruits dont avait besoin la nouvelle société civile. La Révolution française, voulant mettre fin aux privilèges des enfants de l'aristocratie, que l'Eglise catholique se chargeait d'éduquer, avait affirmé le principe du droit à l'enseignement pour tous, sans distinction de naissance ou de fortune. En créant un enseignement public, Napoléon a donné corps à ce principe et les enfants de la bourgeoisie ont pu commencer leur ascension sociale. En 1806, il a fondé l'Université impériale, qui administrait l'éducation à tous les niveaux et exerçait des fonctions similaires à celles du ministère de l'Education nationale d'aujourd'hui, en ce qui concerne le contenu des programmes scolaires et la mise en place de diplômes nationaux. On raconte que grâce à cette administration centralisée, Napoléon se vantait de savoir qu'à une heure donnée de la journée, dans tous les établissements de l'enseignement public, les élèves suivaient tous le même cours. Vers la fin du siècle, les lois scolaires (1881–1882) du ministre de l'Instruction publique Jules Ferry ont rendu l'enseignement primaire obligatoire, laïque et gratuit, offrant ainsi l'égalité des chances à tous les jeunes Français selon un principe républicain fondamental. L'école, désormais obligatoire jusqu'à l'âge de 13 ans, est ainsi devenue un agent puissant du développement du sentiment national. Les instituteurs, promus au rang de fonctionnaires d'Etat en 1889, transmettaient avec ferveur aux nouveaux élèves les valeurs républicaines, défendant vigoureusement la laïcité de l'école publique. En même temps, l'utilisation obligatoire du français à l'école, où il était désormais interdit aux élèves de parler leur dialecte ou leur patois, a renforcé l'unification du pays au moyen de la langue nationale. En 1880, Camille Sée a institué l'enseignement secondaire féminin et, en 1890, l'enseignement secondaire moderne a été créé.

Ecole publique et école privée

Les rapports déjà hostiles depuis la Révolution entre l'enseignement public et l'enseignement privé ont été exacerbés par les lois de Jules Ferry. En 1912, les ecclésiastiques ont été exclus de l'enseignement public et la bataille entre les deux types d'enseignement s'est poursuivie jusqu'aujourd'hui. L'enseignement public est laïque. Cette laïcité qui caractérisait à l'origine la séparation de l'Etat et de la religion a pris aujourd'hui le sens de «neutralité en matière de religion». Ce principe de fonctionnement de l'école publique est inscrit dans la constitution française. L'enseignement privé (appelé aussi enseignement libre) est en majeure partie confessionnel. Environ 95% des établissements libres sont catholiques. Aujourd'hui, 17% de la population scolaire nationale est inscrite dans l'enseignement privé. Sur le plan sociologique, ces élèves se recrutent principalement dans deux milieux: 40% des parents d'élèves appartiennent aux professions libérales et 29% à des familles d'agriculteurs. L'enseignement catholique possède cinq centres universitaires regroupant 20 000 étudiants.

L'opposition persistante entre les partisans de l'école laïque et ceux de l'école libre s'articule autour de l'aide financière accordée par l'Etat aux écoles confessionnelles. Au début de la Ve République, la loi Debré (1959), ayant accordé des subventions de l'Etat aux établissements privés en retour d'un contrat autorisant l'Education nationale à surveiller leur fonctionnement, a suscité de vives protestations chez les défenseurs de la laïcité. En 1984, «le plan Savary», proposé par le gouvernement du président socialiste François Mitterrand pour intégrer les établissements publics et privés dans un vaste service public laïque et unifié de l'Education nationale, a provoqué des manifestations massives en faveur de la liberté de l'enseignement. En réalité, les écoles privées qui avaient accepté le contrat proposé par la loi Debré avaient renoncé à une grande part de leur indépendance. Cependant, les parents d'élèves des deux systèmes sont descendus dans la rue afin que soit maintenue une pluralité de choix pour leurs enfants. Face à ces protestations, le président a décidé d'abandonner le projet. En janvier 1994, une proposition de loi visant la révision de la loi Falloux de 1850 a provoqué une manifestation considérable en faveur de la défense de l'école publique. La révision prévue aurait autorisé les collectivités territoriales à financer librement les travaux des écoles privées, ce qui aurait réduit le financement disponible pour les écoles publiques. Ce projet, perçu par le public comme une volonté de transférer une part de l'argent de l'«école des pauvres» à l'«école des riches», a fait défiler entre 600 000 et 900 000 manifestants à Paris. La révision de la loi Falloux a été abandonnée après avoir été jugée non conforme à la constitution. La manifestation de 1984 en faveur de

Etudiants en colère manifestant contre la réforme universitaire proposée par le gouvernement en 1994

l'enseignement privé avait répondu essentiellement à une aspiration à la liberté. Celle de 1994 a été inspirée par une revendication d'égalité.

La défense du statut laïque de l'école a suscité une vive controverse nationale en 1989, à l'occasion de l'«affaire du foulard». Trois jeunes musulmanes appartenant à des familles intégristes ont été exclues du collège de Creil, près de Paris, parce qu'elles portaient le voile islamique. Appelé à juger si le port du voile était compatible ou non avec la laïcité de l'école publique, le Conseil d'Etat a penché pour la tolérance, en décidant que le port de signes religieux était autorisé dans la mesure où il ne constituait pas un acte de prosélytisme ou de propagande. La controverse a exacerbé la préoccupation du grand public au sujet des immigrés maghrébins qui ne voulaient pas s'intégrer dans la société française. Lors de la rentrée scolaire de 1994, le ministère de l'Education nationale, estimant que plus de 2 000 jeunes filles portaient le foulard à l'école, a établi une distinction entre les signes «discrets» et les signes «ostentatoires» (comme le voile) considérés comme des éléments de prosélytisme et n'ayant pas de place dans la vie commune de l'école.

Depuis 1968, des manifestations d'étudiants ont également secoué la vie des gouvernements successifs. Ces manifestations peuvent se classer en deux catégories: d'une part, celles qui font partie d'une tradition française de protestation sociale liée à des principes idéologiques et de but révolutionnaire; d'autre part, celles qui sont inspirées par les revendications matérielles d'une catégorie sociale désireuse de défendre ses intérêts particuliers. Dans la première catégorie, la révolte des étudiants de mai 68 est restée un exemple notoire. Pour protester contre le nombre excessif d'étudiants dans les cours et l'inadaptation de l'enseignement universitaire aux besoins de la vie active, les étudiants se sont mis en grève et ont occupé les facultés. Mis à mal par les forces de la police de combat (les C.R.S.) envoyées pour évacuer les locaux, les étudiants ont dressé dans la rue des barricades insurrectionnelles et ont été rejoints par les ouvriers qui eux-mêmes se sont mis en grève par solidarité. La grève générale qui s'est ensuivie a paralysé le pays pendant trois semaines. Les étudiants ont tiré du succès de cette révolte la réputation de pouvoir menacer la survie d'un gouvernement en descendant dans la rue. De ce fait, les gouvernements ont souvent préféré céder aux revendications des étudiants lors de manifestations ultérieures.

Tel n'a pourtant pas été le cas en 1976, lorsque les étudiants ont manifesté, sous le slogan «Les patrons hors des Facs!», contre la réforme visant à adapter les diplômes aux besoins de l'économie: la réforme a été maintenue. Par contre, en 1986, les manifestations contre la sélection éventuelle des étudiants, qui aurait résulté de l'autonomie élargie des universités, se sont soldées par la démission du ministre de l'Enseignement supérieur et le retrait de son projet de réforme. En 1990, les lycéens ont protesté contre la détérioration de leurs conditions de travail. Le gouvernement a calmé leur mécontentement en accordant l'argent supplémentaire nécessaire pour améliorer la vie dans les lycées. En 1994, les étudiants ont défilé en scandant «Non au SMIC jeunes!» (le SMIC étant le salaire minimum fixé par le gouvernement pour tout travailleur). Afin de lutter contre le chômage des jeunes, le gouvernement avait projeté un contrat d'insertion professionnelle

Manifestations estudiantines

(CIP) qui prévoyait l'embauche des jeunes au-dessous du SMIC. Devant l'ampleur des manifestations, le gouvernement a dû retirer le projet. En 1995, les étudiants de nouvelles universités insuffisamment financées et se trouvant pour la plupart en province ont commencé une grève. Ils protestaient contre les inégalités entre les campus et réclamaient que l'Etat verse des crédits supplémentaires pour assurer le bon fonctionnement et la sécurité de leurs universités. Cette action a prélude à une grève prolongée des travailleurs du secteur public protestant contre le projet du gouvernement qui visait à diminuer leurs avantages sociaux. Redoutant un nouveau mai 68 qui verrait une alliance des étudiants et des travailleurs, le gouvernement a vite accédé aux revendications des étudiants.

Démocratisation et organisation de l'enseignement

La poussée démographique qui a eu lieu après la Seconde Guerre mondiale a fait évoluer le système éducatif. Suite au baby-boom, au rapatriement des Français lors de l'indépendance de l'Algérie et à l'installation en France des familles de travailleurs immigrés, l'Etat a fait face à une forte hausse du nombre d'enfants à scolariser. Pour y faire face, il a fallu construire de nouveaux bâtiments scolaires; par ailleurs, les programmes des cours ont été réformés dans le but d'abandonner un enseignement élitiste en faveur d'un enseignement de masse. Le principe directeur de ces réformes était de procéder à une plus grande démocratisation de l'école avec pour mission d'offrir l'égalité des chances à tous les élèves. C'est ainsi que la sélection de ceux qui étaient plus doués pour les études avancées a été reportée de l'entrée en sixième (première année de l'enseignement secondaire) jusqu'à l'entrée en seconde (cinquième année de l'enseignement secondaire). Par conséquent, le lycée, qui avait surtout servi les intérêts d'une élite sociale et intellectuelle, a perdu son monopole sur l'enseignement secondaire. Depuis 1975, les quatre premières années du secondaire sont dispensées dans un «collège unique» qui accueille dans la même classe les élèves de tous les milieux quelles que soient leurs capacités intellectuelles. La fierté du système éducatif républicain a toujours été de fonder la sélection scolaire sur le mérite, le seul critère étant les notes reçues par l'élève. L'égalité des chances à l'école repose sur cette méritocratie, qui permet aux élèves doués de familles modestes d'accéder par le chemin des études à un rang social plus élevé. Le «collège unique» a effectivement favorisé une plus grande démocratisation. Néanmoins, les enfants de cadres et d'enseignants, profitant du niveau culturel familial ainsi que des ambitions éducatives de leurs parents, avaient encore, en 1995, six fois plus de chances que les autres d'entrer au lycée général après des études au collège, sans redoublement, contre huit fois plus en 1985. Les mêmes enfants ont sept fois plus de chances d'entrer à l'université, contre 28 fois plus en 1965.

L'enseignement en France est organisé en trois degrés composés de cycles. Le premier degré correspond à l'enseignement pré-élémentaire et élémentaire (l'école maternelle et l'école primaire). Le second degré correspond à l'enseignement secondaire, dont le collège constitue le premier cycle et le lycée le second cycle. Le troisième degré correspond à l'enseignement supérieur, dont font partie les universités et les grandes écoles. La scolarité en France est obligatoire jusqu'à l'âge de 16 ans.

les Cycles (3)

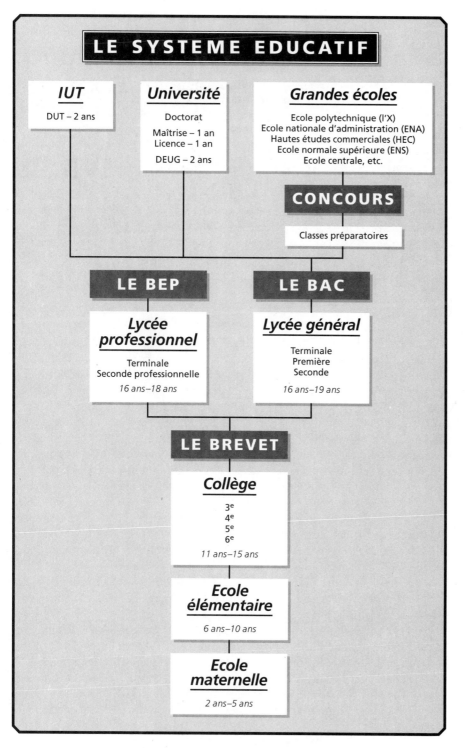

LE SYSTEME EDUCATIF

IUT
DUT – 2 ans

Université
Doctorat

Maîtrise – 1 an
Licence – 1 an

DEUG – 2 ans

Grandes écoles
Ecole polytechnique (l'X)
Ecole nationale d'administration (ENA)
Hautes études commerciales (HEC)
Ecole normale supérieure (ENS)
Ecole centrale, etc.

CONCOURS

Classes préparatoires

LE BEP

Lycée professionnel
Terminale
Seconde professionnelle
16 ans–18 ans

LE BAC

Lycée général
Terminale
Première
Seconde
16 ans–19 ans

LE BREVET

Collège
3e
4e
5e
6e
11 ans–15 ans

Ecole élémentaire
6 ans–10 ans

Ecole maternelle
2 ans–5 ans

Enseignement Supérieur

Second degré

Premier degré

Le drapeau tricolore flotte devant les écoles publiques.

Premier degré

Les enfants entrent à l'école élémentaire à l'âge de six ans. Avant cet âge, la plupart d'entre eux ont passé au moins une année à l'école maternelle, qui peut accueillir les enfants dès l'âge de deux ou trois ans, si les parents le désirent. Les élèves passent cinq années à l'école élémentaire. La semaine scolaire traditionnelle est assez lourde. En général, le mercredi est libre mais les élèves vont à l'école le samedi matin. Le congé du milieu de semaine date de la loi Jules Ferry (1882) qui avait déclaré le jeudi libre pour permettre l'enseignement du catéchisme en dehors de l'école. Malgré la pause de deux heures pour le déjeuner, la journée est fatigante, surtout pour les plus jeunes, car tous les élèves ont six heures de classe par jour. Cet emploi du temps est le plus chargé d'Europe. Bien que la loi française décrète que tous les élèves doivent passer 936 heures par an à l'école, l'année scolaire, avec 180 jours de classe, est courte. Les écoliers français ont les plus longues vacances du monde occidental, juste après la Grèce et l'Espagne. Des traditions rurales sont à l'origine de la longueur des vacances d'été, car les enfants devaient jadis aider leurs parents aux travaux des champs.

En plus des vacances d'été, les vacances de la Toussaint, de Noël, d'hiver (février ou mars) et de printemps (avril) ont augmenté les jours de congé. En Allemagne, par comparaison, les élèves passent seulement 4h30 en classe par jour et leurs vacances sont moins longues. En 1995, le nouveau président Jacques Chirac a relancé le débat sur les rythmes scolaires en proposant de réduire la semaine à quatre jours et de «réserver les matinées aux enseignements traditionnels et les après-midi aux disciplines artistiques, culturelles ou sportives, afin de rétablir l'égalité des chances». Une telle réforme bousculerait des traditions scolaires enracinées depuis des générations et entraînerait des changements profonds dans la vie quotidienne des familles.

Le second degré commence avec la classe de sixième au collège. Les élèves qui s'adaptent avec difficulté au contenu plus abstrait des programmes peuvent être orientés dès la cinquième vers un enseignement technologique plus concret et préparer un certificat d'aptitude professionnelle (CAP). A la fin de la troisième, dernière année du collège, les élèves passent un examen facultatif, le brevet, qui complète le contrôle continu des connaissances. C'est donc à ce niveau qu'une première grande sélection se fait parmi les élèves. Les plus doués entrent alors en classe de seconde au lycée d'enseignement général et technologique. Les autres sont orientés vers un lycée d'enseignement professionnel où ils peuvent en deux ans obtenir un brevet d'études professionnelles (BEP). Au lycée général, les cours sont destinés à développer le raisonnement abstrait et la culture générale. L'enseignement littéraire et scientifique a toujours bénéficié en France d'une image supérieure à celle de l'enseignement technique. C'est pourquoi, malgré les efforts récents menés par le gouvernement pour valoriser l'enseignement technique, les lycées professionnels manquent encore de prestige aux yeux du public. L'origine sociale prolétarienne de la majorité de leurs élèves a sa part dans ce phénomène. A la fin de la troisième année (la terminale) au lycée, les élèves passent le baccalauréat (appelé dans la langue parlée le «bac» ou le «bachot»). Les candidats se présentant au baccalauréat général choisissent parmi trois sections: ES (économique et social); L (littéraire); S (scientifique). La philosophie représente une matière importante pour la section L mais elle fait aussi partie de toutes les sections. La section S, dominée par les mathématiques et la physique, a remplacé l'ancienne série C et attire la plupart des élèves désireux d'être admis plus tard dans une grande école. Il existe aussi des baccalauréats technologiques et professionnels. En 1994, 58% des candidats ont choisi le baccalauréat général, 28,7% le baccalauréat technologique et 13,3% le baccalauréat professionnel. L'âge moyen des candidats est de 19 ans pour le baccalauréat général et de 20 ans pour le baccalauréat technologique.

On a décrit le baccalauréat comme un des grands monuments de la France républicaine car il a été conçu pour couronner la méritocratie et l'égalité des chances. Instauré par Napoléon en 1808, cet examen national a longtemps été difficile à passer avec succès. La correction des épreuves était très sévère et il n'était pas aisé d'obtenir la note moyenne de 10 sur 20. Dans les années soixante, 10% seulement des candidats étaient reçus. Par contre, le titre de bachelier garantissait à la fois la considération et un travail bien rémunéré. Cette situation a changé suite à la démocratisation de l'école. Le baccalauréat est resté l'un des seuls examens terminaux en Europe à ne pas inclure un contrôle continu des connaissances. Vers la fin des années quatre-vingt, le ministre de l'Education nationale a exprimé la volonté politique de viser 80% de reçus par classe d'âge afin d'équiper la France pour les défis du vingt et unième siècle. En juin 1995, 476 538 lycéens sont devenus bacheliers: 75,1% d'entre eux ont été reçus au baccalauréat général et 75,8% au baccalauréat technologique, soit près de 63% de la classe d'âge, ce qui est beaucoup plus proche des 80% visés. Ce pourcentage élevé a suscité de fortes critiques chez les gens qui estimaient que le niveau du diplôme se trouvait ainsi dévalorisé. Selon eux, les notes avaient perdu leur valeur pédagogique car elles étaient influencées par une volonté politique et par une opinion publique pour qui les diplômes représentaient une protection contre le chômage. En réalité, le baccalauréat comme symbole de l'égalité des chances est plutôt un mythe, car la majorité des bacheliers continuent à provenir des milieux favorisés. Ce diplôme national reste un titre social indispensable et permet de s'inscrire à l'université, mais il n'offre plus de garantie quant à l'entrée dans le monde professionnel.

Enseignement supérieur

L'enseignement supérieur se compose de trois filières principales: les instituts universitaires de technologie (IUT), les universités et les grandes écoles, qui sont toutes financées par l'Etat. La sélection pour intégrer les IUT et les universités se fait généralement sur dossier. Par contre, les bacheliers (les élèves qui obtiennent le bac) qui souhaitent être admis dans une grande école doivent être reçus à un concours très difficile, à l'issue de deux ou trois années de classes préparatoires offertes dans les meilleurs lycées. Les grandes écoles ont donc la réputation d'être réservées à l'élite intellectuelle de la nation. D'ailleurs, alors que les universités ont dû accueillir des étudiants de plus en plus nombreux, dans les grandes écoles, les effectifs, limités par les concours d'entrée, n'ont guère augmenté.

La croissance démographique, l'absence de sélection et l'allongement des études en réaction à la peur du chômage expliquent la véritable explosion de la population universitaire. Entre la révolte des étudiants de Mai 68 et les manifestations contre le CIP en 1994, le nombre d'étudiants est passé de 1,2% à 3,6% de la population. En 1994, il y avait 1,4 millions d'étudiants dans les universités, soit une progression de 51% en dix ans. La même année, 47% des jeunes de 18 à 22 ans étaient étudiants contre 28% en 1980. Les femmes sont devenues majoritaires dans la population étudiante au cours des années quatre-vingt. Plusieurs gouvernements ont essayé sans succès d'introduire une forme de sélection à l'entrée des universités, car tous les bacheliers n'ont pas en fait l'aptitude nécessaire aux études supérieures et leur échec constitue un énorme gaspillage social et professionnel. Cependant le public, toujours influencé par le mythe de l'égalité des chances et le prestige des diplômes, demeure opposé à la sélection. En l'absence d'une procédure officielle, une sélection plus injuste se fait par l'échec: en particulier, trois bacheliers technologiques sur quatre échouent pendant le premier cycle universitaire.

Les IUT, établis à partir de 1966 et au nombre de 90 en 1994, constituent le cycle court de l'enseignement supérieur. Les deux tiers des cours y sont consacrés à la formation pratique. C'est pourquoi ces établissements ont attiré des bacheliers de milieux populaires cherchant une filière courte adaptée au monde de l'emploi. Après deux années d'études, les étudiants obtiennent un diplôme universitaire de technologie (DUT), à la suite de quoi ils cherchent un travail ou s'inscrivent dans une université. Toutefois, un rapport du gouvernement en 1995 ne s'est pas montré favorable à cette deuxième option, en raison de l'échec fréquent des titulaires d'un DUT dans la filière universitaire.

Il existe 79 universités d'Etat dont 17 dans la région parisienne. Les droits d'inscription à payer par les étudiants sont très faibles (750 francs en 1995) et les restaurants universitaires proposent des repas à des prix peu élevés. De nombreux étudiants bénéficient également d'une bourse d'Etat. Les étudiants appellent souvent l'université la «fac» (abréviation de «faculté») bien que les anciennes facultés aient été remplacées par les Unités de formation et de recherche (UFR). Le premier cycle d'études universitaires dure deux ans, à la fin desquels les étudiants obtiennent un diplôme d'études universitaires générales (DEUG). A la différence du DUT, le DEUG est conçu comme une préparation à la licence acquise à la fin d'une troisième année qui commence le second cycle. Dans les cours, l'accent est mis sur les connaissances théoriques. Pour y réussir, les étudiants doivent savoir rédiger une dissertation sur un sujet abstrait à travers laquelle ils montrent leur culture générale. Après la maîtrise, obtenue à la fin de la quatrième ou de la cinquième année, on peut commencer la préparation d'un doctorat. En 1995, le ministre de l'Education nationale a annoncé une large consultation pour préparer l'Université du XXIe siècle, prévoyant en particulier la réforme du premier cycle où tant d'étudiants échouent.

La Faculté de Nanterre où a commencé la révolte de mai 1968 est aujourd'hui l'Université de Paris X et accueille 34 000 étudiants.

Les diplômés des grandes écoles, après une vie d'étudiant privilégiée, sont pratiquement assurés d'obtenir un poste important qui les intègrera à la classe dirigeante de la nation. L'Ecole polytechnique, fondée par Napoléon et appelée familièrement l'X, attire les étudiants spécialisés en mathématiques et en sciences. Longtemps considérée comme la grande école la plus prestigieuse, elle a cependant été quelque peu détrônée par l'Ecole nationale d'administration (ENA), fondée en 1945 et dont les diplômés sont appelés «énarques». Dans cette école de l'élite au service de l'Etat se préparent les prestigieuses carrières de l'administration, des entreprises privées et aussi de la politique. Beaucoup d'hommes politiques, dont les présidents Giscard d'Estaing et Chirac, sont des énarques. Parmi d'autres grandes écoles célèbres, citons l'Ecole normale supérieure dont les diplômés littéraires et scientifiques sont appelés «normaliens» (le président Pompidou et le philosophe Jean-Paul Sartre étaient normaliens); l'Ecole des hautes études commerciales (HEC) et, pour les ingénieurs, l'Ecole centrale, l'Ecole des mines et l'Ecole des ponts et chaussées. La plupart des grands patrons sont issus de grandes écoles. De plus, il existe de puissants réseaux d'entraide entre les anciens élèves des grandes écoles qui se cooptent et se protègent dans la vie professionnelle. Récemment, certains commentateurs ont critiqué l'importance des sommes que l'Etat consacre à cette élite: 300 000 francs par diplômé d'une grande école pour toute sa scolarité contre 45 000 francs pour un diplômé de l'université. Ils ont remis en question l'influence excessive et les privilèges des super-diplômés des grandes écoles, qui forment un milieu fermé sur lui-même et peu représentatif du reste de la société. Ils se sont en outre demandé si ces technocrates, héritiers républicains de la noblesse de robe de l'Ancien Régime, n'incarnaient pas une pensée unique qui empêcherait la recherche de solutions originales à la crise économique et sociale traversée par la France. Néanmoins, étant donné qu'il est possible, grâce à la réussite scolaire, d'être admis au sommet de la pyramide professionnelle et sociale de la nation, on comprend facilement pourquoi les parents ambitieux attachent tant d'importance aux études de leurs enfants dès l'école élémentaire. Selon un sondage de 1995, 56% des Français ont répondu qu'ils étaient favorables au maintien d'une «grande école comme l'ENA».

La France étant membre de l'Union européenne, certains établissements scolaires et universitaires participent à des programmes européens reliant des écoles et des universités dans le cadre du vaste réseau éducatif SOCRATES. En dehors des établissements supérieurs financés par l'Etat, il existe également des écoles supérieures privées qui dispensent un enseignement de formation dirigé vers des professions spécifiques, comme la gestion et le commerce. Pour s'y inscrire, les bacheliers doivent souvent passer un concours d'entrée. L'ouverture en 1995 à Courbevoie, près de Paris, du premier établissement privé de niveau universitaire ne dépendant pas de l'Education nationale, a soulevé de vives protestations chez les syndicats nationaux de professeurs et d'étudiants. Le pôle universitaire Léonard-de-Vinci a été conçu pour accueillir cinq mille étudiants en sciences et en gestion qui paient 3 000 à 26 000 francs de droits d'inscription par an. Cet établissement, ouvert à un nombre limité d'étudiants, n'a pas reçu l'appellation d'«université», car il se situe en dehors du service public national d'enseignement supérieur, dont tous les citoyens ont le droit de bénéficier. Les syndicats ont réclamé la fermeture du pôle universitaire qui selon eux constituait une provocation pour les 34 000 étudiants de l'université de Nanterre, toute proche, et dont les effectifs sont nettement surchargés.

Evolution professionnelle

Le taux élevé du chômage qui perdure depuis le début des années quatre-vingt-dix et qui frappe surtout les jeunes, en particulier les enfants d'immigrés, a attiré l'attention du public sur le rôle de l'école. Lors d'un sondage de 1992, 63% des Français ont estimé que l'école portait une assez grande responsabilité dans le chômage des jeunes. On accuse les programmes scolaires d'être trop orientés vers les connaissances abstraites et l'encyclopédisme, et pas assez vers la vie pratique. Un débat idéologique s'est ainsi engagé entre les tenants de la formation intellectuelle, rôle traditionnel de l'école française, et ceux qui se prononcent en faveur de la formation professionnelle. Malgré le chômage, l'attitude traditionaliste envers l'école persiste. Au cours du sondage de 1992 cité plus haut, 62% des personnes interrogées ont estimé que «le rôle de l'école est avant tout de donner aux enfants une bonne formation intellectuelle», plutôt que de «former les élèves à l'exercice d'un métier» (33%). L'école se voit également désignée comme responsable de la montée de l'illettrisme. Environ 10,5% de la population de plus de 15 ans est incapable de lire un texte simple de 70 mots et d'en comprendre le sens, et 78% des chômeurs de longue durée se trouvent dans cette catégorie.

Au niveau universitaire, beaucoup de diplômés sont au chômage. Les manifestations contre le CIP en 1994 ont été massivement soutenues par les étudiants et les diplômés des IUT sans travail. «On n'a pas choisi un IUT pour se retrouver au SMIC» répétaient-ils. De façon générale, les étudiants réclament une meilleure adaptation des programmes à la vie active. Un déséquilibre s'annonce d'ailleurs entre le nombre de diplômés par an au niveau «bac + 4 ans d'études supérieures», qui grimpera de 150 000 à 250 000 entre 1995 et l'an 2000, et les 80 000 postes qui correspondront à leur qualification. Faut-il alors conseiller aux jeunes d'allonger leurs études supérieures ou d'accepter le déclassement en cherchant un emploi subalterne? Le chômage a brutalement appris aux jeunes et à leurs parents qu'un diplôme ne garantit plus un emploi sûr ni l'ascension sociale, contrairement à ce que les générations précédentes des classes moyennes avaient cru.

Lors d'un sondage de 1994, les Français ont jugé qu'après la lutte contre la pollution (63%), il était très urgent d'«adapter l'Education nationale et l'enseignement à l'évolution de la société» (57%). Pour ce faire, il faut repenser le fonctionnement d'un système trop centralisé, réfléchir aux inégalités que crée une école pourtant égalitaire dans son principe, et entreprendre la rénovation pédagogique. Comme si souvent au cours de la Ve République, l'Education nationale se trouve au cœur des débats sur l'avenir de la société, qui risque de voir sa jeunesse se scinder en deux catégories: ceux dont les études réussies leur permettent de trouver un travail bien rémunéré, et les jeunes en situation d'échec, sans qualification, qui ont l'impression de ne pas avoir de place et deviennent des exclus.

Découvertes culturelles

1. Expliquez les termes et les sigles suivants.

a) le bac	i) CAP
b) la laïcité	j) BEP
c) le collège	k) IUT
d) le lycée	l) DUT
e) l'école maternelle	m) DEUG
f) la journée scolaire/l'année scolaire	n) ENA
g) la terminale	o) HEC
h) les grandes écoles	p) SOCRATES

2. Expliquez l'importance de chacun des éléments suivants dans le système éducatif en France.

a) les diplômes
b) la démocratisation
c) le ministère de l'Education nationale
d) l'enseignement public/l'enseignement privé
e) les manifestations
f) la sélection
g) le développement intellectuel/la formation professionnelle
h) l'élitisme

3. Voici le portrait de trois étudiants français. Tracez le parcours probable de chacun de ces jeunes dans le système d'enseignement en France. Il y a souvent plus d'une réponse possible.

a) *Alexandra:* fille unique d'un père prof de chimie à l'université et d'une mère prof d'anglais au lycée; vie très avantagée sur tous les plans; intelligence supérieure; très ambitieuse

b) *Mohamed:* troisième enfant de travailleurs immigrés; milieu socio-culturel très modeste; habite dans une cité; intelligence moyenne; peu d'ambitions

c) *Olivier:* son père dirige sa propre entreprise (assez modeste) et sa mère est secrétaire; niveau de vie moyen; esprit créateur assez développé; intelligence au-dessus de la moyenne; manque d'assiduité dans les études; envisage de travailler dans les affaires ou dans le domaine technique

Témoignages culturels

Lecture 1

L'école publique en crise?

En janvier 1994, pour protester contre la révision proposée de la loi Falloux, des centaines de milliers de manifestants ont montré leur volonté de défendre l'école publique, d'améliorer son fonctionnement et d'obtenir du gouvernement les moyens financiers nécessaires. Voici les réponses d'une spécialiste à huit questions relatives à la crise de l'Education nationale.

Faut-il plus d'argent pour l'école?

Peut-être, mais nous dépensons déjà beaucoup... La France consacre globalement autant d'argent à l'éducation que la plupart des pays développés, alors qu'elle scolarise° plus d'élèves qu'eux et plus longtemps. Elle dépense donc moins qu'eux par élève (2 802 dollars par an contre 3 372 en moyenne). L'école à la française, c'est l'ouverture au plus grand nombre et ça coûte cher: les salaires du personnel mangent les trois quarts du budget de l'Education nationale. Il ne reste pas grand-chose pour améliorer l'enseignement lui-même.

Si l'on veut faire mieux, qui devra payer? L'Etat, qui finance déjà l'éducation au deux tiers? Les collectivités° locales, qui ont déjà fait beaucoup depuis quinze ans? Les familles, qui ne paient en moyenne que 3 000 francs par élève par an, moins qu'il y a dix ans? Ou les entreprises, qui ne contribuent toujours à la dépense générale que pour 6%, soit le

accepte à l'école

administrations

minimum imposé par la loi? Ces dernières feront beaucoup plus le jour où on leur déléguera la responsabilité d'une partie de la formation.° Le voulons-nous?

éducation

Faut-il avoir 80% de bacheliers?

Tout dépend de quels bacheliers l'on parle.

Le slogan des «80%» était-il «imbécile»,° comme le disait en son temps un conseiller de Lionel Jospin?° Au départ il n'était question que d'une génération *«au niveau du bac»*, mais les Français, avec leur fringale° de diplômes, ont entendu que sans le bac—le bac à l'ancienne°—il n'y avait point de salut.° Dès le milieu des années 80, les sections profession-nelles° ont commencé à se vider—moins de 128 000 élèves en sept ans—, et les bacs généraux se sont gonflés° de 5% d'élèves en plus chaque année. Que vont devenir ces bacheliers qui filent° tous vers l'université, d'où un tiers ressortent sans rien de plus dans la poche? En 1993, pour la première fois, l'emploi des cadres° n'a pas progressé en France…

ridicule
ministre de l'Education natio-nale de l'époque / grand appétit
l'ancienne forme du bac
chance de réussir
filières du bac professionnel
amplifiés
se précipitent

employés supérieurs

Il est urgent de redéfinir le contenu du bagage d'un bachelier, de dire si le bac est toujours un passeport d'entrée pour l'université et de convaincre enfin les Français qu'ils peuvent faire crédit à° l'enseigne-ment technique et professionnel, à l'alternance ou à l'apprentissage. Autrement dit, il faut réussir une révolution culturelle.

croire en la valeur de

L'égalité des chances est-elle plus grande aujourd'hui qu'hier?

Non, comme presque partout dans le monde.

Certes, la scolarisation a profité à tous les élèves: les chances pour un jeune collégien d'arriver jusqu'en classe terminale ont doublé en trente ans. Mais ce progrès est très inégal: les enfants d'ouvriers sont trois fois plus nombreux en sixième que les enfants de cadres, mais trois fois moins nombreux qu'eux en terminale,° six fois moins en terminale C,° dix fois moins dans les grandes écoles. Le système éducatif n'est plus un instrument de promotion° sociale. Il renforce même les inégalités.

dernière année du lycée
préparation au bac scientifique
avancement

L'école, bien sûr, n'est pas la seule responsable. Le comportement des familles joue un rôle décisif, parce que l'ambition et la ténacité des parents sont déterminantes. Un écolier «faible» mais de cadre supérieur a 63% de chances d'aller plus tard au lycée contre 52% pour un élève «fort»° mais fils d'ouvrier. L'école peut-elle avoir de l'ambition à la place des familles? C'était le cas aux beaux temps° de l'élitisme républicain, quand l'école poussait les enfants doués des classes populaires. Mais à l'époque, les classes en question étaient, de fait, exclues du lycée.

doué
à l'époque optimiste

Le niveau baisse-t-il?

Non, mais monte-t-il assez?

Les Etats-Unis s'interrogent depuis vingt ans sur la baisse du niveau d'instruction de leurs étudiants. Les Suisses depuis dix ans. Nous avons

commencé / doctrinaire

entamé° une querelle théologique° sur le sujet il y a peu. Oui, la culture classique s'efface, et les élèves d'aujourd'hui maîtrisent moins la langue écrite que ceux d'hier. La France est-elle pour autant menacée de génocide culturel?...

et même

exigences

Les études internationales indiquent que nos élèves ont des résultats aussi bons voire° meilleurs que ceux des pays voisins en lecture, en mathématiques, en sciences et en géographie. Globalement, le niveau monte. Mais l'école s'est-elle élevée au niveau des défis° qui lui sont lancés par la société?

L'école publique favorise-t-elle l'intégration des enfants d'immigrés?

Pour l'instant, oui.

dénombrement détaillé des habitants d'un pays

Malgré l'imprécision du recensement,° on sait que plus de 90% des élèves considérés comme «étrangers» sont scolarisés dans l'enseignement public. Parmi eux, les trois quarts des écoliers et les deux tiers des collégiens et lycéens sont maghrébins, africains et turcs.

Ils réussissent à l'école française autant qu'on peut y réussir quand on est enfant de milieu défavorisé, ce qui est le cas de 81% d'entre eux (contre 42% dans la population française). Ils auraient désormais, nous apprennent deux études du ministère de l'Education nationale, les mêmes chances de réussite que les enfants d'ouvriers français, voire un peu plus: le taux de passage en cinquième° d'enfants d'ouvriers étrangers dépasserait désormais celui de leurs homologues franco-français.° Idem° pour l'accès° en terminale. Au début des années 80, on y comptait 20% d'enfants d'ouvriers français et 20,5% d'enfants d'ouvriers étrangers.

deuxième année du collège
d'origine entièrement française
Même chose / entrée

Autre signe d'intégration: l'abandon progressif de la langue maternelle. En 1985–86, 12 200 élèves apprenaient l'arabe au collège et au lycée, et 13 600 le portugais. Ils ne sont respectivement plus que 7 800 et 10 800....

gagnée

dans la région parisienne

Mais la partie n'est pas jouée.° Cette intégration se heurte à la concentration excessive des enfants d'immigrés. Ils constituent par exemple 20% des écoliers de l'académie de Créteil.° Que faire? Les tentatives de mélange volontariste (comme aux Etats-Unis) n'ont pas donné de résultats.

Le collège unique est-il un échec?

Non, mais il va mal.

auparavant

séparant

On a décrété le collège «unique» en 1975 après avoir vérifié au préalable° sur des établissements pilotes qu'avec une pédagogie adaptée, on pouvait faire réussir plus d'élèves, notamment de milieux populaires, en les mélangeant plutôt qu'en les triant,° les «bons» d'un côté, les «mauvais» de l'autre. Mais hélas, on a accueilli ensuite une classe d'âge entière sans véritable conversion pédagogique. Les équipes enseignantes ont géré° comme elles ont pu l'hétérogénéité des élèves. Une «rénovation»° fut lancée avec enthousiasme en 1984 puis abandonnée en cours de route.

Aujourd'hui le collège ne sait toujours pas faire réussir les élèves aussi bien que l'école primaire. Un tiers des établissements fonctionneraient avec difficultés, souvent sur fond de° crise des banlieues. Un quart des élèves y seraient en difficulté, notamment en lecture. Pis, c'est ce «maillon faible» du système éducatif qui aggraverait le plus les inégalités sociales entre les élèves! Pourtant il semble bien que les familles comme les enseignants eux-mêmes soient désormais attachés au maintien° du collège unique....

Les réformes pédagogiques servent-elles à quelque chose?

Oui, malgré les apparences.

La Rue-de-Grenelle° cache peut-être, comme on aime à le dire, un cimetière de réformes. Il n'empêche que l'Education nationale vit en permanence une sorte de révolution lente. La réforme actuelle du lycée, entamée sous Lionel Jospin et achevée sous Jack Lang, était déjà en germe sous René Haby, en 1975. Mais à l'époque les esprits n'étaient pas encore ouverts à l'idée d'études à la carte.° Aujourd'hui, des cycles de l'école primaire aux modules de l'université, en passant par le tutorat et les groupes de soutien des collèges et lycées, l'idée est à la mode, c'est le nouveau sur-mesure° pédagogique. Alors, patience, le sempiternel° vœu pieux sur le rééquilibrage des filières, sur l'abolition de l'impérialisme° des maths se réalisera le jour où les maths seront détrônées au profit d'une autre discipline comme outil° de sélection sociale. Mais quand un lycéen de terminale travaillera-t-il, enfin, moins de quarante-sept heures par semaine?

Faut-il plus de concurrence entre établissements?

Peut-être, mais on risque de sacrifier l'égalité à la liberté.

La concurrence donne plus de latitude aux familles. Elle incite les établissements à plus d'efforts. Mais en concentrant les «bons» élèves dans les «bons» collèges, elle favorise aussi le développement des ghettos, des banlieues explosives, de l'école à deux vitesses, et l'immense gaspillage que représente l'échec scolaire.° Si l'on croit un tout petit peu plus aux vertus du service public qu'aux charmes du consumérisme éducatif, on choisira une autre voie que celle du marché. A condition que l'école publique sache se réformer.

Anne FOHR, *Le Nouvel Observateur*, 20 janvier 1994.

---

fait face (à)
réforme

dans le contexte de

continuation

le ministère de l'Education nationale

au choix

adapté à l'individu / éternel

domination
moyen

dans les études

Découvertes culturelles

1. Pourquoi l'école publique coûte-t-elle plus cher à l'Etat en France que dans d'autres pays développés? Qu'est-ce qui pourrait inciter les entreprises privées à participer davantage au financement de l'école publique? Est-ce que tout le monde serait d'accord?

2. En quoi le pourcentage élevé de bacheliers chaque année modifie-t-il la valeur du diplôme? Comment l'importance que les Français accordent au baccalauréat influence-t-elle leur attitude envers l'enseignement technique et professionnel?

3. Pourquoi les enfants d'ouvriers n'ont-ils pas les mêmes chances de devenir bacheliers que ceux de milieux plus aisés?

4. Comment le niveau de connaissances des élèves français a-t-il évolué?

5. A quelle catégorie d'élèves compare-t-on les enfants d'immigrés? Pourquoi? Qu'est-ce qui montre que l'intégration des enfants d'immigrés se fait à l'école publique?

6. Quel était au début l'objectif du «collège unique»? Que lui reproche-t-on aujourd'hui?

7. Qu'est-ce qui caractérise les réformes introduites par l'Education nationale?

8. Quels risques y a-t-il à mettre en compétition les établissements scolaires?

Lecture 2

Le bac avant tout!

A la fin de l'année scolaire, chaque élève rapporte à ses parents un bulletin scolaire où les professeurs réunis en conseil de classe passent en revue les notes obtenues par chacun et recommandent que l'élève passe en classe supérieure ou redouble son année. Dans la bande dessinée ci-contre, Agrippine donne son bulletin à son père.

CLAIRE BRETÉCHER, *Le Nouvel Observateur*, 22 juin 1995.

Découvertes culturelles

1. Quelle est la réaction du père en lisant le bulletin?
2. Agrippine va-t-elle passer en classe supérieure?
3. Comment Agrippine explique-t-elle ses mauvaises notes?
4. Pourquoi Agrippine est-elle actuellement élève dans une école publique?
5. Qu'est-ce que la réaction du père révèle sur l'attitude des Français envers
   a) le bac; b) l'enseignement technique?
6. Qu'est-ce qu'Agrippine pense du bac?
7. Quel diplôme obtiennent les élèves de l'enseignement technique?
8. Quelle opinion a le père de ce diplôme?

9. Pourquoi le père envisage-t-il, malgré ses principes, d'envoyer Agrippine dans une école privée?
10. Comment Agrippine réagit-elle face à ce projet?
11. A votre avis, à quel milieu social appartient cette famille?
12. De quoi Claire Bretécher se moque-t-elle dans cette bande dessinée?

V
La vie professionnelle et la femme au travail

La population se divise entre les «actifs» et les «inactifs». Actuellement, 43% des Français constituent la population active, c'est-à-dire ceux qui travaillent ou qui cherchent un emploi (les chômeurs). En 1994, le nombre d'actifs était de 25 140 000 dont 3 264 900 de chômeurs. Parmi les inactifs se trouvent les jeunes qui font des études et n'ont pas encore commencé la recherche d'un travail, et les retraités. Selon la loi, la retraite commence à 60 ans mais certains travailleurs ont droit à la pré-retraite à partir de 55 ans. Le pourcentage des retraités dans la population s'accroît sensiblement. En 1994, 19,8% de la population avait plus de 60 ans. Au terme de la loi, la semaine de travail dure 39 heures et tous les travailleurs ont droit à cinq semaines de congés payés par an. L'organisation du travail est très réglementée par l'Etat.

Depuis 1968, la présence des femmes a beaucoup augmenté dans la population active. Cette augmentation a été accélérée par le mouvement féministe des années soixante-dix et le développement du secteur tertiaire où les femmes occupent plus de 50% des emplois. Aujourd'hui les femmes constituent 46% de la population active et représentent 40% des revenus du ménage. Entre 1968 et 1993, le nombre de femmes salariées est monté de 67%, passant de 5,2 à 8,7 millions alors que le nombre d'hommes salariés a augmenté seulement de 6%, passant de 10,1 à 10,7 millions. Plus de 75% des femmes entre 25 et 49 ans étaient actives en 1993, contre moins de 50% en 1968. Un pourcentage croissant de femmes de milieux aisés, ayant fait des études supérieures, continuent à travailler après la naissance de leurs enfants. Cette évolution du travail féminin a été favorisée par le droit à un congé de maternité qui est plus long en France qu'ailleurs; par les écoles maternelles publiques gratuites où les enfants peuvent être admis dès l'âge de deux ans et pris en charge toute la journée, de 8h30 à 18h; et par le remboursement partiel par l'Etat des cotisations sociales perçues sur les aides familiales à domicile. Par contre, cette évolution a eu un effet négatif sur la natalité, qui a baissé entre 1968 et 1993 de 17 à 13 naissances par an pour mille habitants.

Des inégalités persistent entre les sexes dans le domaine du travail. Bien que 53% des bacheliers et 55% des élèves des classes préparatoires des grandes écoles et de l'enseignement supérieur soient des femmes, elles représentent seulement 30% des cadres et moins de 10% des dirigeants d'entreprises. En 1994, 2,4 millions de femmes contre 1,7 millions d'hommes occupaient un emploi non qualifié. La loi de 1983 sur l'égalité professionnelle entre les hommes et les femmes n'a pas été entièrement respectée ni dans le secteur public ni dans le secteur privé. Les écarts de salaire entre hommes et femmes occupant un emploi équivalent sont de 24%. L'autre point noir du travail féminin est le plus haut pourcentage de femmes occupant un emploi précaire ou à temps partiel quand elles voudraient un emploi permanent et à plein temps; 26% des femmes actives travaillent à temps partiel contre 4% des hommes.

Les travailleurs immigrés sont venus massivement en France pendant les «trente glorieuses» de l'expansion économique (1945–1975), mais depuis 1975, leur nombre est resté à peu près stable à 1,5 million (6% de la population active). Effectuant souvent le travail le moins qualifié et le moins bien rémunéré, 51% d'entre eux sont des ouvriers et 23% des employés.

La population active se répartit sur trois secteurs économiques. Dans le secteur primaire, celui de l'agriculture et de la pêche, le nombre de travailleurs a baissé rapidement en raison de l'exode rural et ne représente aujourd'hui qu'1% de la population active. La France est la première puissance agricole de l'Union européenne et tient le deuxième rang mondial pour la production et l'exportation agricoles derrière les Etats-Unis. Le nombre de travailleurs dans le secteur secondaire, celui de l'industrie, a diminué en raison des restructurations et de l'automatisation. Ce secteur occupe 25% des actifs. Le secteur tertiaire se compose de tous ceux qui fournissent des services, comme les employés qui travaillent dans l'administration, le commerce, la banque, les transports, le tourisme, etc. Ce secteur est en pleine expansion et occupe 74% des actifs. La révolution informatique a accéléré la tertiarisation, qui favorise le développement économique des régions très urbanisées, comme l'Ile-de-France. Par ailleurs, l'expansion du télétravail permet l'implantation d'activités tertiaires dans les régions plus isolées. La France est le deuxième pays exportateur de services dans le monde.

Secteurs économiques

La population active se répartit en six catégories socioprofessionnelles définies par le gouvernement: 1) les agriculteurs exploitants (4,2%); 2) les artisans, commerçants et chefs d'entreprise (7,5%); 3) les cadres et professions intellectuelles supérieures, y compris les professions libérales (12,3%); 4) les professions intermédiaires, comprenant parmi d'autres les cadres moyens et les techniciens (21%); 5) les employés, y compris les personnels de service (27,6%); 6) les ouvriers, y compris les ouvriers agricoles (26,4%). Entre ces catégories existe une évidente hiérarchie. Le niveau de vie des cadres supérieurs, par exemple, est beaucoup plus élevé que celui des ouvriers. La mobilité sociale entre les catégories reste limitée et dépend en général de la réussite scolaire. En 1970, le gouvernement a institué le SMIC (salaire minimum interprofessionnel de croissance). En 1994, 8,6% de la population active était rémunérée au SMIC, fixé en 1995 à 4 929 francs nets par mois.

Les travailleurs sont employés soit dans le secteur privé soit dans le secteur public. Dans le dernier cas, on les appelle fonctionnaires; ils sont payés par l'Etat et bénéficient de la sécurité du travail, contrairement aux travailleurs des entreprises privées. Les enseignants, les employés de la poste, des hôpitaux et des entreprises publiques de transports, d'énergie et de télécommunications sont tous des fonctionnaires. Les nationalisations du début des années quatre-vingt ont augmenté leur nombre. L'Etat est le plus grand patron de France; en 1994, le secteur public employait 25% de la population active.

Syndicalisme

Les syndicats ont été créés pour défendre les travailleurs contre l'exploitation patronale et leur obtenir de meilleures conditions de travail. Au début, étroitement alliés aux partis de gauche et au communisme, ils jouaient un rôle politique. Les trois principales centrales syndicales de stature nationale, qui sont toujours consultées par le gouvernement lors des négociations sur le travail, sont la CGT, la CFDT et FO. Liée au parti communiste, la Confédération générale du travail (CGT), née en 1895, est le plus grand syndicat. Le déclin de la population ouvrière a fait baisser le nombre de ses adhérents, qui étaient environ 630 000 en 1993. La Confédération française démocratique du travail (CFDT), issue en 1964 de la majorité de la Confédération française des travailleurs chrétiens, a abandonné le caractère confessionnel de la CFTC. Dirigée depuis 1992 par une femme, Nicole Notat, la CFDT comptait 515 000 adhérents en 1993. Force Ouvrière (FO), fondée en 1948 par des syndicalistes qui avaient quitté la CGT, comptait 375 000 adhérents. L'apparition d'une nouvelle catégorie de travailleurs, les cadres, a donné lieu à la création de la Confédération générale des cadres (CGC), regroupant environ 111 000 adhérents en 1993. Certains syndicats représentent uniquement les membres d'une seule profession, comme les syndicats d'agriculteurs et les syndicats d'enseignants. Le Conseil national du patronat français (CNPF) regroupe les patrons de grands groupes et de petites et moyennes entreprises (PME).

De 1970 à 1990, le nombre de syndiqués salariés a baissé en France de 22,3% à 9,8%, en Allemagne de 33% à 32,9% et aux Etats-Unis de 23,2% à 15,6%. Entre 1981 (année de l'arrivée au pouvoir du premier gouvernement de gauche depuis le début, en 1958, de la Ve République) et 1989, la baisse a été particulièrement rapide en France: de 29% à 15% chez les hommes et de 11% à 7% chez les femmes. Le pourcentage des syndiqués est plus élevé dans le secteur public (20%) que dans le secteur privé (6%). On pourrait dire que le premier syndicat de France est constitué par les non-syndiqués: lors des élections aux comités d'entreprise en 1992–1993, les non-syndiqués ont reçu 28,1% des suffrages exprimés, la CGT 22,5%, la CFDT 20,7%, FO 11,9%, la CGC 5,7% et les autres syndicats 11,1%. Plusieurs raisons expliquent le déclin du nombre de syndiqués: la disparition de la classe ouvrière traditionnelle, provoquée par l'accroissement du niveau de vie, qui tend à rapprocher les ouvriers de la classe moyenne, et, par conséquent, l'effacement de la lutte sociale entre les «patrons exploiteurs» et les «salariés exploités»; le net déclin de la CGT au cours des années quatre-vingt, entraîné par celui du parti communiste, ainsi que le sentiment dans l'opinion que l'action de la CGT était motivée plutôt par des intérêts politiques que par la défense des travailleurs;

la montée chez les Français de l'individualisme, qui a contribué à diluer le sentiment d'appartenance à un groupe et à réduire le désir de participer à une action collective. Plus récemment, les revendications des salariés ont eu tendance à être de nature moins nationale que catégorielle, concernant des métiers spécifiques.

Les syndicats français n'hésitent pas à appeler à la grève pour faire pression sur l'Etat-patron et obtenir une amélioration des salaires et des conditions de travail. La rentrée, après les vacances d'été, est souvent une période «chaude» de conflits entre les syndicats et le gouvernement. Malgré leur nombre limité d'adhérents, les syndicats sont encore capables de perturber sérieusement et même d'arrêter la vie de la nation. Vers la fin de 1995, ils ont ainsi organisé une longue grève nationale menée par les employés de la SNCF, soutenus eux-mêmes par d'autres salariés du secteur public, pour défendre leurs «acquis sociaux». Il s'agissait des avantages sociaux que les fonctionnaires avaient obtenus au cours des années et que le gouvernement voulait modifier afin de réduire la dette publique, qui avait doublé entre 1987 et 1994. Pendant plus de trois semaines, la France a dû vivre sans trains ni métros, ce qui a empêché des milliers de personnes d'aller au travail et a aggravé encore la situation économique du pays. Le gouvernement s'est vu obligé de reporter son plan de réforme fiscale (rendue nécessaire par la future unification monétaire de l'Union européenne) et de négocier les changements éventuels avec les représentants des syndicats et du CNPF lors d'un sommet social sur l'emploi et l'aménagement du temps de travail.

Résultat de la crise économique et de la restructuration du marché de l'emploi, le chômage croissant depuis 1975 a également contribué au déclin du syndicalisme. Beaucoup de Français estiment qu'en luttant pour la progression des salaires, les syndicats ont plutôt contribué à accroître le nombre de chômeurs. Lors d'un sondage effectué en 1994, 57% des Français ont donné comme priorité la défense de l'emploi et seulement 8% la progression des salaires. En 1995, en réponse à une question sur leurs plus grands sujets d'inquiétude, 69% des Français ont cité les risques du chômage, et 43% les guerres et les tensions internationales. Cette angoisse était justifiée. Entre 1974 et 1994, le nombre de chômeurs a été multiplié par cinq et représentait en 1995 environ 12% de la population. Le chômage frappe toutes les catégories socioprofessionnelles, des ouvriers non qualifiés, comme les travailleurs immigrés, jusqu'aux cadres. En 1992, un bachelier sur 15 était au chômage, contre un sur 10 en 1993. Entre 1990 et 1993, le nombre de cadres au chômage a doublé. L'inégalité entre les femmes et les hommes s'est là encore manifestée. Depuis 1975, les femmes ont été en moyenne plus touchées par le chômage que les hommes (34% contre 28%). Cependant, ce sont surtout les jeunes qui ont été les plus grandes victimes de la crise de l'emploi.

En 1995, chez les jeunes de moins de 25 ans, le pourcentage des demandeurs d'emploi (25%) était plus du double du taux moyen de la population active. Pour les jeunes qui quittent le système éducatif sans qualification, dont un fort pourcentage des écoliers maghrébins, la probabilité d'être au chômage est quatre à cinq fois plus élevée que pour ceux qui ont réussi leurs études. La tentative faite par le gouvernement en 1994 pour encourager l'embauche des jeunes en instaurant un

Effets du chômage

contrat d'insertion professionnelle (CIP) pour les moins de 26 ans, prévoyant une rémunération inférieure au SMIC, a échoué face aux manifestations. En 1995, dans le cadre d'un plan d'urgence pour l'emploi, le gouvernement a accordé des primes supplémentaires aux employeurs embauchant des jeunes en difficulté. La transformation de la situation de l'emploi pour les jeunes s'illustre par les chiffres suivants: la proportion des jeunes de 20 ans étudiants ou scolarisés en 1995 (65,4%) a plus que doublé en dix ans. A 20 ans, 90% des jeunes demeuraient chez leurs parents ou habitaient un logement financé par eux. Vingt ans auparavant, la moitié des jeunes de 18 ans travaillaient. En 1995, c'est à 21 ans seulement que 50% des jeunes étaient actifs. En 1983, un emploi sur trois était occupé par une personne de moins de 30 ans, contre un emploi sur cinq en 1992. En 1995, 60% des moins de 30 ans obtenaient la moitié de leurs revenus de l'Etat grâce à des allocations et des aides à l'emploi. Cependant près de 500 000 jeunes de moins de 25 ans ne bénéficiaient d'aucune allocation, représentant plus du tiers de l'ensemble des chômeurs non indemnisés.

Espérant trouver du travail, les demandeurs d'emploi s'inscrivent à l'Agence nationale pour l'emploi (ANPE), organisme public établi par le gouvernement en 1967. Souvent, les emplois offerts sont précaires, correspondant à un temps partiel, un intérim, ou un contrat (de travail) à durée déterminée. En 1994, 14,9%

des actifs (15,4% des salariés et 17% des fonctionnaires) travaillaient à temps partiel. Le nombre de chômeurs de longue durée a continué d'augmenter. Pour aider ceux d'entre eux qui sont âgés de plus de 25 ans, le gouvernement a créé en 1988 une allocation mensuelle garantissant une ressource minimale appelée revenu minimum d'insertion (RMI). De 426 700 en 1989, le nombre de RMistes a dépassé plus d'un million en 1995. Malgré cette allocation de solidarité nationale, la plupart des RMistes tendent à devenir des exclus permanents du travail. La France est la quatrième puissance économique et commerciale du monde, mais l'installation durable du chômage à un taux élevé et du travail précaire, ainsi que le nombre croissant de nouveaux pauvres et la marginalisation des jeunes inactifs constituent une menace grave pour l'avenir de la cohésion sociale, qui figure parmi les principales valeurs républicaines de la France.

Découvertes culturelles

Choisissez la phrase qui complète le mieux chacune des constatations suivantes. Ajoutez des renseignements supplémentaires pour expliquer votre choix.

1. L'âge de la retraite en France est fixé à...
   a) 65 ans.
   b) 60 ans.
2. Les travailleurs français ont...
   a) une semaine de travail de 39 heures et cinq semaines de congés payés.
   b) une semaine de travail de 40 heures et trois semaines de congés payés.
3. Le pourcentage de femmes dans la population active...
   a) baisse continuellement.
   b) ne cesse d'augmenter.
4. Les femmes qui travaillent...
   a) bénéficient de conditions égales à celles des hommes.
   b) subissent encore des inégalités par rapport aux hommes.
5. Les travailleurs immigrés...
   a) effectuent généralement un travail moins qualifié et moins bien rémunéré.
   b) travaillent souvent dans des conditions avantageuses et sont bien payés.
6. La France...
   a) n'exporte plus beaucoup de produits agricoles.
   b) est une grande puissance mondiale dans le domaine de l'exportation agricole.
7. Le secteur tertiaire...
   a) est en pleine expansion et représente une contribution importante de la France à l'économie mondiale.
   b) devient de moins en moins important en raison de l'exode rural.
8. La mobilité sociale entre les catégories professionnelles...
   a) est très répandue en France et dépend de la fortune.
   b) est très limitée en France et repose sur la réussite scolaire.
9. En France, les fonctionnaires...
   a) représentent une partie importante de la population active.
   b) ont vu leur nombre diminuer à cause des nationalisations.
10. Le syndicalisme en France...
   a) est en déclin.
   b) est en pleine expansion.
11. Les syndicats français...
   a) ont cessé de faire des grèves.
   b) font souvent appel à la grève pour faire pression sur l'Etat-patron.
12. Les travailleurs s'intéressent plutôt actuellement...
   a) à la sécurité de l'emploi.
   b) à la progression des salaires.
13. Le chômage en France...
   a) constitue un problème grave pour les Français de tout âge et de toute catégorie professionnelle.
   b) n'est pas un problème très grave comparé au taux de chômage dans d'autres pays.
14. Beaucoup de jeunes Français de moins de trente ans...
   a) reçoivent la plupart de leurs revenus de l'Etat.
   b) ont une bonne formation professionnelle qui leur permet de trouver facilement du travail.

Lecture 1

La fin des paysans et des ouvriers

Les paysans et les ouvriers ont longtemps représenté deux images spéci-fiques de la France. En travaillant la terre depuis les temps anciens, les pay-sans ont donné aux paysages français leur dimension humaine. La naissance plus récente des industries a produit le monde ouvrier, prolétariat misérable à l'origine, qui a repris l'esprit révolutionnaire de 1789 pour améliorer son destin. Aujourd'hui, le monde traditionnel du paysan et de l'ouvrier est bou-leversé par une révolution économique et technologique.

base / spécificité

fervent

aspiration

l'avenir radieux

Ils ont été le socle° du «particularisme»° français, mélange subtil de mémoire et d'esprit révolutionnaire, d'individualisme farouche° et de prétention° à l'universel. L'un témoignait des «racines», l'autre symboli-sait les lendemains qui chantent.° De ses mains, le premier a modelé le visage de la France: patchwork de petits terroirs, de villages à clocher et de paysages dont pas un ne ressemble à l'autre. De ses mains, le second a construit sa puissance: des forges aux usines, du charbon à l'acier, du train à l'automobile. Le second, d'ailleurs, était souvent enfant du pre-mier: «ouvrier, fils de paysan», c'était un peu la carte de visite du pays. Avec le travail comme référence, la famille comme refuge, la patrie comme amour, paysans et ouvriers remplissaient° à eux seuls un cours d'instruction civique....

fournissaient la matière (de)

imaginait

portaient le label

n'arrête pas

fermes / Institut de statistiques

sans

cercle

Président-directeur général / faillite

Bien sûr, on rêvait° le paysan et l'ouvrier plus qu'on ne les regardait vivre: ils étaient estampillés° «mythes nationaux». Aujourd'hui, les mythes s'effacent. Le paysan n'en finit plus° de mourir. Un déclin commencé voici un demi-siècle et qui s'est accéléré: entre 1982 et 1990, 350 000 petites et moyennes exploitations° ont disparu. Et, constate l'Insee,° les survivantes sont dirigées par des agriculteurs de plus de 50 ans, dont la majorité n'ont pas de successeur. 25% de la surface agricole en quête° d'héritiers. Sept millions d'hectares qui iront agrandir les exploitations voisines. La fin des paysans n'est pas celle de l'agriculture. Formés hors du giron° familial, davantage diplômés—16% ont le niveau du bac—plus souvent à la tête de grandes exploitations, adoptant des comporte-ments de manager, les jeunes agriculteurs se rapprochent du profil classique d'un PDG.° Y compris par les risques courus: défaillance° d'entreprise et lourd endettement. Un monde est en train de naître. Il n'est plus franchement paysan.

Mort, l'ouvrier? En moins de dix ans, les effectifs° ont fondu:° 7 millions d'ouvriers au boulot° en 1982, 6,5 en 1990. Fer de lance° de la révolution industrielle, ils ont payé au prix fort° la révolution tertiaire:° plus de 14% de chômeurs parmi eux. Mais c'est moins de mort qu'il s'agit que de chute, de savoir-faire qui devient inutile, d'image qui se brouille,° de culture qui s'éteint,° de cités ouvrières° ravagées dans le Nord–Pas-de-Calais ou en Lorraine. Déclin des industries traditionnelles, informatisation, automatisation et prédominance des fonctions commerciales dans les autres: leurs forteresses° se vident. De 1982 à 1990, chaque année, constate l'Insee, les charbonnages° ont perdu 11% de leurs ouvriers, chaque année la sidérurgie en a lâché° 8%. Chez Renault ou à EDF, à la Snias ou chez Elf, on a besoin de cadres ou d'agents de professions intermédiaires plus que d'eux. La grande usine les quitte, les PMI° les embauchent° et... les débauchent° au gré° des besoins.

Ils ont pourtant gardé quelques-unes de leurs caractéristiques de classe. C'est parmi eux qu'on trouve les plus bas salaires et les emplois les plus précaires, chez eux qu'on meurt plus jeune, chez leurs enfants que l'échec scolaire est le plus répandu.° Et les lendemains ne sont pas près de chanter.°

Andrée MAZZOLINI, *L'Evénement du jeudi,* 29 avril 1993.

nombre d'ouvriers / baissé

travail / A la tête de

très cher / du secteur des services

devient floue / meurt / quartiers où résident les ouvriers

lieux de travail traditionnels

mines

abandonné

petites et moyennes industries / emploient / licencient / selon

fréquent

l'avenir est sombre

Découvertes culturelles

1. Relevez dans le premier paragraphe les caractéristiques des paysans et celles des ouvriers qui symbolisaient la France agricole et la France industrielle.
2. Quelle était l'origine familiale de beaucoup d'ouvriers?
3. Quelles valeurs inspiraient le monde des paysans et celui des ouvriers? Comment pourrait-on qualifier ces valeurs?
4. Qu'est-ce qui montre que le monde traditionnel des paysans est en train de disparaître?
5. Pourquoi le nouveau monde agricole n'est-il «plus franchement paysan»?
6. Quel secteur économique se développe aux dépens du secteur industriel?
7. Qu'est-ce qui se passe dans le Nord–Pas-de-Calais, région des mines de charbon, et en Lorraine, région de la sidérurgie?
8. Quelles transformations dans le monde du travail tendent à accélérer le déclin des ouvriers?
9. Quelle image du monde ouvrier est donnée par les caractéristiques qui continuent à le distinguer?

Lecture 2

Travailler où on veut, quand on veut

La révolution technologique a profondément modifié l'organisation du travail dans le secteur tertiaire. Grâce au télétravail, les employés peuvent travailler à domicile. Le gouvernement français, par l'intermédiaire de la DATAR (organisme responsable du développement équilibré de toute la France), joue un rôle actif en subventionnant le développement du télétravail dans les entreprises publiques et les collectivités locales et en aidant ainsi à la création d'emplois dans des régions économiquement défavorisées.

La clef° de l'aménagement du territoire,° c'est la création d'emplois hors des grandes agglomérations.° Pour Anita Rozenholc, chargée de mission à la DATAR,° cela passe par l'avènement° du télétravail. Explications.

Le Nouvel Observateur.—*Pourquoi la Datar réfléchit-elle au télétravail?*

Anita Rozenholc.—Parce que le coût de la concentration de l'activité économique dans les grandes villes devient monstrueux. Coût économique, mais aussi social, de l'environnement, de la moindre productivité, de la baisse de la qualité de vie, de la désagrégation° des familles... Et surtout parce qu'il devient possible de faire autrement: d'une part, le coût du transport de l'information (voix, données, images) ne cesse de baisser; d'autre part, la production immatérielle prend de plus en plus de place dans l'économie. Même dans un paquet de pâtes alimentaires, sa part° est de 84%! Or cette production est volatile, nomade et apatride.° On peut la réaliser° n'importe où...

N.O.—*En encourageant le télétravail, quels sont vos objectifs?*

A. Rozenholc.—D'abord créer des activités et des emplois dans les zones françaises fragiles.° Ensuite, démontrer que cette déconcentration aboutit à° une baisse des coûts de production, à une augmentation de la productivité et du bien-être des salariés. Les individus, les entreprises, les défenseurs de l'environnement, tout le monde peut y gagner.

N.O.—*Concrètement, quel type d'activité peut être réalisé en télétravail?*

A. Rozenholc.—Toutes les activités qui s'exercent hors-guichet. C'est-à-dire pour lesquelles vous n'avez pas besoin d'être directement en contact physique permanent avec un client ou un partenaire. C'est ce que les Anglo-Saxons appellent le «back office», par opposition au «front office». Ces gens-là n'ont aucun besoin d'être en permanence° au bureau... Le problème, c'est que notre esprit n'a pas encore intégré cette nouvelle distinction entre deux types d'activité. Nous n'arrivons pas à quitter la logique de l'économie manufacturière!

N.O.—*Un exemple?*

A. Rozenholc.—Prenez le ministère des Finances: une très grande partie de son travail consiste à travailler sur les dossiers; pourquoi votre feuille d'impôt ne serait-elle pas traitée en Lozère?°

---

solution / croissance économique équilibrée de toutes les régions françaises / centres urbains / Délégation à l'Aménagement du Territoire et à l'Action Régionale / développement

fragmentation

proportion
sans patrie / faire

où l'activité économique est en déclin / entraîne

toujours

département peu peuplé du centre de la France

N.O.—*Mais les décentralisations autoritaires n'ont jamais été populaires!*

A. Rozenholc.—Il ne s'agit absolument pas de déménager les gens en bloc, mais au contraire de leur donner le choix de leur lieu et de leur mode de vie. Vous souhaitez vivre à Périgueux ou à Marvejols? On vous installe votre bureau là-bas, et on vous met en réseau avec vos collègues.

N.O.—*Jusque-là, les expériences tentées ont été peu concluantes.°* — n'ont pas été très positives

A. Rozenholc.—Les obstacles sont avant tout culturels. Le télétravail suppose de repenser totalement la coupure° travail-loisirs, les rap- — division
ports hiérarchiques dans l'entreprise, le mode de vie, l'habitat, et même les relations familiales. Il s'agit d'une véritable révolution de la société! Or les gens qui ont le pouvoir dans la logique° actuelle constituent des — façon de penser
lobbies puissants contre le changement: les cadres se sentent dévalorisés° — diminués en valeur, déconsidérés
s'ils n'ont pas 25 mètres carrés de bureau à eux et une dizaine de colla-borateurs sous les yeux. Ils n'ont pas compris que l'ordinateur pouvait remplacer avantageusement la surveillance physique...

N.O.—*Et la nouvelle génération?*

A. Rozenholc.—Elle est plus ouverte. Mais il y a urgence! Car le télétravail, ce n'est pas seulement une question d'aménagement plus équilibré du territoire, c'est aussi la clef de notre compétitivité sur le marché mondial de la matière grise.° Donc de l'emploi en France... — intelligence

Dominique NORA, *Le Nouvel Observateur*, 23 septembre 1993.

Découvertes culturelles

1. Comment le télétravail permet-il de créer des emplois en dehors des grandes villes?
2. Quels sont les avantages économiques et sociaux du télétravail?
3. Pourquoi les Français plus âgés ont-ils du mal à concevoir le type d'activité qui peut être effectué par le télétravail?
4. Quels sont les obstacles culturels au développement du télétravail?
5. Pourquoi est-il important que la France soit placée parmi les premiers pays exportateurs de services?

Activités d'expansion

Repères culturels

A. Que signifient les sigles suivants?

1. HLM	5. IUT	9. SMIC	13. CNPF
2. PNIU	6. DEUG	10. CGT	14. ANPE
3. SDF	7. l'X	11. CFDT	15. CIP
4. CAP	8. HEC	12. FO	16. RMI

B. Expliquez le rôle symbolique des personnes suivantes dans la culture française contemporaine.

1. Jean Calvin	6. un bachelier
2. l'abbé Pierre	7. un énarque
3. Jules Ferry	8. Nicole Notat
4. le ministre de l'Education nationale	9. un retraité
5. un recteur	10. un beur au chômage

C. Expliquez les expressions suivantes et indiquez leur importance dans la culture française actuelle.

1. les «trente glorieuses»	9. le collège
2. habiter en province	10. le lycée
3. la classe dirigeante	11. une grande école
4. les travailleurs immigrés	12. l'«affaire du foulard»
5. les exclus	13. les actifs
6. la fracture sociale	14. les fonctionnaires
7. l'islam	15. le secteur tertiaire
8. les extralucides	16. un emploi précaire

Quelques liens culturels

Discussion

1. Citez plusieurs problèmes sociaux qui préoccupent les Français et qui ont été évoqués dans ce dossier.
2. Comparez l'environnement urbain du centre d'une grande ville et celui d'un village de campagne.
3. Qu'est-ce qui caractérise les grandes banlieues des villes importantes?
4. Quels ont été les effets de l'exode rural sur la ville et sur la campagne?
5. Comparez l'origine de la classe ouvrière et celle des cadres. Où se situent ces deux groupes dans la hiérarchie professionnelle?

6. L'ascension sociale est-elle plus ou moins facile aujourd'hui en France? Pour quelle catégorie d'élèves et de jeunes?
7. Que signifie le déclin du pourcentage de catholiques pratiquants?
8. Sous quelles formes le besoin du sacré se manifeste-t-il aujourd'hui?
9. Quel effet la laïcité a-t-elle eu sur la vie religieuse en France?
10. Quels sont les idéaux de l'école républicaine?
11. Comment l'école a-t-elle essayé de s'adapter à l'évolution sociale au cours de la Ve République?
12. Pourquoi l'enseignement libre, qui constitue 17% de la population scolaire nationale, soulève-t-il encore de vives controverses?
13. Pourquoi le gouvernement voudrait-il donner plus de prestige à l'enseignement technique? Quels préjugés dans l'opinion publique le gouvernement doit-il surmonter?
14. Etes-vous pour ou contre la sélection officielle des étudiants autorisés à s'inscrire dans une université française?
15. Qu'est-ce qui a créé une surabondance de diplômés? Quelles sont les conséquences de cette surabondance?
16. Quel rôle jouent les grandes écoles dans le maintien d'une élite sociale?
17. Qu'est-ce que les manifestations publiques sur le thème de l'enseignement et sur celui du travail révèlent sur le comportement des Français?
18. En quoi la législation française a-t-elle facilité la vie des femmes qui veulent avoir un enfant et continuer à travailler?
19. Qu'est-ce qui a résulté du déclin des industries classiques?
20. Pour quelles raisons les syndicats ont-ils perdu beaucoup d'adhérents depuis le début des années quatre-vingt?
21. Quels effets la montée du chômage a-t-elle produits sur les mentalités?

Mise en scène

1. Des habitants du centre de Paris, de Montpellier, d'une cité de banlieue et d'un village de campagne discutent des avantages ou des désavantages de leur lieu de résidence.
2. Des représentants de différents milieux sociaux participent à un débat sur l'affaiblissement des valeurs traditionnelles depuis l'avènement de la société de consommation.
3. Des Français et des Françaises d'âges et de croyances différents expliquent quelle(s) réponse(s) ils ont trouvée(s) à leur besoin de spiritualité.
4. Vous vous trouvez avec plusieurs étudiants français qui ont le même âge que vous et vous retracez votre cursus scolaire. Y a-t-il des différences importantes entre leur système éducatif et le vôtre?
5. Les dirigeants des syndicats appellent à la grève pour protester contre la baisse du pouvoir d'achat. Imaginez un débat entre ces syndicalistes et des travailleurs opposés à la grève et qui estiment que la sécurité de l'emploi constitue la véritable priorité.
6. Imaginez une table ronde sur la crise de l'emploi, à laquelle participent des fonctionnaires et des employés du secteur privé.

Activités écrites

1. Comparez le style de vie et les aspirations des habitants des grandes villes et des habitants de la campagne.
2. La société française actuelle est devenue une société à deux vitesses. Trouvez dans ce dossier des exemples qui pourraient justifier cette affirmation.
3. L'objectif de l'égalité des chances pour tous les élèves se montre de moins en moins réalisable. Discutez.
4. «L'école attend trop de l'Etat et la société attend trop de l'école.» Qu'en pensez-vous?
5. «L'école publique rime avec République.» Quelles valeurs républicaines se trouvent reproduites dans le système éducatif français?
6. «L'Etat intervient trop dans les domaines de l'éducation et du travail en France.» Discutez.
7. «Il faut enfin résoudre l'opposition entre les partisans de la formation intellectuelle et ceux de la formation professionnelle car la réduction du chômage en dépend.» Que pensez-vous de cette opinion?
8. Pensez-vous que les Français d'aujourd'hui croient moins aux valeurs traditionnelles inscrites dans des institutions comme la religion, l'école et le travail et davantage à la satisfaction de besoins personnels? Justifiez votre réponse.
9. Si vous étiez Français(e)...
   a) où voudriez-vous vivre?
   b) dans quel milieu social aimeriez-vous être né(e)?
   c) pratiqueriez-vous une religion? Si oui, laquelle?
   d) quelle filière scolaire voudriez-vous suivre à partir de l'école élémentaire?
   e) quel emploi aimeriez-vous trouver à la fin de vos études?
   Expliquez chacune de vos réponses.

Perspectives interculturelles

A. Faites une comparaison entre la banlieue des grandes villes dans votre pays et celle des grandes villes françaises.
B. Existe-t-il dans votre société une hiérarchie des milieux sociaux aussi rigide qu'en France? Pourquoi?
C. A votre avis, les religions occupent-elles une place plus ou moins importante dans votre pays qu'en France? Justifiez votre réponse.
D. Quelles sont les différences principales entre le système éducatif français et celui de votre pays...
   a) au niveau élémentaire?
   b) au niveau secondaire?
   c) au niveau supérieur?
E. Comparez la situation en France et dans votre pays en ce qui concerne l'organisation du travail, les rapports entre les secteurs public et privé, le rôle des syndicats et le chômage.
F. Comparez le rôle joué par l'Etat dans la vie des citoyens en France et dans votre pays.

La vie politique

La vie politique

Le tempérament français, qui est à la fois conservateur et révolutionnaire, se révèle aussi dans la vie politique du pays. La culture française est marquée par une passion pour les idées politiques. En général, plus de 80% des électeurs français votent lors des élections présidentielles, bien que l'abstentionnisme s'amplifie à l'occasion d'autres élections nationales. De nombreux Français adhèrent officiellement aux différents partis politiques dont le nombre et les distinctions, souvent subtiles, étonnent parfois les étrangers, surtout ceux qui sont habitués au bipartisme. A la différence des systèmes bipartites, qui évoluent selon l'alternance au pouvoir de deux grands partis, la vie politique française tend à évoluer par crises révolutionnaires qui visent à transformer radicalement la société. Cependant, leur esprit conservateur et leur attachement fondamental à l'ordre empêchent les Français de mener leur action jusqu'à son terme. Ce qui allait être une vaste révolution se limite finalement à la réforme nécessaire des structures sociales et politiques qui n'avaient pas évolué.

Mais au-delà des statistiques qui indiquent le taux de participation active au système politique, on constate en France que l'actualité politique est un sujet privilégié de conversation et de discussion. Du reste, plus de la moitié des Français lisent régulièrement un des nombreux journaux, nationaux ou régionaux, qui se distinguent souvent par la tendance politique qu'ils représentent. Les citoyens français s'informent, critiquent et discutent, même si c'est souvent avec certains «partis pris» idéologiques. Les Français rejettent généralement les étiquettes de «conservateur» ou de «libéral», qui comprennent en France plusieurs gradations d'opinions ou de sensibilités souvent subtilement distinctes les unes des autres. Par contre, ils se rangent volontiers en deux catégories générales: la droite et la gauche. Cette tradition est née au tout début de la Révolution de 1789 qui a mis fin à l'homogénéité politique de l'Ancien Régime.

Ces dernières années, on a pu observer à la fois une diminution du nombre des partis politiques, ce qui a favorisé une plus grande bipolarisation du système, et un désenchantement généralisé envers le langage politique traditionnel et le jeu politicien. Cependant, la diversité réapparaît dès l'annonce du premier tour des élections législatives ou présidentielles. Si les Français se font des idées glorieuses et au fond assez uniformes de la «patrie» et de la nation, s'ils attendent tout de l'Etat, ils réagissent avec une méfiance individualiste presque instinctive face à un nouveau gouvernement. Etant donné que les Français, par leur nature, par leur héritage et par leur éducation, sont des adeptes du débat, quel meilleur sujet de polémique pour eux que les affrontements idéologiques du passé, qui ont produit depuis 1789 deux Empires, deux régimes monarchiques constitutionnels, le régime de Vichy et cinq Républiques?

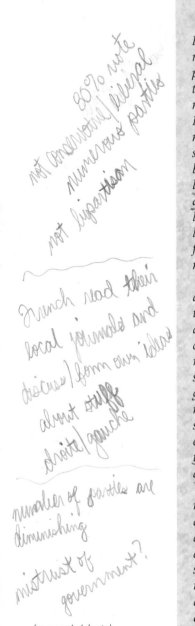

(page précédente)
Le palais Bourbon,
construit de 1722 à 1728,
aujourd'hui siège de
l'Assemblée nationale

I
Les institutions politiques

En 1958, la France a traversé une crise politique, qui a rendu nécessaire la création d'une nouvelle République, la Vᵉ. La IVᵉ République, née en 1946, après la Seconde Guerre mondiale, n'a duré que 12 ans, victime d'une profonde instabilité politique: le grand nombre de partis politiques rendait très difficile la formation d'une majorité stable au Parlement; les alliances nécessaires entre les petits partis pour établir une majorité de gouvernement étaient toujours très fragiles. Par conséquent, les 12 années de la IVᵉ République ont connu 25 changements de gouvernement. Par ailleurs, le président de la République avait peu de pouvoir car, élu par le Parlement, il dépendait donc de lui. Le véritable pouvoir se trouvait entre les mains des hauts fonctionnaires, qui continuaient à administrer la France malgré les crises successives qui secouaient la direction politique du pays. Sous la IVᵉ République, les Français ont peu à peu perdu confiance dans la capacité du Parlement à guider le pays.

A partir de 1954, chaque gouvernement a essayé de trouver une solution à la guerre en Algérie, où l'armée française se battait contre les Algériens musulmans organisés en mouvement d'indépendance nationale. Ce conflit était particulièrement difficile à résoudre parce que l'Algérie n'était pas administrée comme les autres colonies françaises. Bien que la Méditerranée sépare la France de l'Algérie, et que la majorité de la population ait été composée d'Algériens musulmans et non pas de Français, ce pays nord-africain a été divisé en départements français et complètement intégré à l'administration de la France métropolitaine. La plupart des Français considéraient donc l'Algérie comme faisant partie du territoire français et ne comprenaient pas pourquoi elle devait se voir accorder l'indépendance.

La guerre menée en Algérie par le Front de libération nationale a pris un caractère de plus en plus violent tandis que l'instabilité gouvernementale à Paris empêchait le développement d'un processus de négociations qui mettrait fin à ce conflit. En réalité, les chefs de l'armée française en Algérie, opposés à l'indépendance, dictaient la politique en Algérie plus que le gouvernement à Paris. En

1958, le conflit en Algérie entre ceux qui étaient favorables à l'Algérie française et ceux qui souhaitaient l'indépendance du pays a menacé de s'étendre en France sous la forme d'une guerre civile.

C'est dans ces conditions de crise nationale que le Parlement et le président de la République, René Coty, ont fait appel au général de Gaulle, qui vivait retiré à Colombey-les-Deux-Eglises, dans le nord-est de la France. Ils lui ont demandé d'assumer la direction du pays et de sauver la France en trouvant une solution à la guerre en Algérie. De Gaulle a posé comme condition essentielle à son retour à la tête de l'Etat le changement de la constitution de la IVe République; celle-ci confiait le pouvoir principal au Parlement, ce qui, à son avis, était la cause des difficultés politiques graves et de la perte de grandeur dont la France avait été victime au cours de la IVe République. Selon de Gaulle, la France avait besoin d'un chef d'Etat fort, qui détienne le pouvoir de prendre les décisions nationales nécessaires pour maintenir la paix et l'harmonie parmi les citoyens français et pour défendre les intérêts de la France sur la scène internationale. La nouvelle constitution proposée par de Gaulle a été adoptée par référendum le 28 septembre 1958 avec une majorité massive de 79,5% des votants. C'est ainsi qu'a été créée la Ve République. Ceux qui avaient voté «non» dans ce référendum estimaient que la nouvelle constitution conférait un pouvoir excessif à une seule personne, le président de la République, et portait donc atteinte à la démocratie. Les adversaires du changement de la constitution, parmi lesquels figurait François Mitterrand, étaient principalement des socialistes et des communistes.

Constitution de la Ve République

La nouvelle constitution n'a pas changé les institutions, mais leur importance et leurs rapports ont été modifiés. En particulier, les pouvoirs exécutif et législatif ont été séparés plus clairement que sous la constitution de la IVe République, où le législatif (le Parlement) exerçait une grande influence sur l'exécutif (le gouvernement). Sous la IVe République, le renversement fréquent du gouvernement par le Parlement avait beaucoup contribué à l'affaiblissement de l'exécutif. La nouvelle constitution a mis en place un régime à la fois présidentiel et parlementaire. Le pouvoir exécutif, relevant du président de la République et du gouvernement, a été renforcé.

Selon la constitution de la Ve République, le président de la République nomme le Premier ministre, qui choisit les ministres du gouvernement en accord avec le président. On peut être nommé ministre sans avoir été élu député ou sénateur. D'ailleurs, si un député ou un sénateur est nommé ministre, il ne peut conserver son siège au Parlement. Les rangs où sont assis le Premier ministre et le gouvernement à l'Assemblée nationale se trouvent devant ceux des députés. Pour symboliser la séparation des pouvoirs entre le président de la République et le Parlement, le président n'a pas le droit d'entrer dans le Parlement. Le président préside le Conseil des ministres qui se réunit chaque semaine pour élaborer le programme du gouvernement. Le président doit signer les décrets avant qu'ils ne deviennent officiels et il décide les élections ainsi que les référendums. Le Parlement (l'Assemblée nationale et le Sénat) conserve le pouvoir législatif et vote les lois proposées par le gouvernement. Le gouvernement est responsable devant l'Assemblée nationale, qui peut le renverser en votant une motion de censure à la majorité des voix. Cependant, c'est le président qui décide si et quand il faut dissoudre l'Assemblée et procéder à de nouvelles élections. De cette façon, le président garde le pouvoir suprême dans le pays.

En 1962, les Français ont approuvé par référendum une modification de la constitution au terme de laquelle le président est désormais élu au suffrage universel pour une période de sept ans (un septennat). Le président tient ainsi son pouvoir directement du peuple de la même façon que l'Assemblée nationale, qui est aussi élue au suffrage universel. L'élection des députés de l'Assemblée nationale a lieu normalement tous les cinq ans. Le mandat du président (sept ans) est plus long que celui de l'Assemblée nationale (cinq ans), ce qui explique pourquoi la majorité au Parlement peut être différente pendant les deux dernières années du septennat présidentiel. Quand l'appartenance politique de cette majorité est différente de celle du président, ce qui s'est passé deux fois pendant la présidence de François Mitterrand, on assiste alors à une situation de «cohabitation». Le Sénat joue un rôle moins important, sur le plan législatif, que l'Assemblée nationale. Les sénateurs sont élus par tiers et pour neuf ans au suffrage universel indirect.

LE POUVOIR EXECUTIF

Le Président de la République	élu au suffrage universel direct pour sept ans
Le Gouvernement:	
Le Premier ministre	désigné par le Président
Le Conseil des ministres	désigné par le Premier ministre

LE POUVOIR LEGISLATIF

Le Parlement:	
L'Assemblée nationale	des députés élus au suffrage universel direct pour cinq ans
Le Sénat	des sénateurs élus par tiers au suffrage universel indirect pour neuf ans

INSTITUTIONS DE

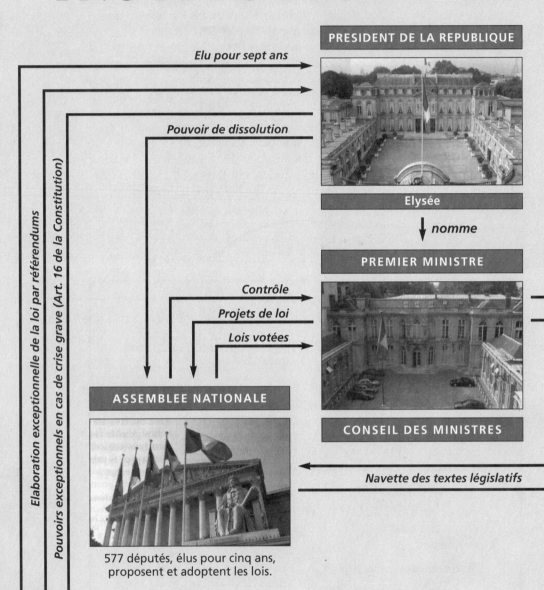

PRESIDENT DE LA REPUBLIQUE

Elu pour sept ans

Elysée

↓ nomme

PREMIER MINISTRE

Pouvoir de dissolution

Elaboration exceptionnelle de la loi par référendums

Pouvoirs exceptionnels en cas de crise grave (Art. 16 de la Constitution)

Contrôle

Projets de loi

Lois votées

ASSEMBLEE NATIONALE

CONSEIL DES MINISTRES

Navette des textes législatifs

577 députés, élus pour cinq ans,
proposent et adoptent les lois.

LE PEUPLE
Le droit de vote est

LA Vᴱ REPUBLIQUE

CONSEIL CONSTITUTIONNEL

9 membres nommés pour neuf ans
(par les présidents de la République,
du Sénat et de l'Assemblée nationale),
contrôlent la constitutionnalité des
lois et les procédures électorales.

Décrets

Application de la loi

SENAT

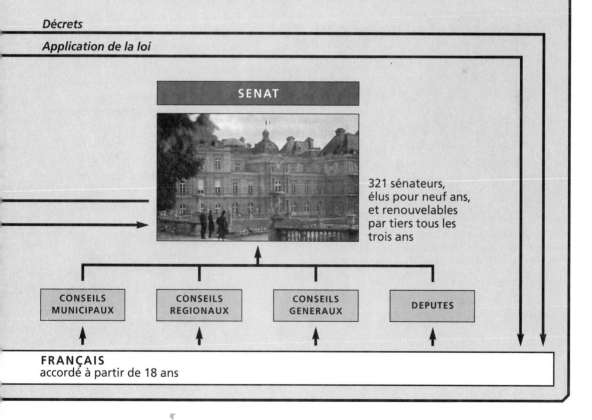

321 sénateurs,
élus pour neuf ans,
et renouvelables
par tiers tous les
trois ans

CONSEILS MUNICIPAUX	CONSEILS REGIONAUX	CONSEILS GENERAUX	DEPUTES

FRANÇAIS
accordé à partir de 18 ans

A l'Assemblée nationale, les membres du gouvernement (assis au premier rang) et les députés siègent en hémicycle devant l'estrade surélevée du président de l'Assemblée élu par les députés.

La résidence officielle à Paris du président est le palais de l'Elysée et celle du Premier ministre l'hôtel Matignon. L'Assemblée nationale siège au palais Bourbon et le Sénat au palais du Luxembourg. On se réfère souvent, dans la presse, à ces personnalités et à ces institutions par le nom de l'endroit où elles résident officiellement ou siègent; ainsi «l'Elysée» signifie le président, «Matignon» signifie le Premier ministre, «le palais Bourbon» signifie l'Assemblée nationale, etc.

Découvertes culturelles

Développez chacune des constatations suivantes en ajoutant des renseignements supplémentaires.

1. La IVe République a été caractérisée par une grande instabilité politique.
2. Sous la IVe République, la plupart des Français considéraient l'Algérie comme une partie du territoire français.
3. La majorité musulmane en Algérie désirait l'indépendance.
4. La guerre en Algérie a menacé de provoquer une guerre civile en France.
5. On a demandé au général de Gaulle d'assumer la direction du pays, mais il a exigé un changement de la constitution.
6. Certains se sont opposés à la nouvelle constitution.
7. La constitution de 1958 a gardé les mêmes institutions, mais elle a renversé l'ordre de leur importance.
8. Selon la constitution de 1958, c'est l'exécutif qui détient la plus grande partie du pouvoir politique.
9. Le référendum de 1962 a modifié encore la constitution de la Ve République.
10. Selon la constitution de la Ve République, une situation de «cohabitation» peut résulter de l'écart de durée entre le mandat du président et celui de l'Assemblée nationale.

Témoignages culturels

Pourquoi une nouvelle République?

Lecture 1

En 1958, la Ve République a remplacé la IVe République. La nouvelle constitution, qui a changé la distribution du pouvoir à la tête de l'Etat, a apporté à la France une stabilité politique qu'elle n'avait pas connue depuis longtemps.

Le 13 mai 1958, une émeute° locale survenue° à Alger° provoqua la désintégration de la IVe République. Le 1er juin, l'Assemblée nationale, sous la pression de l'armée—mais non sans un soulagement° secret— investit° le général de Gaulle comme chef du gouvernement; le 3 juin elle lui donna le pouvoir de préparer une constitution nouvelle, qui devait être soumise à un référendum. Le 28 septembre, le projet fut approuvé par près de 80% des votants: la Ve République était née.

La IVe République a accompli en douze années° une grande œuvre. Dans le domaine économique, sa politique a donné à la production une impulsion décisive; on peut parler, à cet égard,° d'une véritable renaissance française. La même remarque est valable en matière démographique.° Mais le régime° a échoué sur deux points. D'abord, il n'a pas su établir un «circuit de confiance» entre le peuple et le pouvoir, sans lequel la démocratie n'est qu'un mot. Ensuite, il n'a pas pu résoudre les problèmes essentiels que posaient à la France l'évolution des peuples d'Asie et d'Afrique° vers l'indépendance, mais ces problèmes étaient gigantesques. Finalement, c'est le second échec qui a été décisif: sans la question algérienne, la IVe République vivrait toujours.

La constitution de 1946 décrivait les institutions dans l'ordre suivant: le Parlement, le président de la République, le Conseil des ministres. La constitution de 1958 a renversé cet ordre; elle réglemente° successivement: le président de la République, le gouvernement, le Parlement. Cela traduit un changement fondamental d'attitude.

L'article 16 de la constitution de 1958 donne au président de la République des pouvoirs exceptionnels, «lorsque les institutions de la République, l'indépendance de la nation, l'intégrité de son territoire ou l'exécution de ses engagements internationaux sont menacés d'une manière grave et immédiate».

Maurice DUVERGER, *La Cinquième République*, éd. Presses Universitaires de France, 1964.

insurrection / qui a eu lieu / capitale de l'Algérie

satisfaction
désigna

1946–1958

à ce sujet

concernant la croissance de la population / la IVe République

des colonies françaises en Asie et en Afrique

définit

Découvertes culturelles

1. Qu'est-ce qui a constitué l'aspect le plus positif de la IVe République?
2. De toutes les faiblesses de la IVe République, laquelle est celle qui a véritablement précipité sa fin?
3. En quoi la constitution de 1958 a-t-elle renversé l'importance des institutions dans le système politique français?
4. Dans quelles circonstances le président de la Ve République peut-il détenir un pouvoir presque absolu selon l'article 16 de la constitution?

Lecture 2

La constitution de la Ve République

Voici les articles 2 et 3 de cette constitution de 1958.

Article 2

La France est une République indivisible, laïque, démocratique et sociale. Elle assure l'égalité devant la loi de tous les citoyens sans distinction d'origine, de race ou de religion. Elle respecte toutes les croyances.

L'emblème national est le drapeau tricolore, bleu, blanc, rouge.

L'hymne national est «la Marseillaise».

La devise de la République est «Liberté, Egalité, Fraternité».

Son principe est: gouvernement du peuple, par le peuple et pour le peuple.

Article 3

La souveraineté nationale appartient au peuple qui l'exerce par ses représentants et par la voie du référendum.

Aucune section du peuple ni aucun individu ne peut s'en attribuer l'exercice.

Le suffrage peut être direct ou indirect dans les conditions prévues par la constitution. Il est toujours universel, égal et secret.

Sont électeurs, dans les conditions déterminées par la loi, tous les nationaux français majeurs° des deux sexes, jouissant de leurs droits civils et politiques.

ayant au moins 18 ans

Découvertes culturelles

1. Quels aspects de l'article 2 figurent aussi dans la constitution des Etats-Unis? Lesquels ne sont pas mentionnés dans la constitution américaine?
2. Comment le peuple exprime-t-il sa volonté? Qui a le droit de voter? Comment vote-t-on?

II
Les partis politiques

La vie politique française est structurée autour de l'opposition entre la droite et la gauche. Cette division remonte à la Révolution française de 1789, au cours de laquelle l'aristocratie et le clergé de l'Ancien Régime ont été opposés aux révolutionnaires qui réclamaient la liberté, l'égalité et la fraternité.

La droite d'aujourd'hui est composée des partis conservateurs, alors que la gauche est constituée de partis ayant des objectifs sociaux réformateurs, comme le Parti socialiste et le Parti communiste. La séparation droite-gauche a été institutionnalisée par la répartition des sièges entre les divers partis dans l'hémicycle de l'Assemblée nationale. Les partis de droite siègent à droite du président de l'Assemblée, alors que les partis de gauche siègent à sa gauche.

Depuis le début de la Ve République en 1958, on a assisté à une évolution vers la bipolarisation ou le bipartisme (une majorité et une opposition) rendue possible par la disparition de la plupart des petits partis de la IVe République. Cette évolution a été accentuée par le changement du système d'élection des députés. Sous la IVe République, les députés étaient élus selon un système de représentation proportionnelle qui favorisait l'indépendance des petits partis, ceux-ci n'étant pas obligés de former des alliances avec les grands partis afin d'obtenir la majorité des votes dans la circonscription électorale. Depuis la Ve République, les députés sont élus selon un système majoritaire uninominal à deux tours: les électeurs votent pour un candidat unique par circonscription. Les élections, qui ont toujours lieu le dimanche, sont organisées en deux tours. Si un candidat reçoit plus de 50% des suffrages au premier tour, il est élu. Sinon, les électeurs votent une deuxième fois et le candidat qui remporte alors le plus grand nombre de suffrages est élu. Ce système, qui favorise les grands partis ainsi que la bipolarisation, rend indispensables des accords au deuxième tour à l'intérieur des partis de droite ou de gauche afin de maximiser les chances de voir élire un député de droite ou de gauche.

Les partis de droite ont constitué la majorité à l'Assemblée nationale de 1958 à 1981, année de l'élection d'une majorité socialiste à la suite du succès électoral du socialiste François Mitterrand comme président de la République.

Le succès du référendum concernant la nouvelle constitution, proposée par le général de Gaulle en 1958, et la confirmation du général comme chef d'Etat ont donné lieu à la création du Parti gaulliste, qui est devenu le plus grand parti de droite. Appelé d'abord l'UNR (Union pour la nouvelle République), le Parti gaulliste a changé plusieurs fois de nom avant de s'appeler définitivement, en 1976, le RPR (Rassemblement pour la République). Jacques Chirac a assuré la présidence du RPR depuis 1976 jusqu'en novembre 1994, date à laquelle il a commencé sa campagne en vue des élections présidentielles de mai 1995. Le RPR a continué à refléter les principales idées du gaullisme: un Etat fort; un nationalisme qui se méfie à la fois du fédéralisme et de la supranationalité de l'Union européenne, et de la superpuissance des Etats-Unis; l'indépendance et la grandeur de la France.

Jacques Chirac, président du Rassemblement pour la République 1976–1994, élu président de la République en 1995

L'autre grand parti de droite, appelé aujourd'hui l'UDF (Union pour la démocratie française), est lié aux traditions de la droite catholique classique. L'UDF est une alliance souple de partis de centre-droite (parmi lesquels le Parti républicain, le Centre des démocrates sociaux et le Parti radical), créée en vue des élections législatives de 1978 pour soutenir l'action du président Valéry Giscard d'Estaing. L'UDF est plus libérale, plus centriste et plus favorable à l'Union européenne et à la coopération atlantique que le RPR. Bien qu'il existe une certaine rivalité entre l'UDF et le RPR, ces deux partis de droite forment une coalition qui a constitué soit la majorité à l'Assemblée nationale, soit l'opposition à la majorité de gauche.

Au cours des années quatre-vingt, un parti d'extrême droite, le Front national (FN), présidé par Jean-Marie Le Pen, a réussi à gagner un pourcentage notable de suffrages dans les élections nationales. Lors des élections législatives de 1981, qui ont porté le Parti socialiste au pouvoir, l'extrême droite n'a reçu que 0,35% des suffrages exprimés. Cependant, en 1984, lors des élections européennes en France, le FN a recueilli 11% des voix. Au premier tour des élections présidentielles de 1988, Le Pen a obtenu 14,4% des suffrages exprimés. Aux élections régionales de 1992, le FN a rassemblé 13,6% des voix contre 8,1% au Parti communiste, qui avait obtenu en 1981 un pourcentage de 16,2. Au premier tour des élections présidentielles de 1995, Le Pen a remporté 15% des suffrages contre 8,6% au candidat communiste. L'idéologie du Front national, parti réactionnaire, est ultra-nationaliste et raciste, en particulier à l'égard des immigrés nord-africains en France. Cette idéologie est souvent résumée sous le terme de «lepénisme». Le RPR et l'UDF ont refusé d'accepter le FN dans leur coalition.

Les deux partis les plus importants de la gauche sont le Parti socialiste (PS) et le Parti communiste français (PCF). Le PS est issu de la SFIO (Section française de l'Internationale ouvrière) créée en 1905. Le PCF est le résultat d'une scission avec la SFIO, qui a eu lieu au congrès de Tours en 1920. Depuis la fin de la Seconde Guerre mondiale, au cours de laquelle les communistes avaient participé avec courage aux mouvements de la Résistance contre les Nazis qui occupaient la France, le PC a reçu de 19 à 28% des suffrages dans toutes les élections nationales jusqu'en 1981.

En raison de la popularité du retour du général de Gaulle au pouvoir en 1958 et du succès électoral du Parti gaulliste, la SFIO a perdu de son influence en même temps que d'autres petits groupes socialistes se sont constitués. François Mitterrand a réussi à rassembler les différentes tendances de la gauche socialiste au Congrès d'Epinay en 1971, où la décision a été prise de former un seul parti, désormais appelé le Parti socialiste. François Mitterrand se rendait compte cependant que le PS ne pouvait pas seul gagner assez de sièges à l'Assemblée nationale pour former la majorité sans l'addition des sièges du PC. Selon cette analyse, la gauche était sociologiquement majoritaire en France alors que, par sa division, elle restait minoritaire politiquement. En 1972, le PS et le PC ont donc fondé l'Union de la gauche après avoir négocié le «programme commun de gouvernement» de la gauche. Ce programme constituait un accord sur les principes fondamentaux d'une politique commune pour gouverner ensemble quand le PS et le PC pourraient constituer la majorité parlementaire. Parmi ces principes figuraient l'amélioration immédiate des conditions de vie et de travail, la sécurité de l'emploi, neuf nationalisations dans les secteurs clés de l'économie, une décentralisation administrative réelle, le respect des libertés et une politique étrangère visant à promouvoir la paix.

Le nouveau PS s'est présenté comme le parti de la réforme, avec un programme de justice sociale et de défense des libertés. Par contre, le Parti communiste français, très proche du communisme soviétique, n'avait pas évolué vers l'eurocommunisme comme les partis communistes italien et espagnol; il est resté attaché à la lutte des classes et à une organisation hiérarchique qui obligeait ses membres à obéir aux décisions prises par son bureau politique. L'intransigeance de son idéologie et l'amélioration du niveau de vie de la classe ouvrière expliquent pourquoi beaucoup d'électeurs qui avaient l'habitude de voter communiste ont commencé à voter socialiste au cours des années soixante-dix. Face à la perte de ses électeurs au profit du PS, le PC s'est retiré de l'Union de la gauche en 1977, mais l'essentiel du programme commun a été maintenu par le Parti socialiste. Quand la gauche est enfin arrivée au pouvoir lors des élections législatives de 1981, le PS a obtenu 37,5% des suffrages exprimés, alors qu'avec 16,2%, le PC enregistrait son pourcentage le plus bas depuis 1945. Au cours des années quatre-vingt, époque durant laquelle la France a été gouvernée par un président de gauche, le pourcentage de votes obtenus par le PC a continué à baisser. Malgré les critiques formulées par le PC contre la politique économique d'austérité adoptée par le gouvernement socialiste à partir de 1983, et bien que le Parti communiste ait repris sa politique traditionnelle de parti d'opposition, le PC et le PS ont continué à voter ensemble au Parlement, ce qui a permis à la gauche de former pour la deuxième fois une majorité de gouvernement de 1988 à 1993.

Entre la droite et la gauche se trouvent quelques petits partis du centre, dont la droite et la gauche essaient d'attirer les députés afin de constituer une base plus large pour la majorité. Au début des années quatre-vingt, le mouvement écologique s'est constitué en un parti politique appelé les Verts. Ce parti, conduit jusqu'en 1993 par Antoine Waechter, qui a refusé toute alliance avec les partis dominants, a attiré un nombre croissant d'électeurs. Aux élections européennes de 1989, les Verts ont remporté plus de 10% des suffrages en France. Un deuxième parti écologiste, Génération écologie, a été constitué par un ancien ministre socialiste, Brice Lalonde, juste avant les élections régionales de 1992 où les deux partis écologistes ont remporté près de 15% des suffrages. Ce succès peut être attribué à leur plate-forme sur la défense de l'environnement mais aussi au soutien d'électeurs de gauche désenchantés par un Parti socialiste usé par une longue période de gestion gouvernementale. Cependant, le succès de l'alliance des deux partis verts n'a pas duré. Défavorisées par les effets du système de scrutin majoritaire utilisé pour les élections législatives de 1993, qui éliminait les petits partis, les formations écologistes n'ont reçu que 7,6% des suffrages et n'ont donc eu aucun député élu au Parlement. Depuis cette date, Waechter et Lalonde ont quitté la direction des deux partis qui sont restés divisés par des rivalités inconciliables. La nouvelle dirigeante des Verts, Dominique Voynet, a été la seule candidate écologiste aux élections présidentielles de 1995, mais elle n'a obtenu que 3,3% des suffrages.

La vie politique est un sujet fréquent de discussion chez les Français, toujours prêts à défendre le programme du parti politique qu'ils soutiennent. Ces débats se situent très souvent sur le plan des principes plutôt que sur celui de la réalité quotidienne. Les sympathisants de la droite critiquent vigoureusement l'idéologie de la gauche et inversement. Après 23 ans de pouvoir exercé par la droite, l'arrivée au pouvoir de la gauche en 1981 (le seul gouvernement socialiste depuis le Front populaire de Léon Blum en 1936) et surtout la présence de quatre ministres communistes dans le nouveau gouvernement ont réellement fait peur à beaucoup de gens de droite. Cependant, à la longue, ceux-ci se sont résignés à l'alternance du pouvoir entre majorité et opposition, alternance considérée comme normale dans d'autres démocraties occidentales.

Les passions engendrées dans le public, lors des élections de 1981, par la bataille entre la droite et la gauche, ont marqué le sommet de l'attachement idéologique des Français aux quatre grands partis. A partir du milieu des années quatre-vingt, une certaine désaffection de la population s'est manifestée pour les vieilles querelles d'idées entre les partis. Le vote n'étant pas obligatoire dans le pays, l'abstentionnisme lors des élections a augmenté considérablement. L'évolution du PS vers la social-démocratie, ainsi que les deux périodes de cohabitation de la gauche et de la droite (1986–1988 et 1993–1995), qui ont produit un consensus national sur la politique étrangère et la défense, ont eu tendance à affaiblir les barrières rigides séparant l'idéologie de la gauche et celle de la droite. Cette transformation du comportement politique des Français s'explique aussi par l'émergence d'une vaste classe moyenne, formée de salariés, qui a partiellement effacé les divisions traditionnelles entre les classes sociales. Cette classe moyenne a bénéficié de l'élévation du niveau moyen d'éducation et du niveau de vie. L'introduction et le développement de l'automatisation dans les industries a provoqué le rétrécissement de la classe ouvrière, bastion du PC. L'effondrement de la pratique religieuse, et donc du catholicisme, a ébranlé une des bases anciennes de la droite. Cette évolution sociale et culturelle, ainsi que l'importance croissante prise par l'économie dans la vie nationale, ont entraîné une certaine dépolitisation des Français désenchantés par les débats démodés entre les partis traditionnels de la droite et de la gauche qui se sont tous montrés incapables de freiner la montée du chômage.

Découvertes culturelles

Vrai ou faux? Expliquez votre choix.

1. L'opposition droite-gauche est un phénomène très récent en France.
2. Il y a actuellement moins de petits partis politiques que sous la IVe République.
3. Le RPR est un parti politique de droite.
4. Le RPR continue à s'inspirer des idées du général de Gaulle.
5. Le RPR et l'UDF constituent une coalition parlementaire qui s'oppose aux partis de gauche.
6. Le Front national est un parti d'extrême droite.
7. Le Parti socialiste est un parti politique dont l'origine remonte aux années quatre-vingt.
8. Le «programme commun» est un accord que les différents partis de droite ont passé entre eux.
9. Le PC est en net déclin actuellement par rapport aux années soixante et soixante-dix.
10. Le parti des Verts repose sur une idéologie nationaliste.
11. Les Français s'intéressent moins qu'avant aux débats idéologiques entre les partis politiques traditionnels.
12. Le comportement politique des Français a commencé à changer en raison de l'évolution sociale et culturelle des adhérents du PC.

Lecture

L'évolution du conflit gauche-droite

La division idéologique entre la gauche et la droite s'est estompée au cours des années quatre-vingt. Les vieux débats d'idées ont cédé la place à une «soft-idéologie»: la majorité des électeurs ne défendent plus avec passion les principes traditionnels de la gauche ou de la droite. Cette évolution est due aux changements survenus dans la société, à la transformation du Parti socialiste et à l'incapacité de la gauche aussi bien que de la droite à trouver une solution permanente à la montée du chômage.

Le problème fondamental de la société politique française n'est plus la violence exagérée des conflits partisans.° Les électeurs ne se reconnaissent plus dans les antagonismes irréductibles° qui opposaient autrefois communisme, socialisme, droite classique et gaullisme. Ni le clivage° gauche-droite, ni les divisions internes de la gauche ou de la droite n'activent plus, chez les citoyens, le sentiment si sécurisant° d'appartenir à un camp, à un groupe. La France souffre aujourd'hui d'un mal opposé: l'absence d'identification idéologique crée partout un sentiment de malaise, l'impression que le système ne fonctionne pas, alors même qu'aucune crise sérieuse ne le menace.

L'effacement° du dualisme gauche-droite est l'aspect le plus évident de la désintégration du système ancien. Les hommes politiques eux-mêmes, dont la fonction sociale est cependant de jouer, de dramatiser la vie politique, n'arrivent plus à masquer réellement l'insignifiance des notions de gauche et de droite dans la gestion° concrète des affaires du pays.° La cohabitation ne résulte pas d'abord de l'habileté° particulière de François Mitterrand, de la bonne volonté de Jacques Chirac, ou même d'une subtilité cachée des institutions de la Cinquième République, mais d'une immense aspiration des Français à l'atténuation du conflit droite-gauche. Dès avril 1986,° plus de 70% d'entre eux sont favorables à la cohabitation.

En politique extérieure, le nouveau consensus peut s'exprimer pleinement, et, il faut l'avouer, positivement. Les chefs de parti n'éprouvent pas le besoin de simuler,° dans ce domaine, des antagonismes idéologiques inexistants.

Toute distinction entre droite et gauche n'a cependant pas disparu. Les ouvriers, groupe social qui pèse de moins en moins lourd dans la société française, continuent de voter majoritairement pour la gauche.

entre les partis
insurmontables
division

réconfortant

affaiblissement

administration
de la France / talent

un mois après l'installation du gouvernement de cohabita-tion de Jacques Chirac

faire croire à l'existence de

Les catholiques pratiquants—espèce° en voie de disparition—continuent de voter majoritairement pour la droite. Mais certains phénomènes d'inversion illustrent déjà de façon saisissante° les changements de nature de la droite et de la gauche. Le plus caractéristique est le passage° à droite en 1986, pour la première fois sans doute dans l'histoire de la France contemporaine, de la jeunesse. Alors, 50% des individus appartenant au groupe d'âge des 18–24 ans ont voté pour la droite. En 1978, 62% des jeunes avaient voté pour la gauche. Cette modification surprenante des comportements— l'orientation à gauche de la jeunesse était une constante° de la vie politique européenne et non seulement française—doit être interprétée avec prudence: le passage à droite des 18–24 ans ne signifie pas que la jeunesse a changé de nature *mais que la gauche a changé de nature.* L'esprit de mouvement,° typique de la jeunesse en tout lieu et à toutes les époques, a abandonné la gauche. On pouvait autrefois donner de la gauche deux définitions alternatives: elle était, dans la France du XIXe siècle en particulier, soit le parti des opprimés,°

groupe

frappante

mouvement

élément permanent

changement

victimes

le français ne pouvez pas qui est le parti de le président.

En 1976, le Parti communiste français réuni en congrès s'est déclaré indépendant du communisme soviétique.

appartenir à la gauche

habitants indigènes de la
Nouvelle-Calédonie majoritairement favorables à l'indépendance de ce territoire
français d'outre-mer /
système économique

c'est-à-dire, dans ce cas

soit le parti du mouvement. Une seule définition reste possible aujour-
d'hui: être de gauche,° c'est peut-être encore s'identifier aux opprimés—
c'est-à-dire, concrètement aux chômeurs, aux ouvriers, aux immigrés,
aux Canaques°—, ce n'est plus aspirer au changement—c'est-à-dire,
dans le contexte actuel, à une nécessaire réorganisation de l'appareil
productif° français.

Constatation tout à fait normale lorsque l'on a analysé les mécanismes sociologiques et culturels menant à la croissance du PS entre
1967 et 1981. Le nouveau «socialisme» n'est en effet pas porté par des
forces nouvelles, émergentes. Le nouveau socialisme se nourrit au
contraire de la décomposition d'autres formes idéologiques, en l'occur-
rence° le catholicisme et le communisme.

Emmanuel TODD, *La Nouvelle France*, Editions du Seuil, 1988.

Découvertes culturelles

1. Si le conflit droite-gauche ne pose plus de problème fondamental dans la vie
   politique française, qu'est-ce qui provoque actuellement un sentiment de
   malaise chez beaucoup de Français?
2. En quoi la cohabitation symbolise-t-elle la désintégration du dualisme gauche-
   droite en France?
3. Qu'est-ce qui caractérise le vote a) des ouvriers? b) des catholiques pratiquants?
   c) de la jeunesse?
4. «Etre de gauche»: qu'est-ce que cela signifiait autrefois? Qu'est-ce que cela
   signifie aujourd'hui?
5. En quoi la transformation du socialisme illustre-t-elle la décomposition des
   électorats traditionnels de la droite et de la gauche?

III
Les présidents de la Vᵉ République

La forte personnalité d'homme d'Etat du premier président de la Vᵉ République, Charles de Gaulle, et la vision de la grandeur restaurée de la France qui l'inspirait ont dominé la première décennie de la nouvelle République. Après l'adoption de la nouvelle constitution largement marquée par le concept gaullien du rôle prééminent du président dans les institutions politiques, de Gaulle a dû trouver une solution à la guerre en Algérie, raison pour laquelle on l'avait appelé à diriger le pays. Comprenant que l'époque coloniale arrivait à son terme, il a immédiatement accordé l'indépendance à toutes les colonies françaises d'Afrique. Cependant, l'Algérie, qui avait été intégrée à la France, présentait un problème plus complexe car, en 1958, la majorité des Français étaient opposés à l'indépendance algérienne. Quand de Gaulle a promis l'autodétermination aux Algériens en 1959, une partie de l'Armée française, beaucoup de Français en France et les Français d'Algérie (les «pieds noirs» qui défendaient un style de vie en vigueur en Algérie depuis presque 150 ans) se sont dressés contre cette décision. Par une série de référendums, de Gaulle est parvenu à amener l'opinion publique à accepter l'idée d'une Algérie indépendante. Le cessez-le-feu a finalement été proclamé en Algérie, et l'indépendance du pays lui a été accordée par la France en 1962.

Pour marquer la fin de cette période tumultueuse ainsi que la transition vers une période de paix civile et de consolidation économique, de Gaulle a nommé un nouveau Premier ministre, Georges Pompidou. La France, grâce à la modernisation industrielle et à la croissance de ses exportations allait dès lors s'enrichir et se muer en une société de consommation.

De Gaulle a défendu jalousement l'autonomie de la France dans les négociations visant au développement de la Communauté économique européenne (la CEE). Par contre, il a favorisé le rapprochement entre la France et l'Allemagne afin d'éviter la possibilité d'une nouvelle guerre entre ces deux pays, comme celles de 1914 et de 1939. En 1963, il a signé un traité de coopération franco-allemande encourageant les échanges économiques et culturels.

La présidence du général de Gaulle 1958–1969

*Le général Charles de Gaulle (1890–1970),
fondateur de la Ve République en 1958*

Les premières élections présidentielles au suffrage universel ont eu lieu en 1965. De Gaulle a été réélu au deuxième tour par 54,5% des voix exprimées contre 45,5% pour le candidat de l'opposition François Mitterrand: la popularité du général commençait à décliner.

En mai 1968, la France a soudainement traversé une profonde crise sociale et politique. Des manifestations d'étudiants inspirées par des mouvements similaires, ailleurs dans le monde, contre la guerre du Viêtnam, par l'aliénation ressentie par une certaine jeunesse face à la nouvelle société de consommation, et principalement par la dégradation de l'enseignement universitaire en France, ont donné lieu à des confrontations violentes avec la police. La révolte a été menée par des étudiants appartenant à l'extrême gauche, appelés «gauchistes». Le manque de places dans les universités, occasionné par l'arrivée d'un grand nombre de jeunes nés après la Seconde Guerre mondiale, et le caractère inadapté de l'enseignement qui ne préparait pas les jeunes à trouver du travail, ont incité les étudiants à mettre en question le pouvoir exercé par les autorités traditionnelles. Les gauchistes ont manifesté leur provocation à travers des slogans comme «Il est interdit d'interdire» et «L'imagination au pouvoir». Cette contestation a éveillé le mécontentement d'autres groupes sociaux, en particulier des ouvriers, dont les salaires n'avaient pas augmenté malgré l'expansion économique du pays, ainsi que de beaucoup de travailleurs soumis à des conditions très dictatoriales sur leur lieu de travail et qui réclamaient le droit à la participation.

La répression violente de la révolte des étudiants par la police a provoqué une grève générale, qui a bientôt gagné toute la France. Les travailleurs ont refusé de reprendre le travail avant d'avoir reçu, en plus d'une augmentation de salaire, la garantie d'une amélioration des conditions de travail, surtout de la qualité des relations entre les salariés et les patrons. Le président et le gouvernement, qui n'avaient pas prévu cette crise, semblaient dépassés par les événements. La grève générale et des manifestations massives ont paralysé le pays pendant trois semaines. Enfin, le Premier ministre, Georges Pompidou, a négocié avec les représentants des travailleurs la fin de la grève et s'est engagé à organiser une réforme des universités. Début juin, le général de Gaulle a dissous le Parlement pour donner aux contestataires du régime la possibilité d'exprimer par un vote démocratique, plutôt que par une révolte dans les rues, leur volonté de changement. Malgré les réclamations justifiées des étudiants et des travailleurs qui avaient déclenché la révolte et la grève, le Parti gaulliste est sorti des élections avec une majorité confortable de sièges (294) au Parlement, et la majorité gouvernementale a obtenu près des trois quarts du total de 488 sièges. (Une telle situation de majorité gouvernementale massive se retrouverait en 1981 avec la victoire de la gauche sur la droite et de nouveau en 1993, avec la victoire de la droite sur la gauche.) Pour expliquer l'échec des partis de gauche qui avaient soutenu les étudiants et les grévistes de Mai, on cite l'atmosphère de peur provoquée par la durée de la révolte, ainsi que le désir, après ce tumulte prolongé, d'un retour à la stabilité sociale.

Cependant, de Gaulle, peu convaincu par le résultat des élections, cherchait une occasion de renforcer son prestige personnel. En avril 1969, il a proposé un référendum sur la régionalisation (dans le but de diminuer le pouvoir de l'administration centrale et d'augmenter le pouvoir des administrations régionales) et sur la réforme du Sénat (dans le but de diminuer son rôle), annonçant qu'il démissionnerait si le référendum n'était pas approuvé. Lorsque 52,4% des votants ont répondu «non» au référendum, de Gaulle a démissionné de la présidence le 28 avril 1969.

Quand le général de Gaulle est mort en 1970, à l'âge de 80 ans, le président Pompidou a résumé ainsi sa vie:

«En 1940, de Gaulle a sauvé l'honneur. En 1944, il nous a conduits à la libération et à la victoire. En 1958, il nous a épargné la guerre civile. Il a donné à la France actuelle ses institutions, son indépendance, sa place dans le monde.»

Découvertes culturelles

Choisissez l'idée qui complète le mieux chacune des phrases suivantes. Expliquez votre choix.

1. Les institutions de la Vᵉ République...
    a) ont été héritées de la IVᵉ République par le général de Gaulle.
    b) ont été conçues et mises en place par le général de Gaulle.
2. Le général de Gaulle a accordé son indépendance à l'Algérie...
    a) en 1962, à la suite d'une série de référendums.
    b) tout de suite après avoir assumé le pouvoir en 1958.
3. Le général de Gaulle a gardé une certaine méfiance envers...
    a) l'Allemagne, avec laquelle il hésitait à établir un rapprochement.
    b) l'établissement de la CEE, qui risquait à son avis de diminuer l'indépendance de la France.
4. Le candidat qui s'est opposé à la réélection de de Gaulle en 1965, était...
    a) François Mitterrand.
    b) Valéry Giscard d'Estaing.
5. Pour rétablir l'ordre lors des événements de mai 68, de Gaulle...
    a) a démissionné immédiatement.
    b) a dissous le Parlement et proposé de nouvelles élections législatives.
6. En 1969, le général de Gaulle a proposé une réforme du Sénat...
    a) pour renforcer son prestige personnel et son contrôle sur le pays.
    b) pour augmenter le rôle du Sénat et renforcer l'administration centrale.

Lecture

Une certaine idée de la France

Le général de Gaulle n'a jamais cessé d'affirmer sa conception de la grandeur de la France. Cette idée devait non seulement rendre aux Français leur fierté nationale mais elle a aussi constitué le principe fondamental de la politique étrangère du général pendant sa présidence.

Toute ma vie, je me suis fait une certaine idée de la France. Le sentiment° me l'inspire aussi bien que la raison. Ce qu'il y a, en moi, d'affectif imagine naturellement la France, telle la princesse des contes° ou la madone° aux fresques des murs, comme vouée° à une destinée éminente et exceptionnelle. J'ai d'instinct l'impression que la Providence l'a créée pour des succès achevés° ou des malheurs exemplaires. S'il advient° que la médiocrité marque,° pourtant, ses faits et gestes, j'en éprouve la sensation d'une absurde anomalie, imputable° aux fautes des Français, non au génie de la patrie. Mais aussi, le côté positif de mon esprit me convainc que la France n'est réellement elle-même qu'au premier rang; que, seules de vastes entreprises° sont susceptibles de compenser les ferments° de dispersion que son peuple porte en lui-même; que notre pays, tel qu'il est, parmi les autres, tels qu'ils sont, doit, sous peine° de danger mortel, viser haut et se tenir droit. Bref, à mon sens,° la France ne peut être la France sans la grandeur.

Charles DE GAULLE, *Mémoires de Guerre. L'Appel*, Ed. Plon, 1954.

cœur

récits merveilleux

*représentation picturale de la
  Vierge / consacrée*

accomplis, parfaits

arrive / caractérise

attribuable

projets
éléments, germes

menace

selon moi

Découvertes culturelles

1. Quelles sont les deux origines de l'idée que de Gaulle se fait de la France?
2. Quelle image de la destinée de la France est inspirée à de Gaulle par ses sentiments?
3. Quelle image de cette destinée lui est inspirée par sa raison?
4. Montrez que de Gaulle fait une distinction entre la France et les Français.
5. Qu'est-ce qui peut rassembler les Français et donc favoriser la grandeur de la France? Donnez-en un exemple.

L'ancien Premier ministre du général de Gaulle, Georges Pompidou, a été élu deuxième président de la Vᵉ République avec 57,6% des suffrages exprimés aux élections présidentielles de 1969, contre le candidat centriste, président du Sénat, Alain Poher. Pompidou a maintenu les grandes lignes de la politique de de Gaulle mais s'est concentré davantage sur la politique économique que sur la politique étrangère, pour laquelle de Gaulle avait marqué sa prédilection en imposant sa vision de la grandeur de la France.

La prospérité économique de la France a continué de progresser sous le président Pompidou, mais celui-ci a hésité à introduire les réformes sociales réclamées en mai 1968 et son régime est devenu de plus en plus conservateur. Pompidou, plus favorable que de Gaulle à la construction européenne, a permis l'entrée de la Grande-Bretagne, à laquelle de Gaulle s'était toujours opposé, dans la Communauté économique européenne.

Georges Pompidou est mort d'un cancer en 1974 et n'a donc pas terminé son septennat présidentiel.

Découvertes culturelles

1. Y a-t-il eu une différence fondamentale entre la politique du président Pompidou et celle du président de Gaulle?
2. Est-ce que Georges Pompidou a été un président réformiste?

Témoignage culturel

Le président Pompidou et son époque

Lecture

Le sondage suivant révèle les opinions des Français concernant l'époque du président Pompidou, dix ans et près de 20 ans après sa mort.

La mémoire

Selon vous, sous quel président les Français auront-ils été les plus heureux? (2 réponses possibles)

en%	Novembre 1993	Rappel mars 1984
de Gaulle	60	58
Pompidou	48	51
Giscard d'Estaing	36	21
Mitterrand	32	12

(Total supérieur à 100 en raison des doubles réponses)

Une époque formidable

En pensant aux «années Pompidou», c'est-à-dire à la période 1969–1974, diriez-vous qu'il s'agit d'une époque... ?

en%	Novembre 93	Rappel mars 1984
Où il faisait bon vivre	83	78
De modernisation industrielle	77	60
Libérale	74	72
Paisible	72	75
Conservatrice	66	64
De création artistique et culturelle	59	59
Technocratique	50	42
D'urbanisation excessive	44	44
D'injustice sociale	36	33
Terne°	24	18

Sondage réalisé par l'Ifop les 18 et 19 novembre 1993, auprès d'un échantillon de 958 personnes âgées de 18 ans et plus, représentatif de la population française. Méthode des quotas.

Découvertes culturelles

1. Comment les attitudes envers les présidents ont-elles évolué entre 1984 et 1993? Lequel des présidents reste le plus populaire?
2. A quoi est-ce que les Français de 1993 associent le plus l'époque du président Pompidou? Qu'est-ce qui indique que les «années Pompidou» n'ont pas été une période de grand mouvement?
3. En vous rappelant qu'à l'époque du président Pompidou la France vivait dans la prospérité et qu'en novembre 1993, malgré le nouveau programme du gouvernement Balladur, la France traversait une crise économique, comment pourriez-vous interpréter la façon dont les Français jugent les «années Pompidou»?
4. Selon vous sous quel président les citoyens de votre pays auront-ils été le plus heureux? Expliquez votre réponse.

Le troisième président de la Ve République, Valéry Giscard d'Estaing, a remporté une victoire très étroite sur le candidat socialiste François Mitterrand, avec 50,8% contre 49,2% des suffrages exprimés au deuxième tour des élections présidentielles de 1974. Cependant il a rempli son mandat pendant les sept ans fixés par la constitution.

Valéry Giscard d'Estaing appartenait à la droite mais il n'était pas membre du Parti gaulliste. Beaucoup de gaullistes lui étaient d'ailleurs hostiles parce qu'il n'avait pas soutenu entièrement de Gaulle au moment du référendum de 1969 qui avait provoqué la démission du président. Giscard d'Estaing avait été ministre des Finances entre 1962 et 1966, sous de Gaulle, et pendant toute la présidence de Pompidou. Elu président, Giscard d'Estaing a nommé le gaulliste Jacques Chirac Premier ministre afin d'obtenir le soutien du Parti gaulliste.

L'annonce, en décembre 1973, du doublement des prix du pétrole brut exporté par les pays du Golfe persique a bouleversé l'économie mondiale et frappé durement la France qui doit importer tout le pétrole dont elle a besoin. L'augmentation rapide du coût des importations pétrolières a déséquilibré le budget de l'Etat et mis fin aux «trente glorieuses», les 30 années d'expansion économique que la France avait connues depuis la fin de la Seconde Guerre mondiale. Les difficultés financières nationales ont entravé la poursuite du programme de réformes que voulait mettre en place Giscard d'Estaing, président plus libéral et beaucoup plus réformiste que Pompidou. Dès le début de son mandat, il a abaissé à 18 ans l'âge de la majorité légale, créé un secrétariat d'Etat à la Condition féminine et soutenu Simone Veil, ministre de la Santé, qui a fait voter au Parlement la libéralisation de la contraception et de l'interruption volontaire de grossesse.

Valéry Giscard d'Estaing (né en 1926), troisième président de la Ve République

La rivalité politique s'est accrue entre les deux partis de la droite dont l'un soutenait le président Giscard d'Estaing et l'autre le Premier ministre Chirac. Celui-ci a démissionné en 1976 et le président a nommé un économiste célèbre, Raymond Barre, au poste de Premier ministre. Ensemble, ils ont mis en place une politique d'austérité économique afin de redresser les finances du pays. Cette politique a mécontenté beaucoup de Français, qui sont allés rejoindre les rangs du Parti socialiste, attirés par le programme de réformes profondes que le PS proposait alors sous le titre «Changer la Vie». On prévoyait donc que la gauche remporterait les élections législatives de 1978, mais la droite a conservé la majorité au Parlement et la gauche a dû attendre 1981 pour accéder au pouvoir. Malgré les efforts accomplis par le président Giscard d'Estaing pour unifier le pays, l'écart n'a pas cessé de s'accroître entre ceux qui soutenaient la politique giscardienne et ceux qui souhaitaient le changement.

Valéry Giscard d'Estaing, qui était proeuropéen, a encouragé le développement de la Communauté économique européenne et favorisé des relations plus fructueuses avec les Etats-Unis.

Découvertes culturelles

Vrai ou faux? Expliquez votre choix.

1. Le président Valéry Giscard d'Estaing a remporté une grande victoire sur François Mitterrand lors des élections de 1974.
2. Giscard d'Estaing était membre du Parti gaulliste et a été soutenu par les gaullistes.
3. La crise pétrolière de 1973 a nui aux réformes que Giscard d'Estaing voulait entreprendre en France.
4. Le début de la présidence de Giscard d'Estaing a été caractérisé par des réformes sociales.
5. Jacques Chirac a été Premier ministre pendant tout le septennat de Giscard d'Estaing.
6. A la fin de ce septennat, le programme du Parti socialiste correspondait davantage aux aspirations des Français que le programme d'austérité économique poursuivi par le président Giscard d'Estaing.

Témoignage culturel

Lecture

Une nouvelle politique

En 1976, le président Giscard d'Estaing a écrit un livre, *Démocratie française*, dans lequel il présentait son idéologie politique, en opposition avec celle de la nouvelle Union de la gauche. Le président constatait que l'évolution de la société française, «loin de conduire au face à face de deux classes, bourgeoise et prolétarienne, fortement contrastées et antagonistes, se traduit par l'expansion d'un immense groupe central». Par conséquent, c'est une nouvelle politique de liberté, de progrès et de pluralisme, tenant compte de cette évolution sociale, qu'il a proposée dans son ouvrage.

Qu'affirme, en effet, *Démocratie française*?

livre
essayons
au niveau actuel

précédents

Il n'est pas facile de condenser en cinquante lignes un ouvrage° déjà conçu comme un résumé. Tentons°-le cependant:

—au stade déjà atteint° de son développement, la société française doit être organisée à partir de l'homme et pour l'homme. Ni le libéralisme classique, ni le marxisme, conçus à des stades antérieurs,° ne fournissent de modèles satisfaisants;

—le problème à résoudre aujourd'hui n'est pas celui d'une coupure permanente de la société française, ni celui de la lutte des classes. Certes les Français demeurent et demeureront divisés en plusieurs idéologies.

Mais, à l'instar de° ce qui s'est passé dans les autres démocraties industrielles, la croissance a favorisé le développement d'un vaste groupe central, déjà majoritaire, caractérisé par un comportement, un mode de vie, une éducation, une information, une culture et des aspirations qui tendent à devenir homogènes. L'existence de ce groupe et son évolution, dont la lutte des classes ne rend pas compte, est une donnée majeure de la réalité sociale.

Cette unification progressive de la société française doit être facilitée par la recherche exigeante d'une plus grande justice, ce qui ne signifie ni l'uniformisation, ni le nivellement. Les résultats observables dans la lutte contre la misère, les handicaps, les privilèges, et les inégalités de chances culturelles, jalonnent° la voie à suivre;

—notre société s'assignant comme objectif l'épanouissement de l'individu, une organisation collectiviste° de la société, déjà contraire aux exigences de l'efficacité, le serait aussi aux aspirations de notre peuple. Cependant, l'option en faveur de l'individu doit être rendue compatible avec la construction d'une société de participation et de communication, et avec celle d'une communauté plus fraternelle, dans la vie du travail et dans la cité;

—le commun dénominateur... est l'idée d'autonomie et de responsabilité. Ce fil directeur nous conduit à une conception pluraliste de l'organisation sociale;

—le pluralisme ne se fragmente pas. On ne peut pas vouloir conserver le pluralisme dans le domaine politique, tout en l'éliminant dans les autres domaines. Car ce n'est pas seulement le pouvoir de l'Etat, mais aussi le pouvoir économique, celui des organisations de masse, celui des moyens d'information, qui contiennent en germe° des risques de domination. Il est essentiel que ces pouvoirs ne soient pas confondus entre eux, ni accaparés° par une seule organisation.

* * *

Voilà pour les principes.

Mais il ne s'agit pas seulement d'énoncer des principes. Leur mise en œuvre concrète s'en déduit directement.

D'abord, de façon négative, évitons de choisir des moyens qui aillent à l'encontre des fins.°

Par exemple, si nous voulons que l'individu soit davantage maître de son sort, et libre de prendre un nombre croissant de décisions, il ne faut pas:

—accroître les pouvoirs ou les dimensions d'une administration déjà tentaculaire;°

—nationaliser les entreprises qui n'assument pas un service public,° ce qui conduirait inévitablement soit à les livrer à la technocratie, soit à

semblablement à

marquent les étapes de

marxiste

prêts à se développer

monopolisés

dans le sens contraire des objectifs

étendue à de nombreux domaines / qui n'ont pas une fonction d'utilité générale

transformer en administrations
    d'Etat

les étatiser° et à les faire diriger par quelques fonctionnaires d'administration centrale non responsables;

—planifier autoritairement l'économie, ce qui reviendrait à donner à quelques hommes le pouvoir de décider pour plusieurs millions;

—supprimer l'initiative et la concurrence.

* * *

En termes positifs, il faut, au carrefour, choisir *une autre voie*:

—approfondir les libertés: non seulement les libertés politiques fondamentales, mais aussi les libertés nouvelles de la vie quotidienne, comme la liberté de l'enseignement, du choix médical, de l'information;

patrons / employés supérieurs

audacieusement

—conserver l'économie de marché, seule manière d'assurer la responsabilité des dirigeants° et des cadres,° et l'efficacité de l'entreprise;

—décentraliser hardiment,° dans l'entreprise, et vers la vie locale;

—créer de nouvelles formes de vie, d'urbanisation, de loisirs, de culture. Donner une dimension qualitative à la croissance économique, pour en faire une *croissance douce*.

de la même façon

se dirige

De même° que la philosophie cherche une nouvelle philosophie, de même la politique, longtemps surplombée par les statues écrasantes et raidies du marxisme et du capitalisme triomphant, chemine° vers une *nouvelle politique*.

Valéry GISCARD D'ESTAING, *Démocratie française*, Livre de Poche, 1977.

Découvertes culturelles

1. A quelles idéologies politiques Giscard d'Estaing veut-il opposer une nouvelle politique?
2. Pourquoi la politique française ne peut-elle plus s'appuyer sur la lutte des classes?
3. Selon Giscard d'Estaing, quelles sont les mesures à éviter dans le cadre de sa nouvelle politique qui vise l'épanouissement de l'individu? Contre quel parti politique ces critiques sont-elles dirigées?
4. Quels moyens faut-il employer pour rendre la vie de l'individu plus douce et confortable?

Trois candidats principaux ont disputé les élections présidentielles de 1981: deux candidats de droite, le président sortant Valéry Giscard d'Estaing et l'ancien Premier ministre et candidat gaulliste Jacques Chirac, ainsi que le socialiste François Mitterrand. Au premier tour, Giscard d'Estaing a devancé Mitterrand et Chirac mais au deuxième tour, Mitterrand l'a emporté sur Giscard d'Estaing avec 51,8% des voix contre 48,2%. Le nouveau président a dissous l'Assemblée nationale et appelé à des élections législatives afin de mettre en place une majorité présidentielle à l'Assemblée. Le désir de changement exprimé par l'élection du premier président de gauche, 23 années après le début de la Ve République, s'est amplifié lors de l'élection de la nouvelle Assemblée où, sur un total de 491 sièges, le Parti socialiste en a obtenu 269 et le Parti communiste 44.

Appuyé par cette majorité énorme, le gouvernement du Premier ministre socialiste Pierre Mauroy, qui comportait quatre ministres communistes, a fait voter les réformes annoncées dans le programme commun de gouvernement: augmentations de salaires, réduction de la semaine de travail à 39 heures, abaissement de l'âge de la retraite à 60 ans, extension des congés payés à cinq semaines, nationalisation de la plupart des banques importantes et des secteurs industriels de la sidérurgie, de l'électronique et de l'informatique. De plus, le gouvernement a aboli la peine de mort et relancé la décentralisation administrative et la régionalisation qui avaient peu évolué depuis l'échec du référendum de de Gaulle en 1969. Cette décentralisation a marqué un grand changement: les préfets, nommés par le gouvernement, ont cédé une partie de leur pouvoir exécutif aux élus locaux, c'est-à-dire aux présidents de conseils généraux et régionaux et aux maires. Une série de lois a également réformé le droit du travail, en particulier les libertés des travailleurs dans l'entreprise, les institutions représentatives du personnel et le règlement des conflits. Une autre réforme a mis fin au monopole de la radio-télévision publique et autorisé les radios locales privées ainsi que les chaînes de télévision commerciales.

Les réformes et les nationalisations effectuées par le nouveau gouvernement socialiste ont été le reflet de l'idéologie que la gauche avait prônée pendant sa longue période dans l'opposition: défense des salariés contre le capitalisme représenté par la droite et dénonciation des profits des entreprises soupçonnés d'avoir été réalisés aux dépens des travailleurs. Arrivée au pouvoir, la gauche a dû s'adapter à la réalité du gouvernement et s'intéresser non seulement à la redistribution des richesses nationales mais aussi à leur production. L'inflation et le déficit commercial résultant du coût immense des nombreuses réformes votées rapidement après les élections de 1981 ont créé une crise financière telle que le gouvernement a dû, en 1983, renoncer à la politique socialiste doctrinaire et adopter un plan de rigueur nécessaire

La présidence de François Mitterrand 1981–1995

Premier septennat

François Mitterrand (1916–1996) tenant à la main une rose rouge, symbole du PS, a présidé la France pendant 14 ans.

pour redresser l'économie nationale. Le gouvernement est ainsi devenu le défenseur des entreprises plutôt que celui des travailleurs, reconnaissant que la croissance économique et l'emploi dépendaient de la vitalité financière des entreprises. Le président a alors nommé un jeune Premier ministre, Laurent Fabius, pour diriger la nouvelle orientation économique du gouvernement. Le Parti communiste a rejeté cette politique «capitaliste» et obligé les quatre ministres communistes à démissionner du gouvernement en 1984.

Progression du Front national

Malgré l'adoption d'une politique d'austérité économique par le gouvernement, la détérioration de l'économie mondiale a contribué à l'accroissement du chômage. Des travailleurs immigrés arabes venus d'Algérie, de Tunisie et du Maroc avaient fourni une grande partie de la main-d'œuvre nécessaire à la croissance économique des «trente glorieuses». Beaucoup d'entre eux s'étaient installés avec leurs familles en France et leurs enfants, les «Beurs», étaient entrés dans le système scolaire français. Le chômage croissant a orienté l'attention publique sur cette population arabe et c'est dans ce contexte que le Front national a attiré rapidement beaucoup de sympathisants. Sur le thème raciste de «La France aux Français», le lepénisme exigeait le retour des immigrés musulmans dans leurs pays d'origine afin de libérer leurs emplois pour des chômeurs français. La classe ouvrière traditionnelle se transformait d'ailleurs considérablement. Grâce à l'augmentation du niveau de vie, une partie de cette classe appartenait désormais à la classe moyenne salariée et votait plutôt pour le Parti socialiste que pour le Parti communiste. Par contre, une proportion croissante d'ouvriers était au chômage ou en redoutait la perspective en raison de l'automatisation industrielle. Un nouveau sous-prolétariat, remplaçant la classe ouvrière d'autrefois, se composait de travailleurs immigrés.

Meeting des sympathisants de Jean-Marie Le Pen, président du Front national

La montée du Front national et le déclin parallèle du Parti communiste, les deux partis extrémistes du paysage politique français, ont caractérisé la période de la gauche au pouvoir. Le Front national a recruté ses électeurs non seulement parmi les chômeurs de la classe ouvrière mais aussi parmi certains groupes de la classe moyenne, victimes des transformations profondes de la société post-industrielle et qui se considéraient marginalisés dans ce nouveau contexte social. Leurs angoisses, exaspérées par la récession économique et l'affaiblissement des valeurs religieuses et sociales traditionnelles, constituaient les symptômes du sentiment généralisé d'insécurité qui traversait le pays. Le Front national souhaite le retour aux valeurs anciennes. Il défend l'église catholique traditionnelle et la messe en latin contre les réformes modernes de l'Eglise et le laxisme moral. Il affirme l'indépendance nationale et le prestige de la France contre l'intégration européenne. Il a choisi comme symbole Jeanne d'Arc, héroïne spirituelle du XVe siècle, qui avait restauré l'unité nationale en «boutant les Anglais hors de France». La popularité du Front national s'est développée dans les régions où une forte concentration d'immigrés arabes provoquait des réactions racistes, dans la région parisienne et dans le Midi méditerranéen, aussi bien que dans les régions bouleversées par la disparition des industries traditionnelles, comme le nord et l'est de la France.

Le Parti socialiste a peu à peu évolué vers une idéologie social-démocrate, préoccupé avant tout par l'équilibre des comptes de la nation et l'expansion commerciale. Les questions économiques allaient ainsi dépasser en importance l'engagement social traditionnel du PS. Cette adoption par les socialistes d'une «culture entrepreneuriale» proclamant les bienfaits des entreprises a aussi eu pour effet d'effacer une des distinctions traditionnelles entre la gauche et la droite. Toutefois, sur le plan des valeurs, comme le sondage suivant le montre, le clivage gauche-droite s'est maintenu, les gens de gauche s'attachant en priorité à la défense de la justice sociale et les gens de droite à des valeurs conservatrices comme la sécurité et la défense de l'identité française face à l'immigration.

Evolution du Parti socialiste

	Electeurs de gauche	Electeurs de droite
Privilégient la lutte contre les inégalités	46%	24%
Favorables à l'annulation de la dette des pays pauvres	52%	30%
Favorables à la reprise des essais nucléaires	20%	53%
Favorables à l'intégration des immigrés qui vivent en France	51%	24%
Jugent les mœurs trop libres en France	39%	59%
Favorables à la peine de mort	47%	75%
Favorables à un renforcement des pouvoirs de la police	32%	62%
Font confiance aux syndicats	53%	26%

Le Nouvel Observateur, 21 octobre 1993.

L'Assemblée nationale élue en 1981 avec une large majorité à gauche est arrivée au terme de son mandat de cinq ans en 1986. De nouvelles élections législatives ont donc eu lieu, et la droite a alors regagné la majorité parlementaire. On s'attendait à une crise constitutionnelle provoquée par cette situation nouvelle désignée sous le terme de «cohabitation»: pour la première fois dans l'histoire de la Vᵉ République, le président et la majorité parlementaire n'avaient pas la même appartenance politique. François Mitterrand était socialiste alors que la majorité de l'Assemblée était de droite. Cependant, les institutions établies par de Gaulle dans la constitution de 1958 se sont révélées assez solides pour permettre à la vie nationale de continuer sans interruption. Le président Mitterrand a nommé comme Premier ministre Jacques Chirac, chef du RPR, puisque le Parti gaulliste avait obtenu plus de sièges dans la nouvelle Assemblée que son partenaire dans la coalition de droite, l'UDF.

Selon la constitution, le président de la République a la responsabilité de la politique étrangère et de la défense nationale. Le président Mitterrand a insisté pour que son autorité soit respectée dans ces deux domaines. Par conséquent, en formant son nouveau gouvernement, Jacques Chirac a choisi un ministre des Affaires étrangères et un ministre de la Défense qui convenaient au président. François Mitterrand a continué à présider le Conseil des ministres, mais le gouvernement Chirac a commencé à mettre en place le programme politique pour lequel la droite avait fait campagne avant les élections législatives. Ce programme, inspiré du libéralisme économique en vigueur sous le régime Reagan aux USA, proposait entre autres mesures la privatisation des entreprises nationalisées par le gouvernement socialiste précédent. La plupart de ces privatisations ont en effet été réalisées. Le projet de réforme de l'enseignement supérieur a, quant à lui, provoqué la vive opposition des étudiants, qui ont organisé des manifestations à travers la France, et le gouvernement a dû l'abandonner.

La cohabitation a pris fin en 1988 car François Mitterrand était arrivé au terme de son mandat présidentiel de sept ans. Les trois candidats principaux qui se sont présentés aux élections présidentielles de 1988 étaient le président socialiste sortant François Mitterrand, le Premier ministre Jacques Chirac, chef du Parti gaulliste, et Raymond Barre, ancien Premier ministre et représentant de l'autre parti de droite, l'UDF. Au deuxième tour, François Mitterrand a recueilli 54% des suffrages exprimés contre 46% pour Chirac. Pour la première fois dans l'histoire de la Vᵉ République, la même personne allait exercer un deuxième mandat de sept ans. Mitterrand s'était présenté comme le seul candidat capable de rassembler la nation et avait ainsi réussi à attirer les votes des centristes, peu favorables à la politique d'affrontement de Chirac. Reprenant un thème traditionnel de la gauche, Mitterrand avait promis de promouvoir la solidarité et de protéger les acquis sociaux des travailleurs, qui craignaient les conséquences sociales de la politique économique néo-libérale de la droite. En se faisant réélire, Mitterrand a de nouveau prouvé qu'il était un maître dans l'art du jeu politique.

En 1988, comme il l'avait fait lors de son élection en 1981, le président Mitterrand a dissous le Parlement, où la droite était majoritaire, et appelé à de nouvelles élections législatives afin de constituer au Parlement une majorité présidentielle. Dans la nouvelle Assemblée, la gauche est parvenue à former une majorité étroite grâce à une stratégie d'ouverture vers le centre. Mitterrand a nommé comme Premier ministre un socialiste, Michel Rocard. La gauche, avec l'appui d'un groupe centriste, a conservé cette majorité jusqu'à la fin du mandat du Parlement, en 1993. Cependant, le président a changé deux fois de Premier ministre. En 1991, il a nommé à ce poste une socialiste, Edith Cresson. C'était la première fois qu'une femme occupait la fonction de Premier ministre en France, mais elle n'a pas réussi à faire remonter la popularité du Parti socialiste, qui n'a recueilli que 18,2% des suffrages exprimés aux élections régionales de mars 1992, contre 13,6% au Front national et 32,9% pour les candidats RPR et UDF. Le chômage a continué à augmenter et l'économie s'est enfoncée dans la récession, comme dans les autres pays occidentaux industrialisés. Onze mois après avoir nommé Edith Cresson, Mitterrand l'a remplacée par Pierre Bérégovoy, ancien ministre socialiste de l'Economie, des Finances et du Budget, qui a poursuivi une politique de rigueur économique mais n'a pas réussi non plus à résoudre la crise du chômage.

Lors d'un congrès du Parti socialiste, Edith Cresson (penchée) avec Pierre Mauroy (centre) et Lionel Jospin (droite)

Pendant son deuxième septennat, François Mitterrand n'a pas montré de convictions idéologiques très marquées en ce qui concerne la politique intérieure. Il a plutôt joué un rôle stratégique, au-dessus des partis politiques, et c'est à son domaine de prédilection, la politique étrangère, qu'il s'est adonné. Les rapports entre l'Europe de l'ouest et l'Europe de l'est ont été bouleversés en 1989 par la chute du mur de Berlin, qui a entraîné la dislocation de l'Europe communiste soviétique et la réunification de l'Allemagne. La disparition de l'URSS a transformé le rôle politique joué par la France, pays intermédiaire entre les superpuissances soviétiques et américaines, selon le schéma élaboré par le président de Gaulle et poursuivi par ses successeurs. La réunification allemande créant une Allemagne plus puissante, la France n'allait plus se trouver seule à la tête de l'Europe politique. La coopération franco-allemande, que le président Mitterrand allait renforcer dans le cadre de la politique européenne, devenait donc indispensable pour l'avenir de la France. Cinquante ans après la libération de Paris, qui avait mis fin à l'occupation allemande et constitué un tournant décisif dans la Seconde Guerre mondiale, le président Mitterrand a invité des troupes allemandes à participer au défilé militaire de l'armée française sur les Champs-Elysées le 14 juillet 1994. La réapparition de l'armée allemande dans la capitale lors de cette cérémonie officielle a symbolisé la réconciliation définitive, au sein de la nouvelle Europe, des ennemis d'autrefois.

Politique étrangère

Depuis le début de son premier septennat, François Mitterrand avait manifesté son engagement personnel dans la construction de cette Europe. En 1983, il a décidé de maintenir le franc dans le système monétaire européen et a approuvé le projet d'installer en Allemagne des missiles américains Pershing pour compenser la menace des fusées soviétiques SS-20. Avec le chancelier Kohl, il a ensuite travaillé à réaliser l'union économique et politique européenne à travers le traité de Maastricht de 1991. Chacun des 12 pays membres de la Communauté économique européenne devait ratifier ce traité, qui allait transformer la Communauté en Union européenne. A cet effet, le président Mitterrand a proposé un référendum en France. Le pays s'est trouvé profondément divisé entre ceux qui estimaient que l'Union européenne entraînerait une perte d'autonomie pour la France et ceux qui étaient favorables à une Europe plus puissante. Grâce à la campagne personnelle de Mitterrand pour soutenir les pro-européens, le référendum de septembre 1992 a été approuvé par 51,5% des votants. C'est l'œuvre accomplie par Mitterrand pour resserrer les liens franco-allemands afin de consolider la construction de l'Europe que l'histoire retiendra surtout de son deuxième septennat. Très européen, Mitterrand s'est également montré atlantiste en soutenant l'intervention militaire américaine dans la guerre du Golfe, en 1991. Faisant des droits de l'homme un principe fondamental de l'action de la France à l'étranger, le président Mitterrand a recherché activement une solution humanitaire aux guerres qui ont éclaté en ex-Yougoslavie, en particulier en Bosnie, et qui ont menacé la paix en Europe. Son successeur, Jacques Chirac, a poursuivi cette politique en approuvant une intervention militaire française, afin de parvenir à imposer plus rapidement la paix en Bosnie, paix qui a finalement été instaurée en novembre 1995.

Deuxième cohabitation

Les élections législatives de 1993 ont marqué le début de la deuxième période de cohabitation pendant les 14 années de la présidence de François Mitterrand. La coalition RPR-UDF a remporté une victoire massive, alors que le Parti socialiste, avec 17,6% des suffrages exprimés au premier tour, réalisait son plus mauvais score depuis 1968. Le Parti communiste n'a obtenu que 9,2% des voix. La gauche traditionnelle s'est alors effondrée à son niveau le plus bas depuis 1962. On avait prévu que les écologistes pourraient bénéficier de la chute des socialistes, mais ils n'ont obtenu que 7,6% des voix, soit à peu près deux fois moins qu'aux élections européennes de 1989, et n'ont eu aucun député élu à l'Assemblée. Parmi les raisons qui permettent d'expliquer l'effondrement de la gauche il faut citer l'augmentation du chômage, le climat d'insécurité généralisée qui en a résulté, l'usure des socialistes au pouvoir et les «affaires», c'est-à-dire les divers scandales de corruption financière auxquels ont été mêlés d'importants socialistes et des amis personnels du président.

Le triomphe électoral de la droite traditionnelle (le RPR et l'UDF), qui avait refusé de s'allier à l'extrême droite, n'a pas fait baisser pour autant le pourcentage d'électeurs votant pour le Front national. Celui-ci a progressé de 2,8% par rapport aux 9,6% des suffrages obtenus aux élections législatives précédentes en 1988. Cependant, en raison du système de vote majoritaire, le FN n'a eu qu'un député élu.

Dans la nouvelle Assemblée nationale, la droite traditionnelle a remporté 473 sièges (le RPR 258, l'UDF 215) sur 577. Les socialistes n'ont eu que 57 sièges et les communistes 23. La situation s'était donc inversée par rapport à 1981, année où la gauche était arrivée au pouvoir et avait occupé 70% des sièges. Le RPR ayant gagné plus de sièges que l'UDF, le président Mitterrand a demandé à Edouard Balladur, du RPR, de devenir Premier ministre et de former le nouveau gouvernement, car Jacques Chirac, président du RPR, avait annoncé qu'il ne souhaitait pas être nommé à cette fonction. Balladur, pro-européen, avait été ministre de l'Economie, des Finances et des Privatisations dans le gouvernement de cohabitation entre 1986 et 1988. Chirac, alors Premier ministre, avait adopté une attitude conflictuelle face au président socialiste Mitterrand. Pendant la cohabitation de 1993 à 1995, les rapports entre le Premier ministre de droite, Balladur, et le président de gauche ont été plus paisibles, chacun respectant les fonctions constitutionnelles de l'autre. La preuve était ainsi donnée que la cohabitation fonctionnelle faisait désormais partie du système politique français.

Le gouvernement Balladur a repris le programme libéral de privatisation de certaines entreprises nationales et s'est attaqué à la crise de l'emploi. Sa tentative pour diminuer le chômage très élevé chez les jeunes en proposant un contrat d'insertion professionnelle (CIP), selon lequel les jeunes recevraient un salaire minimum inférieur à celui des autres travailleurs, a échoué face aux manifestations hostiles des jeunes chômeurs et des diplômés sans emploi. Pour réduire le nombre des chômeurs, le gouvernement a aussi essayé de réglementer l'arrivée ou le séjour en France des travailleurs immigrés. En même temps, une politique de la Ville a été élaborée pour remédier à la crise sociale des cités des banlieues.

Aux élections européennes de 1994, la coalition RPR-UDF a présenté une liste commune de candidats, qui a obtenu 25,58% des suffrages exprimés et 28 sièges au Parlement de Strasbourg. La liste de candidats socialistes conduite par Michel Rocard a obtenu 14,49% des suffrages et 15 sièges. Une autre liste de candidats de droite conduite par Philippe de Villiers, qui avait voté contre le traité de Maastricht, a recueilli 12,35% des suffrages (13 sièges), alors que le Front national, qui s'était également opposé à ce traité, a recueilli 10,51% des suffrages (11 sièges). Les candidats communistes ont obtenu 6,88% des voix (7 sièges). La baisse de popularité des quatre partis traditionnels (RPR, UDF, PS, PCF) s'est donc confirmée, puisqu'ils ont recueilli au total moins de 47% des suffrages exprimés. L'effondrement du PS s'est aussi accentué: son pourcentage de 14,49% a été le plus faible depuis la création de ce parti, et Michel Rocard a été aussitôt remplacé à la direction du PS. La popularité de la droite prise dans son ensemble a continué d'augmenter puisque les trois listes de droite ont obtenu 48,42%. Observons enfin que les trois principales listes en faveur de l'Union européenne n'ont recueilli que 52,05% des suffrages exprimés, nouvelle preuve de l'existence d'un fort mouvement anti-européen en France. Ces élections ont confirmé le déclin des partis écologistes, qui n'ont obtenu que 4,96% des suffrages et sont redevenus un mouvement marginal.

Pour la première fois en France un nombre élevé de femmes se sont portées candidates. A l'Assemblée nationale élue en 1993, à peine 6% des députés étaient des femmes. Sur la plupart des listes françaises proposées pour les élections européennes, sauf celle du Front national en particulier, il y a eu un nombre égal d'hommes et de femmes. De plus, bien que ces listes, sauf celle des Verts, aient présenté un homme en tête de liste, la plupart y ont fait figurer en alternance un homme et une femme.

Fin d'une époque

La vie politique française a été de plus en plus dominée, pendant la présidence de Valéry Giscard d'Estaing et celle de François Mitterrand, par des questions économiques. La crise économique, engendrée d'abord par l'augmentation soudaine du prix du pétrole et amplifiée par la récession mondiale, a provoqué la croissance du chômage, que des gouvernements successifs ont essayé en vain de maîtriser. Selon le sociologue Gérard Mermet: «Au lendemain des trente glorieuses (1945–1975), la France a connu les Dix Paresseuses (1975–1984) où elle a refusé de voir la crise en face, puis, à partir de là, les Dix Peureuses. Les années quatre-vingt ont été marquées par une volonté de défaire les idées, les institutions, les structures héritées du passé et inadaptées au présent.» C'est donc dans une ambiance sociale d'inquiétude, de morosité et même de pessimisme que s'est terminée la présidence de François Mitterrand, présidence qui avait commencé dans l'enthousiasme d'une série de réformes profondes que les Français attendaient depuis les événements de mai 68. Bien que le président Mitterrand ait été gravement atteint d'un cancer, il est arrivé à remplir courageusement ses fonctions officielles jusqu'à la fin de son deuxième septennat en mai 1995. Il est mort en janvier 1996, à l'âge de 79 ans. Ayant conduit la gauche au pouvoir en 1981 et présidé la France pendant 14 ans (la période la plus longue pour un même chef d'Etat depuis l'empereur Napoléon III), François Mitterrand a trouvé sa place dans l'histoire à côté des socialistes célèbres Jean Jaurès et Léon Blum. Sur le plan institutionnel, il a su imposer l'alternance des gouvernements de gauche et de droite en calmant les batailles idéologiques. Cependant, pendant son deuxième septennat, il n'est pas parvenu à réduire les injustices sociales ni à moraliser davantage la vie publique. Lors d'un sondage effectué juste après sa mort, en réponse à la question ouverte (dont les réponses n'étaient pas suggérées) «Qu'avez-vous retenu de l'action de François Mitterrand... En bien? En mal?», les quatre premières réponses «En bien» ont été: l'abolition de la peine de mort 24%, les congés payés (étendus à cinq semaines en 1982) 22%, l'Europe 18%, les grands travaux (d'architecture à Paris comme la Bibliothèque de France ou le Grand Louvre et sa Pyramide) 15%; les trois premières réponses «En mal» ont été: action négative sur le chômage 15%, n'a pas réduit les inégalités sociales 11%, les «affaires» 9%. Jacques Chirac, victorieux au deuxième tour des élections présidentielles de mai 1995, a mené sa campagne sur le thème du pacte républicain nécessaire pour éliminer la fracture sociale créée par le chômage élevé qui perdurait.

Découvertes culturelles

1. Pourquoi les socialistes ont-ils introduit beaucoup de réformes quand ils sont arrivés au pouvoir?
2. Quels phénomènes sociaux ont contribué à la popularité du Front national?
3. Pourquoi les socialistes ont-ils changé d'attitude envers les entreprises et par conséquent de politique économique?
4. En vous référant au sondage de la page 147, dites ce qui distingue les électeurs de gauche des électeurs de droite.
5. Pourquoi la période de 1986 à 1988 a-t-elle été désignée sous le terme de «cohabitation»?
6. Quel a été le résultat des élections présidentielles après cette période de cohabitation?
7. Quel problème social a dominé le deuxième septennat?
8. Quelle a été l'attitude du président Mitterrand face au traité de Maastricht?
9. Pourquoi est-ce qu'une nouvelle période de cohabitation a commencé en 1993?
10. Pourquoi les élections européennes de 1994 ont-elles été importantes en ce qui concerne la représentation des femmes dans la vie politique?
11. Quel était l'état d'esprit des Français à la fin de la présidence de François Mitterrand?
12. Quelle orientation de la vie politique française l'élection d'un nouveau président en 1995 a-t-elle annoncée? En quoi les années quatre-vingt-dix démontrent-elles un retour à la tension traditionnelle entre la gauche et la droite?

Témoignages culturels

Mitterrand, candidat à l'élection présidentielle

Lecture 1

François Mitterrand, candidat socialiste à l'élection présidentielle en 1981 contre Valéry Giscard d'Estaing, se présente ici aux électeurs.

C'est à chacune, à chacun d'entre vous que je m'adresse.

De votre vote dépendent, pour une large part, votre emploi, votre sécurité, l'avenir de votre famille. De votre choix dépendent l'honneur et la dignité de notre pays.

Vous êtes inquiet de voir le chômage s'aggraver, la hausse° des prix se poursuivre, le fossé° se creuser entre les plus riches et les plus pauvres. Je le suis comme vous. Vous êtes inquiet devant les incertitudes de notre diplomatie, l'improvisation et l'absence de grands desseins. Je le suis comme vous.

augmentation
différence

durée du mandat du président Giscard d'Estaing

Vous jugez qu'il est temps de faire une autre politique. Sept ans,° c'était beaucoup, quatorze ce serait trop.

Mais l'heure n'est plus au regret, elle est à la décision. Ce que je vous propose tient en trois mots: **Emploi, Paix, Liberté**.

L'emploi, c'est la première de nos obligations. J'y consacrerai toute ma volonté. La relance de notre économie passe par:

—L'augmentation des bas salaires, des allocations familiales, de celles des handicapés, du minimum vieillesse, de l'allocation-logement.

—Un programme ambitieux de grands travaux et de logements.

—La reconquête de notre marché intérieur contre une concurrence souvent déloyale.

—La création d'emplois indispensables dans les hôpitaux, l'enseignement, les P.T.T., pour l'aide ménagère et les crèches.

—La promotion de l'exploitation familiale agricole.

—La semaine de 35 heures négociée par branches et entreprises dans la croissance de la productivité et de la production.

contributions
base / paiements

—Une répartition plus juste des charges° sociales, par modification de l'assiette° des cotisations°....

En agissant ainsi, nous gagnerons cette première bataille.

La paix, la fermeté de nos positions, l'autonomie de notre défense et le respect de notre indépendance peuvent seuls l'assurer. La France

continuellement

s'adressera sans relâche° à la conscience universelle pour garantir partout le droit des peuples à disposer d'eux-mêmes, au Salvador comme en Afghanistan. Elle prendra des initiatives en vue du désarmement, de la construction d'une Europe indépendante, de la création d'un nouvel ordre économique mondial et de l'aide au Tiers Monde. Elle refusera la suprématie du dollar.

La liberté: sans elle rien ne vaut et je saurai la défendre, en toutes circonstances, contre toutes les formes de violence et de racisme. La liberté doit être source de responsabilité et de dignité. Pour les femmes je proposerai l'égalité des chances, pour les travailleurs de nouveaux droits dans l'entreprise, pour l'ensemble des citoyens la possibilité de participer plus directement à la gestion des affaires publiques par la décentralisation et la régionalisation. Vivre, travailler, décider au pays.°

en dehors de Paris; au niveau local

Avec les départements et territoires d'outre-mer, un dialogue libre et franc sera ouvert, l'identité de chacun sera reconnue, comportant le droit d'être soi-même, et les moyens d'y parvenir.

Je suis socialiste et vous savez qu'un socialiste, dans la tradition de Jaurès° et de Blum,° est passionnément attaché à la réduction des inégalités, à la diffusion du savoir par l'enseignement et la culture, à la sauvegarde des équilibres naturels, à la maîtrise de la science.

Jean Jaurès (1859–1914), organisateur du mouvement socialiste en France au XIXe siècle / Léon Blum (1872–1950), a présidé le gouvernement socialiste du Front populaire, 1936–1937.

Sur tous ces points, j'ai annoncé mes mesures concrètes....

François MITTERRAND, *L'Express*, 23 mars 1981.

Découvertes culturelles

1. Selon Mitterrand, pourquoi les électeurs devraient-ils voter pour lui a) sur le plan de la vie quotidienne? b) sur le plan de la vie nationale?
2. Qu'est-ce qui indique dans ses propos que c'est la situation économique du pays qui préoccupe le plus les électeurs?
3. Quels sont les trois grands thèmes de la politique que Mitterrand propose?
4. Citez deux ou trois mesures proposées par Mitterrand pour créer des emplois.
5. Dans quels secteurs de la société française Mitterrand propose-t-il d'accroître la liberté?
6. Pourquoi Mitterrand fait-il allusion à Jean Jaurès et à Léon Blum? Quels principes de la tradition socialiste Mitterrand rappelle-t-il aux électeurs?

Affiches électorales du deuxième tour des élections présidentielles de 1988 gagnées par François Mitterrand

La défaite de la gauche

Le premier tour des élections législatives, le dimanche 21 mars 1993, a été marqué par une défaite historique du Parti socialiste et une victoire écrasante de la droite (le RPR et l'UDF).

Au tout début de la Ve République, à l'issue des élections législatives de 1958, la gauche était anéantie,° ses dirigeants—François Mitterrand, Gaston Defferre, Pierre Mendès France notamment—battus et la droite installée au pouvoir pour plus de vingt ans. Une période s'achevait.°

Les socialistes allaient pourtant remonter la pente° et, dès l'élection présidentielle de 1965, rétablir un certain équilibre: dès lors, les deux camps° feraient, d'un scrutin à l'autre, jeu égal ou presque. Nous voilà revenus trente-cinq ans en arrière.

Une époque prend fin, celle de la bipolarisation,° que le gaullisme, puis le «giscardisme» et le «mitterrandisme» avaient fait vivre. La gauche est en miettes,° la plupart de ses dirigeants sont en mauvaise posture et la droite, de nouveau, en position dominante.

Pour le PS, tout est à reconstruire. Pour l'opposition, redevenue majorité, beaucoup reste à faire.

La défaite de la gauche n'est pas une surprise. Elle était annoncée et déjà, par avance, expliquée. Elle n'en est pas moins d'une ampleur° inattendue....

Thomas FERENZI, *Le Monde*, 23 avril 1993.

détruite

prenait fin

retrouver une certaine popularité

la gauche et la droite

répartition en deux grands regroupements politiques

décomposée

dimension

Découvertes culturelles

1. Lors de quelles autres élections législatives la gauche a-t-elle connu une énorme défaite? Quel futur président de la République se trouvait parmi les dirigeants socialistes? Qui était alors président de la République?
2. A partir de 1965, pourquoi la politique française a-t-elle vécu la «bipolarisation»?
3. D'après ce que vous avez lu au sujet de la présidence de François Mitterrand, pourquoi ce journaliste considère-t-il que cette défaite de la gauche en 1993 était «annoncée et... expliquée»?

La cohabitation

Voici le discours prononcé par le président socialiste Mitterrand à la radio et à la télévision le 29 mars 1993, le lendemain de la victoire de la droite aux élections législatives.

Mes chers compatriotes, en élisant une majorité nouvelle, très importante, à l'Assemblée nationale, vous avez marqué votre volonté d'une autre politique. Cette volonté sera scrupuleusement respectée. J'ai reçu et accepté ce matin la démission de M. Pierre Bérégovoy,° auquel j'ai exprimé des remerciements pour l'œuvre accomplie par son gouvernement et dont j'ai constamment apprécié le grand mérite personnel.

Premier ministre socialiste

Je confie dès ce soir la charge° de Premier ministre à M. Edouard Balladur, député de Paris, ancien° ministre d'Etat, non seulement parce qu'il apparaît comme le plus apte à rassembler les différentes composantes de la majorité° mais aussi en raison de ses compétences. Je souhaite qu'il soit en mesure de former une équipe gouvernementale solide et cohérente dans les plus brefs délais. La France ne peut attendre plus longtemps.

fonction

pendant la cohabitation de 1986–1988

nouvelle majorité élue au Parlement

Quant à moi, je me conformerai aux devoirs et aux attributions que la constitution me confère. Je veillerai° à la continuité de notre politique extérieure et de notre politique de défense. L'Europe, la construction communautaire, l'unité progressive de notre continent doivent demeurer au premier rang de nos préoccupations. Le traité de Maastricht, déjà ratifié par dix pays,° a été approuvé par le peuple,° il nous appartient de le mettre en œuvre sans esprit de retour.

ferai très attention

membres de la Communauté européenne / les Français

Dans l'immédiat, il faut préserver le système monétaire européen. Cela ne dépend pas que de nous, mais un franc à parité° maintenue avec le mark allemand en est une condition. Sans système monétaire commun, il n'y a pas d'Europe.

égalité de la valeur d'échange

Enfin, je n'ai pas besoin de rappeler que, dans un monde en crise, l'unité nationale reste notre principal atout.° Elle repose notamment sur la cohésion sociale du pays.

avantage

A la majorité° qui s'en va, et qu'accompagnent mes pensées fraternelles, je dis qu'au-delà des difficultés du moment viendra le temps du jugement serein sur la période qui s'achève. J'ai confiance en celui de l'Histoire.

majorité socialiste

A la majorité qui arrive,° je dis mon souhait qu'elle sache trouver les voies qui lui permettront de répondre aux aspirations des Français.

vient d'être élue

A vous, mes chers compatriotes, je dis: travaillons, travaillons tous au succès de la France. Vive la République, vive la France!

François MITTERRAND, *Le Monde*, 31 mars 1993.

La déclaration du nouveau Premier ministre

Voici la déclaration d'Edouard Balladur après son premier entretien avec le président de la République.

———

annoncé

Le président de la République a bien voulu m'inviter à venir le voir. Il m'a fait part de° sa décision de me nommer Premier ministre. Je l'ai acceptée. Je vais dès demain me consacrer à la formation du nouveau gouvernement. Je souhaite y parvenir le plus rapidement possible. Il

limitée en nombre

s'agira d'une équipe restreinte° afin qu'y règnent la cohérence, l'efficacité et la solidarité. Elle devra s'efforcer de rassembler, autour de l'action de réforme qui est indispensable, tous les Français dans le respect mutuel des convictions de chacun.

crise économique

Notre pays connaît une crise.° Tous nos efforts doivent être mobilisés pour la surmonter. C'est pourquoi le nouveau gouvernement, appuyé sur la majorité parlementaire à laquelle les Français viennent d'apporter massivement leur confiance, devra se consacrer à redresser la situation de notre pays et à rétablir la confiance.

Edouard BALLADUR, *Le Monde,* 31 mars 1993.

Découvertes culturelles

1. Qu'a fait le président après la défaite des socialistes aux élections législatives?
2. Quel rôle a-t-il accordé à Edouard Balladur? Pourquoi?
3. Quelles fonctions le président va-t-il continuer à exercer selon la constitution?
4. Pourquoi Mitterrand parle-t-il de l'Europe?
5. Ayant accepté d'être Premier ministre, qu'est-ce qu'Edouard Balladur doit faire ensuite?
6. Donnez une brève explication de ce que signifie la «cohabitation». Pourquoi Mitterrand et Balladur font-ils allusion à l'«unité nationale» et à la notion de «crise»?

Au premier tour des élections présidentielles de 1995, un duel serré a opposé les deux candidats de la droite traditionnelle, Jacques Chirac et Edouard Balladur, qui avaient tous les deux occupé le poste de Premier ministre dans un gouvernement de cohabitation sous la présidence de François Mitterrand. Chirac l'a emporté avec 20,5% des suffrages exprimés contre 18,6% à Balladur. Au deuxième tour, Chirac s'est trouvé face au candidat socialiste Lionel Jospin, qui avait obtenu 23,3% des suffrages au premier tour. Il a recueilli 52,6% des suffrages contre 47,4% pour Jospin et a donc été élu président de la République française. Il a ensuite démissionné du poste de maire de Paris qu'il occupait depuis 1977. C'était la troisième fois que Jacques Chirac se présentait aux élections présidentielles.

Le résultat du candidat de la gauche, Lionel Jospin, a été jugé très bon en comparaison du score désastreux de la gauche aux élections législatives de 1993 et aux élections européennes de 1994. Jospin avait axé sa campagne autour d'un programme inspiré par la social-démocratie plutôt que par le dogme socialiste des nationalisations. Au premier tour, le candidat du Front national, Jean-Marie Le Pen, a remporté 15% des suffrages, le meilleur score de l'histoire du Front national, et le candidat communiste, Robert Hue, 8,6%. Ces scores ont confirmé les tendances observées pendant la présidence de Mitterrand concernant la montée de l'extrême droite et le déclin communiste.

A la différence de François Mitterrand qui, après chaque élection à la présidence, avait appelé à des élections législatives pour constituer une majorité présidentielle à l'Assemblée nationale, le nouveau président Chirac n'a pas jugé nécessaire de dissoudre l'Assemblée, où la droite disposait d'une majorité considérable depuis 1993. Chirac a nommé Premier ministre Alain Juppé, bientôt élu président du RPR. Avec ce tandem néo-gaulliste, la France est revenue à la situation politique qui avait caractérisé les premières années de la Ve République (1958–1974), pendant lesquelles les deux chefs du pouvoir exécutif, le président et le Premier ministre, étaient des gaullistes. Juppé a nommé 12 femmes dans le gouvernement de 42 membres qu'il a formé. Cependant, cette promotion politique des femmes a été renversée cinq mois plus tard lorsque le Premier ministre a remanié son gouvernement et n'a retenu que quatre femmes sur un total de 32 membres.

La politique de progrès social promise par le nouveau président s'est révélée difficile à mettre en œuvre, car la France devait réduire ses déficits publics afin de se préparer à faire partie de l'union monétaire européenne prévue pour 1999 par le traité de Maastricht. Par conséquent, le gouvernement a été obligé d'élaborer un programme de réduction des dépenses de l'Etat, qui comprenait une réforme de la Sécurité sociale et des droits sociaux ainsi qu'une augmentation des impôts. Ce programme a provoqué à la fin de 1995 de longues grèves de protestation, surtout chez les fonctionnaires. En conséquence, le gouvernement a dû modifier considérablement son projet. Ces grèves ont encore révélé une fragmentation de la société française entre une élite libérale, entreprenante et désireuse de s'ouvrir à l'Europe; une classe moyenne conservatrice attachée aux avantages de l'Etat-providence, représentée dans le secteur privé par les partis de droite et dans le secteur public par le Parti socialiste; des milieux populaires réactionnaires, particulièrement touchés par le chômage et accusant les immigrés d'être la cause de leurs malheurs; et la catégorie croissante des exclus. Le sentiment généralisé d'insécurité suscité par les

Etudiants en grève contre les mesures d'austérité de 1995

conséquences sur l'économie nationale des mutations du commerce mondial n'a pas cessé de favoriser le Front national, dont les thèmes protectionnistes et xénophobes attirent les groupes de mécontents. Le nouveau gouvernement a disposé d'une marge de manœuvre limitée pour introduire les réformes nécessaires dans le cadre de l'Union européenne, car l'Etat-providence, qui avait permis aux Français de vivre au-dessus de leurs moyens, ne pouvait plus financer les subventions sociales devenues une tradition de la vie en France.

Dans le domaine de la politique étrangère, afin de continuer à doter la nation d'une arme de dissuasion chère au général de Gaulle et qui constitue un moyen de garantir l'indépendance de la France, le président Chirac a décidé la reprise des essais nucléaires dans le Pacifique, que le président Mitterrand avait arrêtés en 1992. Les vives protestations internationales menées par les écologistes, ainsi que par les pays (dont la plupart des membres de l'Union européenne) œuvrant pour le désarmement nucléaire mondial, ont entraîné la fin rapide des essais en janvier 1996. La France a alors annoncé son soutien à l'arrêt des essais nucléaires au niveau mondial. Sur le plan européen, le président Chirac a réintégré la France dans l'OTAN, d'où le général de Gaulle avait retiré les forces françaises en 1966. Il a par ailleurs entrepris, pour des raisons budgétaires, une réforme radicale de la défense française en réduisant considérablement les effectifs des forces françaises et en prévoyant la fin du service militaire obligatoire des jeunes afin de créer une armée de métier. Enfin, la coopération étroite entre la France et l'Allemagne est restée pour le président français le fondement principal de la progression définitive de l'Europe. Le grand défi pour le président Chirac demeure cependant de pouvoir proposer aux Français un important projet de ralliement dans la tradition gaulliste, qui comblerait le vide des valeurs collectives et idéologiques laissé par le déclin de l'Eglise, du communisme et même du gaullisme. L'Union européenne semblerait actuellement peu apte à remplir ce rôle pour la majorité des Français.

Découvertes culturelles

Chacune des constatations suivantes est fausse. Corrigez chaque phrase et ajoutez des renseignements supplémentaires.

1. Aux élections présidentielles de 1995, il n'y a eu qu'un seul candidat de droite.
2. Au deuxième tour, le candidat socialiste Jospin a reçu très peu de suffrages.
3. Aux élections européennes de 1994, le Front national de Le Pen n'a pas remporté beaucoup de voix.
4. Au début de sa présidence, Chirac a dissous l'Assemblée nationale.
5. La situation politique au début du mandat de Chirac était exactement la même qu'au début de la présidence de Mitterrand.
6. Chirac a pu commencer immédiatement son programme de progrès social.
7. La crise sociale de l'automne 1995, qui a provoqué des grèves importantes, a beaucoup contribué à remédier aux divisions socio-politiques en France.
8. Les pays membres de l'Union européenne ont soutenu la reprise française des essais nucléaires dans le Pacifique.
9. Chirac a suivi l'ancienne politique de de Gaulle en préservant l'indépendance militaire de la France et en maintenant le service militaire obligatoire.
10. Chirac a abandonné la politique de coopération avec l'Allemagne qu'avait suivie le président Mitterrand.

Témoignages culturels

L'état de la France

Lecture 1

Le soir du 31 décembre de chaque année, le président de la République prononce à la télévision une allocution, dans laquelle il passe en revue son action politique et présente aux Français ses vœux pour la nouvelle année. Voici des extraits de la première allocution des vœux prononcée par le président Chirac le 31 décembre 1995.

Mes chers compatriotes,

Vous m'avez élu en mai dernier, pour que nous construisions ensemble une nouvelle France, une France juste, unie, respectueuse de notre pacte républicain. Une France telle que vous et moi la voulons.

Je mets toutes mes forces au service de cette ambition qui est aussi celle du Premier ministre, auquel je tiens à rendre hommage pour l'action courageuse qu'il a menée avec détermination dans des circonstances particulièrement difficiles.° Cette ambition est celle du gouvernement tout entier.

grèves sociales de la fin de 1995

Les présidents de la Ve République

161

Depuis sept mois, notre priorité, c'est l'emploi. C'est au nom de l'emploi que nous remettons nos finances publiques en ordre, afin de construire une économie créatrice de travail et de richesses. C'est au nom de l'emploi que nous menons une lutte sans merci contre le chômage de longue durée, grâce au contrat initiative emploi.° C'est au nom de l'emploi que nous aidons les artisans et les petites et moyennes entreprises à se développer.

La lutte contre le chômage est inséparable de la lutte contre l'exclusion.°

Je refuse la fracture sociale apparue au fil des ans. Déjà, un programme de plusieurs milliers de logements en faveur des plus démunis° est en cours. Une prestation° nouvelle garantira bientôt l'autonomie des personnes âgées dépendantes.

Nous avons décidé de réformer notre protection sociale.° Non pour la détruire, comme certains ont voulu le faire croire, mais pour garder et léguer° à nos enfants une protection sociale efficace, juste et accessible à tous. Nous l'avons fait parce qu'il n'était plus possible d'attendre, sans mettre en péril notre Sécurité sociale dont je suis le gardien.

Il n'est pas facile de réformer. Je le sais. La crise° que nous venons de traverser l'a rappelé. Au-delà de la défense d'intérêts particuliers, elle a mis en lumière des inquiétudes, des angoisses face au chômage, face à des réformes trop longtemps différées,° face à un avenir incertain. Elle a révélé un manque de confiance dans des pouvoirs° qui sont ressentis comme éloignés des réalités quotidiennes et qui n'auraient d'autres réponses aux problèmes de l'heure que l'accroissement des contributions° de chacun. Reconnaissons-le, cette crise a pu éveiller, chez certains, quelques doutes par rapport aux espoirs que mon élection a fait naître. Eh bien, non! Ces espoirs, je les porte. Ils ne seront pas déçus....

Pour 1996, beaucoup dépend de nous. La croissance, qui crée des emplois, sera aussi ce que nous la ferons. La croissance, c'est d'abord la confiance, confiance en nos initiatives, confiance en nos efforts.

Et nous avons en main de vrais atouts.° Nous sommes la quatrième puissance économique du monde. Notre économie est saine. Nos entreprises sont compétitives. Nos services publics, même s'ils doivent s'adapter, sont parmi les meilleurs du monde. Nos jeunes sont de plus en plus qualifiés, même si nous devons mieux les orienter, mieux les aider, pour leur mettre le pied à l'étrier.° En tirant partie de leur énergie et de leur enthousiasme, il faut encourager leur formidable capacité d'adaptation et d'initiative. A nous de leur faire confiance, à nous de leur donner leur chance.

Le gouvernement est tout entier mobilisé. Il a pris des mesures pour relancer la consommation et l'investissement, afin de soutenir l'activité et de créer des emplois. Je lui ai demandé de ne plus recourir à° de nouvelles augmentations d'impôts et de cotisations sociales et de les diminuer, dès que possible. Le Premier ministre s'y est engagé devant vous. Tout

mesure prise par le gouvernement pour promouvoir l'emploi des jeunes

marginalisation des plus pauvres

pauvres

allocation

système de Sécurité sociale

laisser

la série de grèves

retardées
pouvoirs exécutif et législatif

sommes d'argent redevables à l'Etat

avantages

faciliter leurs débuts professionnels

utiliser, faire appel à

cela suppose, vous le comprenez bien, une vigoureuse et courageuse réforme de l'Etat.

Tous ensemble, nous pouvons faire de 1996 une année décisive, une bonne année pour la France.

Notre pays joue un rôle important dans le monde. Nous y sommes respectés. Nous venons de le prouver dans l'ex-Yougoslavie, en prenant des initiatives fortes pour mettre fin à de longues années d'un conflit barbare et rétablir la paix dans cette partie du continent européen.

L'Europe nous est plus nécessaire que jamais. Elle nous garantit la paix. La France veut y prendre toute sa place. Je veillerai° à ce que l'Union européenne soit plus attentive à vos préoccupations quotidiennes, à ce qu'elle réponde davantage à vos aspirations sociales, à ce qu'elle fasse de l'emploi une priorité. L'homme doit être au cœur de notre projet commun, comme je l'ai demandé avec insistance à nos partenaires lors du Conseil européen de Madrid.

ferai très attention

Pour toutes ces raisons, mes chers compatriotes, je suis sûr de notre avenir.

Je le sais, certains doutent et souffrent. Il y a des femmes et des hommes en profonde détresse. Ce soir, c'est d'abord à eux que va ma pensée. C'est pour eux que le gouvernement va soumettre au Parlement une loi qui s'attaquera aux racines de l'exclusion. C'est pour eux que des initiatives fortes seront prises en faveur des quartiers en difficulté.°

banlieues en crise

Mais entre tous les Français, entre les plus démunis et ceux que la vie a davantage favorisés, je souhaite une communauté renforcée, plus fraternelle, pour que chacun puisse aborder cette année nouvelle avec espoir et confiance.

Nous sommes les héritiers d'une longue histoire. Nous vivons dans un pays libre, envié même. Un pays qui a traversé bien des épreuves,° qui s'est forgé une identité forte. Ce n'est pas rien que d'être Français. Ce sont des droits qu'il faut préserver. Ce sont des devoirs qu'il faut assumer. Plus ferme sera votre volonté, plus grande sera votre mobilisation, plus loin nous irons. Plus forte sera la France.

grandes difficultés

Oui, notre pays est porteur d'un message. Un message de fraternité, de tolérance et de justice. C'est ainsi que je vois la France. Une France qui regarde en face son passé, les heures sombres comme les heures glorieuses. Une France fidèle à son histoire, à ses valeurs, et décidée à les défendre. Une nation qui entre dans l'avenir avec confiance, parce qu'elle a choisi le progrès et la solidarité.

Mes chers compatriotes, en cette soirée de vœux, je vous souhaite, simplement et chaleureusement, une bonne année, une année sereine, une année heureuse. Nous sommes au début du chemin, mais nous sommes sur le bon chemin.

Vive la République! Vive la France!

Diffusion de ce texte assurée par les Services consulaires de France dans le monde entier.

Découvertes culturelles

1. Selon le nouveau président, pourquoi a-t-il été élu en mai 1995?
2. Quelle est la priorité du président et du gouvernement? Pourquoi?
3. Qu'est-ce que la crise sociale de la fin de 1995 a révélé?
4. Quels sont les avantages de la France?
5. Pourquoi l'Europe est-elle importante pour la France?
6. Qu'est-ce que leur histoire peut apprendre aux Français?
7. Quelle image le président Chirac a-t-il de la France?

Lecture 2

Elections présidentielles au suffrage universel

Depuis 1965, le président de la République est élu au suffrage universel. Les élections présidentielles se font en deux tours. Les deux candidats obtenant le plus grand pourcentage de voix se présentent au deuxième tour quinze jours plus tard. Le vainqueur est élu pour sept ans.

Résultats du deuxième tour

1965	Le général de Gaulle (droite)	54,5%
	François Mitterrand (gauche)	45,5%
	Abstentions	15%
1969	Georges Pompidou (droite)	57,6%
	Alain Poher (centre)	42,4%
	Abstentions	31%
1974	Valéry Giscard d'Estaing (droite)	50,8%
	François Mitterrand (gauche)	49,2%
	Abstentions	12%
1981	François Mitterrand (gauche)	51,8%
	Valéry Giscard d'Estaing (droite)	48,2%
	Abstentions	14%
1988	François Mitterrand (gauche)	54%
	Jacques Chirac (droite)	46%
	Abstentions	16%
1995	Jacques Chirac (droite)	52,6%
	Lionel Jospin (gauche)	47,4%
	Abstentions	20,3%

Découvertes culturelles

1. Quels hommes ont figuré plus d'une fois au deuxième tour des élections présidentielles?
2. Quels hommes n'y ont figuré qu'une fois? Pourquoi?
3. Pourquoi le pourcentage des abstentions varie-t-il à l'occasion de ces élections?

Jacques Chirac, élu président de la Vᵉ République en 1995

Les Premiers ministres de la Ve République

Selon la constitution de la Ve République, le président nomme le Premier ministre. Celui-ci à son tour forme un gouvernement qui est responsable devant l'Assemblée nationale. Le Premier ministre est responsable à la fois devant le président et devant l'opinion publique.

Présidence du général de Gaulle

janvier 1959–avril 1962	Michel Debré UNR (RPR)
avril 1962–juillet 1968	Georges Pompidou UNR (RPR)
juillet 1968–juin 1969	Maurice Couve de Murville UDR (RPR)

Présidence de Georges Pompidou

juin 1969–juillet 1972	Jacques Chaban-Delmas UDR (RPR)
juillet 1972–mai 1974	Pierre Messmer UDR (RPR)

Présidence de Valéry Giscard d'Estaing

mai 1974–août 1976	Jacques Chirac UDR (RPR)
août 1976–mai 1981	Raymond Barre UDF

Présidence de François Mitterrand

mai 1981–juillet 1984	Pierre Mauroy (PS)
juillet 1984–mars 1986	Laurent Fabius (PS)
mars 1986–mai 1988	Jacques Chirac (RPR)
mai 1988–mai 1991	Michel Rocard (PS)
mai 1991–avril 1992	Edith Cresson (PS)
avril 1992–mars 1993	Pierre Bérégovoy (PS)
mars 1993–mai 1995	Edouard Balladur (RPR)

Présidence de Jacques Chirac

mai 1995–	Alain Juppé (RPR)

Découvertes culturelles

1. Pourquoi y a-t-il un nombre différent de Premiers ministres sous les diverses présidences?
2. Pourquoi est-ce sous la présidence de François Mitterrand qu'il y a eu le plus grand nombre de Premiers ministres?
3. Pourquoi, sous la présidence de François Mitterrand, y a-t-il eu des Premiers ministres appartenant au parti socialiste et des Premiers ministres appartenant au Rassemblement pour la République (RPR)?

IV
L'avenir européen

Après la fin de la Seconde Guerre mondiale, des Français comme Jean Monnet (1888–1979) et Robert Schuman (1886–1963) ont conçu la création d'un organisme de coopération entre les pays européens, qui garantirait de façon définitive la paix entre l'Allemagne et la France. La première étape de ce projet a été l'institution de la Communauté européenne du charbon et de l'acier (CECA) par le traité de Paris, en 1951, dans le but de permettre un rapprochement politique entre l'Allemagne fédérale, la Belgique, la France, l'Italie, le Luxembourg et les Pays-Bas en créant un marché commun du charbon et de l'acier. En 1957, ces six pays ont signé le traité de Rome, qui a établi la Communauté économique européenne (CEE), souvent appelée le Marché commun. L'objectif de cette institution était la création d'une union douanière des six pays, permettant la libre circulation des marchandises, des capitaux et des personnes, et la mise en place de politiques communes concernant l'agriculture, le commerce, l'énergie et les transports. En 1962, «les Six» ont établi un accord sur une politique agricole commune (PAC), qui garantissait le libre-échange des produits agricoles et un niveau commun de prix pour les producteurs.

Le cercle d'étoiles jaunes sur le drapeau bleu européen symbolise les pays membres de l'Union européenne.

La France et l'Allemagne fédérale étaient les pays les plus puissants des six membres de la CEE. D'autres pays ont demandé à adhérer au Marché commun mais de Gaulle, défavorable à un développement de l'Europe qui diminuerait l'indépendance française et à une présence anglo-saxonne à l'intérieur de la CEE, a opposé deux fois son veto à l'entrée de la Grande-Bretagne. En 1972, son successeur, le président Pompidou, a proposé aux Français un référendum sur l'entrée de la Grande-Bretagne dans la Communauté européenne, dans le cadre de l'élargissement de la CEE. Ce référendum a été approuvé par 67,7% des suffrages exprimés, 39,5% des électeurs ayant choisi de s'abstenir. En 1973, l'Europe des Six est passée à l'Europe des Neuf quand le Danemark, la Grande-Bretagne et l'Irlande ont rejoint la CEE. La Grèce en est devenue membre en 1981 et l'Espagne et le Portugal en 1986. Ces 12 pays ont signé en 1992 le traité de Maastricht, qui a marqué le passage de la Communauté européenne à l'Union européenne. Celle-ci a constitué à partir du 1er janvier 1993 le «grand marché» européen. Il s'agissait d'un marché unique, sans frontières intérieures entre les 12 pays membres, réunissant environ 345 millions de personnes et dont les exportations étaient supérieures à celles des Etats-Unis. Outre-Atlantique, l'établissement en 1993 de l'ALENA (Accord de libre-échange nord-américain), englobant les Etats-Unis, le Canada et le Mexique, a constitué un bloc économique et commercial qui a rétabli l'équilibre avec l'Union européenne.

Institutions européennes

Quatre institutions principales sont responsables du fonctionnement de l'Union européenne. La Commission de Bruxelles en est le centre administratif. De 1985 à 1995, le président de la Commission a été un Français, Jacques Delors. La Commission a aussi pour rôle de proposer au Conseil de l'Union européenne toutes les mesures utiles au développement de la politique communautaire. Le Conseil, composé de ministres de chaque pays membre, se réunit périodiquement pour parvenir à un accord communautaire dans un domaine précis. Par exemple, les ministres de l'agriculture des pays membres se rencontrent pour débattre de la politique agricole de l'Union. Les chefs d'Etat et de gouvernement des pays membres organisent régulièrement des réunions au sommet au cours desquelles ils prennent les grandes décisions politiques qui orientent la construction européenne. Réunis à Maastricht, ils ont ainsi discuté avec vigueur les principes du traité instituant l'Union européenne avant d'arriver à un accord commun et de signer le traité le 7 janvier 1992.

Le Parlement européen, qui tient ses sessions plénières à Strasbourg, et la Cour de Justice, qui siège à Luxembourg, sont les deux autres grandes institutions de l'Union européenne. Elles ont un rôle de consultation et de contrôle. Les députés du Parlement européen sont depuis 1979 élus tous les cinq ans au suffrage universel dans chaque pays membre, qui dispose d'un nombre déterminé de sièges (99 pour l'Allemagne, 87 respectivement pour la France, la Grande-Bretagne et l'Italie, 64 pour l'Espagne, 31 pour les Pays-Bas, 25 respectivement pour la Belgique, la Grèce et le Portugal, 22 pour la Suède, 21 pour l'Autriche, 16 respectivement pour le Danemark et la Finlande, 15 pour l'Irlande et 6 pour le Luxembourg). Dans ce Parlement multinational, où les débats se font en 12 langues, les députés ne siègent pas en fonction des nationalités mais en fonction des appartenances politiques. En France, on vote aux élections européennes selon le système proportionnel, qui est favorable aux petits partis. Lors des élections de 1979, une liste de candidats de droite conduite par Simone Veil, ancien ministre

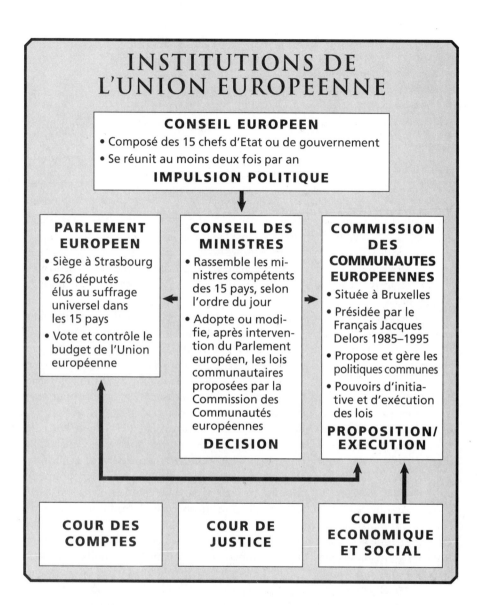

INSTITUTIONS DE L'UNION EUROPEENNE

CONSEIL EUROPEEN

- Composé des 15 chefs d'Etat ou de gouvernement
- Se réunit au moins deux fois par an

IMPULSION POLITIQUE

PARLEMENT EUROPEEN

- Siège à Strasbourg
- 626 députés élus au suffrage universel dans les 15 pays
- Vote et contrôle le budget de l'Union européenne

CONSEIL DES MINISTRES

- Rassemble les ministres compétents des 15 pays, selon l'ordre du jour
- Adopte ou modifie, après intervention du Parlement européen, les lois communautaires proposées par la Commission des Communautés européennes

DECISION

COMMISSION DES COMMUNAUTES EUROPEENNES

- Située à Bruxelles
- Présidée par le Français Jacques Delors 1985–1995
- Propose et gère les politiques communes
- Pouvoirs d'initiative et d'exécution des lois

PROPOSITION/ EXECUTION

COUR DES COMPTES

COUR DE JUSTICE

COMITE ECONOMIQUE ET SOCIAL

de la Santé, a recueilli le plus grand pourcentage de suffrages (27,6%). Madame Veil a été ensuite élue présidente du Parlement européen de 1979 à 1982. Aux élections de 1984, elle était à la tête d'une liste commune UDF-RPR qui a obtenu 42,9% des suffrages exprimés. En 1989, la liste commune UDF-RPR conduite par Valéry Giscard d'Estaing a remporté 28,9% des suffrages exprimés. En 1994, la liste commune UDF-RPR, conduite par Dominique Baudis, maire de Toulouse, a obtenu 25,6 % des suffrages.

Les pouvoirs du Parlement européen ont été accrus par le traité de Maastricht dans le but de lui conférer davantage de contrôle sur les décisions de la

Commission européenne. Ce traité visait le renforcement de l'union économique monétaire et politique de l'Europe des 12. Il prévoyait la mise en place d'une monnaie unique, l'Ecu (rebaptisé depuis «Euro» et devant entrer en vigueur à partir de 1999), une politique étrangère et de défense commune ainsi que l'instauration d'une citoyenneté de l'Union. Aux élections de 1994, tous les citoyens européens ont pu voter dans leur pays de résidence même s'ils n'étaient pas citoyens de ce pays.

Traité de Maastricht

Les résultats du référendum de 1992 en France concernant la ratification du traité de Maastricht ont révélé des attitudes très divergentes face au développement d'une union plus étroite des pays européens. Bien que la France bénéficie du marché commun agricole, les agriculteurs français ont souvent manifesté contre les décisions prises dans ce domaine par la Commission à Bruxelles. D'une manière générale, la majorité des Français jugeaient mal les procédés technocratiques employés par l'administration européenne. Mais c'est surtout la peur d'un plus grand fédéralisme, d'une Europe supranationale qui diminuerait l'indépendance de l'Etat français, qui a motivé la plupart des Français ayant voté contre le traité de Maastricht.

Ces derniers ont réuni des électeurs de droite (le FN et un groupe important du RPR) aussi bien que de gauche (le PC et un petit groupe de socialistes). Pour eux, l'Union européenne ne devrait être qu'une simple zone de libre-échange au sein de laquelle chaque pays garderait son autonomie complète. Ceux qui ont voté pour le traité de Maastricht estiment que l'avenir de la France est étroitement lié à l'avenir de l'Europe, qui seule constitue une entité suffisamment grande pour protéger les intérêts de ses citoyens dans un nouvel ordre mondial.

Chacun des 12 pays a enfin ratifié le traité de Maastricht, et l'année 1999 a été fixée comme date limite pour la mise en place de l'union monétaire. Cependant, cette nouvelle étape de la construction européenne a coïncidé avec la montée générale du chômage à travers l'Europe, en raison d'une récession économique mondiale. Ce contexte a provoqué une résurgence des tendances nationalistes dans les pays membres. L'entrée dans l'Union européenne de trois nouveaux pays, l'Autriche, la Finlande et la Suède, en 1995, a rendu plus complexe encore le mouvement vers une nouvelle Europe plus unie. L'adhésion de deux pays nordiques et d'un pays germanique, ainsi que la réunification de l'Allemagne, modifiaient sensiblement l'équilibre méditerranéen établi par l'adhésion de la Grèce, de l'Espagne et du Portugal dans les années quatre-vingt. Le défi pour l'avenir de la construction européenne est devenu de pouvoir créer un nouvel enthousiasme chez les citoyens européens en dépassant les discussions technocratiques de l'union économique grâce à des projets ambitieux de coopération démocratique, de solidarité sociale et de civilisation. Monnet, Schuman et les autres initiateurs de la nouvelle Europe avaient comme vision la constitution sur le continent européen d'une union de peuples vivant dans une «communauté de destin» qui allait bien au-delà de la libre circulation des biens et des marchandises. Cette vision sera-t-elle réalisée? Et que se passera-t-il si l'Union européenne s'élargit de nouveau en acceptant d'incorporer d'autres pays, en particulier les pays de l'ex-Union soviétique qui ont fait la demande d'adhérer à l'Union européennne? Les Français eux-mêmes restent profondément divisés sur les bienfaits de l'Union européenne. Alors que le gouvernement français continue d'affirmer, en alliance avec l'Allemagne, sa conviction en faveur d'une intégration étroite des pays signataires du traité de Maastricht, près de la moitié des Français ne perçoivent que les conséquences négatives de cette intégration au niveau de leur vie quotidienne. A mesure que la mise en pratique des décisions administratives et économiques prises à l'échelle européenne modifie des traditions sociales et corporatistes profondément enracinées en France, un désenchantement se manifeste chez beaucoup de Français par rapport à l'Europe. Ceux-ci redoutent aussi de voir la France perdre l'indépendance et la liberté d'action qui font partie de son identité nationale depuis la Révolution de 1789. Il faut noter cependant que les jeunes générations françaises ressentent une plus grande solidarité que leurs aînés avec les jeunes des autres pays de l'Union européenne et se montrent plus favorables à une identité européenne qui dépasserait l'Etat-nation traditionnel.

Découvertes culturelles

Développez chacune des constatations suivantes en ajoutant des renseignements supplémentaires.

1. La coopération européenne a commencé à s'établir juste après la Seconde Guerre mondiale.
2. Le Marché commun a été créé en 1957.
3. La Grande-Bretagne est devenue membre de la CEE en 1973.
4. Le traité de Maastricht a établi l'Union européenne et créé un vaste marché.
5. L'Union européenne est régie par une Commission à Bruxelles et par un Parlement à Strasbourg.
6. Beaucoup de Français se sont opposés au traité de Maastricht.

Après l'adhésion des trois nouveaux Etats membres en 1995, l'Union européenne regroupe 370 452 millions d'habitants, soit 40% de plus que la population des Etats-Unis. L'Union européenne s'étend sur 3 235 millions de kilomètres carrés, l'équivalent d'un tiers de la superficie des Etats-Unis. En 1995, le suédois et le finnois se sont ajoutés aux neuf langues officielles de l'Union.

Témoignages culturels

Lecture 1

La France et l'Europe

Le soir du 31 décembre, le président de la République présente à la nation ses vœux pour la nouvelle année. 1992 a été l'année de la ratification par la France du traité de Maastricht. Voici comment, à la fin de 1991 et de 1992, François Mitterrand, très partisan de la construction européenne, a évoqué l'Europe dans ses discours.

Les vœux pour 1992

Comment cette inquiétude [qui gagne l'Europe de l'Est] nous épargnerait-elle,° nous qui, à l'Ouest, avons pourtant la chance de vivre en paix et d'avoir dépassé nos propres divisions? Raison de plus de se réjouir des récents accords de Maastricht. Une monnaie commune, l'amorce° d'une diplomatie, d'une défense et d'une armée communes à l'Europe des Douze, une charte sociale, l'exemple de stabilité offert aux peuples qui se déchirent, bientôt 350 à 360 millions d'Européens solidaires sur la scène du monde—en attendant les autres—bref l'Europe qui se fait, voilà un grand dessein, capable d'enthousiasmer, de rassembler et de justifier l'espérance.

C'est au printemps prochain que la France aura à ratifier le traité auquel j'ai souscrit° en son nom. Cinq siècles exactement après la découverte de l'Amérique, ce sera une autre manière de découvrir l'Europe, celle du troisième millénaire.

Les vœux pour 1993

L'audace est celle de l'Europe, puisque demain, 1er janvier 1993, les frontières disparaîtront entre les douze pays de la Communauté.

Je vous en parlais ces dernières années comme on parle d'une espérance. Eh bien, demain, ce sera fait!

Les marchandises et les capitaux, tout de suite, les hommes bientôt, circuleront sans obstacle du nord de l'Allemagne au sud de l'Italie, de Londres à Athènes ou de Rome à Lisbonne. Par bonheur, la géographie a placé la France au centre de cette Europe-là. Elle y gagnera encore en influence.

Le traité de Maastricht, dont la mise en œuvre aura lieu, quoi qu'il advienne, au cours des prochains mois, parachèvera° ce vaste ensemble.

ne nous toucherait-elle pas

commencement

dont j'ai approuvé le principe

complètera

Par votre vote du 20 septembre 1992, vous avez donné à l'Europe l'élan° qui lui manquait.

impulsion

Diffusion de ce texte assurée par les Services consulaires de France dans le monde entier.

Découvertes culturelles

1. D'après le président Mitterrand, quelles seront les conséquences directes des récents accords de Maastricht entre les 12 pays de la Communauté européenne?
2. En quels termes le président parle-t-il de l'Europe qui résultera de ces accords?
3. Pourquoi le président fait-il allusion à la découverte de l'Amérique par Christophe Colomb?
4. Qu'est-ce que l'abolition des frontières entre les pays de la Communauté européenne rendra possible?
5. Pourquoi sa situation géographique donnera-t-elle à la France une position privilégiée dans la nouvelle Europe?
6. Quelle importance le président accorde-t-il au vote favorable des Français au traité de Maastricht?

Les dix France

Lecture 2

La nature d'un référendum est de poser une question à laquelle les électeurs doivent répondre par «oui» ou par «non». Les résultats du référendum effectué en France le 20 septembre 1992 en vue de la ratification du traité de Maastricht sur l'Union européenne ont révélé à la fois les divisions existant à l'intérieur de la société française et les attitudes des différents groupes envers la France et l'Europe.

L'analyse du référendum sur l'Union européenne révèle une multiplicité de nouveaux clivages° parmi les électeurs. Une expression fait fureur: le 20 septembre aurait vu le choc de deux France. Le référendum, par définition binaire, produit une dualité, encore plus frappante lorsque l'on frôle le° 50/50.

divisions

passe très près de

   Mais le «oui» et le «non» n'ont pas opposé deux camps homogènes, chacun recouvre une grande diversité. Le cocktail des «oui» et celui des «non» ne résultent pas d'un mélange aléatoire,° chacun est fabriqué avec des ingrédients bien précis. Autrement dit, il n'y a pas deux France mais dix France, cinq d'entre elles ont produit le «oui», cinq d'entre elles le «non», et chacune de ces cinq France s'oppose à une autre.

dû au hasard

fortunée / pauvre

gens qui possèdent un diplôme

*gens qui n'ont pas le baccalau-
réat / division*

*le contraire / personnes en
faveur / être satisfaits*

envers

écologiste

*radicale / ardente et intransi-
geante, comme les Jacobins
lors de la Révolution française / favorable à la
branche aînée des rois
Bourbons détrônés en
1830 / attachée aux prin-
cipes du gouvernement de
l'empereur Napoléon III /
la majorité*

isolement

augmentation

porté par les musulmanes

devenir moins rigoureuses

*division administrative
de la France*

1. La France dotée° face à la France démunie.° Ceux d'en haut face à ceux d'en bas, les élites face au peuple. Le résumé dépasse les excès tolérés de la caricature. Il passe sous silence les quatre ouvriers sur dix qui ont aidé le «oui». Il oublie ceux du milieu, qui font les larges masses électorales. Cela admis, le «oui» et le «non» dessinent en effet deux France sociologiques (*voir tableau 1*).

Un des principaux déterminants du référendum se trouve dans le niveau d'instruction, puisque l'immense majorité des titulaires d'un diplôme° de l'enseignement supérieur ont voté «oui» tandis que le «non» domine nettement chez les non-bacheliers.° Cette coupure° socio-culturelle est à la fois positive et négative pour l'Europe. Positive, car elle vaut mieux que l'inverse,° les partisans° de l'Union européenne peuvent quand même se réjouir° de rassembler les plus éduqués. Négative, car elle confirme les réticences populaires à l'encontre d'°une Communauté réduite aux dotés.

2. La France des centres face à la France des extrêmes. Deux France sociologiques, mais aussi deux France politiques se sont opposées le 20 septembre. Le centre gauche, le centre droit et le centre vert° se sont retrouvés du côté du «oui». La gauche dure,° jadis jacobine,° naguère marxiste, toujours populiste, a dit «non», avec la droite dure, jadis légitimiste,° naguère bonapartiste,° toujours populiste. Aux extrêmes, pas de problèmes, les chefs protestataires de partis protestataires ont appelé des électeurs protestataires à protester. Ils ont été rejoints par le gros° des RPR et une forte UDF (*voir tableau 2*). Cette droite dure n'est pas sociologiquement typée, à la différence de la gauche dure. Les ouvriers RPR ou UDF ont été aussi nombreux à voter «oui» que «non», de même pour les sympathisants UDF-RPR diplômés de l'enseignement supérieur—preuve que les deux France politiques ne reproduisent pas les deux France sociologiques. Car le clivage est aussi idéologique.

3. La France progressiste face à la France répressive. Tout serait simple si la droite était répressive et la gauche progressiste. Mais les questions de société divisent les grandes familles politiques. Et cette opposition entre les libéraux-libertaires d'un côté, les autoritaires de l'autre a bien joué (*voir tableau 3*). Le clivage entre europermissifs et répressifs-nationalistes est une dimension importante du référendum sur Maastricht. Sur toutes les questions de mœurs testées par la SOFRES pour *Le Nouvel Observateur*, les «non» sont systématiquement plus autoritaires que les «oui», qu'il s'agisse de l'éloignement° des dirigeants, de l'honnêteté des hommes politiques, du renforcement° des peines de prison, du rétablissement de la peine de mort, du foulard islamique° et de l'idée que le niveau des élèves ne cesse de baisser ou les mœurs de se relâcher.°

4. La France urbaine face à la France rurale. Les cocktails ont aussi des ingrédients territoriaux. Le clivage centre-périphérie s'est manifesté à l'intérieur de chaque département.° Nous avons comparé systémati-

quement les résultats de chaque département avec ceux du chef-lieu.° Dans tous les cas sauf deux, le score du «oui» est égal ou plus élevé au chef-lieu. Bien au-delà du «non» des agriculteurs s'est exprimé un «non» rural (*voir tableau 4*). Le «non» et le «oui», ce sont aussi les campagnes contre les villes, les banlieues déshéritées° contre les communes° bourgeoises, les inquiets contre les confiants. La socio-démographie n'explique cependant pas tout.

ville administrative principale du département

défavorisées / villes

5. La France socialo-chrétienne face à la France nationalo-laïque.° Pourquoi la Bretagne a-t-elle voté massivement «oui» et la Normandie massivement «non», la Lorraine «oui» et le pays minier et sidérurgique du Nord–Pas-de-Calais «non»? Les cartes du référendum bouleversent la géographie politique des élections récentes. Six régions ont nettement choisi le «oui»: 66% en Alsace, 60% en Bretagne, 54% en Ile-de-France, Lorraine, Rhône-Alpes et Pays de la Loire. Huit autres ont nettement choisi le «non»: 57% en Corse et en Picardie, 56% dans le Nord–Pas-de-Calais, 55% en Haute-Normandie et en Provence, 54% dans le Centre et le Languedoc-Roussillon, 53% dans le Limousin. Pourquoi? Mise à part° l'Ile-de-France, les régions du «oui» ont en commun une tradition politique et religieuse. Pays catholiques, pays MRP,° et pays de forte poussée socialiste dans les années 1970.

affirmant la séparation de la société civile et de la société religieuse

Sauf
Mouvement des républicains du progrès (parti politique du centre droit)
pour chaque caractéristique
naturellement

A ces régions s'opposent trait pour trait° celles qui ont donné au «non» une large majorité. Corse exceptée, comme il se doit,° elles ont connu une ancienne implantation socialiste, une forte rivalité socialistes-communistes. Dans toutes ces terres laïques et souvent tentées par le nationalisme, ouvriers et paysans n'ont pas suivi les élus socialistes, tandis que, pour la première fois depuis longtemps, le Parti communiste s'est retrouvé en phase° avec ses électeurs d'antan,° qu'ils aient ou non dérivé vers le lepénisme.°

accord / d'origine
Front national

Ainsi l'Europe a-t-elle provoqué un référendum régional: chaque pays a voté selon son histoire politique, son développement économique, ses traditions religieuses, les efforts qui y ont ou n'y ont pas été faits, le tout produisant une perception propre de la construction européenne.

Deux modes° de relation à la nation et au monde se sont ainsi révélés à l'occasion de l'Europe. Le clivage droite-gauche les avait enfouis.° Ils ont jailli° le 20 septembre et nous en disent sur la France au moins autant, sinon plus, que l'opposition entre la culture de gauche et la culture de droite. Au total, deux France sociologiques, deux France politiques, deux France idéologiques, deux France géographiques et deux France historiques se sont croisées.° Soit° dix France qui ont fait le référendum par lequel chaque Français a choisi, un jour précis, un certain rapport entre la France et l'Europe. Chacun selon sa situation et sa conception du monde.

types
cachés
réapparu

rencontrées / C'est-à-dire

Olivier DUHAMEL et Gérard GRUNBERG, *Le Monde*, 29 novembre 1992.

Tableau 1. Les privilégiés face aux défavorisés

OUI		NON	
Cadres supérieurs	80%	Agriculteurs	63%
Cadres moyens	61%	Ouvriers	61%
Inactifs, retraités	53%	Employés	58%
Diplômés du supérieur	70%	BEPC, CAP	61%
Bacheliers	53%	Sans diplôme	54%

Sondage SOFRES pour TF1-RTL et *Le Figaro*, 20 septembre 1992.

Tableau 2. Les modérés face aux protestataires

OUI		NON	
Socialistes	74%	Lepénistes	95%
Génération Ecologie	69%	Communistes	92%
UDF	58%	RPR	67%
Plutôt à gauche	72%	Très à gauche	82%
A gauche	57%	A droite	68%
Ni à gauche ni à droite	53%	Très à droite	83%

Sondage SOFRES pour TF1-RTL et *Le Figaro*, 20 septembre 1992.

Tableau 3. Les permissifs face aux autoritaires

	Intention de vote	
	OUI	NON
Jugent les hommes politiques corrompus	39%	62%
Partisans de la peine de mort	49%	75%
Les mœurs en France sont trop libres	39%	57%
Exclure de la salle de classe les jeunes filles portant le foulard islamique	41%	57%

Sondage SOFRES pour *Le Nouvel Observateur*, 16–17 septembre 1992.

Tableau 4. Les chefs-lieux face aux campagnes

	OUI	NON
Chefs-lieux	56,7%	43,3%
Autres communes	49,8%	50,2%

Le Monde, 29 novembre 1992.

Découvertes culturelles

1. Selon les auteurs de cette analyse des résultats, qu'est-ce que le référendum sur le traité de Maastricht a révélé au sujet de la division traditionnelle droite-gauche en France?

2. Les auteurs observent cinq France qui s'opposent. Quelles sont…
   a) les deux France sociologiques?
   b) les deux France politiques?
   c) les deux France idéologiques?
   d) les deux France géographiques?
   e) les deux France historiques?

3. Quel rôle ont joué dans la répartition des «oui» et des «non»…
   a) le niveau d'instruction?
   b) la gauche dure et la droite dure?
   c) les autoritaires-nationalistes?
   d) les habitants des villes?
   e) la tradition laïque?

4. Qu'est-ce que cette analyse des résultats du référendum révèle au sujet des attitudes des Français vis-à-vis de l'Europe?

Les agriculteurs français ont déclaré leur opposition à la politique agricole commune (PAC) et à l'obligation imposée par la Commission européenne de ne pas cultiver chaque année une partie de leurs terres afin de réduire la surproduction agricole en Europe.

Activités d'expansion

Repères culturels

A. Quel événement politique important est associé en France aux dates suivantes?

1. 1958	3. 1968	5. 1974	7. 1986	9. 1993
2. 1965	4. 1969	6. 1981	8. 1988	10. 1995

B. De qui s'agit-il? Trouvez l'identité des personnalités suivantes de la Ve République.
   1. Il a été le premier président de la Ve République.
   2. Il a été le premier président socialiste.
   3. Ce président de droite n'était pas un gaulliste.
   4. Ce président a démissionné.
   5. Ce président est mort avant d'arriver au terme de son mandat.
   6. Ce président a terminé deux septennats.
   7. Ce président n'a pas été réélu pour un deuxième septennat.
   8. Ces Premiers ministres sont devenus présidents.
   9. Il a été Premier ministre lors de la première cohabitation.
   10. Elle a été la première femme Premier ministre.
   11. Il a été Premier ministre pendant la deuxième cohabitation.
   12. Il est le cinquième président de la Ve République.

C. Les sigles suivants correspondent à des partis politiques. Identifiez le parti politique associé à chaque sigle et expliquez s'il s'agit d'un parti de droite ou de gauche.
   1. le RPR   2. l'UDF   3. le PS   4. le PCF   5. le FN

D. Répondez aux questions suivantes qui concernent les institutions politiques françaises.
   1. Comment le président de la République est-il élu?
   2. Pour combien d'années le président est-il élu?
   3. Pour combien d'années l'Assemblée nationale est-elle élue?
   4. Quelle est la résidence officielle du président?
   5. Où l'Assemblée nationale se réunit-elle?
   6. Comment devient-on Premier ministre?
   7. Comment devient-on ministre du gouvernement?
   8. Comment devient-on député?

E. Répondez aux questions suivantes qui concernent la construction de l'Europe.
1. Quels pays ont signé le traité de Rome? En quelle année?
2. Quels pays ont signé le traité de Maastricht? En quelle année?
3. Quels nouveaux pays sont devenus membres de l'Union européenne en 1995?
4. Quelles sont les quatre institutions principales de l'Union européenne?

Quelques liens culturels

Discussion

1. Pourquoi la Ve République a-t-elle connu une plus grande stabilité que la IVe République?
2. Pourquoi a-t-il fallu établir une nouvelle constitution au début de la Ve République?
3. Quelle vision le général de Gaulle avait-il pour la France de la Ve République?
4. Citez deux phénomènes qui expliquent pourquoi la droite a gardé si long-temps le pouvoir à partir de 1958.
5. Le changement de société réclamé pendant les événements de mai 68 n'est in-tervenu que 13 ans plus tard. Expliquez pourquoi.
6. Comment ont évolué les deux nouvelles forces politiques, c'est-à-dire les femmes et le mouvement écologiste, qui sont entrées en scène pendant la pré-sidence de Valéry Giscard d'Estaing?
7. Quelles ont été les conséquences politiques de la crise économique qui a suc-cédé à la rapide expansion économique du début de la Ve République?
8. Comment peut-on expliquer le succès du Front national et le déclin du Parti communiste pendant les années quatre-vingt?
9. Quelles conséquences la cohabitation de 1986 à 1988 et celle de 1993 à 1995 ont-elles eues pour la Ve République?
10. En quoi la transformation fondamentale, entre 1958 et 1994, de la structure sociale de la France a-t-elle modifié la vie politique du pays?
11. Quelle est l'importance des élections européennes pour la vie politique en France?
12. Expliquez deux ou trois différences importantes entre l'Union européenne de 1994 et l'Europe du traité de Rome de 1957.
13. Le 6 mai 1994, la reine d'Angleterre et le président de la République française ont inauguré le tunnel sous la Manche, qui relie l'Angleterre à la France et à l'Europe. Dans le contexte européen, que symbolise ce tunnel?
14. A votre avis, pourquoi certains Français ont-ils peur de l'Union européenne? D'après ce que vous avez lu dans ce dossier, pourriez-vous rédiger un portrait des Français qui s'opposent à l'Union européenne?
15. En quoi les résultats du référendum sur le traité de Maastricht ont-ils reflété le tempérament politique français traditionnel?

1. Un(e) gaulliste, un(e) sympathisant(e) de l'UDF, un(e) socialiste, un(e) sympathisant(e) du Parti communiste et un(e) sympathisant(e) du Front national discutent aujourd'hui de ce portrait des Français fait par le président Pompidou:

   Nous ne sommes pas les plus forts, mais nous comptons et nous sommes respectés.
   Nous ne sommes pas les plus riches, mais nous sommes parmi les plus heureux....

2. Les mêmes personnes discutent des résultats de l'une des élections présidentielles de la Ve République.

3. Faites le portrait de deux Français, l'un(e) qui a voté pour le traité de Maastricht et l'autre qui a voté contre. Imaginez la discussion entre ces deux personnes.

1. A votre avis, quel est le président le plus important de la Ve République?

2. Etes-vous d'accord que la vie politique a évolué vers une bipolarisation au cours de la Ve République?

3. La vie politique en France est marquée par le tempérament français, qui est à la fois conservateur et révolutionnaire. Développez un exemple de ce principe.

4. Comment peut-on expliquer la transformation du Parti socialiste depuis sa création en 1971?

5. Les Français ont attendu une solution miracle de la droite, puis de la gauche, puis à nouveau de la droite, et chaque fois ils ont été déçus. Etes-vous d'accord avec ce jugement? Justifiez votre réponse.

6. Est-ce principalement à cause de la politique indépendante que la France a suivie sur la scène internationale depuis les années soixante que la politique étrangère française s'attire des reproches d'autres pays? Développez un exemple qui justifie votre réponse.

7. La France connaît aujourd'hui une crise d'identité parce qu'elle doit intégrer des communautés d'immigrés différentes par la religion et les mœurs en même temps qu'elle voit ses frontières disparaître à l'intérieur de l'Union européenne. Pourquoi cette coïncidence est-elle particulièrement difficile pour la France?

8. A votre avis, le concept de l'Etat-nation comme entité géographique et politique et comme source d'identité et de fierté est-il maintenant dépassé du fait de l'Union européenne et de la mondialisation de l'économie? Pourquoi?

Perspectives interculturelles

A. L'histoire de la vie politique contemporaine dans votre pays est-elle caractérisée par une forte division gauche-droite comme en France? Donnez des exemples précis.

B. Le tempérament politique de votre pays est-il similaire ou différent du tempérament politique français?

C. Y a-t-il des manifestations de l'extrême droite et de l'extrême gauche dans votre pays? Pourquoi?

D. En quoi les institutions politiques françaises diffèrent-elles des institutions politiques de votre pays?

DOSSIER QUATRE

La vie
économique

La vie économique

La vie économique en France a subi d'énormes transformations dans une période relativement courte. Il y a à peine trente ans, la France s'efforçait encore de surmonter les destructions et les privations causées par la Seconde Guerre mondiale. Jusque dans les années soixante, les produits de luxe ont continué à coûter très cher. On voyait très peu de nouvelles voitures, et la France souffrait d'une crise du logement qui faisait qu'un nombre important de Français n'étaient pas bien logés. Dans une part non négligeable de foyers, on trouvait peu d'appareils électroménagers, souvent pas de téléphone, et un certain nombre de logements n'avaient même pas le chauffage central ou l'eau courante. On faisait ses courses tous les jours chez les petits commerçants du quartier, et presque tous les achats devaient être payés au comptant, car le paiement par chèque n'était pas encore très courant. En somme, la France ne disposait pas encore d'une économie moderne et par conséquent, les modes de vie des Français témoignaient d'un certain retard par rapport à d'autres pays développés.

Qu'en est-il aujourd'hui? Aujourd'hui, la France est la quatrième puissance économique du monde. La société française est devenue une société de consommation et les maisons françaises sont parmi les mieux équipées. La technologie joue un rôle primordial dans la vie économique actuelle de la nation. Les innovations technologiques sont omniprésentes et concernent tous les aspects de la vie des Français. Une partie importante du PIB (produit intérieur brut) et des exportations françaises repose sur la technologie, et le pays, connu pendant des siècles pour sa haute cuisine et sa haute couture, est devenu un leader mondial dans les domaines des transports, des télécommunications et de l'aéronautique. L'essor de l'économie française dans les vingt dernières années représente un des plus grands succès de la vie économique moderne.

Malgré ces réussites récentes, deux principes font pourtant partie de la tradition économique en France depuis plus d'un siècle. On ne peut pas comprendre la vie économique en France sans maîtriser le concept de centralisation, hérité de l'époque de Louis XIV, et celui de nationalisation, effet des nombreuses réformes économiques du XIXᵉ siècle. Même à l'époque actuelle, alors que la France aborde les nombreux changements liés à son appartenance à l'Union européenne, une des questions centrales demeure celle du rôle accordé à l'intervention de l'Etat dans la vie économique française.

*(page précédente)
Il arrive de trouver parfois côte à côte la France d'autrefois et celle d'aujourd'hui.*

Centralisation et décentralisation

Le moment décisif du développement de la France en tant que nation remonte aux débuts de la centralisation du pouvoir à Paris. Au cours du Moyen Age, les rois ont peu à peu consolidé entre leurs mains le pouvoir politique du pays et établi le siège de l'autorité royale en Ile-de-France. C'est pendant le règne de Philippe Auguste (1180–1223) que le royaume de France s'est considérablement agrandi et que Paris en est devenu la véritable capitale. Philippe Auguste y a installé le gouvernement et fait construire son château royal, le Louvre, faisant ainsi de la capitale le centre politique, culturel et économique du pays. Bien que le principe de centralisation ait été maintes fois attaqué au cours de l'histoire, aucune de ces tentatives n'a jamais véritablement abouti. Le pouvoir politique et les activités économiques sont longtemps restés très centralisés sur la capitale, bien plus que dans les autres pays de l'Europe occidentale. Monarque absolu, Louis XIV, en déclarant «L'Etat, c'est moi!" et en faisant du siège de son gouvernement à Versailles la seule source des faveurs royales et des fonds publics, a défini le processus de la centralisation dès le XVIIᵉ siècle. Il a nommé des intendants pour maintenir l'autorité royale dans toutes les provinces et des fermiers généraux chargés d'assurer qu'un pourcentage important des revenus provenant des activités économiques du pays reflue vers la capitale. Au début du XIXᵉ siècle, Napoléon a développé encore ce principe en renforçant l'organisation hiérarchique des fonctionnaires et en créant dans chaque département le poste de préfet. Ce dernier représente l'autorité politique du gouvernement installé à Paris, qui le nomme et auquel il doit rendre des comptes. La révolution industrielle a prolongé la tradition centralisatrice en France en développant largement son impact dans la région parisienne, devenue un grand centre de manufactures et de transports. La carte (à la page suivante) du réseau de la SNCF (Société nationale des chemins de fer français) révèle à quel point le transport des voyageurs et des marchandises est toujours centré sur Paris.

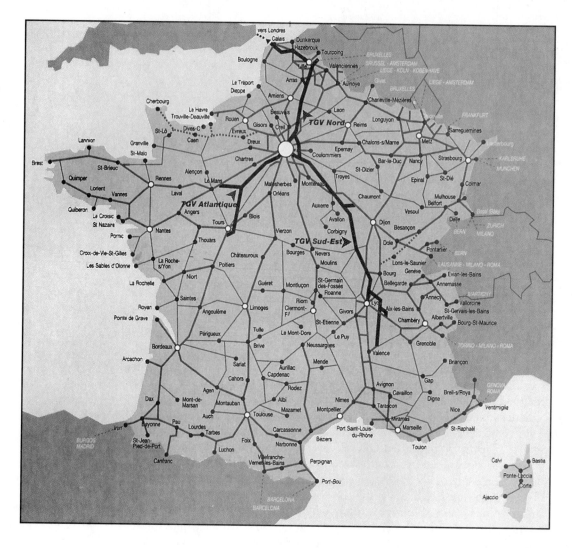

Au XXᵉ siècle, cette centralisation de la vie économique a encore été renforcée par la nationalisation d'un certain nombre d'activités-clés pendant les années trente et après la Seconde Guerre mondiale. Les principaux organes de la production, de la finance, de la communication et de la distribution sont devenus la propriété de l'Etat, dépendant ainsi du gouvernement installé à Paris. Afin de reconstruire l'économie nationale après les ravages de la Seconde Guerre mondiale, on a mis en œuvre en France un système de planification. Les objectifs économiques de chaque plan sont fixés par le gouvernement pour une période de cinq ans. Les plans économiques français sont, cependant, beaucoup moins rigides que la planification totalitaire de l'Union Soviétique sous le régime communiste. Le système français de planification se rattache plutôt à la tradition du cartésianisme si caractéristique de la mentalité française: chaque plan, fondamentalement, constitue un projet théorique concernant la distribution des ressources et l'organisation de l'activité économique dans des secteurs précis. Il s'agit donc encore une fois d'une démarche très centralisatrice. Avant ce système de planification, l'activité économique opérait selon les lois du libéralisme. Mais avec l'instauration des plans, le gouvernement a commencé à diriger cette activité en déterminant pour les différents secteurs de l'économie les objectifs à atteindre, les moyens à mettre en œuvre pour y parvenir, et les délais à prendre en compte. Par suite de cette nouvelle centralisation économique renforçant encore la centralisation politique, Paris dominait véritablement la vie de toute la France. Le rôle de la capitale dans la vie nationale était devenu si prépondérant dans les années cinquante qu'un critique français de la centralisation, qu'il jugeait excessive et étouffante pour le développement du reste de la France, a qualifié ainsi le pays: «Paris et le désert français». Dans la pratique, même si les revenus étaient générés dans les régions, les autorités locales ne pouvaient procéder à l'allocation de ces fonds sans en obtenir l'autorisation préalable de Paris. Par exemple, on ne pouvait entreprendre la construction d'un centre pour les jeunes, ni créer une bibliothèque municipale sans l'approbation de l'Administration centrale à Paris. Ce système de centralisation a fini par mettre en place une bureaucratie extraordinairement complexe et qui semblait indifférente aux soucis particuliers des citoyens. Ainsi, l'intervention de la bureaucratie et ses règlements innombrables dans presque tous les aspects de la vie privée et professionnelle ont encouragé l'individu à contourner les procédures. Les Français ont même inventé le «système D» (D pour «débrouillard») pour éviter les obstacles administratifs et diverses autorisations qui ponctuent la vie quotidienne. Alors qu'une économie dirigée et des règlements administratifs garantissant l'égalité de tous présentaient des avantages certains, un système économique si centralisé risquait, par contre, de contribuer à limiter la croissance économique.

Au cours des années soixante, période de grande croissance économique, le gouvernement gaulliste s'est rendu compte que la centralisation excessive ralentissait le développement régional aussi bien que l'expansion du commerce extérieur de la France. Par conséquent, pour décongestionner Paris, devenu trop encombré et donc moins efficace, on a créé une nouvelle entité administrative, la région parisienne. Celle-ci a ensuite été divisée en trois nouveaux départements qui entourent la ville de Paris: les Hauts-de-Seine, la Seine-Saint-Denis et le Val-de-Marne. Pour faciliter les transports à l'intérieur de cette région, on y a installé un réseau de trains rapides, le Réseau Express Régional (RER). Sur le plan administratif, la France métropolitaine comptait donc alors—comme aujourd'hui—96 départements, y compris les deux départements de l'île de la Corse. Mais ces 96 unités administratives étaient trop petites pour pouvoir mettre en œuvre un programme national de développement économique qui permettrait à la France de devenir un grand pays exportateur du marché mondial. Le gouvernement a donc réparti les 96 départements en vingt-deux régions économiques.

Le président de Gaulle, bien qu'il ait été le défenseur d'un gouvernement central puissant, capable de promouvoir la grandeur de la France, a proposé en avril 1969 un référendum visant à réduire le pouvoir du Sénat et à augmenter celui des régions. Une majorité des Français ayant voté non, le référendum n'est pas passé et de Gaulle a démissionné. Pour cette raison, son successeur Georges Pompidou et la majorité parlementaire gaulliste n'ont pas voulu poursuivre une politique favorable à une plus grande régionalisation. Il a fallu attendre l'élection, en 1981, d'un président socialiste, François Mitterrand, et l'arrivée d'une majorité de gauche au Parlement, pour qu'une politique de décentralisation soit enfin adoptée.

Il peut paraître surprenant que les socialistes, qui sont en général favorables au centralisme politique et au dirigisme économique, aient été à l'origine de la décentralisation en France. Cependant, ils ont compris qu'en attribuant une certaine liberté économique au niveau régional et local, on stimulerait la croissance économique nationale. La France est ainsi devenue plus compétitive par rapport aux autres grands pays de l'économie mondiale.

Au terme des lois sur la décentralisation votées en 1982, le Conseil régional de chaque région a reçu le pouvoir de prendre des décisions économiques sans obtenir l'autorisation préalable du gouvernement à Paris. On a ainsi vu se développer un équilibre plus juste entre la capitale et les régions. La domination de Paris sur la vie économique de la France a donc diminué, mais la centralisation n'a pas pour autant disparu. De vieilles traditions bureaucratiques entretenues par des fonctionnaires parisiens, dont la mission demeurait de représenter l'Etat et de faire respecter les décisions du gouvernement et les règlements administratifs, ont continué à faire obstacle à une véritable décentralisation. Malgré la modernisation du pays entreprise par des régions actives, Paris n'était pas encore prêt à renoncer au pouvoir énorme que la centralisation lui avait confié au cours des âges.

Pendant les années quatre-vingt et quatre-vingt-dix, d'autres phénomènes ont pourtant contribué à la décentralisation. Beaucoup d'activités-clés, certaines industries de pointe et divers services, ont quitté Paris et sa banlieue, où le prix du terrain est très élevé, pour s'installer dans des régions offrant des conditions plus avantageuses. La région de Lille, riche en ressources naturelles, est devenue un grand centre de l'industrie lourde. L'aéronautique s'est implantée dans le Midi (Toulouse et Marseille) où le climat et le terrain sont favorables aux vols d'essai. La région de Lyon est un grand centre de textiles et de produits pharmaceutiques, et les environs de Grenoble se sont transformés en un équivalent de la Silicon Valley en Californie. Paris a été également touché par le mouvement général de la population vers les banlieues, les communes rurales autour des agglomérations urbaines et les régions où le développement industriel crée de nouveaux emplois. Le climat ensoleillé du midi de la France continue à exercer une forte attraction sur les habitants du Nord.

Enfin, la réalisation de l'Union européenne a sans aucun doute donné un nouvel élan au processus de décentralisation en France. Des villes comme Lille, Lyon et Toulouse, en raison de leur situation géographique, sont appelées à devenir de puissantes métropoles économiques. Depuis le début des années quatre-vingt-dix, la vie économique française est de plus en plus influencée par des décisions prises non à Paris mais au siège de la Commission européenne à Bruxelles. La France devra nécessairement modifier ses vieux comportements centralisateurs en intégrant son activité économique à celle de l'Union européenne. La création du Marché unique en 1993, à la suite de l'abolition des frontières entre les pays membres (12 en 1993, 15 en 1996) a représenté un pas décisif dans ce sens.

Découvertes culturelles

1. Donnez des exemples de la centralisation de la vie économique française avant le XXe siècle.
2. Quel est le but du système de «planification» économique?
3. Comment Paris a-t-il longtemps pu exercer un contrôle sur tous les aspects de la vie économique?
4. Qu'est-ce que le «système D»?
5. Citez quelques manifestations de la tendance à la décentralisation de la vie économique.
6. En quoi le développement de l'Union européenne contribue-t-il à accélérer le phénomène de la décentralisation économique de la France?

Témoignages culturels

Le mal français

Le phénomène de la centralisation a présenté, au cours des âges, certains avantages qui ont contribué au développement de l'économie française. Pourtant, dans le monde économique moderne, la centralisation désavantage parfois les hommes d'affaires français qui essaient de faire face à une économie devenue globale et très concurrentielle. Dans son livre, Alain Peyrefitte explique ce «mal français», dont la cause la plus importante est souvent la centralisation.

Cartésiens de tous les pays...

... Ce n'était pas cet effet de boomerang qui séduisait les visiteurs français [qui sont allés observer le régime communiste en Pologne]. C'était bien le caractère même du système, où tout était décidé en fonction d'un plan rationnel, où une seule vérité s'imposait à tous, où l'économie était pliée° aux résolutions de l'intelligence. Voilà qui satisfaisait mille fois plus leur esprit, que la multiplicité jaillissante et imprévisible° du système libéral.

Ils se sentaient désemparés° devant une société dont la spontanéité paraissait récuser° le rationnel, comme en Allemagne de l'Ouest. Ils reconnaissaient dans le monde communiste une sorte de fraternité: «Cartésiens de tous les pays, unissez-vous.»...

Lecture 1

adaptée par force

qu'on ne peut pas prédire
déconcertés
refuser

C'est trop bête

Finalement, le substratum français reste à peu près intact, depuis trois siècles. La centralisation bureaucratique. Les affirmations dogmatiques, l'esprit d'abstraction.... Le cloisonnement en castes hostiles. La passivité du citoyen, coupée de brusques révoltes. L'incompréhension de la croissance.... Bref, tout ce que, depuis trois siècles, maints observateurs ont décrit, demeure à peu près intégralement. Une force massive d'inertie dissuade et dissout les essais de réformes; les seules qui prennent sans mal sont celles qui flattent notre individualisme....

La routine par la hiérarchie

La vitalité d'une société et d'une économie ne se mesurerait-elle pas à leur manière d'encourager l'innovation? Suivons ce fil, pour entrer plus avant dans les différences qui se sont accusées° entre sociétés de hiérarchie et sociétés d'autonomie. On constate que les premières sont des sociétés routinières, les secondes des sociétés novatrices.°

Comment les membres d'une société hiérarchique ne seraient-ils pas incités à la routine? Vous appartenez à un ordre dont la tête pense pour vous. Vous êtes invité à subir ses impulsions sans dévier. Comme la vie est simple, tant que l'activité se répète! Mais si la moindre chose change, rien ne va plus. Le changement est l'ennemi public n° 1. Il rompt le pacte par lequel tous tiennent chacun. A une crise, il n'est qu'une bonne solution: le *statu quo ante*.

De ce système de sécurité collective, beaucoup sont prêts à payer le prix. L'Empire romain, l'Ancien Régime à son apogée, l'Empire napoléonien... ont laissé derrière eux un long sillage° de regrets: ceux qui ont goûté de cet ordre impérieux—où l'individuel est subordonné au collectif, mais participe aussi de sa grandeur—en gardent longtemps la nostalgie....

Alain Peyrefitte, *Le mal français*, Plon, Paris, 1976.

ont augmenté

qui innovent, créatrices

suite

Découvertes culturelles

Choisissez l'idée qui complète le mieux chacune des constatations suivantes, puis expliquez votre choix.

1. Les visiteurs français...
   a) n'appréciaient pas le système économique polonais parce qu'il reposait sur la spontanéité et l'innovation.
   b) appréciaient le système économique polonais parce qu'il reposait sur le rationalisme et la soumission de toute décision à l'intelligence.
2. L'essentiel de ce «mal français» consiste dans...
   a) une centralisation bureaucratique fondée sur des abstractions et des castes.
   b) le désir du citoyen d'opérer des changements dans le but d'améliorer le système.

3. Une société hiérarchique et centralisée...
   a) encourage l'innovation et l'initiative individuelle.
   b) encourage la routine et l'obéissance passive à l'autorité.

Le management à la française

Ce n'est peut-être pas par hasard que la langue française a dû importer le terme anglais de «management». Il existe des attitudes en France, liées à l'héritage intellectuel et culturel français, qui nuisent à la gestion efficace des entreprises dans une économie progressiste, au seuil de l'an 2000.

Le management n'apparaît pas comme une grande spécialité hexagonale.° Il demeure même plutôt globalement l'une des faiblesses majeures de l'entreprise française, malade de ses modes d'organisation, de gestion° et de direction. L'efficacité° du management dépend fortement des méthodes par lesquelles il s'ouvre sur les univers extérieurs à l'organisation, notamment au marché.... Le cartésianisme... sous-jacent° à la culture des élites françaises, source de rigueur dans le raisonnement, s'érige° pourtant là en obstacle: il ne prépare pas à agir dans des systèmes ouverts, mais à chercher des solutions optimales dans des systèmes fermés, complets, autosuffisants. D'où la faiblesse caractéristique du «management à la française» sur les deux ouvertures signalées: sens insuffisant du marché...; retard° accumulé dans le domaine des organisations participatives, capables de mobiliser les populations salariées dans des projets communs et partagés.

Le «management à la française» est encore trop profondément marqué de valeurs aristocratiques: la légitimité du dirigeant° ne vient pas de la reconnaissance (professionnelle) par ses pairs,° mais de l'investiture qu'il reçoit de ses supérieurs hiérarchiques....

De ce fait, le management... apparaît plus comme l'exercice d'un droit acquis (par le diplôme et la caste) que comme un domaine professionnel et technique spécifique.... Gérer est un statut plus qu'un métier....

Enfin, le fait d'exercer un pouvoir d'origine aristocratique dans des systèmes... rigides ne prépare pas au doute, donc à la vigilance indispensable face à une réalité en constante évolution. Les formations° initiales françaises préparent d'ailleurs plus à l'application efficace de solutions préétablies et maîtrisées avec assurance qu'à la reformulation permanente des problèmes.

Philippe LORINO, «Radioscopie de l'économie», *L'Etat de la France*, édition 1992, Editions La Découverte, Paris.

française
administration
capacité de produire le maximum de résultats

implicite
s'élève

délai

personne qui est à la tête (d'un service, etc.) / égaux

études

Découvertes culturelles

Choisissez l'idée qui complète le mieux chacune des phrases suivantes et expliquez votre choix.

1. Le management est une...
   a) grande spécialité française.
   b) faiblesse de l'entreprise française.
2. Le cartésianisme...
   a) constitue un obstacle au bon management.
   b) aide à créer des systèmes autosuffisants.
3. Le «management à la française»...
   a) repose sur une bonne connaissance du marché.
   b) ne fait pas suffisamment participer les employés aux décisions.
4. L'autorité du dirigeant provient...
   a) de son efficacité et de son talent personnel.
   b) des diplômes qu'il possède.
5. La formation des dirigeants français les prépare à...
   a) une grande flexibilité.
   b) n'utiliser que des solutions préétablies.

Lecture 3

Permanences et mutations

La France poursuit ses efforts pour trouver un équilibre entre la centralisation et la décentralisation, tandis que l'économie du pays continue à se transformer rapidement. Les différentes régions deviennent des centres d'industries spécialisées et les activités de pointe, en particulier, tendent à s'établir dans des villes éloignées de Paris, mais souvent proches des voisins immédiats de la France qui, comme elle, font partie de l'Union européenne.

influence
divisions

contexte / compartimenté

La France est un pays où le poids° des héritages d'un long passé reste important avec la permanence d'anciens découpages° historiques ou politiques.... La France fut déjà, dans le passé, soumise à des forces de transformation, en particulier lors de la révolution industrielle, au XIXe siècle. Mais ce fut souvent dans un cadre° cloisonné,° national, protectionniste et fortement influencé par la centralisation de l'Etat et par la concentration parisienne. On estime parfois que ces transformations de la première révolution industrielle n'avaient pas totalement bouleversé les structures profondes de la France.

La France a connu, depuis quarante ans, des transformations considérables dans tous les domaines, plus importantes qu'au cours du siècle précédent. Elles ne sont pas achevées. Parmi ces transformations,... citons:
- le passage d'une France rurale à une France et à une société majoritairement urbaines;
- les transformations profondes de l'agriculture et du monde rural;

L'ancienne Bourse de Lille (1652) est devenue, comme toutes les Bourses régionales, une délégation commerciale de la Société des Bourses françaises (SBF).

• les transformations de l'industrie,... sa modernisation face aux difficultés ou aux évolutions des industries anciennes... avec des changements de localisations;

• le développement rapide du secteur des services...;

• la mobilité croissante° des individus, des marchandises, de la communication...;

• de nouveaux comportements des populations,... la prise en compte des loisirs, du cadre de vie, de l'environnement....

Les différentes régions ou sous-régions françaises ont subi ces transformations avec des ampleurs° très diverses et ont fait preuve de dynamismes très inégaux. Il y a eu, dans une certaine mesure, une recomposition de l'espace national et des espaces régionaux sur de nouvelles bases, remaniant° ainsi en partie les découpages hérités du passé. Il y a eu évolution vers une nouvelle régionalisation, avec interférence entre des découpages anciens et de nouveaux types d'organisation de l'espace....

Le concept de «métropole d'équilibre» a été introduit vers 1962, dans le cadre d'une politique d'aménagement qui visait à° faire contrepoids au rôle jugé excessif de Paris et à ranimer° les régions périphériques. L'étude de l'armature° urbaine supérieure de la France avait mis en évidence la place éminente de 8 grandes agglomérations de 400 000 à 1,4 million d'habitants, commandant des régions relativement autonomes vis-à-vis

de plus en plus grande

dimensions

remodelant

avait pour but de
donner une nouvelle énergie à
structure

de la capitale: Lyon, Marseille, Toulouse, Bordeaux, Nantes, Lille-Roubaix-Tourcoing, Nancy-Metz et Strasbourg....

Les 8 grandes métropoles jouent un rôle croissant à la fois par effets de masse et parce qu'elles cristallisent les fonctions tertiaires° supérieures rayonnant sur un espace qui dépasse parfois les limites administratives de leur région. Mais leur dynamisme et leurs spécificités° sont variables. Si Lyon émerge indiscutablement, comme place financière, de services, comme lieu d'échanges et de fonctions internationales (Interpol...) et a attiré des équipements nationaux (Ecole normale supérieure) et le développement universitaire, Strasbourg affirme une vocation... européenne (avec le siège, menacé, du Parlement européen et du Conseil de l'Europe). Lille-Roubaix-Tourcoing, la troisième en taille..., présente la particularité d'être une conurbation° (la plus proche de Paris) insérée dans une région très densément urbanisée aux marges de la «Mégalopole européenne».... Elle est entravée° par des difficultés internes... et de sa région, et par le fait d'être bloquée par la frontière belge. La mise en service du tunnel sous la Manche et du TGV-Nord, ainsi que l'ouverture des frontières lui permettront de renforcer son insertion dans le réseau° des grandes villes européennes.... Bordeaux et Toulouse ont bénéficié d'importants développements en matière de recherche ou d'activités *high-tech* (aérospatiale, satellites, etc.), tandis que Nantes ajoute à son rôle dans le grand Ouest une stratégie atlantique. Marseille connaît un sort plus complexe avec des difficultés portuaires et industrielles, mais affirme son ambition méditerranéenne en relation avec Gênes et Barcelone. Enfin Metz-Nancy, métropole bipolaire de la Lorraine, région frontalière en butte à° des difficultés économiques, regarde vers le Nord (Luxembourg-Sarre) et vers l'Est.

du secteur des services

caractéristiques spécifiques

regroupement de villes voisines
limitée, gênée

ensemble des voies de communication d'une région

qui doit affronter

Mais ces grandes métropoles ne sont pas les seules à jouer un rôle croissant en province. A côté d'elles, certaines villes jouent un rôle de «grand pôle secondaire», dynamique, comme Montpellier, Grenoble, Rennes, Nice. Très souvent ce dynamisme s'appuie,° comme d'ailleurs dans le cas des grandes métropoles, sur un potentiel important en matière universitaire ou de recherche, sur la mise en place de technopôles, sur le culturel, sur les avantages de l'environnement.

repose

Toutes affichent aujourd'hui une ambition européenne, la volonté d'avoir un rayonnement en Europe, s'intitulent° «eurocités» selon une formule qui relève° surtout d'une politique d'image de marque.... L'Etat veut promouvoir° leur potentiel université-recherche comme pôle européen de développement.»

se donnent le nom de
vient
encourager

La France dans le monde, «Introduction», Editions Nathan, Paris, 1992.

Découvertes culturelles

1. Quels aspects de l'héritage français ont limité les effets des transformations du XIXᵉ siècle?
2. Citez trois transformations relativement récentes qui ont été plus importantes que celles de la révolution industrielle.
3. Dans quel sens y-a-t-il eu une «nouvelle régionalisation» à la suite de ces transformations modernes?
4. Quelle est la spécialité de chacune des huit régions évoquées dans ce texte?
5. Pourquoi des villes telles que Montpellier, Grenoble et Nice jouent-elles un rôle important? Qu'ont-elles en commun?

Grenoble, ville universitaire et site des jeux olympiques d'hiver en 1968, l'emporte aujourd'hui sur les autres villes françaises pour la qualité qu'on y trouve (voir classement, page 66).

Nationalisation et privatisation

Une des caractéristiques de l'économie française est la tendance à placer les activités-clés sous la domination de l'Etat. Cette philosophie économique remonte à l'époque de Louis XIV, au XVIIᵉ siècle. Colbert, l'intendant du roi, a créé à cette époque les Manufactures royales et certaines compagnies de commerce, comme la Compagnie des Indes, qui appartenaient à l'Etat. Quant aux autres secteurs de l'économie, ils étaient contrôlés par l'Etat, grâce à un système de taxes et d'impôts. Depuis cette époque règne sur les mentalités françaises le modèle d'une structure hiérarchique au sommet de laquelle se trouve l'Etat, qui dirige la vie économique et sociale du pays. Par ailleurs, il faut rappeler que depuis le Moyen Age, le profit excessif a longtemps été jugé en France comme une activité immorale. Ces deux facteurs allant à l'encontre de la philosophie du capitalisme qui encourage l'initiative individuelle et le profit, la révolution industrielle a eu lieu plus tard en France qu'en Angleterre, par exemple, où l'esprit mercantile n'était pas contraint par l'intervention de l'Etat. A la fin du XIXᵉ siècle, le développement du socialisme français a accru cette tension entre une philosophie économique essentiellement collectiviste et le capitalisme individualiste: faudrait-il permettre à des initiatives individuelles d'opérer sans contrôle, ou bien l'Etat devrait-il garantir la distribution des bénéfices de l'activité économique du pays au plus grand nombre de ses citoyens? A ses débuts, l'idéologie du socialisme français s'est surtout préoccupée des aspects humanitaires, cherchant à améliorer les conditions de travail et les salaires des ouvriers d'une France nouvellement industrialisée. Par la suite s'est développée une théorie selon laquelle le meilleur moyen de créer le bien-être des ouvriers, ainsi que d'assurer une distribution équitable des ressources et des profits, consistait à placer les activités et les industries les plus importantes sous la domination de l'Etat, c'est-à-dire de les nationaliser.

En 1936, le gouvernement socialiste du Front Populaire, présidé par Léon Blum, a inauguré la première grande série de nationalisations de la France moderne. Par conséquent, la Banque de France, déjà gérée en partie par l'Etat depuis l'époque où Napoléon avait demandé des fonds au Baron de Rothschild pour financer ses campagnes militaires et ses réformes sociales, est passée entièrement sous le contrôle administratif de l'Etat. Seule la Régie des tabacs avait devancé la Banque de France dans les nationalisations puisque Napoléon déjà avait voulu contrôler les énormes bénéfices provenant de l'importation du tabac. Le Front Populaire a nationalisé également les chemins de fer en créant la SNCF, afin de rendre les transports ferroviaires plus performants et de mettre fin à l'exploitation des ouvriers.

La série de nationalisations ainsi engagée a été interrompue par la Seconde Guerre mondiale. Mais ce sont précisément les destructions provoquées par cette guerre qui ont incité l'Etat à mener une deuxième série de nationalisations après la fin du conflit. La nationalisation de Renault, d'Air France, d'EDF (Electricité de France), de GDF (Gaz de France), de plusieurs grandes banques telles que le Crédit Lyonnais et la Société Générale, ainsi que de diverses compagnies d'assurances, a eu des effets considérables sur la reconstruction et la modernisation de la France économique et industrielle. Le principe de la domination par l'Etat des secteurs-clés de l'économie, politique que l'on associe soit aux régimes autoritaires comme ceux de Louis XIV ou Napoléon, soit à la gauche marxiste et collectiviste, est ainsi devenu la base de la vie économique française.

Une nouvelle grande série de nationalisations a eu lieu après l'élection du président socialiste François Mitterrand et celle d'une majorité de gauche à l'Assemblée Nationale en 1981. Le nouveau régime a repris la législation sociale et économique du Front Populaire. A la suite de débats sur la somme à payer par l'Etat et l'indemnisation des actionnaires privés des industries-clés, celles-ci sont revenues sous le contrôle de l'Etat en 1982. Le gouvernement a alors nationalisé la puissante compagnie de produits chimiques Rhône-Poulenc, le principal fabricant d'équipement électronique Thomson-Brandt, les deux plus importantes compagnies sidérurgiques, le plus gros fabricant de matériel militaire Matra, la compagnie aéronautique Dassault (fabricant des avions Mirage), la compagnie de télécommunications ITT France, la société d'investissement Paribas et trente-six banques, permettant ainsi à l'Etat de contrôler pratiquement toute l'activité bancaire. Le raisonnement qui a mené à ces nationalisations était le suivant: une plus grande influence gouvernementale servirait à dynamiser l'industrie; l'activité économique se stabiliserait; des investissements plus importants pour la recherche et la modernisation rendraient l'industrie française plus compétitive au niveau de l'économie mondiale; le contrôle gouver-

Ces services, privatisés dans beaucoup de pays, dépendent de l'Etat en France.

nemental des opérations bancaires et du crédit stimulerait l'innovation, et les salariés français auraient l'impression de participer davantage au sort économique de leurs entreprises, ce qui entraînerait une plus forte productivité.

Malgré toutes ces bonnes intentions, les nationalisations de 1982 ont rencontré bien des difficultés. On n'avait pas prévu l'affaiblissement de l'économie mondiale au cours des années quatre-vingt. Les adversaires des nationalisations avaient prédit que le prix des nationalisations serait trop lourd pour l'économie nationale; que les petites sociétés en concurrence avec les grosses entreprises nationalisées seraient conduites à cesser leurs activités, ce qui augmenterait le chômage; que les investisseurs étrangers renonceraient à faire des placements importants en France; et que finalement, pour obéir à des motivations d'ordre idéologique, on risquait de sacrifier la rentabilité et l'efficacité des groupes nationalisés. Certains de ces mauvais présages se sont avérés. Les partis politiques opposés aux socialistes ont alors lancé une campagne en faveur de la privatisation des entreprises récemment nationalisées. En 1986, à l'occasion des élections législatives, les adversaires des socialistes et des nationalisations ont obtenu la majorité des sièges au Parlement. Le gouvernement du nouveau Premier ministre, Jacques Chirac, adoptant une politique de libéralisme économique, a décidé de rendre au secteur privé vingt des entreprises nationalisées, y compris certaines de celles qui avaient été absorbées par l'Etat à l'époque de l'après-guerre. Parmi celles-ci se trouvaient plusieurs banques (dont la Société Générale et le Crédit commercial de France), l'agence de voyages Havas et la chaîne de télévision TF1. Parmi les entreprises récemment nationalisées, on a privatisé Paribas, Thomson et Matra. De plus, on a dressé une liste d'entreprises privatisables à l'avenir. Le projet de loi accordait un délai de cinq ans pour compléter la procédure légale et administrative de transition d'entreprise nationalisée en entreprise privatisée. L'Assemblée nationale a adopté cette loi par un vote extrêmement serré: 292 votes pour (les députés de droite et du centre) et 285 contre (les députés du Parti Socialiste et du Parti Communiste). Selon ceux qui s'étaient prononcés en faveur de la privatisation, les entreprises gérées par l'Etat, incapables de réagir avec souplesse et efficacité face à un marché international en pleine évolution, ne pouvaient pas faire face à la nouvelle situation de concurrence économique mondiale. Ils affirmaient également que les décisions prises par les entreprises nationalisées étaient trop souvent influencées par la politique du gouvernement plutôt que par la rentabilité économique. En somme, c'est pour le capitalisme individualiste fondé sur la propriété privée du capital qu'ils se sont prononcés, et contre le socialisme fondé sur la propriété collective du capital et la répartition des ressources dans le cadre d'une économie dirigée. A l'époque, il se trouve que la situation des entreprises françaises nouvellement dénationalisées s'est améliorée, donnant raison aux partisans de la privatisation.

En 1988, le président socialiste Mitterrand s'est de nouveau porté candidat aux élections présidentielles. Les Français se demandaient s'il allait encore une fois proposer une politique de nationalisations, mais il a adopté sur ce sujet une position neutre, annonçant que s'il était élu, il n'y aurait «ni nationalisation ni privatisation». François Mitterrand a été réélu président et c'est cette politique qu'a adoptée le nouveau gouvernement socialiste élu la même année.

En mars 1993, à l'occasion des nouvelles élections législatives, les socialistes ont subi une large défaite et la majorité est passée aux mains des conservateurs. Le nouveau Premier ministre, Edouard Balladur, avait été, de 1986 à 1988, ministre des Finances dans le gouvernement de Jacques Chirac qui avait entrepris les privatisations. Le gouvernement Balladur a donc décidé de reprendre cette politique en privatisant d'abord la Banque Nationale de Paris, Rhône-Poulenc, le numéro un français et le numéro sept mondial de la chimie, et l'entreprise pétrolière Elf-Aquitaine.

Pour conclure, deux éléments caractéristiques de l'économie française traditionnelle, le centralisme et le secteur nationalisé, sont aujourd'hui en pleine mutation. L'idéologie d'une économie libérale, la création du Marché unique européen et les fluctuations de l'économie mondiale ont amené la France moderne à réduire le rôle de l'Etat dans la vie économique du pays. Cependant, dans ce domaine, l'Etat continue à jouir d'un pouvoir plus important en France que dans la plupart des grandes puissances économiques du monde.

Découvertes culturelles

Développez les constatations suivantes en y ajoutant des renseignements supplémentaires.

1. Le concept de la centralisation remonte à l'époque de Louis XIV.
2. L'essor du socialisme au XIXᵉ siècle a contribué au renforcement de la centralisation de l'économie française.
3. La première grande série de nationalisations a eu lieu sous le Front Populaire en 1936.
4. Les destructions de la Seconde Guerre mondiale ont entraîné une deuxième série de nationalisations.
5. Le régime socialiste de François Mitterrand a adopté une politique de nationalisation pour améliorer l'économie française.
6. Au cours des années quatre-vingt, il y a eu, de la part des partis opposés aux socialistes, de plus en plus d'opposition aux nationalisations.
7. A partir de 1986, le gouvernement a décidé de privatiser plusieurs entreprises.
8. Beaucoup d'hommes politiques considèrent les privatisations comme un moyen de moderniser l'économie française.
9. A la suite des élections de 1993, on a privatisé plusieurs des entreprises les plus importantes.
10. Plusieurs facteurs récents ont amené la France à réduire le rôle de l'Etat dans l'économie.

Lecture 1

La troisième voie: Le capitalisme stratégique

Y a-t-il un moyen de concilier nationalisation et privatisation? Faut-il que l'Etat contrôle la majeure partie des moyens de production ou que l'économie française se fonde sur un capitalisme de modèle anglo-saxon? L'article qui suit suggère un moyen de trouver un équilibre entre ces deux tendances si souvent opposées de l'économie française: un capitalisme stratégique.

Entre le capitalisme individualiste fondé sur la propriété privée du capital et l'enrichissement personnel, et le socialisme fondé sur la propriété collective du capital et l'allocation des ressources par un Etat dirigiste, n'existe-t-il pas une troisième voie? Celle d'un capitalisme capable d'attirer les centres de conception et de production de firmes en réseaux, l'Etat participant activement à l'éducation et à la formation de la population active.

Après l'effondrement du socialisme soviétique à la fin des années 80 et la défaite électorale du socialisme français en mars 1993, le capitalisme semble avoir vaincu ses adversaires d'un siècle. Mais quel est ce capitalisme vainqueur?

Ce que l'on entend traditionnellement par capitalisme, c'est un système de production fondé sur la propriété privée du capital et l'enrichissement personnel, opérant dans un système politique libéral qui privilégie les droits naturels des individus sur l'action collective et qui limite le rôle de l'Etat au maintien de l'ordre public intérieur et de la sécurité extérieure.

Le socialisme est fondé sur la propriété collective du capital et l'allocation des ressources par un Etat dirigiste dominé par un parti unique censé° représenter les désirs de l'ensemble de la population: dans ce système, les droits de l'individu sont ignorés car seuls comptent les droits du peuple qui sont garantis par «l'avant-garde» au pouvoir. Ce socialisme, symbolisé par le régime soviétique, a fait faillite° car l'allocation des ressources par un Etat dirigiste est moins efficace que celle qui résulte des actions d'agents économiques responsabilisés par l'intérêt direct qu'ils ont dans la création des richesses.

Le socialisme français ne se confond évidemment pas avec ce socialisme totalitaire, mais une vieille fascination pour le modèle soviétique

supposé

échoué

l'empêche toujours de penser le capitalisme moderne sans s'excuser en permanence de sa démarche.

Ce capitalisme moderne, vainqueur par effondrement de l'adversaire, est-il vraiment un capitalisme individualiste opérant dans une économie de marché avec un Etat minimal?

On oppose de plus en plus souvent à ce capitalisme individualiste, de type anglo-saxon, un capitalisme plus tourné vers le long terme et mâtiné° de social. Mais ce dernier apparaît de plus en plus comme une version moderne de la pièce jetée aux pauvres par la main sortie du carrosse de l'Etat providence. Et l'on s'étonne que cette approche maintienne une fraction croissante de la population dans un état de dépendance à un coût désormais insupportable pour l'économie. *mêlé*

Il est temps de nous adresser à nous-mêmes ce bon conseil que l'on destine habituellement aux pays en voie de développement: il est plus important d'apprendre à pêcher° que de distribuer du poisson. Et la voie du futur entre le capitalisme individualiste et le socialisme décomposé n'est pas la social-démocratie qui donne du poisson mais un certain capitalisme qui apprend à pêcher et que je nomme le capitalisme stratégique.... *prendre du poisson*

Dans le contexte d'une économie ouverte avec liberté de mouvements de capitaux, en voie d'internationalisation rapide, la troisième voie entre le capitalisme individualiste et le socialisme est celle d'une économie attirant les unités de conception et de production des firmes en réseaux; l'Etat doit favoriser l'activité productive et participer activement à l'éducation et à la formation de la population active et au développement d'un système de santé efficace au coût maîtrisé.°... *contrôlé*

Dans ce capitalisme stratégique, le social c'est... l'effort incessant d'amélioration de la qualité intellectuelle et de la santé physique de la population....

Le social, tel que défini ci-dessus, est au cœur du système capitaliste moderne. La main-d'œuvre qualifiée est... l'âme du processus de production. Une éducation professionnalisée et une formation permanente conduisant à la promotion sociale sont la canne à pêche qui libère plutôt que le poisson qui asservit....

Le capitalisme stratégique, par son insistance sur le long terme et la formation des hommes, et son souci d'offrir des perspectives de promotion sociale autant que des emplois, répond aux défis° de la globalisation de l'économie mondiale tout en s'inscrivant dans le modèle politique européen moderne. *obstacles à surmonter*

Christian SAINT-ETIENNE, «L'avenir de l'économie mondiale», *Le Monde,* mardi 27 juillet 1993.

Découvertes culturelles

1. Dans quel sens les partisans des nationalisations en France se rattachent-ils à un socialisme traditionnel tel que cet auteur le définit?
2. En quoi le capitalisme «de type anglo-saxon» est-il plus pur, plus individualiste, que le «capitalisme stratégique»?
3. Expliquez l'idée selon laquelle «il est plus important d'apprendre à pêcher que de distribuer du poisson».
4. Quel est le rôle de l'Etat dans un système de capitalisme stratégique?
5. Comment l'Etat doit-il favoriser la promotion sociale?
6. Cet auteur serait-il favorable à l'idée de tout privatiser en France, y compris par exemple le système éducatif et le système de protection sociale?

Lecture 2

Dassault et Aérospatiale

En France, les tentatives de coopération entre des entreprises dirigées par l'Etat et des sociétés privées se multiplient. La compagnie Aérospatiale, maître d'œuvre du Concorde, de l'Airbus et de la fusée Ariane, a établi des rapports avec Dassault, entreprise privée célèbre depuis plusieurs années pour ses réalisations dans le domaine de l'aéronautique. La fusion des deux groupes est d'ailleurs envisagée dans un avenir proche. Ce type de coopération entre secteur nationalisé et secteur privé promet-il le meilleur des deux mondes?

Le groupe nationalisé Aérospatiale et le groupe privé Dassault-Aviation ont conclu... un accord par lequel ces deux entreprises rapprochent° certaines de leurs activités.

unissent

Conçu pour répondre à un marché en crise et préparer d'éventuelles alliances européennes, cet accord... dont on débattait depuis plusieurs années, et qui concerne la recherche-développement, les relations avec leurs sous-traitants° et fournisseurs et la politique commerciale, passe par le transfert à un holding public... d'une part des actions° de l'Etat dans le capital des deux groupes....

entreprises qui font une partie du travail / titres négociables représentant une fraction du capital d'une société

Il est aussi prévu de créer... un comité stratégique qui réunira trois représentants de chacun des deux groupes. Présidé en alternance par un représentant de Dassault et un représentant du groupe Aérospatiale, ce comité symbolise le rapprochement technique et industriel....

se spécialisent

Aérospatiale, dont les activités s'exercent° dans les secteurs de l'aviation commerciale, des hélicoptères, des missiles et de l'espace, a atteint un chiffre d'affaires° de 48,6 milliards de francs.... Dassault-Aviation, qui est davantage spécialisée dans la production militaire, les avions d'affaires et dans l'espace, a réalisé un chiffre d'affaires de 14,4 milliards de francs.... C'est paradoxalement le groupe privé qui fait le plus de commerce avec le seul client national et le groupe nationalisé

total des ventes

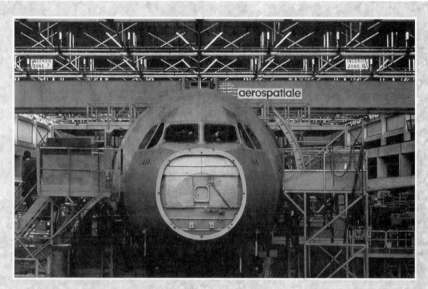

Aérospatiale est une société nationalisée, donc dirigée par l'Etat, mais elle coopère également avec des groupes privés tels Dassault-Aviation.

qui a su diversifier ses échanges, notamment grâce à une forte politique d'exportation....

Depuis plusieurs années, Aérospatiale fabriquait des dérives° de *parties d'un avion* l'avion Mirage-2000... de Dassault. De son côté, Dassault installe des missiles tactiques du groupe Aérospatiale sur ses avions de combat ou de patrouille maritime. Les deux sociétés coopèrent à la mise au point de matériaux composites et dans des études d'aérodynamique comme elles collaboraient sur le projet d'avion spatial européen Hermès qui connaît des difficultés....

Jacques Isnard, «Dassault et Aérospatiale rapprochent certaines de leurs activités», *Le Monde*, 30 décembre 1992.

Découvertes culturelles

1. Laquelle des deux entreprises en question est nationalisée et laquelle est privée?
2. Pourquoi ces deux entreprises ont-elles signé un accord pour rapprocher certaines de leurs activités?
3. Comment les entreprises seront-elles gérées?
4. Citez quelques-unes des activités des deux entreprises.
5. Laquelle fait le plus de commerce avec l'Etat?
6. Donnez un exemple de la coopération qui existait entre les deux entreprises avant ce nouvel accord.

La guerre déclarée contre les hypermarchés

Traditionnellement, en France, la gauche a toujours suivi une politique économique basée sur l'intervention de l'Etat, alors que la droite a favorisé une économie plus libérale. Mais l'essor des grandes surfaces au cours des dernières années risque d'entraîner la disparition des petits commerces qui ont si longtemps été au cœur de l'économie et des modes de vie traditionnels français. Cette menace a incité le gouvernement du président Chirac à employer le pouvoir de l'Etat pour essayer de protéger les petits commerçants. Ainsi, ce régime de droite qui, par ailleurs, soutient le concept de privatisation et une politique économique libérée de l'intervention de l'Etat, a lancé depuis peu une véritable guerre contre l'expansion et certaines pratiques des hypermarchés. Il ne s'agit pas d'un simple expédient politique, mais plutôt d'un réel effort pour préserver un aspect de la vie économique qui existe en France depuis des siècles.

---

paysage de prairies bordées par des levées de terre plantées d'arbres / charpentes apparentes en bois / gros villages

client

se videra

C'est la Normandie de Guy de Maupassant. Avec ses bocages,° ses maisons en brique ou à colombages.° De gros bourgs° sur lesquels tombe, l'hiver, un brouillard humide et pénétrant. A Yvetot, une petite ville de 10 000 habitants, située entre Rouen et Le Havre, comme partout en France, «ils» sont là. Intermarché veille à l'entrée de la ville, un Centre Leclerc guette le chaland° à la sortie. Le patron du Centre Leclerc, c'est Alain Salat. A 47 ans, le sourire facile et l'accent du Sud-Ouest, ce fils d'épicier du Lot, ancien cadre de Nestlé, est une des étoiles montantes du mouvement Leclerc. Son hypermarché, il l'a ouvert en juillet 1991. Ce jour-là, les agriculteurs du coin ont promené une vache dans les rayons et les commerçants ont un peu protesté. Pour le principe. Quatre ans plus tard, le Centre Leclerc d'Yvetot réalise sur 3 200 mètres carrés 400 millions de francs de chiffre d'affaires, avec 170 salariés....

Dans les prochains mois, un McDonald's ouvrira ses portes, suivi d'un centre auto. Le parking de l'hyper ne désemplira° plus. A moins d'un kilomètre de là, dans le centre-ville d'Yvetot, en revanche, il n'y a plus de problèmes de stationnement! Les rues sont vides. Même le samedi....

La librairie (20 personnes) a fermé la première, puis il y a eu l'hyper U (40 personnes). D'autres ont suivi.... *«Sur 180 commerces, il n'y en a plus qu'une dizaine qui gagnent leur vie. Une trentaine au moins sont en difficulté... J'essaie de vendre ma boutique avant qu'il soit trop tard»*, explique la propriétaire d'un magasin de vêtements pour enfants.

Yvetot? Une histoire ordinaire, comme la France en a vécu des centaines depuis l'ouverture du premier hypermarché Carrefour à Sainte-Geneviève-des-Bois, en 1963. Durant des années, pour contrer l'inflation, les pouvoirs publics ont encouragé le développement des grandes surfaces. Trente ans plus tard, la France se réveille avec un millier d'hypermarchés et plus de 7 000 supermarchés. Un record en Europe. Ces cathédrales de la consommation détiennent désormais 56,4% du marché de l'alimentation, 51% de celui du jouet, 27% de l'électroménager, 18% de l'habillement... Le samedi, la France entière fait la queue devant des caisses d'hypers. Un Français sur deux s'y rend au moins une fois par semaine....

Sures d'elles et impérialistes, ces grandes sociétés avaient résisté jusqu'ici à tous les assauts. Y compris à la fameuse loi Royer qui, depuis 1973, était censée freiner° leur développement. Leurs arguments: elles vendaient moins cher et développaient l'emploi. Selon une étude..., les grandes surfaces ont créé, entre 1972 et 1992, 550 000 emplois, tandis que les commerces traditionnels en perdaient 320 000, dont près de la moitié dans les magasins d'alimentation générale. Ce bilan, certains experts du gouvernement le contestent. Ils soulignent que de toute façon le chiffre d'affaires par salarié des hypers français est nettement plus élevé que ceux de leurs concurrents européens.

Le lundi 27 novembre, au congrès de la CGPME, le syndicat des petits patrons, le Premier ministre a donc décidé de mettre fin à cette toute-puissance. Un vrai dispositif° de guerre préparé.... Premier boulet: le durcissement de la loi Royer. Les distributeurs devront désormais obtenir une autorisation à partir de 300 mètres carrés de surface commerciale, contre 1 000 aujourd'hui. Et ce feu vert sera subordonné à une enquête préalable° sur les conséquences en termes d'emplois et d'aménagement du territoire. La chasse aux surfaces illicites sera intensifiée avec sanctions à la clé.° Enfin, le poids des commerçants est renforcé au sein des commissions d'équipement commercial, chargées d'autoriser les ouvertures. Second boulet: la réglementation des pratiques commerciales. Les distributeurs devront désormais respecter un préavis° avant de rompre leurs relations avec un fournisseur. Ils devront aussi mentionner noir sur blanc les rabais... qu'ils exigent des industriels. Cela permettra de mieux connaître les vrais prix d'achat et donc de punir la revente à perte avec une sanction portée à 500 000 francs. Enfin, les promotions excessives et les prix abusivement bas, dont l'objectif est d'éliminer un concurrent, seront réprimés.°

Cette réforme qui sera soumise au Parlement vient après une salve d'avertissements.... Mais les deux véritables maîtres d'œuvre du projet sont Jacques Chirac et Lucien Rebuffet, le patron de la CGPME.... Jacques Chirac ne s'est d'ailleurs pas privé de piloter en direct l'élaboration des nouveaux textes, téléphonant régulièrement aux ministres en charge du dossier, les apostrophant en Conseil des ministres, pour s'inquiéter de l'effondrement du prix de l'agneau ou des fraises.... *«Tous les groupes socioprofessionnels qui n'ont pas su s'adapter crient misère. Et la droite, dont c'est l'électorat, les a écoutés»*, dénonce Michel-Edouard Leclerc....

ralentir

stratégie

qui se fait à l'avance

à la fin de l'opération

avertissement

punis

A les entendre, les grands distributeurs ne méritent donc pas l'op-probre° qu'ils suscitent. Et pourtant! Cette réforme, ce sont bien leurs excès vis-à-vis de leurs fournisseurs ou de leurs concurrents qui l'ont ren-due indispensable. Sans parler même de leur rôle dans la corruption, les Carrefour, Auchan, et autre Promodès ont en effet pas mal de péchés à leurs actifs. La revente à perte de produits ou la pratique de «prix préda-teurs», par exemple, pratiquées systématiquement pour entraîner la chute de concurrents locaux. Depuis que l'Etat a autorisé la distribution d'essence sur les parkings des grandes surfaces, la moitié des stations-service ont fermé leurs portes. Idem° dans la distribution de disques....

La loi réussira-t-elle à changer ces comportements, ces rapports de force? Jacques Chirac [et son gouvernement] ont décidé de frapper fort.... Les hypers, eux, se disent disposés à prendre les consommateurs à témoin. Les campagnes de pub° seraient déjà prêtes...

Thierry PHILIPPON, «Chirac contre Leclerc», *Le Nouvel Observateur*, 30 novembre–3 décembre 1995.

Découvertes culturelles

1. Quel effet les grandes surfaces ont-elles eu sur les petits commerces du centre-ville à Yvetot?
2. Pourquoi a-t-on, au début, encouragé le développement des grandes surfaces en France?
3. Citez des exemples de l'importance des hypermarchés dans l'économie française actuelle.
4. Les grandes surfaces ont-elles vraiment créé beaucoup de nouveaux emplois et amélioré les conditions économiques générales?
5. Quelles pratiques les hypermarchés utilisent-ils afin d'éliminer des concurrents locaux?
6. Dans votre culture, pour faire quelles sortes d'achats fréquente-t-on les hypermarchés?
7. Quel effet les hypermarchés ont-ils eu dans votre culture sur les commerces des centres-villes?
8. Y a-t-il des hypermarchés chez vous qui ont été critiqués pour leurs «prix prédateurs»?

III
La technologie

L'image traditionnelle de la France est celle de la gastronomie, des vins fins, de la haute couture et des parfums. Cette image se double aujourd'hui de celle d'un pays au premier rang de l'innovation technologique. La technologie joue d'ailleurs un rôle de plus en plus grand dans la vie quotidienne des Français. La place importante occupée par la France au niveau mondial dans la recherche scientifique et technologique n'est pas chose nouvelle. Toutefois, pendant longtemps, le cartésianisme français a accordé plus d'importance à la recherche abstraite qu'à l'application des découvertes en résultant. C'est Gaston de Chevrolet qui, le premier, a placé un moteur à combustion interne dans une automobile, mais c'est Henry Ford qui a rendu cette invention pratique et bon marché. La formule du téflon a été inventée dans un laboratoire français, mais ce sont les scientifiques d'autres pays qui ont exploité cette matière, l'appliquant à une gamme de produits allant des articles de cuisine aux fusées, en passant par le matériel de pontage artériel. Depuis les années quatre-vingt, la théorie est de plus en plus liée à la pratique dans les instituts français de recherche et la vie de tous les Français a été transformée par les progrès rapides de la technologie.

En France comme ailleurs, c'est bien sûr l'ordinateur qui a eu l'impact le plus direct sur la vie quotidienne. Une révolution dans le domaine des télécommunications a aussi transformé de façon spectaculaire la vie des Français. Jusqu'aux années soixante-dix, il n'était pas facile d'obtenir l'installation du téléphone chez soi et le réseau téléphonique fonctionnait assez mal. De 1975 à 1985, ce réseau, contrôlé par l'Etat, a été radicalement modernisé. Tous les foyers qui le désirent peuvent maintenant obtenir rapidement le téléphone. Un équipement des plus modernes leur est proposé, y compris le téléphone sans fil, qui connaît une grande vogue. Le système actuel est presque entièrement automatisé et géré par ordinateur. A Paris, on a même accès à un annuaire téléphonique entièrement informatisé et, en téléphonant aux renseignements, on obtient une réponse donnée par une voix déclenchée par ordinateur. En France, le téléphone public tel qu'on le connaissait jadis est en voie de disparition. Au lieu de se procurer des jetons ou d'utiliser des pièces dans les cabines, on achète au bureau de poste ou au tabac le plus proche une carte téléphonique. Cette carte à puce programmée permet d'acheter à l'avance un certain nombre d'unités de communication. Ce système très efficace a aussi contribué à réduire les problèmes de vandalisme dans les cabines téléphoniques.

Il est certain que la plus grande innovation dans le domaine des télécommunications en France aujourd'hui est le Minitel. Ce petit terminal donne accès à une grande variété de services informatisés. On peut par exemple consulter l'annuaire téléphonique, l'horaire des trains de la SNCF, ou les principales informations des journaux et des magazines; on peut faire des virements sur son compte bancaire et régler certaines de ses factures; on peut réserver ses places de train ou acheter des billets pour un spectacle ou un événement sportif; on peut dialoguer avec des personnes de tout genre. Dans le domaine économique, le Minitel a révolutionné les communications entre les entreprises aussi bien que l'efficacité des systèmes de commande et de distribution. Le Minitel peut aussi être équipé d'un télécopieur incorporé. Le «fax» est d'ailleurs entré dans les habitudes françaises bien avant de l'être dans d'autres pays post-industriels.

La nouvelle technologie intervient aussi dans le domaine de la consommation. En effet, la majorité des grands magasins français disposent de caisses à lecteurs optiques. Depuis 1985, bon nombre de magasins ont installé des caisses informatisées permettant ainsi aux clients de faire leurs achats à crédit grâce à la carte à puce qui est, rappelons-le, une invention française. Les différents types de carte de crédit se multiplient d'ailleurs chez les Français, qui ont cependant été lents à adopter une méthode de paiement qui encourage l'endettement. Une attitude face à l'argent, influencée par une vieille mentalité paysanne consistant à éviter toute dépense inutile et par une tradition d'épargne renforcée par le chaos de deux guerres mondiales, a longtemps incité les Français à faire des économies plutôt qu'à s'endetter. Ils ont ainsi d'abord préféré la carte bancaire à puce qui débite instantanément leur compte plutôt que la carte de crédit à débit différé, maintenant de plus en plus populaire.

Parmi les autres aspects de la vie française que la révolution technologique a transformés, les transports, l'enseignement, les lieux de travail, la médecine et l'industrie aérospatiale occupent aussi une place importante. Le réseau ferroviaire de la SNCF est à présent entièrement géré par ordinateur à partir d'une centrale informatisée qui situe tous les

Combien de ces produits français sont vendus sur le marché américain?

trains et assure leur arrivée ponctuelle à destination. La ponctualité des trains français est d'ailleurs célèbre. Dans le domaine de l'éducation, l'EAO (enseignement assisté par ordinateur) et la CAO (conception assistée par ordinateur) sont en train de révolutionner les salles de classe et les laboratoires de recherche. La bureautique constitue une branche de spécialisation nouvelle dans laquelle de plus en plus d'étudiants s'engagent et préparent des diplômes. Cette application de l'informatique et de la télématique aux travaux de bureau permet d'incorporer toute une série de progrès technologiques sur le lieu de travail: stockage de l'information, traitement de texte, banques de données, logiciels et courrier électronique. Dans le domaine de la médecine, c'est dans un laboratoire français de l'Institut Pasteur que le virus porteur du SIDA a été isolé pour la première fois, et les savants français sont à l'avantgarde des recherches pour combattre cette maladie. Par ailleurs, la «pilule du lendemain» (la RU 486), considérée comme une découverte capitale en matière de contraception depuis celle de la première pilule contraceptive, est une invention de la technologie médicale française. Quant aux lancements de satellites, la fusée Ariane a surpassé la navette spatiale, car elle s'avère plus économique au niveau opérationnel. La base de lancement de la fusée Ariane en Guyane est également utilisée par d'autres pays, y compris par certains qui possèdent leurs propres engins spatiaux.

Le technopôle de Sophia-Antipolis est un centre de l'informatique et de l'électronique dans la région de Nice.

Le gouvernement a créé en France des sites technologiques appelés «technopôles», destinés à rapprocher des entreprises et des bureaux de recherche à la pointe des technologies nouvelles. On y construit également des villes nouvelles avec des habitations modernes, des écoles, des centres de commerce et de loisirs. Sophia-Antipolis, l'une des premières de ces villes nouvelles, se trouve à environ trente kilomètres de Nice. Pendant longtemps, elle a surtout bénéficié de sa situation dans le Midi où le climat ensoleillé attirait de nombreux savants et leurs familles, et où des industries de pointe se sont installées. Cependant, en raison du développement de l'Union européenne, la recherche technologique tend maintenant à se déplacer vers le nord et l'est de la France afin de se rapprocher de l'Allemagne et de l'Angleterre où les recherches technologiques sont aussi très avancées. Un exemple réussi de centre technologique dans le nord de la France est celui de Villeneuve-d'Ascq, près de Lille.

Le pays de la haute couture et de la haute cuisine est donc bien en train de devenir rapidement un pays de haute technologie.

Découvertes culturelles

1. Si la France est à l'origine de bon nombre de découvertes technologiques, quelle a été pourtant sa faiblesse dans ce domaine?
2. Donnez des exemples du rôle joué par l'ordinateur en France.
3. Quelles études fait-on pour préparer un diplôme de «bureautique»?
4. Citez d'autres illustrations de la technologie française.
5. Qu'est-ce qu'un «technopôle»?

Témoignages culturels

Lecture 1

Sciences: La guerre Europe-Amérique

En France, l'aspect thérorique de la recherche scientifique a toujours été prisé pour des raisons qui se rapportent à l'héritage intellectuel français. Très avancée dans le domaine de la recherche pure, la France néglige souvent les applications pratiques des découvertes importantes de ses chercheurs et scientifiques. L'article suivant explique les atouts et les désavantages de la France et de l'Europe dans leur concurrence avec l'Amérique au sein du monde scientifique.

———

Le saviez-vous? Près de 50% des avancées scientifiques mondiales reviennent aux Européens. Dans cette Europe si compétitive en physique, géophysique, mathématiques, chimie ou biologie, la France... occupe une place leader. Très en pointe dans la recherche fondamentale, notre continent n'a pourtant pas fait, comme les Etats-Unis, toutes ses preuves en recherche appliquée....

Le Nouvel Observateur.—*L'Europe des sciences se porte bien, affirmez-vous. Près de 50% des avancées, recherches et découvertes mondiales récentes lui reviennent. En quoi est-elle donc si forte?*

Claude Allègre [géophysicien et chercheur français].—Si nous parlons sciences, je pourrais citer dans le désordre le virus du sida, le disque laser, la pilule supramolécules en cages, le microscope à effet tunnel, la théorie du collage, etc. Pour se convaincre de la vraie puissance de cette Europe, il suffit de s'appuyer° sur les statistiques des grands prix internationaux que nous récoltons: elles indiquent, ce qui n'était pas le cas il y a quinze ans, son extraordinaire ascension.... Et l'on peut aussi constater que, si la moitié des Nobel scientifiques étaient européens en 1992, tous l'étaient

se baser

en 1991. Cette année-là, l'Europe a tout raflé, à 100%. Et je peux vous dire que, pour les années à venir, nous avons de bons candidats....

N.O.—*Hormis les Nobel, quels sont les signes tangibles de notre réussite?*

C. Allègre.—Tout d'abord, certains indices, subtils certes mais très forts: on remarque, par exemple, que des livres américains correspondant au niveau de la maîtrise ou de la licence citent de plus en plus souvent des Européens et des Français. Or si les Américains sont obligés de le faire, c'est bien parce qu'ils ne trouvent pas des «substituts locaux». De même qu'ils n'hésitent plus à nous envoyer des étudiants de leurs grandes universités en stage postdoctoral. Ceux-ci sont devenus extrêmement demandeurs alors que, dans les années 60–70, c'est nous qui allions étudier chez eux. Je vous assure que ces étudiants ne sont pas là pour faire du tourisme; lorsqu'ils repartent au bout de deux ans, ils emportent avec eux tout ce que nous savons nous-mêmes. Par ailleurs, on constate que désormais la plupart de nos colloques font salle comble° avec beaucoup d'Américains qui ne sont pas a priori invités. Ce simple fait ne trompe pas.... *pleine*

N.O.—*Mais, pour en revenir à la France, ne pensez-vous pas que notre système éducatif lui-même est responsable en partie de certaines passivités?*

C. Allègre—La tendance française, magnifiée par les concours des grandes écoles, est de dire: apprends ce que l'on te dit et tu seras reçu.... Je me suis battu pour que notre enseignement laisse plus de place à l'initiative individuelle, au travail personnel, à l'expérimentation. En fait, nous savons nous battre pour la recherche des idées théoriques, mais nous avons trop tendance, contrairement aux Etats-Unis, à rejeter, à mépriser° même ce qui est manuel et expérimental. Je vais vous donner un *dédaigner* exemple simple qui montre parfaitement l'état d'esprit qui règne dans l'Hexagone: lorsque des étudiants français ont un problème de physique à résoudre, on leur donne neuf points pour la partie noble, théorique donc, et un point pour l'application numérique—la partie pratique. En Amérique, c'est l'inverse. Ceux dont l'application numérique est fausse n'obtiendront même pas la moyenne. Ce qui oblige les élèves américains à travailler les choses jusqu'au bout. C'est probablement ce qui explique que nos magnifiques percées scientifiques n'ont pas encore trouvé la traduction technologique qu'elles méritent.

N.O.—*Les autres pays d'Europe sont plus astucieux?*

C. Allègre.—Les Pays-Bas et l'Allemagne sûrement, mais l'Europe n'a pas inventé un seul calculateur parallèle! Quand n'importe quel gamin de Stanford ou du Caltech trouve chaque jour quelque chose! Cela fait partie de leur culture; leurs théoriciens sont capables de réparer eux-mêmes leur voiture, de monter et de démonter un moteur. Et ils ne se considèrent pas déshonorés si l'une de leurs découvertes leur permet d'améliorer le fonctionnement d'une machine à laver... Cette culture technique, nous ne l'avons pas—sauf dans le domaine de la chimie où, de tradition, il existe un lien étroit entre recherche et industrie privée. L'origine de ce rejet est très ancien. Rappelez-vous Abélard chômeur, à qui on offrait un travail manuel et qui répondait: «*Je ne peux pas, je suis un intellectuel.*»...

N.O.—*Puisque nous parlons de l'Europe, ne croyez-vous pas que l'ouverture des frontières devrait faciliter les transferts technologiques et nous donner, face à l'Amérique unie, une plus grande cohérence?*

C. Allègre.—Oui, bien sûr, mais je compléterai votre question par deux autres questions. Aurons-nous bientôt la chance de vendre facilement à un industriel italien ou d'un pays voisin une découverte faite en France? Jusqu'à présent, le cloisonnement° des pays est tel qu'il a affaibli ces possibilités d'exploitation—quand d'un Etat à l'autre des Etats-Unis tout circule sans difficultés, sans contraintes bancaires ou monétaires. Parviendrons-nous par ailleurs, comme en Amérique encore, à cette situation idéale qui fait que n'importe quel petit industriel de n'importe quelle petite ville isolée sait, dans le secteur qui l'intéresse, ce qui se passe dans tous les laboratoires du continent? Tout tient à la façon dont l'information circule; les Américains ont mis sur pied un système unique au monde dont nous ferions bien de nous inspirer. Ils ont en effet créé un réseau de diffusion de l'information scientifique et technologique sans équivalent. Si l'Europe savait s'organiser, je suis convaincu que ses découvertes seraient mieux exploitées et qu'elle saurait aussi «se vendre» mieux qu'elle ne le fait. Et que l'Amérique cesserait d'être aux yeux de tous la star du monde des sciences....

Nicole Leibowitz et Fabien Gruhier, «Sciences: La guerre Europe-Amérique», *Le Nouvel Observateur*, 10 février 1993.

séparation

Découvertes culturelles

Développez chacune des constatations suivantes en y ajoutant des renseignements supplémentaires.

1. Beaucoup de découvertes scientifiques récentes ont eu leur origine en Europe.
2. Beaucoup des scientifiques qui ont reçu le prix Nobel sont des Européens.
3. Plusieurs indices montrent que la communauté scientifique américaine a un grand respect pour les réalisations et la recherche françaises.
4. En France, l'éducation scientifique met toujours l'accent sur la théorie.
5. L'ouverture des frontières européennes va peut-être permettre à l'Europe de rivaliser avec les Etats-Unis dans le domaine scientifique et technologique.

Villeneuve-d'Ascq

Dans bon nombre d'endroits en France, on construit des centres de recherche et de technologie. Souvent éloignés des sites urbains, ces centres donnent lieu à la création de villes nouvelles qui comprennent tout ce qu'il faut pour vivre dans une ambiance moderne, productive et agréable. Le but, c'est d'attirer les meilleurs travailleurs et chercheurs dans les industries scientifiques et high-tech.

Villeneuve-d'Ascq, c'est...

... un carrefour° pour l'Europe du Nord
Située à la jonction des grands axes de communication européens, Villeneuve-d'Ascq est à moins de deux heures des principales capitales de l'Europe du Nord-Ouest....

... le centre universitaire du nord de la France
L'Université des Sciences et Techniques Flandres-Artois se situe même au tout premier rang des universités françaises. Son potentiel de recherche compte aujourd'hui près de 2 000 enseignants-chercheurs, chercheurs-ingénieurs, techniciens et administratifs, engagés dans une stratégie commune: une recherche scientifique et technologique de niveau international....

... communiquer au futur
Villeneuve-d'Ascq possède un réseau câblé de 12 000 prises° en coaxial, complété aujourd'hui par un réseau en fibre optique qui équipera bientôt les entreprises des intercommunications les plus nouvelles (vidéo-conférence, vidéo texte, informatique lourde, télétransmission...)....

contacts permettant de brancher des appareils

... l'écologie au quotidien
Ici les élus° ont su maîtriser le développement urbain, et permis à la ville de garder ses coins de campagne et de nature.

Un parc d'agrément° de 45 hectares,° bordé de deux moulins à vent et d'un des musées d'Art Moderne les plus riches d'Europe, invite à la flânerie° ou au jogging matinal....

responsables locaux (maires, etc.) choisis selon le vote des citoyens
plaisir, détente / mesures de superficie

promenade tranquille

... l'innovation et la recherche
2 300 chercheurs, 106 laboratoires publics ou privés préparent ici l'avenir technologique de la métropole nord....

Des découvertes et des innovations comme... le VAL, métro automatique qui équipera bientôt des villes comme Chicago et Jacksonville, le nanoréseau° qui équipe la plupart des sites informatiques de l'Education Nationale, ont vu le jour dans des laboratoires villeneuvois.

réseau miniaturisé

... la jeunesse

52% des Villeneuvois ont moins de 18 ans. L'âge moyen des Villeneuvois est de 29 ans alors que l'âge moyen des Français est de 36 ans....

... une ville d'emplois

Les entreprises trouvent à Villeneuve-d'Ascq un cadre agréable mais aussi une population au bon niveau de formation facilitant le recrutement. Ainsi, 26% des Villeneuvois sont titulaires du bac et d'une formation supérieure.

... une ville de performances sportives

Villeneuve-d'Ascq compte plus de 18 000 sportifs licenciés répartis dans plus de 80 clubs ou associations.

Parmi les équipements les plus prestigieux, citons un stade d'athlétisme, de football et de rugby, de 35 000 places,... deux golfs 18 trous..., un centre nautique, une salle d'arts martiaux, un squash, une base de voile et une salle de 600 places qui accueille des compétitions de hand-ball et de volley-ball.

Dans différentes disciplines comme l'athlétisme, le hand-ball, le squash ou le volley-ball, les clubs villeneuvois préparent l'élite nationale de demain.

«Villeneuve-d'Ascq», *Quid* 1990, Editions Robert Laffont, Paris, 1989.

Découvertes culturelles

1. En quoi la situation de Villeneuve-d'Ascq représente-t-elle un avantage pour la recherche et le commerce?
2. Quelle est la spécialité du centre universitaire qui se trouve près de Villeneuve-d'Ascq?
3. Quelle technologie de l'avenir constitue une spécialité de cette ville nouvelle?
4. Quelles innovations technologiques de Villeneuve-d'Ascq ont été utilisées aux Etats-Unis?
5. Citez deux avantages que Villeneuve-d'Ascq offre sur le plan de la qualité de la vie.
6. Si vous cherchiez du travail en France, quel aspect de cette ville nouvelle vous attirerait le plus?

Les orgues de la renommée

L'orgue de la cathédrale de Notre-Dame de Paris avait besoin d'être réparé et modernisé. Comment procéder?... En ajoutant à cet instrument qui date du XVIIIe siècle un réseau informatique. Quel meilleur exemple des prouesses technologiques de la France au service de son riche héritage culturel?

Le grand orgue de la cathédrale Notre-Dame à Paris vient de reprendre son souffle° après trente mois de rénovation réalisée par une armée de spécialistes, dont des informaticiens. Datant du XVIIIe siècle, l'instrument disposait à l'origine d'un système de transmission entièrement mécanique. Modifié de nombreuses fois, il a été "modernisé" progressivement pour devenir électrique en 1963.

 Mais la poussière° et l'humidité l'ont progressivement rendu muet. Au point qu'en 1989, il fut décidé de le restaurer. Entièrement démonté, nettoyé, réparé, réaccordé, 29 000 heures de travail au total ont été nécessaires à sa cure de rajeunissement.

 Dans ses entrailles° siège maintenant un réseau informatique, avec capteurs° et série d'ordinateurs IBM PS2 qui servent à transmettre les ordres, depuis les touches° des cinq claviers° vers les soupapes° des 8 000 tuyaux. Un accordeur a passé une centaine de nuits, dans le calme de la cathédrale, pour réaccorder chaque tuyau. Coût total de l'opération: 11 millions de francs.

 Pourquoi recourir à l'informatique?... Pour gérer le tout, et l'exploiter au mieux, il faut des systèmes de transmission très rapides. En effet, avec un système mécanique, le temps de transmission reste assez lent entre la touche et la sortie du tuyau. Avec l'informatique, on travaille pratiquement en "temps réel": l'effet se produit quasiment à l'instant de l'action. D'autre part, l'ordinateur permet des réglages° plus minutieux. On pourra ainsi mesurer la position de chaque touche. Cette mesure, convertie en une valeur numérique, traitée par l'ordinateur, permettra de définir un seuil° de déclenchement° des soupapes. Autrement dit, l'organiste pourra disposer d'un clavier "nerveux" ou "souple", en fonction de son jeu ou de l'œuvre à interpréter.

François Launay, «Les orgues de la renommée», *Les Clés de l'actualité,* 24 décembre au 6 janvier 1993.

recommencer à fonctionner

particules de débris dans l'air

partie profonde, essentielle
récepteurs
petits leviers noirs et blancs du piano, de l'orgue, etc. / ensemble des touches de l'orgue / valves

réajustements

limite / mise en action

Découvertes culturelles

1. De quelle époque date le grand orgue de Notre-Dame? Comment était le système de transmission originel?
2. Décrivez la première modernisation du système de transmission en 1963.
3. Quelle sorte de système de transmission vient-on d'installer?
4. Citez deux avantages de ce nouveau système.

Carte à puce, les Américains aussi

La technologie française pénètre de plus en plus aux Etats-Unis. Depuis déjà plusieurs années, on profite en Amérique des avantages des caisses informatisées. Maintenant, on assiste à l'invasion de la carte à puce pour téléphoner et pour faciliter les opérations interbancaires.

———

Première application bancaire de la carte à microprocesseur à la française aux Etats-Unis: le réseau MAC, qui regroupe 950 banques dans le nord-est du pays, a retenu la solution proposée par le groupe français Gemplus. Le principe: cette carte interbancaire sera chargée par le porteur, dans un terminal de paiement, d'un certain crédit prélevé sur° son compte. Ensuite, elle servira à toutes sortes de petits et moyens paiements dans des commerces ou des distributeurs équipés d'un lecteur adéquat: parkings, transports en commun, cabines téléphoniques, boissons, journaux, etc.

Fabien GRUHIER, «Découvertes», *Le Nouvel Observateur*, 18 novembre 1992.

déduit de

La carte à puce, avec microprocesseur incorporé, a revolutionné les habitudes bancaires du public.

Découvertes culturelles

Choisissez l'idée qui complète le mieux chacune des phrases suivantes.

1. Normalement, quand on se sert d'une carte de crédit...
   a) les dépenses sont déduites instantanément de son compte.
   b) on paie le montant, ou une partie du montant, à la fin du mois.
2. Le porteur de cette carte interbancaire française...
   a) paie le montant à la fin du mois.
   b) charge la carte d'un certain crédit prélevé sur son compte.
3. On peut se servir de cette carte...
   a) pour effectuer de petits paiements.
   b) pour effectuer de gros paiements à l'intérieur d'une limite préétablie.
4. Cette carte fonctionne de la même façon qu'une...
   a) carte de crédit ordinaire.
   b) carte téléphonique française.

IV
Les transports

Les transports en commun ont toujours été efficaces en France et, depuis la révolution technologique, ils sont parmi les plus modernes du monde. Le métro parisien, qui possède déjà un réseau remarquable, continue à se moderniser au moyen d'un équipement plus silencieux et plus automatisé. La transformation la plus importante des transports urbains à Paris a été la construction du RER (Réseau Express Régional). Le mouvement de la population quittant le centre-ville pour aller vers les banlieues a entraîné l'extension du réseau des transports ferroviaires à travers la région parisienne. L'un des objectifs de ce nouveau réseau était de diminuer les embouteillages considérables de la capitale créés aux heures de pointe par ceux qui y affluaient en voiture pour travailler et ceux qui en sortaient pour rentrer chez eux. Trois lignes supplémentaires du RER relient les banlieues les plus peuplées soit au réseau du métro soit aux gares des trains interurbains. Avec un seul ticket, dont le prix est calculé selon la longueur du trajet, un voyageur peut parvenir à n'importe quelle destination à Paris ou dans la Région parisienne. La prolongation des lignes actuelles du RER et la construction d'une nouvelle ligne sont en projet. Celle qui mène à Marne-la-Vallée permet aux voyageurs de la Région parisienne d'arriver directement au parc Disneyland Paris, situé à environ trente kilomètres du centre de la capitale.

Au début des années quatre-vingt, la SNCF a commencé à construire de nouvelles voies ferrées pour le TGV (Train à grande vitesse). Le TGV est capable de rouler jusqu'à 300 km à l'heure sur certaines lignes, grâce à quoi le temps normal du trajet par le train entre Paris et des villes du Midi comme Marseille et Montpellier s'est vu réduit de moitié. Aujourd'hui, environ 90 TGV effectuent le trajet chaque jour sur la ligne du Midi. Les usagers du TGV doivent retenir leur place à l'avance, car on n'a pas le droit d'y voyager debout comme dans les autres trains de la SNCF. Le TGV représente un véritable exploit sur le plan technologique, dans la mesure où il allie une grande vitesse et un confort remarquable pour le voyageur. Vers la fin des années quatre-vingt, le TGV Atlantique est entré en service pour permettre des voyages rapides entre Paris et les régions de l'Ouest et du Sud-Ouest. Le TGV Nord, en direction d'Amiens et de Bruxelles, a été mis en service en 1993, et un projet de TGV Est est à l'étude pour les trajets vers l'est de la France et l'Allemagne, pays important de l'Union européenne.

L'idée de relier la France à l'Angleterre à l'aide d'un tunnel sous la Manche n'est pas récente. Le premier projet avait été proposé en 1751 et depuis cette date, beaucoup d'autres ont été soumis, puis rejetés. En 1973, un groupe d'investisseurs et d'ingénieurs ont proposé un plan qui paraissait réalisable à la fois sur le plan technique et sur le plan financier. Toutefois, en 1975, l'Angleterre a dû se retirer du projet à cause de grosses difficultés financières. Le projet a pourtant été relancé au début des années quatre-vingt et les travaux ont enfin commencé, malgré d'importantes hésitations de la part de certains secteurs de la population anglaise peu enthousiastes à l'idée de relier leur pays directement à l'Europe. Eurotunnel et Transmanche Link, la structure regroupant les constructeurs du tunnel (cinq français et cinq britanniques) ont connu des difficultés financières, mais le 6 mai 1994, le président français François Mitterrand et la reine Elizabeth II d'Angleterre ont inauguré le tunnel sous la Manche. Grâce à cette innovation, le voyage par le train de Paris à Londres se voyait considérablement facilité et réduit: à peine plus de trois heures! On a prédit que les affaires, le commerce et surtout le tourisme allaient monter en flèche entre l'Angleterre et la France—et par conséquent l'Europe. Certains promoteurs immobiliers britanniques ont cherché à acquérir du terrain et des propriétés près du tunnel en France pour que les Anglais puissent y résider et y passer leurs vacances aussi facilement qu'en Angleterre. Les Français de la région se sont montrés mécontents de voir ainsi augmenter le prix du terrain et le coût de leur vie. Cependant, même si la société Eurotunnel connaît actuellement de graves difficultés financières, les défenseurs de la nouvelle Europe estiment que le tunnel sous la Manche deviendra non seulement un lien économique primordial mais aussi un symbole du nouvel ordre socio-économique représenté par l'Union européenne.

La France occupe également une place importante dans le domaine de l'aéronautique. L'un des plus grands succès récents dans ce secteur, l'Airbus, est le résultat d'une coproduction d'ingénieurs français, allemands et britanniques. Assemblé à Toulouse, ville du Sud-Ouest devenue le grand centre de l'industrie aéronautique, l'Airbus, remarquable par son adaptabilité, est un avion économique, relativement silencieux et qui peut transporter de gros chargements. L'Airbus dispose également d'une longue portée grâce à sa consommation relativement faible de carburant et peut se poser sans difficulté sur les petits aéroports, ce qui augmente sa flexibilité sur un grand nombre de voies aériennes. Son fonctionnement est complètement géré par ordinateur et son pilotage peut donc être assuré par deux personnes seulement. En 1989, alors qu'Airbus Industries s'était fixé comme objectif de construire 1 000 avions au maximum, une avalanche de commandes pour ce nouvel avion a fait augmenter le nombre d'Airbus construits et la demande n'a pas diminué depuis. L'Airbus est ainsi devenu l'un des plus grands concurrents de Boeing, depuis longtemps le premier producteur d'avions. Il est intéressant de comparer cette coproduction européenne très réussie et la construction du premier avion européen, le Concorde. Cet avion supersonique, coproduction franco-anglaise, a représenté à l'époque des années soixante un symbole de la coopération économique européenne. Toutefois, malgré tout son prestige, la construction et le fonctionnement du Concorde ont longtemps été peu rentables. Il ne peut transporter qu'un nombre limité de passagers et contribue d'une manière notoire à la pollution sonore. Cet appareil est en quelque sorte l'équivalent technologique de la haute couture française et représente donc un luxe réservé à une minorité privilégiée. Un Concorde flambant neuf décoré du logo tricolore d'Air France constitue sans doute un aspect séduisant de la prouesse technologique française, mais à l'approche de l'an 2000, la même ingéniosité technologique a permis de créer un Airbus pratique et adaptable, symbole du rôle que la France et l'Union européenne joueront à l'avenir sur le marché mondial.

La modernisation technologique des transports en France a transformé profondément la vie quotidienne des Français. Dans le passé, les travailleurs habitaient près de leur lieu de travail et leur mode de vie était organisé en conséquence. A la suite du mouvement de la population vers les banlieues au cours des années soixante et soixante-dix, la construction de nouveaux réseaux de transports publics, comme le RER, l'amélioration des routes et la fabrication de voitures moins coûteuses à l'achat et plus économiques à l'usage ont considérablement facilité les déplacements des habitants de ces banlieues. En 1993, un Français sur cinq habitait en banlieue. Grâce au TGV et à la compagnie aérienne Air-Inter qui a développé son réseau à l'intérieur du pays et s'efforce d'offrir des prix plus avantageux aux voyageurs, les hommes et les femmes d'affaires peuvent aujourd'hui se déplacer facilement et rapidement. Un représentant de commerce ou une directrice d'entreprise peut quitter Paris le matin pour se rendre à Lille, à Strasbourg, à Lyon ou à Toulouse, ou voyager dans l'autre sens, voir ses clients et rentrer à la maison pour le repas du soir à 20 heures.

La révolution des transports a donc conféré aux Français une plus grande mobilité qu'autrefois. A son tour, cette mobilité a introduit des transformations notables dans les modes de vie traditionnels ainsi que dans les rapports entre les régions et Paris.

Découvertes culturelles

Identifiez chacun des moyens de transport suivants et expliquez son importance.

1.

2.

3.

4.

Témoignages culturels

Lecture 1

RATP, une réforme qui roule

Les services de transports qui dépendent de l'Etat, souvent entravés par une bureaucratie écrasante, ne fonctionnent pas toujours de façon très efficace. Il est question de privatiser certains d'entre eux, mais des efforts sont faits pour réformer le système de transports publics à Paris, afin d'éviter la privatisation de ce secteur si important. Une partie de ces réformes vise à redonner aux stations de métro leur apparence du début du XXe siècle. Le riche passé du métro parisien rejoint ainsi les préoccupations économiques actuelles des fonctionnaires qui le dirigent.

───────

Il y a eu une révolution dans [la RATP—Régie autonome des transports parisiens], cette entreprise de près de 39 000 salariés, écrasés° par

surchargés

des années de bureaucratie, longtemps engluée° dans des systèmes hiérarchiques dignes de l'armée, où, il y a deux ans encore, un guichetier ne disposait pas du moindre bout de papier parce qu'à la direction générale [on] avait un jour décidé que les agents n'avaient pas besoin d'écrire! Résultats de cette gestion calamiteuse: l'entreprise croulait° sous des dettes..., les préavis de grève°... et l'absentéisme (13,4 jours par agent et par an).

Les libéraux pensent qu'on ne peut réformer le service public que par la privatisation. Ce n'était pas l'avis de Christian Blanc, nommé à la tête de la régie....

Pour améliorer le service rendu aux 9 millions de voyageurs transportés par jour tout en maîtrisant les coûts, il ne va pas hésiter à donner un grand coup de pied dans la fourmilière.°... Les niveaux hiérarchiques sont trop nombreux? Il en garde trois sur sept. L'insécurité paralyse le client? Il met le paquet° pour la réduire.... La fraude représente un manque à gagner de 500 millions de francs? Il fera tout pour la freiner.... Enfin—et surtout—il cassera un système de décision hypercentralisé en rendant le pouvoir aux responsables sur le terrain....

Dans son bocal° de la station Belleville, sur la ligne no. 11, Monique Combes, 32 ans, s'agite comme une *executive woman*.... Elle anime une équipe de treize personnes et pratique le «nouveau service en station».... En clair, elle gère de petites équipes mobiles équipées de talkies-walkies qui partagent leur temps entre la vente de tickets, le contrôle et l'accueil des voyageurs....

Ne croyez pas pour autant que ce grand chambardement° fasse plaisir à tout le monde. Il a suscité l'hostilité des syndicats.... *«Décentralisation, cela veut dire privatisation»*, accusent en chœur ces habitués de la cogestion au sommet....

A l'instar° d'EDF ou de France-Télécom, la RATP peut-elle servir de modèle de gestion pour le service public? Il est encore trop tôt pour le dire. Monique Combes, notre animatrice de la ligne 11, est prête à tout pour que la réforme réussisse: *«Il fallait absolument que ça bouge.° Dans cette entreprise, on a trop longtemps ignoré les capacités individuelles.»*...

Et comme Blanc n'est pas homme à rester sans projet, il a annoncé... un vaste programme de rénovation des stations qui s'étalera° sur quinze ans. L'idée? Redonner aux quais leur look du début du siècle, avec de jolies faïences° blanches sur les murs, de la céramique pour entourer les pubs° et de vraies dalles° sur le sol. Bref, un look à la Hector Guimard, ce décorateur des années 1900, qui avait rendu le métro populaire avec ses entrées de style nouille.° Une nouvelle manière pour le PDG de laisser sa marque: se servir de l'ancien pour mettre le neuf en valeur!

Martine GILSON, «Economie», *Le Nouvel Observateur*, 29 octobre 1991.

---

immobilisée, comme avec de la glu

était près de s'effondrer

menaces d'arrêt de travail par les employés

lieu où travaillent une multitude de personnes

fait tous les efforts possibles

cabine de verre (comparée ici à un aquarium)

vaste changement

exemple

change

s'étendra

céramiques

affiches de publicité / plaques de pierre

style décoratif à la mode vers 1900

Le maintien d'un style décoratif caractéristique du début du vingtième siècle permet au métro parisien de conserver un look traditionnel tout en modernisant son fonctionnement.

Découvertes culturelles

1. Comment les libéraux veulent-ils réformer la RATP?
2. Citez deux des problèmes de la RATP auxquels le nouveau chef de la régie a dû faire face.
3. Dans quel sens Monique Combes peut-elle être comparée à une «executive woman»?
4. Qui s'oppose à tous ces changements?
5. Qu'est-ce que la RATP a de commun avec EDF et France-Télécom?
6. Quelles transformations va-t-on faire dans les stations? Dans quel style seront rénovées les stations?

Lecture 2

Le TGV

Le Train à grande vitesse (TGV) a connu en France un succès fou. D'autres lignes vont d'ailleurs être créées afin de développer encore ce moyen de transport ultra-rapide et efficace. Pour relier toutes les lignes du TGV, une gare a été construite dans le sud de Paris, ce qui contribue encore à la centralisation des chemins de fer, au moment où la décentralisation des services en France est au cœur de bien des discussions. Encore un exemple qui illustre à quel point la France se trouve tiraillée entre le concept de centralisation, héritage de son passé, et son désir de décentraliser son infrastructure.

––––––––

Le TGV Sud-Est français est la deuxième réalisation (1981) de trains à grande vitesse après le Shin Kansen japonais (210 km/h). Conçu à l'origine essentiellement pour désengorger° la partie Paris–Lyon de l'axe nord–sud, il s'est vite révélé un instrument très efficace, non seulement sur Paris–Lyon (260 km/h dès l'ouverture), mais aussi pour plusieurs au-delà, le matériel TGV pouvant circuler sur d'autres sections que l'infrastructure nouvelle.... *débloquer, désencombrer*

Le succès du TGV Sud-Est a incité à construire des sections à grande vitesse vers l'Ouest qui a toujours dénoncé l'insuffisance de ses liaisons avec le reste du pays. Le TGV Atlantique, qui détient le record du monde de vitesse sur rail à plus de 500 km/h,... devait avoir transporté 20 millions de voyageurs en 1991 à une vitesse de 300 km/h sur les meilleurs tronçons.°... La prochaine ouverture à l'exploitation d'un TGV devrait être en 1993 celle du TGV Nord en même temps que s'ouvrira le tunnel sous la Manche. *sections*

L'inauguration... de la gare de Massy, où se rejoignent au sud de Paris les lignes TGV Sud-Est et Atlantique, conforte l'organisation des TGV en réseau, organisation... qui prévoit un réseau de 3 400 km de lignes nouvelles et l'aménagement d'un certain nombre de lignes existantes.

Le réseau TGV projeté reproduit les traditionnelles directions de Paris vers le reste de la France. C'est retrouver la centralisation tant discutée sur Paris, malgré, il est vrai, une rocade° en région Ile-de-France, évitant le centre parisien et reliant tous les tronçons. *ligne dérivée*

Il y a peu de transversales.° Sans doute relève-t-on un Bordeaux–Toulouse, mais la jonction avec la Méditerranée ne se fait entre Toulouse et Carcassonne que par une ligne aménagée. Quant au Bordeaux–Lyon..., il n'en est pas question. *lignes est–ouest*

«Les solutions ferroviaires», *La France dans le monde*, Editions Nathan, Paris, 1992.

Découvertes culturelles

1. Quel a été le premier train à grande vitesse du monde?
2. Quelles sont les deux grandes villes à avoir été reliées par le premier TGV français?
3. Quel record détient le TGV Atlantique?
4. Décrivez la fonction de la gare de Massy.
5. Citez deux axes pour lesquels il n'y a pas de lignes de TGV.

Europe: La bataille du rail

L'Union européenne cherche à créer un système de transports en commun coordonné et efficace pour assurer le mouvement des voyageurs et des marchandises à travers tous les pays de l'Union. Grâce à la grande réussite du TGV, la SNCF se voit bien placée pour devenir le leader dans le domaine des transports en Europe.

Dans un livre... Jacques Fournier, président de la SNCF, définit la stratégie d'une nouvelle politique européenne des transports.

La thèse [de Fournier] paraît évidente: pour que l'Europe continue de se construire, il est nécessaire qu'elle définisse une véritable politique des transports.... Il faut que les voyageurs et les marchandises puissent circuler sans difficulté, et rapidement, de Porto à Edimbourg ou de Brest à Copenhague. Et les chemins de fer, à côté des transports routiers ou des avions, représentent une part essentielle de ce trafic.

Jacques Fournier veut donc utiliser son expérience pour défendre une Europe de la concertation, de la coopération, qui ne soit pas seulement un marché. Et son livre est d'abord un vigoureux plaidoyer° pour la SNCF, parce que les expériences bonnes sur le plan national peuvent être transposées sur le plan européen. Il raconte, il explique. Oui, le TGV est une réussite. Il était devenu une nécessité car le trafic voyageurs était directement concurrencé par l'avion et par l'automobile. Non, le TGV n'a pas condamné le train classique. Oui, l'entreprise—même de service public—doit être rentable°....

Bref, Jacques Fournier dresse un tableau sans complaisance° de la SNCF et de son avenir. Mais, tout compte fait, constate que c'est une belle machine. Un modèle. Elle a toujours su s'adapter. Avec le TGV, qui va en Suisse, qui ira demain en Belgique et en Grande-Bretagne, et plus tard en Allemagne, Italie, Espagne..., elle doit être un pivot dans une Europe de la coopération. Jusqu'à présent, aux frontières, il fallait souvent changer de locomotive et de conducteur. Aujourd'hui, on sait résoudre les problèmes techniques: le TGV qui ira à Londres sera capable de recevoir des courants biphasés ou triphasés, il obéira aux différentes signalisations et les conducteurs seront bilingues....

Claude-François JULLIEN, «TGV ou train-train», *Le Nouvel Observateur,* 23 janvier 1993.

défense

capable de réaliser un profit
objectif

Découvertes culturelles

1. Pourquoi est-il nécessaire de mettre au point une politique des transports pour l'Europe?
2. Citez deux raisons pour lesquelles la SNCF est bien placée pour devenir un leader dans le domaine des transports européens.
3. Jusqu'où ira le TGV, à court et à moyen termes?
4. Quels problèmes techniques a-t-on déjà résolus pour le TGV qui va à Londres?

V
L'Union européenne

On avait déjà avancé, dès les années vingt, l'idée d'une Europe unifiée sur le plan économique, mais ce rêve d'unification européenne s'est vu détruit, du moins de façon temporaire, par les conflits de la Seconde Guerre mondiale. Peu après la guerre, l'espoir d'une Europe unifiée a ressurgi. En 1950, on a proposé des projets pour une fédération européenne fondée, pour la plus plus grande part, sur une unification économique. A la suite de plusieurs années de négociations, le traité de Rome a créé en 1957 ce que l'on a appelé à cette époque le «Marché Commun» (la Communauté économique européenne), composé des six Etats membres fondateurs: la France, l'Allemagne de l'Ouest, la Belgique, l'Italie, le Luxembourg et les Pays-Bas. Au cours des années suivantes, la coopération économique entre les Six s'est beaucoup développée, en particulier dans les domaines de l'agriculture, de la technologie et de l'énergie. Par la suite, cette coopération économique a débouché sur un début d'unification politique, symbolisée par l'établissement à Strasbourg d'un Parlement européen en 1979. Entre temps, d'autres nations sont entrées dans cette Communauté économique européenne en pleine expansion. Bien que son entrée dans la CEE ait sans cesse été rejetée au cours des années soixante par Charles de Gaulle, le Royaume Uni est enfin devenu membre de la Communauté en 1973, trois ans après la démission du président français. Le Danemark et l'Irlande ont rejoint la CEE en même temps que le Royaume Uni, et les derniers membres des «Douze», l'Espagne, le Portugal et la Grèce, y ont été admis dans les années quatre-vingt.

Le 1er janvier 1993 a marqué l'une des étapes suivantes les plus importantes dans le développement du concept d'une Europe unifiée. A cette date, toutes les frontières entre les douze membres de la Communauté européenne ont été supprimées, ce qui permet aujourd'hui — en même temps que la libre circulation des personnes — le libre échange de marchandises, de capitaux et de services entre les nations membres. Ainsi, d'un seul coup, l'Union européenne est devenue le marché le plus important du monde, comptant une population de 370 millions d'habitants — y compris ceux de la Suède, de l'Autriche et de la Finlande, qui ont rejoint l'Union en 1995 — qui jouissent dans l'ensemble d'un niveau de vie relativement aisé. Les habitants de l'Islande, du Liechtenstein, de la Norvège et de la Suisse, pays membres de l'Espace économique européen, ont encore augmenté ce marché potentiel considérable. Dans l'économie globale de l'avenir, aucune entreprise ne pourra prospérer sans tenir compte de l'Union européenne dont le pouvoir sera en principe renforcé en 1999 par l'institution d'une monnaie commune, l'EURO.

La nouvelle réalité de l'Union européenne ne cesse d'imposer à la France des transformations supplémentaires dans ses traditions économiques héritées du passé. En particulier, l'économie française doit accélérer encore son mouvement de décentralisation. Les centres de manufacture, de vente et de services doivent s'axer de plus en plus vers les autres nations membres, peut-être même hors des frontières du pays. Les banques françaises, déjà assez compétitives, peuvent maintenant établir des branches partout dans la zone d'influence de l'Union. Les consommateurs français ont bénéficié d'une baisse de la TVA (taxe à la valeur ajoutée) sur la plupart des produits, et les consommateurs des autres pays de l'Union peuvent désormais trouver en France une marchandise française de haute qualité à meilleur marché qu'avant. L'Union européenne a déjà rédigé des accords pour faciliter l'échange des marchandises avec d'autres pays comme les Etats-Unis et la Chine, ce qui servira à augmenter les potentialités de production de l'économie française. Pour ce qui est du chômage, les travailleurs français qui ne trouvent pas d'emploi en France sont maintenant libres de chercher du travail dans les autres nations membres. Sur le plan éducatif, un système d'échanges universitaires a été mis en place par le programme ERASMUS *(voir pages 229 et 337),* dont le but est de permettre aux étudiants européens de chercher la formation qui les intéresse le plus sans avoir à tenir compte des frontières nationales.

Il est évident, cependant, que ces changements radicaux ne sont pas sans inconvénients. Certains secteurs de l'économie française, l'agriculture en particulier, devront subir des modifications assez sévères qui ne sont pas toujours bien perçues par le public dans l'immédiat. Ainsi, les subventions accordées depuis longtemps par l'Etat aux agriculteurs seront réduites ou même dans certains cas supprimées. Il est prévu que le chiffre global de personnes travaillant ce secteur diminuera au cours des années, ce qui va augmenter de façon temporaire le taux de chômage et rendre indispensable le recyclage de tous ces ouvriers agricoles et anciens agriculteurs. En général, la notion de mobilité professionnelle, qui est entrée si récemment dans les habitudes françaises, va devenir un aspect très important de la réalité économique de l'Union européenne. On aura de plus en plus besoin de se déplacer pour trouver du travail, non seulement hors de sa ville ou de sa région, mais même hors de France.

Les nouvelles exigences de l'Union européenne contribuent ainsi à transformer radicalement la vie économique de la France. Pendant des centaines d'années, l'horizon économique des Français s'était limité à leur ville et à leur région, et c'était Paris qui détenait tout le pouvoir économique. Dans le nouveau contexte de l'Union européenne, beaucoup de Français ne chercheront plus une formation ou un emploi dans les limites de leur région, et Paris ne sera plus la source de toute activité économique. A l'approche de l'an 2000, les Français sont en train de devenir progressivement des travailleurs flexibles, des employés mobiles et des consommateurs intelligents qui profitent de cette grande aventure que représente l'Union européenne.

Découvertes culturelles

1. A quelle date le premier «Marché Commun» a-t-il été créé?
2. Quels pays constituent l'Union européenne aujourd'hui? Vérifiez votre réponse en regardant la carte à la page 171.
3. Que s'est-il passé en janvier 1993?
4. Qu'est-ce que l'Euro?
5. Quels sont les avantages de l'unification de l'Europe pour les Français?
6. En quoi l'Union européenne provoque-t-elle des changements dans la vie économique française?

Témoignages culturels

Une brève histoire de l'Europe

Lecture 1

Pendant des siècles, la politique en Europe a été dominée par un sentiment de nationalisme qui tendait à diviser et à isoler les différents pays de ce continent. L'Union européenne d'aujourd'hui représente le résultat de longues années d'efforts et de travail diplomatique. Le petit résumé qui suit offre un aperçu des étapes qui ont mené progressivement à l'établissement de l'Union européenne et contribué à en faire le bloc politique et économique le plus important de l'époque moderne.

19 septembre 1946

WINSTON CHURCHILL LANCE LES ETATS-UNIS D'EUROPE

Hanté par les menaces de l'ours stalinien, le vieux lion britannique se prononce le premier, à Zurich, pour une fédération européenne. Cela donnera, en 1949, le Conseil de l'Europe.

9 mai 1950

CREATION DE LA CECA

L'union politique est difficile. Robert Schuman et Jean Monnet ont l'idée de partir de l'économie. Le Benelux, l'Italie et, surtout, la France et l'Allemagne décident de mettre en commun le nerf° des guerres et du progrès: c'est le "pool charbon-acier".

base

Le siège du Marché unique européen (ex-CEE) se trouve à Bruxelles, en Belgique.

31 août 1954

ECHEC DE LA CED

Par une drôle d'après-midi d'été, et par un vote écrasant, l'Assemblée nationale française rejette la ratification du traité qui créait la Communauté européenne de Défense. Le grand rêve d'une armée intégrée est enterré.°

25 mars 1957

SIGNATURE DU TRAITE DE ROME

Les Six dépassent le pool charbon-acier. Ils créent la CEE, vaste marché commun devant unifier peu à peu l'ensemble de l'économie européenne.

détruit

1962
PREMIERS REGLEMENTS DE LA PAC

Et déjà les agriculteurs manifestent. A l'Europe noire de suie° succède l'Europe verte. La politique agricole commune sera pour les campagnes françaises l'objet de la grogne° et l'instrument du progrès.

pollution industrielle

mécontentement

30 janvier 1966
LE COMPROMIS DE LUXEMBOURG

Furieux de voir la souveraineté française menacée par Bruxelles, de Gaulle, après avoir adopté la politique de "la chaise vide", obtient gain de cause:° un seul pays peut mettre son veto à une décision commune si ses "intérêts vitaux" sont en jeu.

ce qu'il veut

1er janvier 1973
ENTREE DANS LA CEE DE LA GRANDE-BRETAGNE, DU DANEMARK ET DE L'IRLANDE

Le Général, en 1963, avait refusé l'entrée du "cheval de Troie des Américains" dans l'Europe. La Grande-Bretagne y entrera dix ans plus tard.

13 mars 1979
NAISSANCE DU SYSTEME MONETAIRE EUROPEEN ET DE L'ECU

Le Serpent, qui permettait une certaine fluctuation des monnaies européennes entre elles, devient le Système, favorisant une plus grande cohésion. A l'occasion, on crée une nouvelle unité de compte° européenne sous le nom d'ECU.

financière

2–3 décembre 1985
SIGNATURE PAR LES DIX DE L'ACTE UNIQUE EUROPEEN

Arrière° les frontières, arrière les douanes! Les Dix (l'Espagne et le Portugal feront leur entrée un mois plus tard) donnent un coup de fouet° à l'intégration économique: le 1er janvier 1993, l'Europe ne sera plus qu'un seul et gigantesque marché unifié.

finies
impulsion

12 décembre 1991
MAASTRICHT

La petite ville des Pays-Bas... est devenue le symbole du grand élan° européen de la fin du siècle. Après les temps de l'intégration économique, voici venir ceux de l'union monétaire, de l'union politique, et de l'esquisse° d'une politique de sécurité commune.

mouvement ardent

première mise en forme

Jacques JULLIARD, «Maastricht», *Le Nouvel Observateur*, 16 octobre 1992.

Découvertes culturelles

Choisissez dans la liste ci-dessous les éléments qui complètent le mieux chaque phrase.

- l'Espagne
- Churchill
- Maastricht
- «le pool charbon-acier»
- l'ECU
- le traité de Rome
- Staline
- le Portugal

- l'Acte unique européen
- les agriculteurs
- de Gaulle
- le serpent monétaire européen
- la Communauté européenne de défense
- les «intérêts vitaux» du pays
- l'Angleterre

1. L'homme d'Etat qui a le premier mentionné l'idée d'une fédération européenne est...
2. La première union économique européenne a été...
3. L'Assemblée nationale française a rejeté...
4. Ce qu'on appelait à l'époque le «Marché commun» a été créé en 1957 par...
5. Un des groupes socio-professionnels qui s'est continuellement opposé à certains aspects de l'union économique est celui constitué par...
6. De Gaulle a insisté pour qu'un pays puisse opposer son veto à une décision commune si cette décision met en péril...
7. Le pays dont de Gaulle a bloqué l'entrée dans l'Europe pendant dix ans est...
8. La nouvelle monnaie de l'Europe a d'abord été appelée...
9. Un marché européen unifié a été instauré par...
10. L'Union européenne a été établie par le traité signé à...

Lecture 2

Le guide du citoyen européen

Il est évident que l'Union européenne ne cesse de provoquer des changements importants dans la vie des Français. Voici une liste des questions les plus souvent posées par les Français concernant les effets de l'Union sur leurs modes de vie. Les sujets de ces questions présentent des aperçus très révélateurs sur la culture française.

___

Nos fromages au lait cru° sont-ils sauvés?

non-pasteurisé

Oui. Mais en réalité, ils n'ont jamais été menacés. Ce sont les producteurs français de... fromages au lait cru, qui en 1990 ont anticipé—à tort—la mort des fromages français fabriqués de façon artisanale.°... Panique dans les fermes françaises, la rumeur antieuropéenne s'amplifie: nos fromages seraient menacés de pasteurisation! Soulagement° en juin 1991: le

traditionnelle, non industrielle

dissipation de l'inquiétude

Parlement européen autorise les fromages au lait cru à contenir plus de germes que les fromages au lait pasteurisé. Et, en juin 1992, la Commission adopte deux directives qui imposent à tous les producteurs européens la réglementation sanitaire concernant les fromages en France. Aujourd'hui, nos fromages sont non seulement sauvés mais aussi protégés.... Plus de risque, donc, de trouver un camembert de Normandie fabriqué au Japon!

L'Europe contraindra-t-elle la France à ouvrir ses magasins le dimanche?

Non. Chaque pays est maître de sa réglementation en la matière.... Pourtant, la question se pose: [certains] pays européens autorisent les commerçants à travailler le dimanche ou une partie du dimanche.... Ces différences de réglementations soulèvent le problème des distorsions de concurrence,° en particulier dans les régions frontalières....

compétition

Quand paierons-nous en écus[2] et combien cette monnaie vaudra-t-elle?

D'ici peu, l'Europe aura sa monnaie. En France on l'appelle déjà l'écu, mais... les Allemands, pour lesquels ce mot ne signifie rien, s'y opposent. Le traité d'Union économique et monétaire prévoit que cette monnaie entrera en vigueur au plus tôt en 1997 et au plus tard en l'an 2000....

Quant à l'aspect des billets, rien n'a été encore défini. Mais il est probable que pièces et billets porteront sur une face leur valeur en monnaie européenne et sur l'autre leur valeur nationale....

Va-t-on délivrer des diplômes européens?

Non. La Commission des Communautés européennes n'a pas de compétence en matière d'éducation. Les Etats restent maîtres de leur politique éducative. Cependant, le traité de Maastricht est le premier texte général européen à reconnaître officiellement la nécessité de promouvoir *«une éducation de qualité en encourageant la coopération entre Etats membres.»* Il souhaite *«favoriser la mobilité des étudiants».* Celle-ci peut s'effectuer° dans un cadre communautaire. Erasmus, le programme d'échanges universitaires lancé par la CEE en 1987, permet d'effectuer, au cours d'une scolarité en France, quelques mois d'études dans une université européenne. Pour bénéficier d'Erasmus, il faut être au minimum en deuxième année d'études dans un établissement supérieur ayant établi un programme interuniversitaire de coopération (PIC). Problème: Erasmus est victime de son succès. En 1992–1993, pour des raisons budgétaires..., on ne recense° que 60 000 élus (sur plus de 6 millions d'étudiants européens).

se réaliser

compte

---

[2] En 1995, la décision a été prise de rebaptiser la monnaie européenne «l'EURO».

Le baccalauréat ouvre-t-il les portes
de toutes les universités européennes?

Oui. Le diplôme de fin d'études secondaires, qui permet d'accéder à l'enseignement supérieur dans le pays d'origine, ouvre les portes de tous les établissements supérieurs de la Communauté—à condition de prouver que l'on possède la langue du pays. Mais l'application de cette règle est subordonnée au respect de l'autonomie des systèmes éducatifs nationaux. L'université d'accueil est libre de refuser un étudiant qui ne remplit pas les conditions d'admission. Or, si en France (le pays d'Europe qui compte le plus grand nombre de bacheliers), le bac, ou son équivalent étranger est considéré comme un passeport pour l'enseignement supérieur, chez la majorité de nos partenaires européens, il ne suffit pas. Certains pays pratiquent la sélection à l'entrée de l'université, pour des raisons élitistes (Royaume-Uni) ou économiques (Grèce, Portugal, Espagne)....

Va-t-on développer l'enseignement
des langues européennes dans les écoles?

recommande vivement

L'article 126 du traité de Maastricht préconise° «*l'apprentissage et la diffusion des langues des Etats membres*». Objectif: que chacun maîtrise au moins deux langues européennes en dehors de la langue maternelle.

La durée du travail est-elle limitée,
les congés payés sont-ils obligatoires?

Pour le moment, vous êtes soumis à la législation du pays dans lequel vous travaillez. Mais un projet de directive... va contraindre les employeurs à accorder chaque jour au moins 11 heures de repos consécutives, à limiter à 48 heures (y compris les heures supplémentaires) la durée hebdomadaire du travail, et à accorder au minimum 4 semaines de congés payés par an.

Une Française ayant dépassé la date autorisée pour une IVG°
pourra-t-elle avorter en Grande-Bretagne?

interruption volontaire de grossesse

IVG

Oui. Pour l'instant, chaque pays garde sa propre juridiction en matière d'avortement.° L'Irlande et l'ex-RFA continuent de l'interdire. La Grande-Bretagne de l'autoriser jusqu'à 24 semaines suivant la conception. Alors qu'en France ce délai reste fixé à 10 semaines. Dans le cadre de la «libre circulation des personnes», un pays interdisant l'IVG ne pourra plus empêcher ses ressortissantes° d'aller avorter ailleurs.

les femmes qui dépendent de la juridiction de ce pays

Caroline Brizard et al, «Le Guide du citoyen européen», *Le Nouvel Observateur*, 23 septembre 1992.

Découvertes culturelles

Vrai ou faux? Justifiez votre choix.

1. Les fromages français au lait cru vont être interdits dans le reste de l'Europe.
2. La France sera obligée d'ouvrir ses magasins le dimanche.
3. La monnaie européenne entrera en vigueur au plus tard en l'an 2000.
4. Les billets européens ne porteront qu'une seule valeur, la valeur en monnaie européenne.
5. Il n'y aura pas de diplômes européens.
6. Le programme Erasmus ne fonctionne pas très bien.
7. Le bac français donnera accès automatiquement à toutes les universités européennes.
8. Les citoyens européens ne seront pas encouragés à parler d'autres langues que leur langue maternelle.
9. Des accords communs réglementeront la durée du travail et des congés payés.
10. L'avortement sera autorisé et ce, selon les mêmes délais, dans tous les pays de l'Union.

Les jeunes et l'Europe

Lecture 3

Toute une génération de Français se sentent déjà plus «Européens» que «Français». Les attitudes des jeunes en France à ce sujet donnent une idée de l'avenir de l'Union européenne et de ses conséquences sur la culture française.

Les vrais Européens vivent déjà parmi nous et vous ne les voyez pas. Vous les connaissez pourtant. Ils sont sveltes, ils sont beaux. Ils affichent° le même air de jeunesse, d'apparente nonchalance et de désinvolture. Ils parlent peu, sauf entre eux. Ils ont leurs codes, leur langage, leur musique. Ils ignorent nos nostalgies, ils n'ont pas de passé, pas de guerre dans leur mémoire. Ils ont 20 ans....

    Pour ce premier cours d'histoire-géo, ils sont 34 sagement assis derrière leurs pupitres.° Trente-quatre regards sceptiques ou vaguement amusés. Trente-quatre visages différents, des frisés bruns, une fille Ophélie, un Asiatique tout seul dans le fond de la classe, une brune ravageuse,° un bon gros dans un jean trop serré.... L'Europe? Celle des hommes politiques?... Finalement, ils acceptent d'en parler....

    C'est peu de dire qu'ils la vivent, l'Europe; ils l'ont déjà parcourue°... avec leurs pieds. De vrais Europe-trotters: 30 sur 34 ont déjà traversé la Manche, 23 sont allés en Espagne, 22 en Belgique, 20 en Allemagne, 18 en Italie.... Frénésie touristique? Non, mais—merci papa, merci maman!—séjours° linguistiques, échanges de correspondants, parfois petits boulots° d'été hors de l'Hexagone. Séjours multiples. Trois, quatre,

adoptent

bureaux d'école

très séduisante

visitée

voyages
travaux

voire six voyages (à 17 ans!) profitables à bien des égards. C'est souvent là—merci papa, merci maman, même si vous n'êtes pas au courant—qu'ils ont connu leurs premières amours. Est-ce que cela explique qu'ils lisent régulièrement des journaux en anglais ou en allemand?....

Pas de doute, ils vivent l'Europe au quotidien: deux sur trois (21 sur 34) se sentent plus proches d'un jeune Européen de leur âge que d'un Français d'une autre génération. Deux sur trois encore (24 contre 6)

Les lycéens sont conscients de leur avenir et n'hésitent pas à faire la grève pour attirer l'attention des autorités sur les problèmes auxquels ils sont confrontés.

se sentent «déjà européens». Quand? Lorsqu'ils voyagent..., quand ils regardent un match de foot..., quand ils rencontrent d'autres jeunes et quand ils vont «ailleurs, aux Etats-Unis par exemple»....

En somme, on pourrait croire le problème réglé. Ce n'est pas vrai. Aujourd'hui, ils hésitent, ils ont peur. Secrètement, ils sont fous d'inquiétude. Pourtant, ils aimeraient bien rêver.... Vous dites Europe? Pour un sceptique..., presque tous les autres parlent encore d'espoir, d'avenir, de progrès, d'unité, d'union, de liberté, de paix et de prospérité et même d'une «réplique°

réponse

aux courants nationalistes qui règnent dans de nombreux pays». Seulement ensuite vient l'idée que l'union fait la force, «mais pas comme sur cette affiche socialiste où on voit un dessin de propagande digne des années 30, avec un capitaliste genre oncle Sam, cigare au bec, et un sumo japonais effrayant»....

Josette ALIA, «Avoir 20 ans le dimanche de Maastricht», *Le Nouvel Observateur*, 23 septembre 1992.

Découvertes culturelles

1. Qui sont «les vrais Européens»?
2. Pour quels types de raisons cette génération de jeunes a-t-elle déjà voyagé en Europe?
3. Avec qui est-ce que ces jeunes s'identifient le plus? Le moins?
4. A quelles occasions se sentent-ils déjà «européens»?
5. Contre quels pays la propagande socialiste pour l'Union européenne est-elle dirigée?

Activités d'expansion

Repères culturels

A. Associez-vous chacun des termes suivants plutôt avec la centralisation ou avec la décentralisation? Expliquez votre choix.

1. la planification
2. les intendants
3. les régions économiques
4. le Front Populaire
5. de Gaulle
6. les métropoles
7. le poste de préfet
8. le «système D»
9. l'Union européenne
10. le roi Philippe Auguste

B. Rédigez un résumé de l'histoire des concepts de nationalisation et de privatisation en basant votre réponse sur les éléments suivants.

1. les régimes de Louis XIV et de Napoléon
2. le Front Populaire (1936)
3. la Seconde Guerre mondiale
4. le premier septennat du président Mitterrand
5. les élections législatives de 1986 et de 1993

C. Voici une liste d'entreprises françaises qui jouent un rôle important dans l'économie mondiale. Quelle est la spécialité de chacune d'elles?

1. Dassault
2. la Société Générale
3. Paribas
4. Elf-Aquitaine
5. Thomson-Brandt
6. Rhône-Poulenc
7. Matra
8. Aérospatiale

D. La langue française moderne compte beaucoup d'acronymes et de sigles qu'il faut savoir déchiffrer. A quelle réalité ou notion les acronymes et les sigles suivants sont-ils associés?

1. RER
2. RATP
3. EDF
4. IVG
5. SIDA
6. TGV
7. CAO
8. SNCF

E. Expliquez en quoi chacun des éléments suivants représente un exemple de prouesse technologique française.

1. Ariane
2. la «carte à puce»
3. l'Airbus
4. le Minitel
5. la RU 486
6. le Concorde
7. le tunnel sous la Manche
8. le système de la SNCF

F. Identifiez le rôle joué par chacun des éléments suivants dans le développement de l'économie française actuelle.

1. Air France Europe (ex-Air Inter)/le TGV/le RER
2. les hypermarchés
3. les cartes de crédit
4. France-Télécom
5. les petits commerces
6. les technopôles
7. les Conseils régionaux
8. les «eurocités»

G. Voici une partie du vocabulaire important concernant le développement de la nouvelle Europe. Développez chacun des termes suivants.

1. «Les Quinze»
2. Strasbourg
3. l'Euro
4. le «Marché Commun»
5. Maastricht
6. le traité de Rome

Quelques liens culturels

Discussion

1. Expliquez le rapport entre le principe de la décentralisation et celui de la privatisation.
2. Comment le déplacement de la population vers les banlieues a-t-il influencé la décentralisation de l'économie?
3. Quels aspects du «management à la française» constituent des exemples du «mal français» décrit par Alain Peyrefitte dans le texte aux pages 187–188?
4. En quoi le mouvement de privatisation représente-t-il une tendance opposée au développement historique de l'économie française?
5. Quels éléments du développement historique de l'économie française expliquent pourquoi les transports publics sont très avancés en France?
6. Expliquez pourquoi les Français ont dû développer le «système D».
7. Donnez des exemples du fait que la technologie joue un rôle important dans la vie de tous les jours en France.
8. En quoi le développement de l'Europe va-t-il accélérer la décentralisation de l'économie française?
9. En quoi l'Union européenne va-t-elle augmenter la mobilité de la société française?
10. Quels articles importés de France ou quelles entreprises françaises sont présents dans votre pays?

Mise en scène

1. Vous rencontrez un(e) Français(e) de votre âge. Comparez vos styles de vie du point de vue économique.
2. Imaginez le débat entre un leader de la gauche et un leader de la droite sur l'avenir économique de la France.

1. Choisissez un personnage historique et analysez sa contribution au principe de la centralisation de l'économie française.
2. En quoi le débat entre nationalisation et privatisation illustre-t-il encore la tension traditionnelle entre la gauche et la droite en France?
3. Présentez, au choix, les principes de la nationalisation ou ceux de la privatisation et discutez des avantages et des inconvénients du système économique que vous aurez choisi.
4. Quelle est votre opinion personnelle à propos de l'Europe unie? Ce projet vous semble-t-il bon? Pensez-vous qu'il réussira? Quel pourra être son rôle dans l'économie mondiale? Qu'est-ce qui risque de faire obstacle à sa réussite?

Perspectives interculturelles

A. Quels secteurs de l'économie de votre pays sont «nationalisés» ou centralisés sous le contrôle de l'Etat?

B. Parmi les réalisations technologiques françaises, lesquelles existent déjà dans votre pays? Lesquelles ne sont pas encore répandues dans votre pays? Quelle innovation technologique française vous a le plus impressionné(e)?

C. Y a-t-il des «villes nouvelles» dans votre pays? Quels en sont, à votre avis, les avantages et les inconvénients?

D. Si l'Europe réussit sur le plan économique, quelles répercussions ce succès aura-t-il sur la situation économique de votre pays?

DOSSIER CINQ

La vie intellectuelle et culturelle

La vie intellectuelle et culturelle

Parmi les pays européens, la France se révèle l'une des premières puissances mondiales lorsqu'on considère l'action qu'elle a eue sur les mouvements intellectuels, littéraires et artistiques du XXᵉ siècle. Pendant les années qui ont précédé la Seconde Guerre mondiale, son influence s'était déjà fait sentir à l'étranger: dans les lettres, à travers les œuvres de Marcel Proust ou d'André Gide, mais aussi par la créativité avant-gardiste et souvent provocatrice des surréalistes, ou encore par les romans plus populaires d'écrivains tels que Paul Morand et André Maurois qu'on lisait soit en français, soit en traduction. Le nazisme, le fascisme et les régimes totalitaires de certains pays d'Europe et de l'URSS ayant condamné comme décadentes ou subversives les œuvres d'une partie importante des artistes français, le rayonnement culturel de la France s'est alors orienté de plus en plus vers l'Amérique.

Dans les années qui ont suivi la guerre de 1939–1945, grâce surtout à l'influence du philosophe Jean-Paul Sartre et de l'écrivain Albert Camus, la France a connu une nouvelle ère de prestige intellectuel mondial. Ce rayonnement s'est encore vu rehaussé par l'intense activité créatrice qui a marqué le théâtre, à Paris surtout, ainsi que le cinéma avec l'apparition de la «nouvelle vague». A partir des années soixante, d'autres Français sont venus rejoindre les rangs d'une intelligentsia internationale universellement reconnue, lorsque des penseurs tels que Roland Barthes, Michel Foucault, Jacques Lacan et Claude Lévi-Strauss ont présenté une image rénovée de la France intellectuelle.

Depuis lors, la France semble avoir quitté sa position dominante dans les lettres et la pensée philosophique pour s'affirmer davantage dans le secteur de l'architecture monumentale et urbaniste. On pourrait donc dire que, dans l'aventure intellectuelle et culturelle contemporaine, la mission de rayonnement culturel de la France n'est pas clairement définie et que dans ce domaine, le pays semble se chercher.

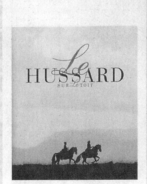

(page précédente)
L'ancienne gare d'Orsay à Paris transformée en musée consacré à l'art français du dix-neuvième siècle.

I
Les «intellos»

Dans la langue française populaire, les aristocrates sont devenus les «aristos», les propriétaires les «proprios», les gynécologues les «gynécos» et les intellectuels les «intellos». Chez ceux qui emploient ces termes, il ne s'agit pas tant d'un désir d'abréger un mot trop long que d'une volonté de rendre plus familiers les individus désignés par ces termes génériques. Ainsi rebaptisés, les «intellos», par exemple, semblent avoir quitté leur piédestal pour rejoindre le quotidien par l'intermédiaire du vocabulaire courant.

Les intellectuels, c'est-à-dire les personnes qui se consacrent aux activités de l'esprit, ont existé à toute époque. Au Moyen Age, il s'agissait de ceux, comme les moines, dont la vie contemplative leur permettait d'amasser une somme prodigieuse de connaissances. Mais, à la différence de l'idéal des penseurs de la Renaissance qui allaient leur succéder, l'idéal médiéval du savoir ne comportait aucun but utilitaire. Au XVIᵉ siècle, on a commencé à faire l'application de cette vie de l'esprit au comportement quotidien. Ainsi, Montaigne s'est servi de son esprit pour élaborer, à la manière des Grecs et des Romains de l'Antiquité, un véritable art de vivre. Et l'homme accompli que le XVIIᵉ siècle a qualifié d'«honnête homme» était celui dont les connaissances et la formation intellectuelle lui permettaient d'acquérir ce que Pascal a défini dans ses *Pensées* comme une «qualité universelle». Ce n'est qu'au XVIIIᵉ siècle, cependant, que les philosophes comme Voltaire, Montesquieu et surtout les Encyclopédistes, ont orienté leur esprit vers la dimension politique et sociale de leur époque. Depuis ce temps, les intellectuels français assument en quelque sorte la responsabilité de directeurs de conscience dans la société et continuent de se prononcer sur le plan politique, juridique, scientifique et technologique, économique et commercial.

Mais qui sont les intellectuels d'aujourd'hui? Les intellectuels «professionnels», en tant que tels, n'existent pas. On est sociologue, anthropologue, professeur d'histoire, de linguistique, de sciences économiques ou de philosophie, journaliste, psychiatre, politologue—toutes les carrières sont bonnes pourvu que les penseurs modernes qui y appartiennent fassent preuve d'un engagement éthique et souvent politique vis-à-vis du monde actuel, celui du réel.

Au XXe siècle, les rapports entre les «intellos» et la sphère politique ont souvent été antagonistes. Il est à noter que l'expression «intellectuel de gauche» semble parfaitement normale dans le contexte français, alors qu'il est beaucoup moins coutumier d'entendre dire de quelqu'un qu'il est un intellectuel «de droite». Peut-être faut-il voir derrière ce phénomène la mission de contestation que beaucoup d'intellectuels se sont attribuée avant la grande crise sociale de mai 68 et dans les années soixante-dix. Il serait pourtant erroné d'en conclure que la réforme est le monopole des marxistes et autres gauchistes. Depuis les années quatre-vingt et la chute du marxisme, de «nouveaux philosophes», moins dogmatiques, animent un courant idéologique qui domine une partie importante du panorama intellectuel.

Parmi les intellectuels les plus influents depuis le début de la Ve République, il faut d'abord citer Jean-Paul Sartre (1905–1980). Longtemps considéré comme le modèle même de l'intellectuel de gauche classique, il s'est lui-même caractérisé comme un «veilleur de nuit, présent sur tous les fronts de l'intelligence». Lié depuis toujours à l'action par sa philosophie existentialiste, il a mis tous ses talents d'écrivain, d'essayiste, de philosophe et de journaliste au service d'une politique de plus grande liberté. Il a livré ses plus farouches combats politiques à la suite de mai 68, lorsqu'il s'est rallié aux jeunes militants qui contestaient l'idéal bourgeois contre lequel Sartre s'était lui-même si longtemps battu.

Paradoxalement, c'est un ami de jeunesse de Sartre à l'Ecole normale supérieure, Raymond Aron (1905–1983), qui a proposé une sorte de contrepoids aux idées politiques sartriennes. En 1955, Aron a consacré à la condition des intellectuels, catégorie à laquelle il appartenait lui-même, un livre intitulé *L'Opium des intellectuels*. Il a, dans cet ouvrage, exposé ce qu'il appelait «le mythe de la gauche», expliquant qu'il ne s'agissait d'après lui que d'une compensation fictive aux échecs révolutionnaires de 1789 et de 1848. Ses *Mémoires* de 1983 montrent bien qu'Aron a maintenu jusqu'à la fin de sa vie son opposition à toutes les «religions séculières» auxquelles pouvait appartenir l'idéologie marxiste-léniniste, entre autres.

S'écartant progressivement des philosophes tels que Sartre, encore attachés aux grands systèmes socio-politiques, certains intellectuels allaient s'inspirer notamment des sciences humaines pour former un mouvement qu'on appelle le structuralisme. Parmi ces penseurs moins orientés vers la politique que vers le comportement psychique humain, il ne faut pas sous-estimer le rôle joué par Jacques Lacan (1901–1981). Ses *Ecrits* de 1966 contiennent l'essentiel des principes de la psychanalyse freudienne qu'il a appliqués en tant que médecin pour «décentrer le sujet» en s'éloignant des théories humanistes, individualistes ou existentialistes et le rattacher aux notions de système et de structure. Lacan, en effet, comme Michel Foucault (1926–1984), Claude Lévi-Strauss (né en 1908), et Roland Barthes (1915–1980), a adhéré au mouvement qui s'est formé autour de la théorie du «structuralisme», selon laquelle le sujet humain ne vient qu'au second rang par rapport aux différents éléments du réel dont il est composé. Rapprochant psychanalyse et linguistique, Lacan a avancé que l'inconscient pouvait s'expliquer par référence au langage car, selon lui, il est structuré comme un langage. Etre de langage, l'homme, lorsqu'il parle, exprime un sens (le «signifié») auquel il essaie de trouver la forme à travers laquelle il l'exprime (le «signifiant»). La psychanalyse, dont le but est d'analyser l'inconscient, doit tenter de le déchiffrer dans la parole du sujet, car il n'y a pas de langage de l'inconscient qui soit distinct du langage même. Foucault a prolongé cette étude des rapports entre l'homme et le langage en démontant le mécanisme des «choses dites». *Les Mots et les choses* (1966) indiquent le chemin qu'il a choisi de suivre dans son analyse minutieuse des rapports liant la parole et le pouvoir. Lévi-Strauss, philosophe et ethnologue, a étendu ses recherches culturelles à l'ensemble de la race humaine afin de découvrir les structures de base qui se retrouvent, sous des combinaisons variées, dans les différentes sociétés. Certains de ses ouvrages, comme *Tristes tropiques* (1955) et *Mythologiques* (1964), ont contribué de façon significative à l'expansion de la méthode structuraliste dans les sciences humaines. Roland Barthes, pour sa part, s'est imposé de la même façon à la nouvelle critique littéraire qui a pris de plus en plus d'importance dans le domaine des lettres à partir des années soixante-dix. Connu surtout pour y avoir introduit les principes de la «sémiotique» (la science des signes ou des significations), il a étudié, en particulier dans *S/Z* (1970), les rapports entre le texte et son lecteur, envisagé non plus comme un consommateur mais comme un producteur à son tour. Interpréter un texte, selon lui, ce n'est pas lui donner un sens, c'est au contraire apprécier de quels sens, au pluriel, il est fait. Mais Barthes ne s'est pas limité à la critique littéraire; il a élargi son champ de vision pour aborder aussi les faits de société. La réalité étant pour lui un système de codes qu'il fallait savoir interpréter, Barthes s'est proposé de déchiffrer les signes qui nous entourent dans le monde où nous vivons. Dans *Mythologies* (1957), il a cherché à nous faire comprendre le mécanisme des mythes de la vie de tous les jours. D'un voyage au Japon, Barthes a rapporté une vision amplifiée du «signe» qui lui a inspiré de nouvelles et passionnantes théories comparatives entre l'Occident et l'Orient, qu'il a exposées aux lecteurs dans *L'Empire des signes* (1970).

L'œuvre théorique de Roland Barthes a exercé une influence inestimable sur la critique littéraire contemporaine.

Tous ces intellectuels ont eu une influence importante sur l'évolution de la pensée française moderne, comme l'ont montré certaines enquêtes effectuées par la revue *Lire,* en 1981, auprès d'un public lettré mais pas nécessairement spécialisé.

D'autres continuent d'exercer un certain pouvoir sur des sphères plus réduites, telle la communauté universitaire ou une certaine «intelligentsia» parisienne. Des noms comme ceux de Jacques Derrida (né en 1930) et Julia Kristeva évoquent des courants intellectuels (la «déconstruction» pour Derrida; la «sémiotique» pour Kristeva) dont la présence se fait sentir au sein de la critique littéraire actuelle.

Pour le grand public, cependant, le nom d'un philosophe comme Michel Serres (né en 1930) est sans doute plus familier; élu membre de l'Académie française en 1991, il s'efforce dans ses écrits, comme *Hermès* (1985), de rapprocher les domaines de la science et de la poésie pour aborder les grandes questions que nous nous posons tous face à la vie. On pourrait également citer Bernard-Henri Lévy et Gilles Lipovetsky, tous deux «anciens combattants» de la génération de mai 68, qui remettent en question les bases de la culture contemporaine en France. *L'Idéologie française* a suscité une polémique virulente lors de sa publication en 1981 car Lévy s'y attaquait aux mythes dont les Français continuaient à se contenter depuis des générations au lieu de chercher à se connaître à fond. Pour sa part, Lipovetsky s'est attaché à mieux comprendre ses contemporains, tout spécialement dans le contexte de la société actuelle qui semble ne plus croire à rien (*L'Ere du vide*, 1983). Grâce à lui, un fait social d'apparence frivole tel que la mode (*L'Empire de l'éphémère*, 1987) s'est révélé comme un puissant instrument de cohésion dans les sociétés occidentales et comme une nouvelle dynamique propre à expliquer les mentalités de la fin du XXᵉ siècle et du début du siècle suivant.

Pour les Français moyens, le mot «intello» n'est pas forcément péjoratif. Les intellectuels ne sont pas considérés comme des pièces de musée ou des objets de dérision. On les écoute, même si on n'est pas d'accord avec ce qu'ils disent, car ils font partie de la vie intellectuelle du pays et du débat si nécessaire à la survie des idées. Il n'est donc pas étonnant de trouver dans les pages du journal *Le Monde,* sous la rubrique «Débats», un titre tel que *Les intellectuels et «la confusion des idées»* (27 juillet 1993); ou encore, à la même époque, mais cette fois dans un magazine de très grand tirage et «populaire» au sens propre, *L'Evénement du jeudi,* un titre comme *Des intellectuels au pouvoir* (1ᵉʳ au 7 juillet 1993). La vie culturelle française a toujours inclus les intellectuels, et ils semblent jouir d'une part de plus en plus belle dans la société contemporaine.

Découvertes culturelles

Développez chacune des constatations suivantes en y ajoutant des renseignements supplémentaires.

1. Le rôle et la conception des «intellos» ont changé au cours des âges.
2. Il n'y a pas d'intellectuels «professionnels».
3. La plupart des intellectuels du XXᵉ siècle se rattachent à la gauche politique.
4. Un des intellectuels ayant exercé une grande influence est Jean-Paul Sartre.
5. Raymond Aron a représenté une tendance intellectuelle opposée à celle de son ami Sartre.

6. Pour les «structuralistes», l'élément humain est moins important que le système dans lequel il s'inscrit.

7. Roland Barthes, dont les idées ont pris de plus en plus d'importance à partir des années soixante-dix, a introduit les principes de la «sémiotique» dans le monde intellectuel français.

8. La critique littéraire des années quatre-vingt et quatre-vingt-dix a été marquée par les idées de certains intellectuels français.

9. Depuis les événements de mai 68, de plus en plus d'intellectuels font la critique de la société contemporaine en France.

10. Les idées des «intellos» sont assez répandues en France et connues du grand public.

Témoignages culturels

L'appel à la vigilance lancé par quarante intellectuels

Lecture 1

En 1993, dans un «appel à la vigilance», quarante intellectuels, français et européens (parmi lesquels: Yves Bonnefoy, Pierre Bourdieu, Jacques Derrida, Olivier Duhamel et Umberto Eco) ont lancé un signal d'alarme contre «l'actuelle stratégie de légitimation de l'extrême droite», estimant qu'elle ne suscitait° pas «la défiance qui s'impose» parmi les auteurs, les éditeurs et les responsables de la presse écrite et audiovisuelle.

provoquait

Nous sommes préoccupés par la résurgence, dans la vie intellectuelle française et européenne, de courants antidémocratiques d'extrême droite. Nous sommes inquiets du manque de vigilance et de réflexion à ce sujet. C'est pourquoi certains d'entre nous ont commencé, depuis le mois de janvier 1993, à se réunir régulièrement afin d'échanger des informations et d'approfondir ces questions.

Que des idéologues d'extrême droite déploient une activité d'auteurs et d'éditeurs au sein de réseaux antidémocratiques et néonazis n'est pas un fait nouveau. Mais cette activité ne se cantonne° plus désormais dans une sorte de clandestinité. Sa visibilité nouvelle la rend donc aisément vérifiable à qui veut bien prendre la peine de se renseigner.

se limite

Or les mêmes ont entrepris depuis un certain temps de faire croire qu'ils avaient changé. Ils mènent pour cela une large opération de séduction visant des personnalités démocrates et des intellectuels, dont certains connus pour être de gauche. Mal informés de cette activité et de ces réseaux, ou les ignorant tout à fait, ceux-ci ont accepté de signer des articles dans des revues dirigées par ces idéologues. Une fois piégées, ces signatures accréditent évidemment l'idée que le prétendu changement est une réalité.

Cette opération n'est pas isolée. Elle s'inscrit au contraire dans l'actuelle stratégie de légitimation de l'extrême droite, qui fait feu de tout bois.° Cette stratégie profite de la multiplication de dialogues et de débats autour, par exemple, de ce qu'on appelle pour le moins légèrement la fin des idéologies, de la disparition supposée de tout clivage politique entre la gauche et la droite, du renouveau présumé des idées de nation et d'identité culturelle. Cette stratégie se nourrit aussi de la dernière thèse à la mode, qui dénonce l'antiracisme comme à la fois «ringard»° et dangereux.

De la part des auteurs, des éditeurs et des responsables de la presse écrite et audiovisuelle, ces manœuvres ne semblent pas encore susciter la défiance qui s'impose. Par manque d'information ou de vigilance, par scrupule envers la liberté d'expression, par souci d'une tolérance sans limites, bon nombre d'entre eux, et des plus estimables, font aujourd'hui, sans le vouloir, le jeu de cette opération de légitimation.

A la faveur de ces complicités involontaires, nous craignons de voir prochainement se banaliser° dans notre vie intellectuelle la présence de discours qui doivent être combattus parce qu'ils menacent tout à la fois la démocratie et les vies humaines. Nous ne pouvons en effet oublier que les propos de l'extrême droite ne sont pas simplement des idées parmi d'autres, mais des incitations à l'exclusion, à la violence, au crime.

C'est pourquoi, en ce mois de juillet 1993, nous avons résolu de fonder un comité «Appel à la vigilance», qui se donne pour tâche de collecter et de faire circuler le plus largement possible toute information utile pour comprendre les réseaux de l'extrême droite et leurs alliances dans la vie intellectuelle (édition, presse, universités), et de prendre position publiquement sur toute affaire relative à ces questions.

Nous nous engageons à refuser toute collaboration à des revues, des ouvrages collectifs, des émissions de radio et de télévision, des colloques dirigés ou organisés par des personnes dont les liens avec l'extrême droite seraient attestés...

Le Monde, 13 juillet 1993.

---

qui recrute partout des partisans

passé de mode

devenir quelque chose de normal

Découvertes culturelles

Répondez aux questions suivantes qui reprennent, paragraphe par paragraphe, les idées essentielles de cet «appel».

1. Quel est, selon les signataires de ce manifeste, le grand souci qui les a incités à agir?
2. A quelles catégories professionnelles appartiennent les idéologues visés par cet article?
3. A votre avis, en quoi consiste la «large opération de séduction» des idéologues d'extrême droite?
4. En quoi la «stratégie de légitimation» entreprise par l'extrême droite va-t-elle à l'encontre des positions des signataires de cet appel?
5. Comment la presse et l'édition seraient-elles devenues complices de cette stratégie?
6. En quoi la démocratie et la vie intellectuelle se trouvent-elles menacées?
7. Comment le comité compte-t-il exercer sa vigilance?
8. Quelles décisions ont été prises par l'ensemble des signataires de l'appel?

Gilles Lipovetsky, «*La question de la mode*» *Lecture 2*

La tâche des philosophes étant de se poser une grande variété de questions auxquelles ils s'efforcent de proposer des réponses, Gilles Lipovetsky a entrepris l'étude de la mode et de ses variations dans les sociétés modernes. D'apparence frivole, ce phénomène révèle toute son importance comme instrument de consolidation sociale et comme dynamique de modernisation. Voici donc un exemple de l'analyse philosophique contemporaine qui anime la vie intellectuelle en France de nos jours.

La question de la mode ne fait pas fureur dans le monde intellectuel. Le phénomène est à souligner: alors même que la mode ne cesse d'accélérer sa législation fugitive, d'envahir de nouvelles sphères, d'emporter dans son orbite toutes les couches sociales, tous les groupes d'âges, elle laisse de marbre° ceux qui ont vocation d'éclairer les ressorts et le fonctionnement des sociétés modernes. La mode est célébrée au musée, elle est reléguée dans l'antichambre des préoccupations intellectuelles réelles; elle est partout dans la rue, dans l'industrie et les médias, elle n'est à peu près nulle part dans l'interrogation théorique des têtes pensantes. Sphère ontologiquement et socialement inférieure, elle ne mérite pas l'investigation problématique, question superficielle, elle décourage l'approche conceptuelle; la mode est ce qui suscite le réflexe critique avant l'étude objective, on l'évoque principalement en vue de la fustiger,° de marquer sa distance, de déplorer l'hébétude° des hommes et le vice des affaires: la mode c'est toujours les autres. Nous sommes surinformés en chroniques journalistiques,

indifférents

critiquer sévèrement
manque de réaction

sous-développés en matière d'intelligence historique et sociale du phénomène. A la pléthore des magazines répond le silence de l'intelligentsia;
la communauté savante se caractérise moins par «l'oubli de l'Etre» que
par l'oubli de la mode comme folie des artifices et architecture nouvelle
des démocraties....

Gilles LIPOVETSKY, *L'Empire de l'éphémère*, Gallimard, Paris, 1987.

Découvertes culturelles

1. Lipovetsky aborde la question de la mode en faisant allusion à certaines de ses
   caractéristiques. Par exemple, elle «ne cesse... d'emporter dans son orbite toutes
   les couches sociales». Citez cinq sphères d'activité dans lesquelles l'impact de la
   mode se manifeste.
2. Ce texte propose également une image du «monde intellectuel». Faites une liste
   des éléments mentionnés par Lipovetsky pour caractériser les «préoccupations
   intellectuelles» des penseurs contemporains.
3. Pourquoi, à votre avis, la mode ne figure-t-elle «à peu près nulle part» dans les
   questions abordées aujourd'hui par l'intelligentsia?

II
La littérature

Quelle place occupe la littérature dans la France de notre époque? Selon le Syndicat national de l'édition, les Français achètent en moyenne près d'un million de livres par jour, tous types d'ouvrages confondus. Même si n'entrent pas dans ce nombre les seuls chefs-d'œuvre de la littérature dite «classique», la présence des grands écrivains figure toujours à une place importante dans la conscience collective de la société française. Un sondage récent révélait, par exemple, que 89% des Français avaient entendu parler de Jean-Paul Sartre et de Simone de Beauvoir, 87% d'Agatha Christie, 85% d'Albert Camus et de François Mauriac, 84% de Colette, 82% de Marcel Proust, 68% de Marguerite Duras et 60% d'Ernest Hemingway. Par ailleurs, les Français citaient André Malraux comme le plus grand écrivain du XXe siècle.[1] Depuis 1950, la renommée mondiale des auteurs français a aussi été consacrée par le nombre d'écrivains ayant reçu le Prix Nobel de littérature: Mauriac (1952), Camus (1957), Saint-John Perse (1960), Sartre (1964, prix refusé par l'écrivain), et Claude Simon (1985).

La société française a longtemps privilégié le rôle joué par ses écrivains dans l'élaboration de son image culturelle. Tous les ans, académies et instituts à Paris et en province décernent environ 1 500 prix littéraires, dont les plus connus sont le Prix Goncourt, le Prix Fémina, le Prix Renaudot, le Grand Prix du roman de l'Académie française et le Prix Médicis. L'avantage pour le lauréat est avant tout d'ordre publicitaire, car le prestige d'avoir reçu le Prix Goncourt, par exemple, assure à son auteur un best-seller immédiat. Mais la voie du succès peut aussi s'ouvrir pour un écrivain à la suite d'une performance réussie devant les caméras de télévision. Le passage à l'émission *Apostrophes,* animée par Bernard Pivot entre 1975 et 1990, était indispensable pour tout écrivain désireux de faire découvrir au grand public son dernier ouvrage. D'autres émissions ont pris la relève depuis, confirmant l'intérêt des Français pour le livre. L'influence des médias dans ce domaine ne se limite d'ailleurs

---

[1] Gérard MERMET, *Francoscopie,* 1989.

LIRE RTL

«*Les livres
ont la parole*»

UNE EMISSION DE PIERRE ASSOULINE (LIRE)
ET JEAN-PIERRE TISON (RTL)

Critiques,
invités, nouveautés
et le «Top livres
L'EXPRESS-RTL»
(classement de la semaine)

CHAQUE
SAMEDI A
18 H 15 SUR RTL

*Les émissions de radio et de télévision ainsi que les
articles de presse consacrés aux nouveaux ouvrages
contribuent à la vitalité du livre en France.*

pas au petit écran, et les quotidiens comme les hebdomadaires présentent régulièrement de nouveaux ouvrages à leurs lecteurs. *Le Figaro* fait paraître tous les jeudis son supplément, *Le Figaro littéraire*; *Le Monde* publie dans son numéro du vendredi *Le Monde des livres*; et *Libération* propose chaque jeudi une rubrique littéraire. Tous les magazines à grand tirage: *Le Point, L'Express, Le Nouvel Observateur, L'Evénement du jeudi*, etc., présentent leurs propres critiques de l'actualité littéraire française et exercent ainsi une influence non négligeable sur la vie du livre en France. Les Français continuent d'ailleurs à produire dans le domaine du livre de plus en plus de titres, et le nombre de lecteurs semble se maintenir en dépit d'une forte concurrence du secteur audiovisuel. Mais quelle est la nature de la production littéraire française contemporaine?

Tout d'abord, il est évident, lorsqu'on regarde de près la production littéraire de la deuxième moitié du XXᵉ siècle, que les événements de mai 1968 ont marqué un moment décisif dans l'histoire de la littérature française contemporaine. Tout comme cette date est devenue une référence obligatoire dans l'évolution de la politique et la culture, elle a aussi marqué l'apparition d'une nouvelle perspective sur le rôle de la littérature dans la société ainsi que sur la définition fondamentale des notions d'auteur et d'œuvre. Il faut donc aborder ce panorama de la littérature moderne en fonction de ce clivage.

Avant mai 68

Cette époque a été fortement marquée, avant tout, par les écrivains qu'on appelle familièrement «les monstres sacrés»: Sartre, Camus et Simone de Beauvoir pour le roman; Ionesco, Samuel Beckett et Jean Genet chez les dramaturges; René Char, Saint-John Perse et Jacques Prévert en poésie. Pour certains d'entre eux, il s'est agi de poursuivre une littérature «engagée» qui avait connu son premier essor dans les années de l'après-guerre. Les existentialistes ont cherché à réagir face à un monde où l'être humain se trouvait de plus en plus isolé et aliéné par ce qui l'entourait. Simone de Beauvoir a su ajouter une dimension nouvelle au portrait littéraire de cette génération en abordant le thème de la condition féminine (*Le Deuxième Sexe,* 1949; *La Femme rompue,* 1968). Elle a ainsi éveillé chez ses lecteurs, et surtout ses lectrices, une conscience sociale et culturelle dont les échos se sont prolongés tout au long du siècle. Plutôt que du malaise existentiel, d'autres contemporains ont traité de l'absurdité de l'existence qu'ils ont exprimée soit par référence à la révolte de l'homme (Camus, Genet), soit par l'incohérence du langage (Ionesco), soit par la lente réalisation du néant métaphysique d'un monde en décomposition (Beckett). Mais quel qu'ait été le point de vue des écrivains de cette époque, il faut constater que le caractère humaniste de leurs écrits, de même que leur conception de la création littéraire et du public auquel elle était destinée, ne se sont pas fondamentalement démarqués des normes littéraires conventionnelles, surtout en ce qui concerne le genre romanesque. Entre 1953 et 1958, cependant, un événement a opéré un véritable bouleversement dans la littérature française, en lui permettant de rompre avec le roman traditionnel: la naissance du «nouveau roman».

Proust, Gide et d'autres romanciers français du XXe siècle, aussi bien que des étrangers tels que Joyce, Faulkner, Hemingway ou Kafka, avaient déjà remis en question les formes conventionnelles du roman mises en place par les auteurs du XIXe siècle. En dépit de leurs aspirations novatrices, ils n'avaient cependant jamais tout à fait renoncé à construire dans leurs œuvres des personnages et des intrigues vraisemblables. La présence du «réel», mais surtout la place primordiale qu'occupe l'homme dans leurs romans, justifient le lien que nous faisons entre ces écrivains, même les plus audacieux d'entre eux, et les représentants du roman traditionnel. Ce n'est qu'avec le «nouveau roman» qu'est apparue une conception radicalement différente du genre romanesque, dont les moyens et les objectifs ont été définis et appliqués par ses nouveaux tenants: Alain Robbe-Grillet (né en 1922), Michel Butor (né en 1926), Nathalie Sarraute (née en 1900) et Claude Simon (né en 1913), à qui a été décerné le Prix Nobel de littérature en 1985.

En quoi consistaient donc ces innovations? Au premier abord, par l'abondance des descriptions et l'attention portée aux détails du décor, par exemple, le «nouveau roman» présentait, en surface, des points communs avec le roman naturaliste de la fin du XIXe siècle. Mais là où le romancier naturaliste avait fait de son mieux pour maintenir une sorte d'objectivité vis-à-vis de son sujet, le nouveau romancier abordait ses thèmes de façon intensément subjective, un peu à la manière des surréalistes qui avaient tenté de reconstituer verbalement l'atmosphère du rêve. Dans le nouveau roman, il s'agit souvent d'un univers clos, fermé même aux lecteurs qui doivent le deviner en «enregistrant» à leur tour les nombreux faits, détails et événements que la «caméra enregistreuse» du romancier leur présente. L'histoire se déroule en l'absence de tout enchaînement logique ou chronologique. Le moindre détail peut engendrer un développement qui la fait diverger vers une direction autre que celle de l'action apparente. Selon la prise de vue de la caméra (celle du romancier, qui devient aussi celle du lecteur) un simple événement peut aussi avoir, simultanément, plusieurs significations. La profonde subjectivité de l'attitude de l'écrivain explique les modifications que subit la «réalité», mais elle rend parfois difficile le travail du lecteur qui doit cesser d'aborder les personnages de l'extérieur pour essayer de les comprendre «par le dedans», comme l'a dit Nathalie Sarraute. Au lieu de s'identifier aux personnages, on s'identifie à l'auteur. On devient co-créateur avec l'écrivain, en inventant l'œuvre à son tour. En fin de compte, cette forme de roman semble préférer à l'intrigue (le ressort traditionnel du roman) ce que Jean Ricardou, membre d'une seconde génération de nouveaux romanciers, a appelé «l'aventure d'une écriture». Et cette aventure, en fait, concerne autant les lecteurs que les écrivains.

Après mai 68

On a pu voir dans les événements de mai 68, dans cette explosion sociale et intellectuelle qui allait provoquer un énorme bouleversement dans tous les domaines de l'activité humaine, une vague de néo-romantisme. Lyrique lui aussi, ce mouvement allait donner la parole à qui voulait la prendre pour clamer sa révolte et créer un langage propre à exprimer l'esprit des temps nouveaux. En fait, les événements ont donné lieu à une poésie spontanée, souvent écrite à même les murs des villes ou reproduite et distribuée hâtivement au public sous forme de tracts. L'effervescence du moment n'a pas duré, et la créativité poétique qu'elle avait suscitée s'est par la suite plus conventionnellement réfugiée dans les pages du livre imprimé. Entre temps, cependant, elle a souvent été l'objet de toutes sortes d'expérimentations menées par deux groupes qui se sont consacrés à son évolution: le premier s'est formé autour de la publication de la revue *Tel quel,* publiée de 1960 à 1982; le deuxième a fondé l'OuLiPo (Ouvroir de Littérature Potentielle) qui s'est voué à l'exploration de toutes les possibilités du langage poétique, avec des écrivains comme Raymond Queneau.

Curieusement, deux poètes parmi les mieux connus en France à l'époque actuelle ont évolué en dehors des sphères expérimentales de ces groupes: Léopold Sédar Senghor (sénégalais, né en 1906), ancien président du Sénégal et membre de l'Académie française, et Tahar Ben Jelloun (marocain, né en 1944), le poète «français» dont les œuvres sont les plus lues en France. Le premier a su utiliser la langue française pour promouvoir le message de la «négritude» dans une poésie qui se situe dans la lignée de Saint-John Perse, Paul Claudel et autres poètes «classiques» du XXᵉ siècle. Ben Jelloun, poète et romancier, a hérité plus directement de l'esprit contestataire né lors des révoltes de mai 68. Pour lui, la langue française n'est plus seulement un outil qui permet d'exprimer des sentiments mais une arme pour combattre le racisme et défendre les intérêts des opprimés, en particulier des Maghrébins.

De nos jours, il faut reconnaître que la poésie, en France comme dans beaucoup d'autres pays occidentaux, est considérée par le public comme un pur plaisir esthétique. Parmi les genres littéraires, elle occupe donc une place minoritaire et, somme toute, marginale. Elle continue à vivre, cependant, mais c'est dans des revues spécialisées comme *Poésie,* dirigée par le poète Michel Deguy, qu'elle subsiste, grâce aux subventions du ministère de la Culture ou des fonds culturels régionaux.

Du côté du roman, aucune véritable nouveauté n'a fait son apparition après mai 68. Si la poésie se rattache à l'esthétique, le roman est davantage lié aux formes de la connaissance. D'après la liste des best-sellers, les livres d'histoire, les récits historiques et les mémoires captent l'attention du public presque autant que les romans contemporains. D'ailleurs, cette alternance de la fiction et du documentaire semble assez caractéristique des goûts des Français en matière de lecture. Ainsi, on trouvera aussi facilement entre les mains du lecteur français moyen les romans historiques de Marguerite Yourcenar (1903–1987), la première femme à avoir été reçue à l'Académie française, que les livres à très grand succès des romanciers Patrick Modiano (né en 1945) ou Jean-Marie Gustave Le Clézio (né en 1940). Tous ces ouvrages témoignent d'ailleurs d'un classicisme du récit qui ne doit rien aux innovations des nouveaux romanciers d'avant 1968. Seule parmi les écrivains contemporains, Marguerite Duras (1914–1996) semble avoir conservé sa fidélité à cette «aventure d'une écriture» à travers des ouvrages dans lesquels elle ne s'est préoccupée ni de la logique ni du sens de ce qu'elle écrivait.

S'il y a eu un renouveau dans la littérature française depuis 1968, ce n'est pas du côté de la forme qu'il faut le chercher mais plutôt dans le contenu, car une immense production littéraire a accompagné le mouvement de libération des femmes à partir

Ayant déjà reçu le prix Goncourt en 1984 pour son roman L'Amant, *Marguerite Duras a remporté le Prix Ritz Paris Hemingway pour ce même roman en 1986.*

du début des années soixante-dix. Grâce à la création d'un assez grand nombre de maisons d'édition et de librairies consacrées exclusivement aux femmes, une nouvelle conception de l'écriture spécifiquement féminine (écrite par des femmes pour les femmes) s'est enracinée dans la société française. Elle reflète les valeurs propres aux femmes et permet aux «écrivaines» ou «femmes écrivantes» selon le néologisme de certaines féministes, d'exprimer par écrit l'univers culturel et quelquefois même linguistique qui est le leur. Si les différentes voix de femmes dont le mouvement est composé ne s'accordent pas toujours sur le détail, elles participent toutes à l'enrichissement global de la littérature moderne. Dans la lignée du féminisme naissant du *Deuxième Sexe* de Simone de Beauvoir en 1949 et de celui, assez modéré, de *La Maison de papier* de Françoise Mallet-Joris en 1973, les efforts plus radicaux d'Hélène Cixous (née en 1937) et de Marie Cardinal (née en 1920) ont marqué un réel divorce d'avec l'univers littéraire masculin. Par leurs écrits, ces femmes de lettres ont rompu non seulement avec la psychologie masculine mais aussi avec la structure du langage conventionnel. Y a-t-il donc un langage féminin et un langage masculin? La question n'a pas encore été résolue, mais il semblerait que l'ensemble de l'œuvre, plutôt que certains détails du langage qui la compose, supporte la réalité d'une écriture féminine.

Parce qu'elles ont su mêler l'essai au roman, le récit au poème, le texte savant au monologue à la première personne, les femmes, y compris celles qui, comme Marguerite Duras, ont dit ne plus croire à une littérature de femme, tiennent une place privilégiée et unique dans l'évolution de la littérature française contemporaine. Il y a peut-être eu innovation chez d'autres écrivains, mais rien ne peut égaler la portée de l'écriture féminine sur l'évolution des mentalités du public littéraire et sur l'ensemble de la société.

Découvertes culturelles

Choisissez la phrase qui complète le mieux chacune des constatations suivantes et ajoutez, si possible, des renseignements supplémentaires.

1. Les Français achètent...
   a) près d'un million de livres par an.
   b) près d'un million de livres par jour.
2. Parmi les auteurs français modernes qui ont reçu le Prix Nobel de littérature, on compte...
   a) Camus, Sartre et Mauriac.
   b) Duras, Malraux et Proust.
3. Parmi les différents prix littéraires attribués en France, l'un des plus importants s'appelle...
   a) le Prix Goncourt.
   b) le Grand Prix de l'Arc de Triomphe.
4. Parmi les écrivains existentialistes les plus importants, on peut citer...
   a) Proust et Gide.
   b) Sartre et Simone de Beauvoir.
5. L'absurdité de la vie moderne constitue le thème principal des œuvres de...
   a) Camus et Ionesco.
   b) Mauriac et Claude Simon.
6. Parmi les créateurs du genre appelé «nouveau roman», il faut citer...
   a) Malraux et Gide.
   b) Robbe-Grillet, Butor et Sarraute.
7. Les auteurs du «nouveau roman» se sont attachés à...
   a) construire des intrigues logiques et chronologiques fondées sur l'objectivité de l'auteur.
   b) créer des univers très subjectifs dans lesquels le lecteur doit deviner la signification des objets et des événements.
8. Parmi les poètes modernes les plus connus en France, il faut citer...
   a) les poètes des groupes expérimentaux de la revue *Tel quel*.
   b) le Sénégalais Senghor et le Marocain Tahar Ben Jelloun.
9. Marguerite Yourcenar reste...
   a) une romancière très connue à la fois pour ses œuvres et parce qu'elle a été la première femme reçue parmi les «immortels» de l'Académie française.
   b) un auteur célèbre pour ses romans d'un style très novateur.
10. Les œuvres de Marie Cardinal et d'Hélène Cixous...
    a) s'inspirent des œuvres existentialistes de Simone de Beauvoir.
    b) rompent avec la psychologie masculine et la structure du langage conventionnel.

Nathalie Sarraute, «*Le Planétarium*»

Lecture 1

(extrait)

La conversation suivante porte sur un personnage absent, Adrien Lebat. La personnalité de Lebat semble en perpétuelle formation, se modulant au fur et à mesure que les interlocuteurs dressent leurs portraits de lui, portraits extrêmement subjectifs et imprégnés de la personnalité de ceux qui les esquissent.

«Mais à propos de cette statue, vous savez qui j'ai rencontré? Il est venu me frapper sur l'épaule pendant que j'étais en train de me demander si j'allais l'acheter. Eh bien, Adrien Lebat, figurez-vous. Ah! ce n'est pas à lui que je pouvais demander un conseil, vous savez comment il est...—Ça oui, pour ce genre de choses... Mais comment va-t-il? Qu'est-ce qu'il devient?—Il avait l'air d'aller très bien. Heureux, très sûr de lui, comme toujours. Il m'a demandé si je vous voyais. Il m'a dit qu'il aimerait bien aller vous voir, qu'il voulait toujours vous téléphoner, mais qu'il était débordé°... son livre... ses cours... les examens... enfin, il m'a dit de vous faire ses amitiés... » Tous les traits de son visage, ses yeux, ses gestes ont un air d'animation joyeuse tandis qu'elle s'assoit devant la table, tend la main pour prendre la tasse de thé, pose la tasse devant elle, choisit un gâteau avec une moue° d'enfant gourmand... «Eh bien, c'est tout ce qu'il a trouvé, qu'il n'avait pas le temps? Il est toujours bousculé, c'est toujours comme ça depuis que je le connais. Je sais qu'il m'aime bien, mais il n'y a pas moyen de le faire sortir de chez lui, de sa tanière° d'ours, comme il dit. Moi je lui dis que c'est de la paresse, au fond... ça le fait rire... Adrien Lebat est un grand paresseux, voilà. Mais il va voir, vous m'y faites penser... Je vais le houspiller° un peu.—Ho, ho... il sent percer dans ce petit rire qu'il a quelque chose de faux, de la méchanceté... et elle lui jette un regard légèrement surpris. Ça me fait rire, je ne sais pas... houspiller Adrien Lebat.... J'admire votre courage... votre optimisme... il a l'air de ne pas se laisser houspiller facilement. Il a quelque chose de si lourd, c'est comme si on essayait de déplacer l'Arc de Triomphe. Non, mieux que ça, le mont Blanc. Avec lui j'ai toujours envie de lever la tête tant il a l'air de trôner° quelque part très haut... de vous considérer avec condescendance... » Elle fronce les sourcils: «Vous?—Enfin «vous»... je veux dire tout le monde, tous les gens comme moi, tous ces pygmées à ses pieds... qui s'agitent sans comprendre, pauvres fourmis.... Non, je ne sais pas....

surchargé d'activités

grimace

caverne

gronder

faire l'important

C'est chaque fois pareil, j'ai envie de me rapprocher de lui, de communiquer... il n'y a rien à faire.... Il me bouche l'horizon, je ne vois plus clair.
— Tiens, comme c'est drôle.... Moi au contraire... il me donne à moi plutôt
l'impression... je trouve que quand on est avec lui, on se sent... eh bien, je
ne sais pas, plus intelligent.... Il sait si bien écouter...—Oui, il écoute, bien
sûr, et avec une grande attention. Mais chez moi... j'ai pourtant fait des
efforts... il n'y a rien à faire, rien ne sort. Ah, ce n'est pas à lui que je
raconterais des histoires sur les poignées de porte de ma tante, il ne me
viendrait même pas à l'idée de lui parler comme à vous. Vous savez, lui,
ce qui lui manque, c'est un peu d'humour, un peu—il n'en a pas pour un
sou—de sens du comique, du tragique, saisi n'importe où, dans les petites
choses, pris à sa source, sur le vif.... Montrez-lui quelque chose de très
simple... n'importe quoi, un objet quelconque, un homme, une œuvre
d'art, il juge souvent plus mal, plus faux que l'épicier du coin... il ne comprend absolument rien...—Mais que vous êtes partial.... Je le défendrai....
Ce n'est pas vrai. Vous serez bien étonné: il m'a écrit sur mon dernier
livre une lettre comme je n'en ai, je crois, jamais reçu... pleine de finesse,
d'idées, ne riez pas, de vraies idées toutes neuves, bien à lui, qui m'ont
fait réfléchir, qui m'ont beaucoup appris. Je vous la montrerai...— Bon,
peut-être, sur l'œuvre d'un autre, là, peut-être, je ne dis pas... il
est très intelligent.... Mais sur la matière elle-même, la matière brute, non
élaborée, d'où l'on part, sur laquelle on travaille, à partir de laquelle on
crée.... » Elle égrène° un petit rire «argentin».... «Ha, ha, ha, les boutons
de porte? Les fauteuils? Les petites manies des gens?—Oui, n'importe
quoi, vous le savez.... Il me semble que si on s'y cramponne° vraiment, ça
peut mener....—Mais vous êtes drôle.... On ne peut pas courir après tout
à la fois.... C'est ce qui lui donne sa force, à Lebat, ces partis pris, ces
œillères°.... Chacun défriche° comme il peut sa parcelle de terrain.... »

Nathalie SARRAUTE, *Le Planétarium*, Paris, Gallimard, 1959.

fait entendre

tient fermement

*ce qui empêche de voir /
prépare à la culture*

Découvertes culturelles

1. De votre point de vue, qu'est-ce qui rend difficile la lecture de cet extrait tiré
   d'un «nouveau roman»? Donnez des exemples précis de ce qui vous a décon-
   certé(e).
2. Sarraute utilise beaucoup de points de suspension (...) et de tirets (—).
   Choisissez dans ce passage une ou deux phrases où vous expliquerez l'emploi de
   cette technique. Que se passe-t-il au moment où les points de suspension apparaissent dans une phrase? Lorsque le tiret précède une nouvelle phrase?
3. Les interlocuteurs sont, ici, un homme et une femme. Trouvez dans quelques-
   unes des phrases un élément grammatical qui permet de déterminer si c'est
   l'homme ou la femme qui parle.

4. Quel portrait d'Adrien Lebat dresse l'homme? Quel portrait de lui dresse la femme? Comparez-les.
5. A travers cette exploration psychologique d'Adrien Lebat, les interlocuteurs nous en disent autant sinon plus sur eux-mêmes. Expliquez.

Tahar Ben Jelloun, «*L'Enfant anonyme*»

Lecture 2

Ecrivain marocain, né en 1944, Ben Jelloun est devenu le poète dont les œuvres sont les plus vendues en France aujourd'hui. Il a même reçu en 1987 le plus prestigieux des prix littéraires, le Goncourt, pour son roman *La Nuit sacrée*. Défenseur d'une certaine littérature francophone du Maghreb, Ben Jelloun évoque dans sa poésie la violence dont ses concitoyens, et surtout les jeunes, sont victimes lorsqu'ils contestent les régimes ou les sociétés en place.

Un enfant anonyme
s'est endormi dans un lit de poussière
la joue mangée par la terre
les doigts frêles
transparents
désignent la mer

Il se prenait pour un navire
et lançait des torpilles
en papier et pour rire
dans un ciel vide
il aimait l'école
et les fenêtres

Dans dix ans j'aurai une barbe
et je serai capitaine
dans cinq ans
j'aurai des chaussures
et un costume de laine
dans cinq ans
je ne dessinerai plus la mer
sur la tôle de notre chambre
mon père aura plus d'un cheval
et ma mère sera reine
ma petite sœur aura une île
un diadème et des cerises

Quand j'aurai appris l'histoire
la science et les navires
je partirai sur l'eau
dans une chemise de soie
sur un lit de couleur

Nous habitons une toute petite maison
une cage recouverte de cartons et de palmes
c'est une chambre plantée
comme une bouteille renversée
dans une terre de pierres

Il rêvait
un jour
il descendit dans la rue avec ses camarades
comme eux il leva le poing
pour défier le ciel amer
et les Forces de l'Ordre

Son petit corps avait peu de sang
léger
un papillon écrasé
perdu dans de grandes savates
rêve abrégé
rendu au regard lumineux
d'un enfant anonyme
vite enterré.

Tahar BEN JELLOUN, *A l'Insu du souvenir*, Paris, Editions La Découverte, 1987.

Découvertes culturelles

1. Racontez l'histoire de cet enfant anonyme. Où a-t-il vécu? Comment était-il? Que lui est-il arrivé?
2. On a souvent dit du poète Ben Jelloun qu'il avait une voix à la fois «barbare et inspirée». Etes-vous d'accord avec ce jugement?
3. D'après ce poème, quels sont les éléments de la poésie de Ben Jelloun qui permettent de comprendre pourquoi cet écrivain compte parmi les poètes les plus lus en France aujourd'hui?

Hélène Cixous, «*La Venue à l'écriture*»

(extrait)

Ecrivain féministe célèbre à l'étranger comme en France, Hélène Cixous emprunte beaucoup à la psychanalyse afin d'exprimer son identité à travers un langage métaphorique. Ce langage, qui évoque concrètement le physique et le sensuel, est signe de la différence qui sépare les hommes et les femmes dans le domaine de l'écriture.

———

Ecris, rêve, jouis, sois rêvée, jouie, écrite.

Et toutes les femmes sentent, dans l'obscurité ou la lumière, ce qu'aucun homme ne peut éprouver à leur place, les incisions, les naissances, les explosions dans la libido, les ruptures, les pertes, les jouissances dans nos rythmes. Mon inconscient est branché sur ton inconscient.

Demande-toi:

—Comment tu fais pour que le sens circule alors que c'est le signifiant qui se présente, la scène, le déferlement de sons charnels, hallucinants? Qui te monte à la gorge, aux muscles?

—Comment ce qui m'affecte vient au langage sort tout-énoncé, je ne le sais pas. Je le «sens», mais c'est le mystère même, ce que le langage est inapte à faire passer.

Tout ce que je peux en dire, c'est que la «venue» au langage est une fusion, une coulée en fusion, s'il y a «intervention» de ma part c'est dans une sorte de «position», d'activité—passive comme si je m'incitais: «laisse-toi faire, laisse passer l'écriture, laisse-toi tremper; lessiver, détends-toi, deviens le fleuve, lâche tout, ouvre, déboucle, lève les vannes, roule, laisse-toi rouler... » Une pratique de la plus grande passivité. A la fois une vocation et une technique. Cette passivité-là est notre manière —en vérité active—de connaître les choses en nous laissant connaître par elles. Tu ne cherches pas à maîtriser. A démontrer, expliquer, saisir. Et alors à coffrer. Empocher une part de la richesse du monde. Mais à transmettre: à faire aimer en faisant connaître. Toi, à ton tour tu veux affecter, tu veux réveiller les morts, tu veux rappeler aux gens qu'ils ont pleuré d'amour jadis, et tremblé de désirs et qu'ils étaient alors tout près de la vie qu'ils prétendent chercher depuis sans cesse de s'éloigner d'elle.

Continuité, abondance, dérive, est-ce que c'est spécifiquement féminin? Je le crois. Et quand il s'écrit un semblable déferlement depuis un corps d'homme, c'est qu'en lui la féminité n'est pas interdite. Qu'il ne fantasme pas sa sexualité autour d'un robinet. Il n'a pas peur de manquer d'eau, il ne s'arme pas de son bâton mosaïque pour battre le rocher. Il dit: «J'ai soif», et l'écriture jaillit.

Sombrer dans sa propre nuit, être en rapport avec ce qui sort de mon corps comme avec la mer, accepter l'angoisse de la submersion. Faire corps avec le fleuve jusqu'aux rapides plutôt qu'avec la barque, s'exposer à ce danger, c'est une jouissance féminine. Mer tu retournes à la mer, et rythme au rythme. Et le bâtisseur: de poussière en poussière à travers ses monuments érigés.

La féminité d'un texte ne peut guère se laisser rassembler ou flécher. Qui passera le mors à la divagation? Qui ramènera le dehors dans les murs?

Comme si je vivais directement en prise sur l'écriture, sans relais. En moi le chant mais qui, dès l'émission, accède au langage: un flux immédiatement texte. Pas de coupure, sonsens, chantson, sangson, tout est toujours déjà écrit, tous les sens sont jetés. Plus tard si je sors de mes eaux toute ruisselante de mes plaisirs, si je remonte le long de mes rives, si j'observe depuis mon bord les ébats de mes poissonges, je remarque les figures innombrables qu'ils produisent dans leur danse; ne suffit-il pas que coulent nos eaux de femmes pour que s'écrivent sans calcul nos textes sauvages et populeux? Nous-mêmes dans l'écriture comme poissons dans l'eau, comme les sens dans nos langues et la transformation dans nos inconscients.

Hélène Cixous, *Entre l'Ecriture*, Des Femmes, Paris, 1986.

Découvertes culturelles

Dites si vous êtes d'accord avec les constatations suivantes et expliquez pourquoi en vous appuyant sur des détails du texte.

1. Hélène Cixous se parle à elle-même en écrivant ce texte.
2. Pour «venir au langage», Cixous exprime ce qu'elle sent sans très bien savoir comment elle le fait.
3. La passivité des femmes est, à vrai dire, une sorte d'activité.
4. La continuité, l'abondance et la dérive sont des caractéristiques qui se trouvent dans l'écriture des hommes aussi bien que dans celle des femmes. Ce ne sont donc pas des éléments stylistiques spécifiquement féminins.
5. L'image de l'eau se prête bien à l'explication de la féminité d'un texte.
6. Les mots «sonsens», «chantson», «sangson» et «poissonges», employés par Cixous (dernier paragraphe), montrent bien que le langage conventionnel est quelquefois inapte à faire passer le message.

III
Les médias

Les médias, ces supports de diffusion massive que constituent la presse, la télévision, la radio et la publicité, sont devenus indispensables dans la société contemporaine. Ils représentent d'abord des transmetteurs d'information efficaces que presque tous les Français considèrent comme nécessaires dans leur vie quotidienne. Ils permettent aussi l'acquisition de la culture, sujet dont il sera question plus loin. Les médias sont donc, au sens premier, des moyens de communication dont l'utilité n'est plus à prouver. Pourtant, l'importance qu'ils ont acquise dans la formation de l'opinion publique et d'une certaine standardisation du cadre de vie des Français (mode, slogans, «look», goûts, etc.) peut aussi inquiéter dans la mesure où leur influence, l'éducation de masse qu'ils semblent promouvoir, risquent d'entraîner une uniformisation excessive. Il est certain, par contre, que les campagnes menées dans les médias contre certaines pratiques ou habitudes jugées mauvaises pour la santé (la tabagie, la consommation excessive d'alcool, etc.) représentent des exemples très positifs de l'aide que peuvent apporter les médias pour «normaliser» certains comportements sociaux. La question est d'abord de comprendre à quel moment une influence devient un pouvoir, puis de savoir en juger l'effet sur le plan moral.

Presse

L'univers de la presse écrite en France comprend essentiellement les journaux et les magazines. En ce qui concerne les journaux, la tradition remonte assez loin, car la première «gazette» a été fondée par Renaudot en 1631, à l'époque de Richelieu. Mais le rôle des journaux a beaucoup évolué depuis ce temps. On a longtemps considéré que le rôle des journalistes devait se limiter à présenter et commenter les informations que le régime politique dominant contrôlait ou censurait, et ce n'est que sous la IIIᵉ République que la presse a pu établir son autonomie par rapport au pouvoir. Curieusement, même après avoir conquis cette liberté d'action, les journalistes ont conservé l'habitude de commenter les événements. Cela explique peut-être pourquoi, encore de nos jours, le public français apprécie plus la presse d'opinion et

La presse périodique ajoute une dimension importante à la diffusion de la culture, surtout dans un pays où 80% de la population lit régulièrement une revue.

le commentaire journalistique que le simple reportage aseptisé des faits. Par ailleurs, les journalistes eux-mêmes sont protégés par la loi dans le cas, par exemple, d'un changement d'orientation politique au sein d'un journal qui «porte atteinte à leurs intérêts moraux».

Quelle que soit la ligne politique sur laquelle les journaux sont axés, et ils en ont presque tous une, la majorité des Français pensent que la presse informe mieux que tous les autres médias et lui font davantage confiance—peut-être parce que leur choix en matière de journaux reflète déjà, a priori, leurs propres opinions. Les quotidiens nationaux sont les mieux connus. On les trouve en vente dans les bureaux de tabac et les kiosques partout en France. Parmi les plus gros journaux, ceux qui ont le plus grand nombre de lecteurs, on peut citer *Le Figaro, Le Monde, Libération, Le Parisien, France-Soir,* et *L'Equipe.* Il s'agit de journaux du matin dans tous les cas, sauf pour *Le Monde* qui paraît le soir à Paris mais le matin en province. *Le Figaro,* qui existe depuis très longtemps en France (1826), soutient dans l'ensemble une ligne politique de droite. C'est le quotidien des hommes d'affaires et des cadres, mais son numéro du samedi contient deux suppléments («Figaro Madame» et «Figaro Magazine») qui ont beaucoup de succès et augmentent les ventes du journal le week-end. *Le Monde,* le quotidien national le plus lu, est un journal «sérieux»—peu de photos, presque pas de couleurs, quelques caricatures mais aucune bande dessinée. Il est particulièrement apprécié des intellectuels et maintient une position politique proche du centre. *Libération,* par contre, plaît à un public plus jeune qu'il recrute surtout parmi les étudiants et les membres de la génération du baby-boom. Sa politique se situe nettement à gauche du centre et son style reflète un franc-parler très apprécié de ses lecteurs. *Le Parisien* et *France-Soir* ont un caractère moins intellectuel, plus concret, sans analyse ni coloration politique particulière. Si on recherche une ligne éditoriale nettement conservatrice, on lit *Le Quotidien de Paris*; manifestement à gauche, *L'Humanité*; ouvertement catholique, *La Croix.* Et ceux qui se passionnent avant tout pour les événements sportifs achètent *L'Equipe.*

Il ne faut pas croire cependant que tous les quotidiens français sont publiés à Paris, car la province a aussi une production très importante. Ces journaux ont, par définition, une clientèle régionale, qui peut dans certains cas atteindre des chiffres élevés. Le plus grand des régionaux, *Ouest-France,* est publié à Rennes. A lui seul, il vend presque autant d'exemplaires (près de 800 000) que *Le Monde* et *Le Parisien* réunis. D'autres quotidiens régionaux font des recettes aussi impressionnantes: *Sud-Ouest* (Bordeaux), *La Voix du Nord* (Lille), et *Le Progrès* (Lyon) tirent chacun à plus de 300 000 exemplaires tous les jours; *Nice-Matin* (Nice) a plus de lecteurs quotidiens (250 000) que *Libération* (200 000). Mais qui lit ces journaux?

Si l'on juge d'après les statistiques, il y a de moins en moins de quotidiens en France. Au lendemain de la Seconde Guerre mondiale, on comptait 28 journaux publiés à Paris et 175 journaux en province. Aujourd'hui, il n'en reste que 11 dans la capitale et 65 dans les régions. La baisse du nombre de lecteurs s'explique, d'une part, par la concurrence faite à la presse écrite par la presse audiovisuelle. Par ailleurs, le mode de vie des Français a évolué, ne laissant que peu de temps pour la lecture quotidienne d'un journal, activité qui demande un plus grand investissement de temps que l'écoute des informations à la radio ou à la télévision. Le prix relativement élevé des quotidiens nationaux explique aussi en partie ce phénomène. Par rapport au *New York Times,* acheté aux Etats-Unis, *Le Monde* coûte, en France, deux fois plus cher. Pour beaucoup de Français, mieux vaut dépenser une vingtaine de francs pour un seul magazine d'information, une fois par semaine, que d'en dépenser le double pour six journaux dans la semaine.

Si les quotidiens sont en déclin, les périodiques, par contre, sont en plein essor. On estime que près de 80% de la population lit régulièrement une revue. Pour la plupart, il s'agit de magazines hebdomadaires ou mensuels. Parmi les hebdomadaires d'actualité, ceux qui ont le plus de succès sont *Paris-Match, L'Express, Le Nouvel Observateur, Le Point* et *L'Evénement du jeudi.* Du côté des revues spécialisées, celles qui ont le plus grand tirage sont les hebdomadaires de télévision: *Télé 7 Jours* et *TV Magazine*; les hebdomadaires féminins: *Femme actuelle, Maxi, Madame Figaro* et *Elle*; et l'hebdomadaire de sport: *L'Equipe Magazine.* Les mensuels sont surtout destinés à des secteurs particuliers comme l'automobile: *Auto-moto*; la décoration: *Mon Jardin, ma maison*; la femme et la famille: *Marie-Claire, Parents*; les sciences: *Science et Vie*, etc. En tout, plus de 3 000 titres paraissent actuellement en France, c'est-à-dire largement de quoi satisfaire tous les goûts. Au demeurant, les statistiques indiquent que les femmes lisent des magazines plus souvent que les hommes, les Parisiens plus souvent que les provinciaux, les bacheliers plus que ceux qui n'ont pas le bac, et les moins de 45 ans davantage que les gens plus âgés.

Découvertes culturelles

Vrai ou faux? Expliquez votre choix.

1. Le premier journal français a été fondé à l'époque de Napoléon.
2. La presse en France a toujours été libre.
3. La presse en France est assez politisée.
4. *Le Monde* et *Libération* sont des revues mensuelles.
5. *L'Humanité* et *La Croix* font partie de la presse spécialisée.
6. Il existe de grands journaux régionaux en France.
7. On compte aujourd'hui plus de quotidiens que dans le passé.
8. Le nombre de périodiques a beaucoup augmenté.

Radio et télévision

L'année 1982 a marqué une date importante dans l'histoire de la radiodiffusion et de la télévision en France. C'est alors qu'a été votée une loi consacrant le principe de la liberté de communication, selon laquelle «les citoyens ont droit à une communication audiovisuelle libre et pluraliste». Il faut savoir que, depuis toujours, l'Etat avait conservé le monopole de la diffusion de l'audiovisuel, tout comme il l'avait fait pour les postes, le télégraphe et le téléphone. En 1964, alors qu'un nombre de plus en plus important d'émissions télévisées venait s'ajouter au nombre croissant de programmes de radio, on a créé l'O.R.T.F. (Office de radiodiffusion-télévision française) pour contrôler le respect des obligations de service public dans le cadre de la radio et de la télévision. L'O.R.T.F. n'a duré que dix ans avant d'éclater en divers organismes autonomes qui ont abouti, en fin de compte, à la dissolution du monopole d'Etat. En 1982, une Haute Autorité de la Communication audiovisuelle a été créée, chargée de garantir l'équilibre entre le secteur public et le secteur privé, mais aussi d'accorder les autorisations de diffusion aux stations de radio et aux chaînes de télévision, et d'attribuer les fréquences sur lesquelles les radios locales pouvaient émettre. C'est dans ce domaine surtout que l'Etat a dû modifier ses principes car, à partir de 1982, les «radios libres», ou radios locales privées, ont reçu le droit d'émettre de manière totalement indépendante de tout contrôle de l'Etat. Elles connaissent d'ailleurs depuis ce temps un succès phénoménal. De la même façon, en 1986, la loi relative à la liberté de communication a été changée pour permettre, à l'échelle nationale, la création de chaînes de télévision privées, diffusées en clair (c'est-à-dire sans brouillage) pour tous. Elle a aussi autorisé la privatisation de la première chaîne, TF1, et le développement des réseaux câblés.

Que reste-t-il de l'intervention de l'Etat dans l'audiovisuel français? Il existe, d'abord, un Conseil supérieur de l'audiovisuel (CSA), créé en 1989, dont les membres sont nommés par le président de la République. Cet organisme est chargé de garantir l'exercice de la liberté de la communication audiovisuelle et l'impartialité du secteur public de la radio et de la télévision. Il doit également protéger l'enfance et l'adolescence et veiller à la diversité et à la qualité des programmes, mais aussi à la défense et à l'illustration de la langue et de la culture françaises. Parmi ses décrets récents on peut citer, par exemple, celui au terme duquel toutes les chaînes se sont vu imposer l'obligation de diffuser 50% de films et autres œuvres audiovisuelles d'origine française. Ces impératifs concernent aussi les heures de grande écoute, c'est-à-dire de 18 à 23 heures et dès 14 heures le mercredi après-midi.

Pour ce qui est des stations de radio, les Français ont le choix entre trois types: les radios dépendant de la société nationale Radio France, c'est-à-dire France-Inter, France-Info, France-Inter Internationale, France-Musique, France-Culture, etc., qui sont globalement les plus écoutées; les radios privées périphériques, Europe 1, RTL (Radio Télé Luxembourg), et RMC (Radio Monte Carlo); et les radios privées locales ou «radios libres», qui sont extrêmement nombreuses et représentent au total 71% du volume d'écoute. Les mieux connues parmi celles-ci sont des groupes FM d'envergure nationale qui disposent de points de diffusion dans beaucoup de villes françaises, comme NRJ, Nostalgie, Fun Radio, Skyrock ou Kiss. Mais on trouve aussi des radios purement locales, soutenues par la publicité ou par des associations, alors que le budget des radios nationales est assuré par l'Etat.

Qui écoute la radio? Tout d'abord, il faut noter que les heures de grande écoute, le «prime time», se situent entre 7 heures et 9 heures, pendant les informations. Dans la journée, le public se compose majoritairement de femmes, de retraités, de Parisiens et de cadres moyens et supérieurs. La durée moyenne quotidienne d'écoute pour un jour de semaine, du lundi au vendredi, serait de trois heures chez les plus de 15 ans, c'est-à-dire un peu moins que pour la télévision. Dans l'ensemble, l'audience de la radio semble se maintenir surtout grâce aux radios libres qui se spécialisent selon les goûts et les modes de vie d'un public bien précis. Chacun peut donc choisir «sa» radio, surtout en ce qui concerne le genre de musique diffusé, car c'est la musique qui attire toujours le plus grand nombre d'auditeurs en France.

Dans le domaine de la télévision, on retrouve le même mélange de chaînes publiques et privées si caractéristique du panorama de l'audiovisuel de la France d'aujourd'hui. Tout Français possédant un téléviseur et ayant accès à une antenne peut donc capter les chaînes suivantes: les trois grandes chaînes nationales les plus anciennes, TF1 (privatisée en 1987), France 2 (longtemps connue sous le nom d'Antenne 2) et France 3 (l'ancienne France-Régions 3); «Arte», une co-production franco-allemande qui propose à partir de 19 heures des programmes culturels de très haute qualité; la Cinquième, qui diffuse sur le même canal qu'Arte, mais pendant la journée, et propose également des programmes culturels et éducatifs; et M6, la chaîne de la musique, des vidéo-clips et des feuilletons américains. Le budget et l'administration de F2, F3, de la Cinquième et d'Arte dépendent du secteur public. Les autres chaînes sont privées et financées essentiellement par les diverses sociétés qui en sont propriétaires. Il existe également depuis 1984 une chaîne payante, Canal+, dont les émissions brouillées deviennent visibles à l'aide d'un décodeur, mais tous les téléspectateurs, y compris les non-abonnés, peuvent regarder certaines émissions pendant les quatre heures par jour où Canal+ diffuse aussi «en clair». La spécialité de cette «quatrième chaîne» est la programmation de nombreux films, souvent très récents, et la retransmission d'événements sportifs.

On peut aussi se raccorder au câble dans un nombre croissant de villes en France. La plupart des abonnés au câble (environ 1,3 million de foyers) reçoivent un service de base de quinze chaînes ou plus, selon la région. A Paris, le réseau câblé permet de capter neuf chaînes généralistes de langue française (les six chaînes françaises et trois chaînes étrangères francophones); la BBC One anglaise; la RAI I italienne; plus beaucoup d'autres, parmi lesquelles CNN, Skychannel, Euronews, MTV et les chaînes françaises réservées aux réseaux câblés. Le tarif d'abonnement est d'environ 150F par mois. On estime que 7% des foyers français équipés de la télévision sont abonnés au câble.

Comme dans la plupart des pays d'Europe occidentale, tout possesseur d'un récepteur de télévision (sauf certaines personnes âgées ou invalides) doit payer une redevance annuelle, c'est-à-dire une taxe d'utilisation. En fait, chaque foyer, quel que soit le nombre de téléviseurs qu'il possède, paie un montant qui varie seulement selon qu'il s'agit d'un téléviseur noir et blanc ou couleur. Pour une télé couleur, la redevance est d'environ 700F, à peu près la même somme qu'en Italie et aux Pays-Bas, mais moins qu'en Allemagne, en Grande-Bretagne ou dans les pays scandinaves. Tous les ans, selon la loi de Finances, le Parlement autorise la répartition des fonds aux radios et télévisions du service public, selon des critères tels que le volume d'écoute et la qualité des programmes. Pour France 2, ce montant correspond à environ 40% de son budget; France 3 compte sur les revenus de la redevance pour plus de 80% du sien.

A quel moment de la journée regarde-t-on la télé en France? Alors qu'on semble écouter la radio plutôt le matin, on regarde la télé surtout le soir. Les films et la fiction-TV (séries, feuilletons, téléfilms) obtiennent le maximum d'audience, suivis par les journaux télévisés. En ce qui concerne la programmation, il existe, entre les diverses chaînes, une concurrence importante. Chacune essaie d'attirer une meilleure part d'audience, ce qui se comprend dans la mesure où la plupart des chaînes dépendent des recettes publicitaires pour leurs revenus. Un système appelé audimat (système d'appareils installés chez certains spectateurs pour mesurer le taux d'écoute) donne aux annonceurs publicitaires potentiels une connaissance approximative du public qu'ils peuvent atteindre en faisant passer leurs spots publicitaires sur telle chaîne à telle heure. Les chaînes publiques aussi doivent tenir compte des résultats de l'audimat, d'une part parce que le taux d'écoute fait partie des critères utilisés par l'Etat pour répartir les fonds engendrés par la redevance annuelle, et d'autre part parce qu'elles aussi tirent une partie de leurs revenus de la publicité.

Un des aspects du paysage audiovisuel dont certains téléspectateurs se plaignent aujourd'hui est surtout le manque d'originalité et d'imagination de bon nombre d'émissions. A l'époque où l'Etat détenait le monopole de l'audiovisuel, dit-on, les chaînes se permettaient une plus grande marge d'expérimentation et faisaient plus volontiers place à la créativité. La privatisation a eu pour autre conséquence l'introduction de la publicité dans les programmes. Sur les chaînes privées, les séquences de publicités entrecoupent les émissions, ce que beaucoup de Français ne tolèrent pas bien. D'ailleurs, la fréquence et l'abondance à la télé de ces spots publicitaires a conduit les spectateurs à riposter par le «zapping»: ils peuvent en effet, grâce à leur télécommande, passer rapidement d'une chaîne à l'autre pour éviter la publicité. On estime que seulement 35% des Français regardent une émission sans «zapper» (sans compter le journal télévisé qui, pour le moment, n'est pas interrompu). Il ne faut pas croire pour autant que la publicité soit généralement rejetée par le public.

FIGURE 1

KAREL APPEL (Mouvement expressionniste COBRA) *Questioning Children*

LONDON: TATE GALLERY (ART RESOURCE, NY)

FIGURE 2

JEAN DUBUFFET *La Congratule*

FIGURE 3

NICOLAS DE STAËL *Paysage (étude)*

LONDON: TATE GALLERY (ART RESOURCE, NY /
© 1997 ARTISTS' RIGHTS SOCIETY [ARS], NEW YORK / ADAGP, PARIS)

FIGURE 4

VICTOR VASARELY *Bi-Octans*

BUDAPEST: VASARELY MUSEUM (ERICH LESSING, ART RESOURCE, NY /
© 1997 ARTISTS' RIGHTS SOCIETY [ARS], NEW YORK / ADAGP, PARIS)

FIGURE 5
CESAR *La pacholette*

FIGURE 6

NIKI DE SAINT-PHALLE *Crucifixion*

PARIS: MUSEE NATIONAL D'ART MODERNE
(GIRAUDON, ART RESOURCE, NY / © 1997 ARTISTS'
RIGHTS SOCIETY [ARS], NEW YORK / ADAGP, PARIS)

FIGURE 7

YVES KLEIN *Relief-éponge bleue*

COLOGNE: WALLRAFF-RICHARTZ MUSEUM
(ERICH LESSING, ART RESOURCE / © 1997 ARTISTS'
RIGHTS SOCIETY [ARS], NEW YORK / ADAGP, PARIS)

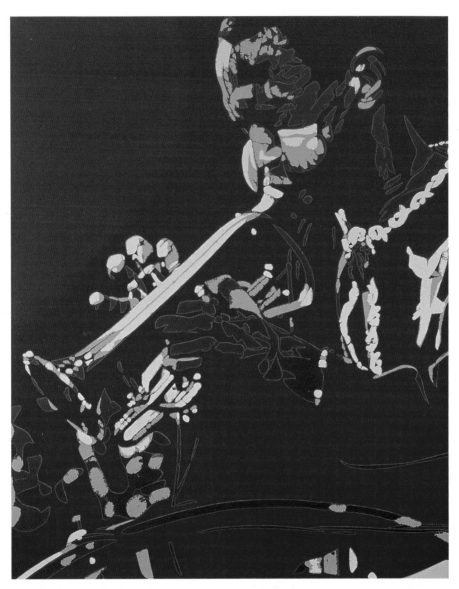

FIGURE 8

BERNARD RANCILLAC *Cherry Rouge*

COLLECTION PRIVEE (GIRAUDON, ART RESOURCE / © 1997
ARTISTS' RIGHTS SOCIETY [ARS], NEW YORK / ADAGP, PARIS)

FIGURE 9

DANIEL BUREN (Groupe BMPT) *Buren et les colonnes du palais Royal*

PARIS (© E. PREAU / SYGMA)

FIGURE 10

BOILEAU ET LABOURDETTE *Sarcelles*

(© LOÏC GIBET / RAPHO)

FIGURE 11

EMILE AILLAUD *La Défense*

PARIS (© PIERRE TOUTAIN-DORBEC / SYGMA)

FIGURE 12

Jean Balladur *La Grande-Motte*

ENVIRONS DE MONTPELLIER (© F. BIBAL / RAPHO)

FIGURE 13

Christian de Portzamparc *Cité de la Musique à La Villette*

PARIS (© GIAN BERTO VANNI / ART RESOURCE, NY)

FIGURE 14

BERNARD ZEHRFUSS *Centre national des Industries et des Techniques (le CNIT)*

PARIS (© GIAN BERTO VANNI / ART RESOURCE, NY)

FIGURE 15

OTTO VON SPRECKELSEN *La Grande Arche de la Défense*

PARIS (© JONATHAN STARK)

FIGURE 16

M. Breuer, P. L. Nervi, B. Zehrfuss *Palais de l'UNESCO*

PARIS (© STUART COHEN / COMSTOCK, 1988)

FIGURE 17

Henri Bernard *Maison de la Radio*

PARIS (© BEAUNE / RAPHO)

FIGURE 18

Cité des Sciences et de l'Industrie (la Géode, architecte: A. FAINSILBER)

PARIS (© JONATHAN STARK)

FIGURE 19

CARLOS OTT *Opéra de la Bastille*

PARIS (© JONATHAN STARK)

FIGURE 20

CHEMETOV ET HUIDOBRO *Muséum national d'Histoire naturelle*

PARIS (© SOPHIE BASSOULS / SYGMA)

FIGURE 21
Dominique Perrault *La Grande Bibliothèque de France*
PARIS (© BERNARD ANNEBICQUE / SYGMA)

FIGURE 22

I. M. Pei *Le grand Louvre (pyramide)*

PARIS (© BRUCE KENNETT)

FIGURE 23

CHEMETOV ET HUIDOBRO *Ministère des Finances à Bercy*

PARIS (© BERNARD ANNEBICQUE / SYGMA)

Loin d'être méprisée comme elle l'était il y a vingt ans, elle pénètre de plus en plus dans le domaine artistique, même s'il s'agit là d'un art essentiellement commercial ou politique. Le publicitaire Jacques Seguela, qui a dirigé, en 1988, la deuxième campagne électorale du président Mitterrand, connaît bien le pouvoir des médias et leur place dans la vie des Français. Malgré sa passion pour ce sujet, il a cependant exprimé quelques doutes concernant les rapports entre le public et les médias: «Pendant les deux dernières décennies, les médias ont été le quatrième pouvoir. Ils sont en train de le perdre par abus de pouvoir. Les médias doivent être des intermédiaires, des petits télégraphistes qui prennent les messages à la source et se dépêchent de les porter au public. C'est d'ailleurs la même chose pour les publicitaires. Mais les médias ont voulu être aussi des acteurs, et même des stars. Ils se sont pris pour le public, ils ont dit: «je pense, donc je suis». Tout abus de pouvoir se paye un jour. Il faut donc s'attendre à un prochain rejet des médias.»[2]

Il est important, d'ailleurs, d'avoir une idée claire de l'influence exercée par la publicité sur la vie quotidienne des Français. La plupart des publications de la presse périodique, tout comme la télévision, la radio et le cinéma, comptent sur les messages publicitaires pour financer leurs activités. Quel que soit le support médiatique concerné, la publicité y propose aux Français une attitude, un comportement ou un mode de vie à pratiquer. Dans une société où l'équilibre économique repose sur l'importance de la consommation, la publicité met en scène des personnages et des modes de vie que les consommateurs sont invités à imiter. Il s'agit souvent d'un modèle séduisant où règne une perfection hollywoodienne, inaccessible hors du domaine de l'imagination. Le danger caché de cette publicité qui crée sans cesse de nouveaux besoins et tend à tout uniformiser vient surtout de ce qu'elle fait perdre à l'individu la conscience de ses limites. Le risque est alors qu'elle suscite chez lui de graves frustrations si la vie réelle ne se rapproche pas suffisamment de celle que lui font miroiter tous les spots et autres affiches publicitaires.

La question de l'influence de la publicité médiatique apparaît d'autant plus cruciale lorsqu'on envisage ses effets sur l'idée que l'enfant se fait de la société. D'un côté, les médias rendent possible, parmi les jeunes, une certaine égalisation culturelle qui est tout à fait souhaitable dans un contexte démocratique. Mais en même temps, ils les incitent à croire que tous les biens matériels, tous les modes de vie excessifs, toutes les fausses images du bonheur que l'on étale devant eux sont indispensables à une vie satisfaisante. Devant une puissance sociale aussi massive que celle de la publicité, surtout telle qu'elle est véhiculée par les médias, on souhaiterait voir s'établir un système de règles et d'obligations permettant de régir les actions de ceux qui exercent une si grande action psychologique sur le public à des fins commerciales.

---

[2] Interview à Radio France Internationale, 27 mai 1989.

Découvertes culturelles

Développez chacune des constatations suivantes en y ajoutant des renseignements supplémentaires.

1. L'année 1982 a marqué une date importante dans le développement de la télévision et de la radio en France.
2. La privatisation a beaucoup modifié la radio et la télévision françaises.
3. L'Etat a conservé une part d'intervention dans le domaine audiovisuel français.
4. Les Français ont le choix entre trois types de radios.
5. L'audience de la radio semble se maintenir.
6. Certaines chaînes de télévision françaises sont privées et d'autres dépendent toujours de l'Etat.
7. Les gens qui possèdent un poste de télévision ne peuvent pas nécessairement recevoir Canal+.
8. Le réseau de la télé par câble est encore relativement limité en France.
9. Dans la plupart des pays d'Europe, il faut payer une redevance quand on possède un téléviseur.
10. La privatisation de la télé en France a eu pour conséquence l'introduction de la publicité dans ce secteur.
11. Les téléspectateurs se plaignent de ce qu'il y a moins de créativité et d'originalité dans les programmes français depuis la privatisation.
12. La publicité exerce une influence non négligeable sur les comportements et les modes de vie des Français.

Témoignages culturels

Lecture 1

Cinquantième anniversaire du Débarquement

Les célébrations du cinquantième anniversaire du Débarquement en Normandie ont été couvertes par toute la presse française. Voici, sous forme de résumés diffusés par l'Agence France Presse, les commentaires faits par trois grands quotidiens français au sujet des événements du 6 juin 1994. Chacun de ces journaux représente une tendance politique et sociale particulière: *Le Figaro*, d'orientation plutôt conservatrice, est le quotidien des cadres en France, c'est-à-dire des personnes qui exercent des fonctions de direction dans les entreprises; *Libération* est le journal qui, après *Le Monde*, jouit de la plus grande crédibilité auprès des Français et se situe politiquement à gauche; *Le Quotidien de Paris* affiche quant à lui une ligne éditoriale de droite.

«L'Hommage du monde aux libérateurs de l'Europe»

S'agit-il aujourd'hui, comme on le dit, de célébrer «la plus formidable armada de tous les temps»? De saluer une performance logistique sans précédent et jamais égalée depuis? A ce compte, il aurait fallu célébrer Pearl Harbor, qui fut une parfaite réussite militaire: la surprise, l'écrasement de l'adversaire, presque sans perte pour l'assaillant. Ne tombons pas non plus dans le piège de l'Histoire écrite par les vainqueurs, qui exaltent les moyens lorsque l'issue de la bataille est favorable.

Non, la commémoration du 6 juin n'est pas le culte de la raison du plus fort. Ce qui s'est joué sur les plages normandes, c'est la destinée du monde libre. Il l'a emporté dans des combats qui furent des chocs de libres volontés.

Commémorer, c'est «se remettre» en mémoire, pour ceux qui gardent des souvenirs; et pour ceux qui n'avaient pas l'âge d'en engranger, c'est mettre en mémoire.

Le retentissement que revêt ce cinquantenaire invite à chausser d'autres lunettes. Derrière la machine de guerre—indispensable—, qu'est-ce qui incitait les machinistes? Quelles convictions, quels espoirs? Combien de vies données, brisées, sauvées, perdues? Et pour combien compte-t-on le rôle des grands responsables?

Ce jubilé nous donne une leçon, bonne pour notre monde encore en guerre. Le drame humain est fait de paris, d'appels, de réponses ou de silences, de volonté ou d'inertie. Les hommes—à commencer par les principaux responsables—ne sont pas de simples facteurs; ils sont les acteurs de l'Histoire.

Alain PEYREFITTE, *Le Figaro*, 6 juin 1994.

Réunion de chefs d'état ou de gouvernement en 1994 à l'occasion du cinquantième anniversaire du Débarquement en Normandie.

«L'Histoire d'un jour»

La solennité des commémorations du jubilé du jour J marque, au-delà de l'hommage de la mémoire, la perception d'une réalité très actuelle: la sécurité de l'Europe dépend, comme il y a un demi-siècle, de l'engagement américain, et de la coopération entre Alliés de part et d'autre de l'Atlantique. Les tables de la loi, léguées par le général de Gaulle, avaient longtemps fait de "l'atlantisme" et de son bras armé, l'OTAN, sinon l'ennemi, du moins un mal pernicieux. Il avait fallu attendre 1984 pour que le chef de l'Etat français participe aux côtés du chef de l'Etat américain aux commémorations du 6 juin.

Depuis, le tabou est tombé, y compris pour les héritiers du Général. La France s'est peu à peu rapprochée de l'OTAN. Elle a œuvré à redéfinir, en le rééquilibrant, le «lien transatlantique», dont, comme le rappelle François Mitterrand, «l'engagement militaire des Etats-Unis sur le continent européen est l'expression même». L'entreprise est d'autant plus nécessaire que, du côté de Washington, ce lien n'est jamais allé vraiment de soi. Faut-il rappeler que la victoire du 6 juin 1944 n'avait été rendue possible que par l'attaque japonaise du 7 décembre 1941 contre Pearl Harbor?

La fin de la guerre froide contre l'ex-URSS et l'élection à la Maison-Blanche d'un président né après 1945, qui a donné la priorité aux problèmes intérieurs et tourné ses regards vers les rivages du Pacifique, ont ravivé les craintes d'un désengagement américain, au moment où l'avenir de la Russie inquiète à nouveau.

La commémoration solennelle du jour J a donc pour objet de réaffirmer la pérennité de l'Alliance. Mais celle-ci n'est que le premier volet de la réponse aux défis de l'après-guerre froide. Il faut aussi étouffer dans l'œuf les conflits nés des antagonismes nationaux qui ont saigné et ravagé l'Europe au cours des siècles, et à deux reprises au XXe.

La construction européenne, et en particulier celle d'une défense européenne intégrée, est le second volet de la réponse donnée par MM. Mitterrand et Kohl. La Bosnie prouve, si besoin en était, que les Etats-Unis ne joueront pas éternellement et en toutes circonstances les pompiers ou les gendarmes sur le continent européen. En matière de sécurité, l'adage vaut, sous une forme à peine modifiée pour l'Europe: «Aide-toi, les Etats-Unis t'aideront».

Patrick SABATIER, *Libération*, 6 juin 1994.

«Le Saut de la mémoire»

On ne voudrait pour rien au monde jeter de l'eau froide sur l'enthousiasme que soulève le cinquantenaire du Débarquement: ce n'est pas seulement la fête d'une victoire militaire d'importance historique, c'est aussi la célébration d'une époque de certitudes où la distinction entre le bien et le mal, les bons et les méchants, la liberté et l'oppression était bien établie. C'est aussi l'occasion de prendre ses distances avec les guerilleros de la lutte sacrée contre l'impérialisme culturel américain: il n'y a qu'en France qu'on puisse être anti-américain en mai et fanatiquement pro-américain en juin.

Mais d'approuver ce bel élan d'unité occidentale n'empêche pas un minimum de clairvoyance. Face à la multiplicité des cérémonies, toutes plus grandioses l'une que l'autre, on devine toutes les récupérations politiques qui s'ébauchent derrière les commémorations; elle méritait peut-être un agencement plus sobre et plus humaniste. Les gens qui comptent, dans cette fête, ce ne sont ni Bill Clinton, ni François Mitterrand, ni John Major; ce sont les anciens combattants, parfois très âgés, qui sont là, probablement pour la dernière fois, pour témoigner du sacrifice des milliers d'hommes tués sur les plages normandes par le feu allemand. Car le triomphe militaire de 1944 fut aussi un carnage sans précédent, avec des tombereaux de cadavres, des corps déchiquetés et des blessures épouvantables et irréparables. Le souvenir de cette bataille n'inspire pas que de la joie.

Richard LISCIA, *Le Quotidien de Paris*, 6 juin 1994.

Découvertes culturelles

1. Comment l'article du *Figaro* souligne-t-il l'aspect humain du débarquement en Normandie?
2. Relevez dans l'article de *Libération* les aspects «anti-gaullistes» de ce commentaire. Cet article est-il plutôt anti-américain ou pro-européen? Expliquez.
3. Pourquoi cet anniversaire du Débarquement est-il aussi «l'occasion de prendre ses distances avec les guerilleros de la lutte sacrée contre l'impérialisme culturel américain»? Quel est l'aspect «humaniste» de cette occasion?

Vivre et mourir en direct

Quel rôle la télévision joue-t-elle dans la civilisation contemporaine? Son impact est-il toujours clairement mesuré? Certains spectateurs ne font pas toujours la distinction entre réalité et fiction. Mais où se situe la frontière entre le faux et le vrai dans l'univers télévisuel?

«*Et France 2, vous ne les avez pas vus?*», s'inquiète le meurtrier... lors de sa «conférence de presse». Tout le monde dit encore «Antenne 2». Mais Christian Didier, en vrai pro de la communication événementielle, ne se trompe pas. C'est que l'homme est un familier des médias, un «média-mane» comme il y a des nymphomanes et des opiomanes. Ce 8 juin, il est en représentation. Il a franchi le cap qui sépare le réel du spectacle. Cette déconnexion, c'est la maladie du siècle des lumières cathodiques: *urbi et orbi*, la télévision fait du commun des mortels le deus ex machina d'un théâtre d'images. Il y a de quoi faire péter les plombs.°»

devenir fou

Christian Didier était un vrai illuminé. Alors il a disjoncté. Il est passé à l'acte rideau fermé, il a tué. La plupart des gens s'accommodent avec plus de raison du monde de fiction dans lequel la télé trempe la réalité quotidienne et ses actualités. Ils se sont habitués à voir la vie en double. Y a-t-il encore une version originale? «*En français, vous dites "assister": vous "assistez" au spectacle. Vous n'assistez pas à la télévision: elle est allumée. Sadate est tué entre deux publicités. Les gens sont à table tandis qu'un soldat agonise au Liban. C'est irréel*», dit Orson Welles.

Flash-back biblique: il y a des millénaires, rappelle le philosophe Paul Ricœur, Moïse soutint que Dieu n'avait pas d'image. Il était irreprésentable. «*Moïse perdit le contact avec le peuple. Mais Aaron s'éloigna de Dieu; il se tourna vers le peuple et lui offrit le veau d'or, une image que tout le monde pouvait adorer.*» Retour en 1993: les tables de la Loi taillées dans la pierre se sont transmutées en tables de régie,° où l'on taille des images. Aaron, inventeur du concept de grand public, est en chacun. Le spectacle est permanent, total: «*obscène*», dit Jean Baudrillard. La télévision représente tout. C'est la loi du marché, du public.

commandes qui permettent la réalisation d'une émission

«*Je vois naître la nouvelle cité, ville-monde*, dit le philosophe Paul Virilio, *où l'image, comme le bois, le béton, la pierre, est un matériau de construction. C'est la ville des ondes. Notre génération est celle du live, de la révolution des transmissions instantanées: à savoir la mise en œuvre de la vitesse absolue des ondes véhiculant les signaux audio-vidéo.*» Caduque,° l'opposition entre l'ici et l'ailleurs qui fondait la réalité objective. Espace du réel et espace métaphysique se juxtaposent. Le monde se vit dédoublé en stéréoscopie: il y a la petite optique classique, liée à la portée du regard, et la grande optique qui permet de voir par-delà les épaisseurs, celle de la trans-apparence.

dépassée

On ne fait plus son cirque ni son cinéma: on fait sa télé. On se refabrique une réalité à travers sa mise en images. Le reality-show monte en spectacle le crime, les larmes, les chagrins, la peur, toute la gamme des émotions humaines, comme dans le théâtre de Shakespeare, à cette différence près qu'elle est jouée par les petites gens. Le plateau réalise l'unité de temps et de lieu. Mais cela va plus loin. Avec les satellites, la scène s'est élargie au monde et à son actualité. Pour la première fois dans l'histoire, les humains ont le pouvoir d'assister, en direct, sans sortir de chez eux, aux événements en train de se nouer.

Les journalistes sont les premières victimes expiatoires de la téléréalité. Alors que le voir apparaît plus que jamais comme essentiel à la formation de la conviction (à tort, mais c'est ainsi), l'info télévisée se représente selon les codes du spectacle, et les tabous, tels que filmer la mort, l'agonie, la souffrance en direct, sont en train de tomber. *«Le téléspectateur risque de devenir comme un missile ébloui par un faisceau laser qui vient irradier sa tête chercheuse, le détournant de sa cible grâce à cette technique de séduction»*, analyse Patrick Lamarque, de la DGA (Délégation Générale aux Armements). Les journalistes de télévision sont placés devant un sacré dilemme: de tout temps, l'éthique de la presse a consisté à montrer, à dire, à narguer° la censure d'un pouvoir porté à occulter. Aujourd'hui les caméras sont libres de tout filmer, en direct, et l'info devient un produit-spectacle à consommer. Le public, voyeur, dicte le programme. Le problème éthique s'est inversé: est-il convenable de montrer à l'écran l'enfant en train de mourir, de cadrer° les larmes de la fillette violée par son père, de donner la parole à un assassin pérorant?

Nous vivons dans une civilisation du regard caractérisée par une permutation des fonctions et des compétences, note l'ethnologue Georges Balandier. L'animateur joue au juge et le journaliste scientifique pose au savant. Il en résulte une sorte d'égarement° car tout est faussé avec ces simulacres de justice, d'exercice du pouvoir, de compétence scientifique. *«Qui saura où est le réel du social, le réel du pouvoir, le réel des connaissances?»* Le progrès de la technique débouche sur le retour de la pensée magique. *«Nous restons des primitifs qui imputent à l'image la même force que celle que les sociétés traditionnelles attribuent aux effigies, aux icônes qu'elles ont elles-mêmes fabriquées»*, dit l'auteur de «Tous en scène».

Pour Pierre Wiehn, conseiller de Patrick Le Lay, grand sorcier de la programmation, le relatif échec des médiateurs traditionnels de la société démocratique (partis, syndicats, Eglises) explique que le public se soit tourné vers la médiation télévisée, plus efficace car illusoire: *«Le public a envie de comprendre quelle est sa place dans son temps et sur son territoire; il attend d'abord de la télévision qu'elle parle de lui. Parlez-moi de moi, il n'y a que ça qui m'intéresse. Cette tendance est tellement forte qu'en voulant se rapprocher du programme, le public a imposé ses goûts.»*

défier

centrer l'écran sur

désordre

fond de soi-même

Mais ce moi qui s'expose sur un plateau est-il le moi du for° intérieur? Les gens se transforment en *borderliners*, en frontaliers, répondent des psychanalystes. Ils vivent sur la ligne qui sépare le fantasme du vécu, le faux du vrai, la télé de la réalité, le spectateur de l'acteur. La confusion est totale. Les médecins de l'âme n'ont plus à traiter un problème de refoulement comme du temps de Freud, constate Julia Kristeva, mais *«un vide psychique, comme un trou dans l'âme: les gens vivent par projection les joies, les malaises des autres, ce qui les empêche d'élaborer leur propre vie psychique. L'imaginaire devient une chambre noire. On a là des espèces de Hamlet nouveaux, la pilule tranquillisante d'un côté, la télévision et ses images de l'autre.»*

estimée

Quand l'angoisse n'est plus qu'une marchandise cotée° à l'Audimat, il se crée selon elle une *«immense société de lamentations»*. La question de la limite à ne pas dépasser devient indépassable. C'est la grande interrogation de cette fin de siècle. Elle est faustienne, mais sans Méphisto. Qui fixe les bornes, quand la nuisance n'est pas démontrée? Jusqu'où doit-on aller dans la satisfaction des désirs du public? Sartre dirait-il aujourd'hui: *«L'enfer, c'est moi»*? Questions vertigineuses. Mais, après tout, dans le passé, quand le peuple croyait à Dieu, aux puissances obscures, à des visions, ou, plus récemment, à Hitler, à Staline, à Mao, sa représentation du réel était-elle plus lucide, son imaginaire plus libre?

Philippe GAVI, «Vivre et mourir en direct», *Le Nouvel Observateur*, 17–23 juin 1993.

Découvertes culturelles

1. Que recouvre le terme de «médiamanes», que l'auteur de cet article a forgé?
2. En quoi la télé est-elle gouvernée par «la loi du marché»?
3. Quelle différence y a-t-il entre assister à un spectacle de théâtre et regarder un «reality-show» à la télé?
4. En quoi la technologie avancée des médias pose-t-elle des problèmes moraux et éthiques? Donnez-en des exemples concrets.
5. Quel problème d'ordre psychique pose la passivité du téléspectateur?
6. En quoi l'angoisse est-elle devenue une «marchandise»?

IV
La culture moderne

De nos jours, le terme de culture est employé dans tous les sens. On utilise l'expression «culture physique» à propos des exercices qui visent à développer la musculature. On parle de «puériculture» pour se référer aux méthodes qui assurent l'épanouissement de l'enfant jusqu'à l'âge de trois ou quatre ans. On écoute la station de radio France-Culture et on regarde à la télévision l'émission «Bouillon de culture». On justifie le programme d'études qui mène au baccalauréat français en évoquant la «culture générale» qui doit en être le résultat, c'est-à-dire un ensemble équilibré de connaissances dans les principaux domaines de la pensée. Mais, en fait, qu'est-ce au juste que la «culture»?

C'est à Edouard Herriot, homme politique de la première moitié du XXe siècle, que l'on attribue la fameuse boutade: «La culture, c'est ce qui reste quand on a tout oublié». Pour lui, comme pour beaucoup d'autres, cette notion correspondrait à une part fondamentale de l'être social, présente en chacun. Selon ce point de vue, lorsque des hommes primitifs ont exprimé par la peinture, sur les murs des grottes de Lascaux ou de la grotte de Chauvet à La Combe d'Arc, ce qui constituait, pour eux, les aspects essentiels de la vie de ce temps, ils se sont comportés en esprits cultivés. De même au Moyen Age, les bâtisseurs et décorateurs de cathédrales ont témoigné de leur époque au moyen de la création artistique. Aucune barrière ne semble avoir existé entre ces créateurs et la population qui partageait leurs créations culturelles.

Avec le temps, la notion de culture a pourtant dérivé vers une acception beaucoup plus restreinte qui en a fait le bien exclusif des élites aristocratiques et bourgeoises. Celles-ci ont utilisé cette nouvelle «haute culture» pour se distinguer du peuple, du vulgaire, au lieu de s'en servir comme d'un instrument de cohésion. A partir du Moyen Age, les connaissances sont devenues le fief des hommes d'Eglise, et c'est par l'instruction privée que cet important bagage intellectuel a été transmis. Même lorsque la Révolution de 1789 a tenté de mettre fin à l'idée d'une culture réservée aux privilégiés en jetant les bases de l'instruction publique, elle n'a rien fait pour transformer l'identification faite jusqu'alors entre la culture et l'acquisition pure et simple des connaissances. La personne instruite était censée être cultivée. Est-ce toujours le cas à l'heure actuelle? Quelles qu'aient été les conséquences de cette démarche gouvernementale, la tentative est importante car elle a représenté un précédent dans l'évolution du rôle attribué à la culture.

Si l'intervention de l'Etat dans les affaires culturelles a eu des aspects positifs, elle a aussi connu des répercussions assez graves jusqu'au XXᵉ siècle. Lorsque l'Etat devient le promoteur de la culture, son rôle n'est-il pas aussi de se poser en juge et de décider, par conséquent, dans quelle mesure elle peut lui être utile en tant que propagande? Dès que l'idée de culture se voit annexée par les autorités constituées, elle devient l'outil d'une certaine idéologie. On l'utilise pour avancer des thèses politiques, sociales ou économiques comme ce fut le cas avec le national-socialisme de l'Allemagne hitlérienne ou le marxisme de l'U.R.S.S. Ce danger a d'ailleurs été reconnu par les Nations Unies lorsque, en 1945, cette organisation a créé l'Unesco afin d'assurer le développement libre de la culture, de préserver le patrimoine culturel mondial et surtout de garantir aux individus le «droit à la culture», inscrit désormais parmi les «droits de l'homme». Chacun doit donc pouvoir accéder, s'il le veut, à un niveau élevé de connaissances et prendre part à la vie culturelle de sa communauté.

En ce qui concerne la France, la Vᵉ République s'est intéressée tout particulièrement à la question de la culture en créant, sous le général de Gaulle, un ministère des Affaires culturelles dont la direction a été confiée, de 1958 à 1969, à l'écrivain André Malraux. En 1981, le président Mitterrand a nommé Jack Lang ministre de la Culture. Celui-ci s'est donné pour mission de démocratiser la culture en rendant la connaissance du patrimoine culturel français accessible à tous et en favorisant la participation et les échanges dans ce domaine. Dans le principe, on était donc revenu à une conception de la culture où chacun, quelle que soit son appartenance sociale et sans discrimination, pouvait se perfectionner en prenant part à l'action culturelle.

Il est évident que la transmission de la culture n'est plus limitée, comme elle l'était au Moyen Age, à la consultation des livres. Aujourd'hui, les médias sont devenus les principaux véhicules de la culture, ce qui comporte des aspects positifs, car ils en ont facilité de manière spectaculaire les modes d'acquisition. Le danger qu'ils comportent, cependant, relève surtout du fait qu'ils encouragent une certaine passivité de la part des «consommateurs» et qu'il faut constamment surveiller les instruments de diffusion collective que sont la presse, la télé, le cinéma, etc., afin d'assurer la sélection et le discernement des sujets qu'ils proposent. En l'absence de tout contrôle, l'utilisateur des médias peut, en effet, aisément devenir la victime des excès et de l'absence de qualité qui caractérisent, hélas trop souvent, les productions qui lui sont offertes. Il est donc important de mettre en balance les effets positifs et négatifs des médias dans le domaine culturel.

Par ailleurs, la culture a pris, dans les dernières décennies, des dimensions beaucoup plus vastes. Les quelques pages qui suivent ont pour but de tracer les grandes lignes de ce qu'on appelle la culture moderne en France.

Découvertes culturelles

1. Dans quel sens la culture est-elle présente en chacun?
2. Après la Révolution, de quoi la culture est-elle devenue synonyme?
3. Quels dangers se présentent lorsque l'Etat intervient de manière excessive dans les affaires culturelles?
4. Qu'a voulu faire Jack Lang en tant que ministre de la Culture?
5. En quoi les médias ont-ils un rôle actif à jouer dans la diffusion de la culture et donc dans la création culturelle?

Peinture et sculpture

Au début de la Ve République, Paris n'était déjà plus le centre de l'art contemporain. La guerre terminée, c'est New York qui l'est devenu pour le rester jusqu'aux années soixante-dix. Mais l'Europe a fini par rétablir l'équilibre, et la France, en particulier depuis vingt ans, fait preuve dans ce domaine d'un dynamisme et d'une créativité retrouvés.

L'intérêt porté à l'art par les divers régimes présidentiels de la Ve République peut se mesurer par l'importance qu'ils ont attribuée à la construction, à l'agrandissement ou à la réfection de certains monuments et musées parisiens. Dès 1969, Georges Pompidou a lancé un projet de grands travaux architecturaux qui devait comprendre le Centre National d'Art et de Culture, ouvert en 1977, mieux connu sous le nom de Centre Pompidou ou, tout simplement, Beaubourg. Le président

Le Centre Pompidou, souvent appelé «Beaubourg», marque la première étape dans une longue série de grands travaux architecturaux réalisés par le gouvernement français depuis 1970.

Voir page 237

Giscard d'Estaing, à son tour, a ordonné le réaménagement de l'ancienne gare d'Orsay et sa transformation en un musée du XIXᵉ siècle français. Pour sa part, François Mitterrand a continué dans la même voie lorsqu'il a entrepris les travaux du Grand Louvre pour en faire un musée facilement accessible au grand public et digne de la renommée mondiale de sa collection. Mais cet engagement à préserver les objets d'art est-il représentatif de la vitalité de l'art français?

Figure 1

Paris a été, dans les années cinquante, le lieu de rencontre d'un groupe international de peintres expressionnistes liés au mouvement COBRA (1948–1951), de Co(penhague), Br(uxelles), A(msterdam), qui ont exalté le retour à la spontanéité créatrice et la notion d'«art libre» en exécutant des tableaux violemment colorés pour traduire l'intensité de l'expression. Depuis, la majorité des peintres des trente dernières années de ce siècle ont opté, cependant, soit pour l'«art abstrait», qui utilise la matière, la couleur et la ligne pour elles-mêmes, soit pour l'«art figuratif», qui s'attache à la représentation de l'objet et du monde visible (réel ou imaginaire). Le

Figure 2

Français Jean Dubuffet (1901–1985) fait ici figure d'exception, car il a incarné, à sa manière, les deux tendances: ayant d'abord adopté un expressionnisme abstrait qui le rapprochait de Jackson Pollack aux Etats-Unis (pays où il a triomphé, d'ailleurs), il s'est ensuite orienté vers une expression figurative souvent inspirée par les dessins d'enfants, les graffiti et la caricature. Parmi les peintres de l'abstraction en France, il

Figure 3

Figure 4

faut citer deux personnalités importantes: Nicolas de Staël (1914–1955) dont les compositions structurées, à la peinture épaisse, ont contribué à la consécration de l'art abstrait dans l'évolution des grands mouvements du siècle, et Victor Vasarely (né en 1908), d'origine hongroise, dont les formes géométriques parfaites, aux couleurs pures, semblent animées d'un mouvement créé en fait par le déplacement du spectateur devant la toile. Il s'agissait, pour Vasarely, de réaliser une sorte de rapprochement entre l'art et la technologie en jouant sur les illusions d'optique. Toutefois, ce courant non-figuratif n'a pas marqué la vie artistique de façon uniforme.

Tandis que l'art abstrait s'exprimait par des formes inventées par l'artiste, un nouvel art figuratif, celui des «nouveaux réalistes», allait occuper le devant de la scène au cours des années soixante. Au moment où le Pop Art dominait à New York, les préoccupations de certains artistes parisiens se sont aussi tournées vers l'objet: affiches découpées, tubes de couleurs, objets manufacturés ou industriels, etc., ont été collés, entassés ou assemblés pour composer des œuvres d'un aspect nouveau. Souvent, la frontière entre la peinture et la sculpture s'est d'ailleurs estompée, chez des artistes tels que César (né en 1921) et Niki de Saint-Phalle (née

Figures 5, 6

en 1930). César, surtout connu pour ses compressions d'objets, y compris d'automobiles entières, a affirmé dans ses travaux la domination de la vie quotidienne par l'objet. Chez Niki de Saint-Phalle, l'être humain, déshumanisé par cette invasion, est devenu, symboliquement, objet lui-même comme dans ses énormes «Nanas» ou statues de femmes multicolores, faites de plâtre et de polystyrène, qui abritent des

Figure 7

commerces! D'autres nouveaux réalistes, comme Yves Klein (1928–1962), ont préféré aborder ce même problème de l'homme moderne face à l'objet d'une manière radicalement opposée. Klein a inauguré un art «conceptuel» dans lequel l'artiste s'abandonnait à une réflexion sur l'art. En peignant ses monochromes, où une seule couleur couvrait la toile (comme son fameux outremer, breveté sous le nom de «bleu international Klein»), il a insisté, par un «vide» antithétique, sur l'importance excessive acquise par les objets dans la vie quotidienne. Avant même que les événements de mai 68 ne secouent la France, certains peintres, représentants d'un courant appelé la «nouvelle figuration», continuaient à puiser leur inspiration dans la vie quotidienne. Après 68, ils se sont orientés vers une narration politiquement et socialement engagée (sujets et hommes politiques, publicité, bandes dessinées, actualité) dans un mode figuratif, en insistant, comme Bernard Rancillac (né en *Figure 8* 1931), sur la violence et les crises de la société. Au cours des années soixante-dix et quatre-vingt, l'art de la «figuration libre», comme celui de Robert Combas (né en 1957) a quelque peu perdu cet aspect politisé pour intégrer à ses œuvres, souvent exécutées rapidement, l'esprit rock ou punk d'une partie de la société qui cherchait surtout à insulter le bon goût. D'autres artistes, tels que Gérard Garouste (né en 1946), ont renoué avec la grande tradition artistique en introduisant dans leurs tableaux des références mythologiques, des citations culturelles ou même des styles empruntés au passé, le tout dans un énorme ensemble de peinture «cultivée» dont une exposition officielle s'est tenue au printemps 1985 sous le titre de «Style et chaos».

L'art abstrait n'a pourtant pas disparu au profit de la figuration. Le groupe Support-Surface, qui s'est constitué dans la région de Nice en 1971, a surtout mené ses expérimentations dans la voie abstraite par la révélation des procédés de construction et la matérialité de la peinture, à travers ses tableaux, ses sculptures et ses ensembles complexes. Avec ces artistes, le tableau a retrouvé sa fonction essentielle de support et de surface, car selon Claude Viallat (né en 1936) et ses compagnons de route, la peinture ne devait plus être l'expression de l'individu mais celle de la peinture elle-même, et rien d'autre. Cette position, d'ailleurs héritée du groupe BMPT (Buren, Mosset, Parmentier, Toroni), se rattache à celle de l'art minimal *Figure 9* qui cherche à réduire, en sculpture comme en peinture, les formes à leur plus simple élément.

A notre époque, figuration et abstraction continuent donc à mener des existences parallèles, s'entrecroisant parfois, s'interrogeant surtout. Face à la crise économique des années quatre-vingt et quatre-vingt-dix, et à l'incertitude qu'elle a suscitée dans un domaine aussi fluctuant que celui des arts, la critique et le marché semblent dicter, de plus en plus, les tendances artistiques qui coexistent toutes sans qu'aucune ne s'affirme vraiment.

Découvertes culturelles

Choisissez dans la liste ci-dessous l'élément (artiste, groupe, mouvement, lieu) qui correspond le mieux à chacune des descriptions suivantes, en ajoutant, si possible, des renseignements supplémentaires.

Beaubourg   Victor Vasarely   le musée d'Orsay
César   la «nouvelle figuration»   COBRA
Yves Klein   l'art figuratif   Jean Dubuffet
Support-Surface   Nicolas de Staël   les «nouveaux réalistes»
Niki de Saint-Phalle   BMPT   l'«art abstrait»

1. peintre dont bon nombre d'œuvres consistent en une toile couverte d'une seule couleur
2. groupe de peintres qui ont exalté l'«art libre»
3. forme de l'art moderne qui utilise la matière, la couleur et la ligne pour elles-mêmes
4. peintre dont l'expression figurative a souvent été inspirée par les graffiti et les dessins d'enfants
5. artiste dont les figures féminines déshumanisées évoquent la domination de l'objet dans la vie quotidienne
6. Centre National d'Art et de Culture
7. peintre dont les œuvres se caractérisent par des compositions structurées, à la peinture épaisse
8. sculpteur connu pour ses compressions d'automobiles
9. réaménagement d'une ancienne gare en musée du XIXe siècle
10. groupe de peintres adeptes de l'art minimaliste
11. peintre qui a beaucoup joué sur les illusions d'optique
12. groupe de peintres dont les œuvres sont souvent composées à partir d'objets assemblés
13. forme de l'art moderne qui s'attache à la représentation de l'objet et du monde visible ou imaginaire
14. mouvement artistique devenu politiquement et socialement engagé à la suite de mai 68
15. groupe d'artistes qui s'attachent à révéler la matérialité de la peinture et la construction du tableau

Architecture

Lorsque la guerre s'est terminée, en 1945, la France a dû faire face à deux graves problèmes, celui de la reconstruction industrielle et celui de l'urbanisation, en particulier dans le domaine des ensembles d'habitations et des villes satellites. La IVe République avait créé un ministère de la Reconstruction et de l'Urbanisme qui a même engendré le «style M.R.U.», rapidement devenu synonyme de constructions ternes, monotones et conformistes. Dans la banlieue parisienne, la ville-dortoir de Sarcelles, conçue par les architectes Boileau et Labourdette et construite de 1958 à 1961, demeure comme un bien triste monument à l'abus du béton caractéristique de ces énormes ruches laides, concentrationnaires et sans âme. L'architecte Emile Aillaud (1902–1988), prenant en considération la dimension humaine dans sa conception de l'urbanisme, a introduit quant à lui des courbes, des couleurs et une certaine fantaisie dans ses ensembles de la banlieue de Paris, surtout à Bobigny (1958), à Pantin, et à Grigny, dans l'Essonne, où il a réalisé l'ensemble de La Grande-Borne (1970). Avec Aillaud et les architectes de sa lignée, le fonctionnalisme a pris, enfin, un visage plus humain. En province aussi, on a bâti des villes nouvelles où la construction des ensembles résidentiels et commerciaux s'inspirait des quartiers traditionnels, conservant ainsi l'intimité si nécessaire à une bonne qualité de vie. Port-Grimaud, près de Saint-Tropez et La Grande-Motte, dans l'Hérault,

Figure 10

Figure 11

Figure 12

Le postmodernisme en architecture se manifeste parfois par un retour à l'esthétique classique telle que nous la voyons dans le quartier Antigone à Montpellier réalisé par Ricardo Bofill.

sur la côte méditerranéenne, offrent deux exemples caractéristiques des réalisations des architectes urbanistes des années soixante.

Plus récemment, le style «postmoderniste» s'est imposé avec des architectes comme Christian de Portzamparc (né en 1944) et le Catalan Ricardo Bofill (né en 1939), qui ont manifesté leur désir de rompre avec les lignes souvent stériles et l'inspiration trop technique de la construction moderniste. Les réalisations de ces architectes postmodernistes traduisent un retour évident à l'esthétique classique: les façades monumentales à colonnes, portiques et frontons, utilisées par Bofill dans ses ensembles d'habitations à Marne-la-Vallée (les Espaces d'Abraxas, 1978–1982) et à Montpellier (le quartier Antigone, 1979–1986) donnent, par leurs références à la tradition, une impression de stabilité et de continuité dans le temps. Portzamparc, très célèbre depuis la construction de la Cité de la Musique à La Villette, a orienté quant à lui sa recherche vers l'assouplissement des lignes, en jouant avec les volumes et les couleurs. Les toits ondulés, les fenêtres posées obliquement, les mosaïques, les matériaux locaux, tout doit rompre avec la rigidité. Si le «postmodernisme» de Portzampac est de caractère international, il existe pourtant chez lui une originalité et une créativité bien françaises, aisément reconnaissables.

Dans son entreprise d'urbanisation, la Ve République a très tôt affirmé sa volonté de faire construire des bâtiments publics qui seraient non seulement fonctionnels

Figure 13

Figure 14

mais aussi symboliques d'un esprit architectural nouveau. A Paris, vers la fin des années cinquante, Bernard Zehrfuss (né en 1911) a réalisé le C.N.I.T. (Centre national des industries et des techniques) à La Défense, inaugurant ainsi la vocation futuriste de ce secteur aux abords de la capitale. De nombreuses tours sont depuis venues hérisser ce quartier en plein développement, et c'est là que, trente ans après le C.N.I.T.,

Figure 15
Figure 16,17
Voir page 281

a été construite la Grande Arche, achevée en 1989. D'autres bâtiments d'utilité collective tels que le palais de l'UNESCO (1958) et la maison de la Radio (1962), à Paris, ainsi que l'aérogare de Roissy (1973) sont de véritables monuments à la gloire de l'architecture moderniste. Le C.N.I.T., par exemple, présente une énorme construction triangulaire, avec de gigantesques façades en verrières, sous une couverture de 7 500 mètres carrés supportée par une triple voûte en béton. C'est encore le béton qui a imposé son poids massif lorsque Zehrfuss a conçu la maison de l'UNESCO, célèbre par son plan en «Y». Henry Bernard (1912–1994) a lui aussi eu recours à ce même matériau, qui se prêtait bien aux formes arrondies, pour réaliser, sur les rives de la Seine, le grand bâtiment en cercle de la maison de la Radio. Tout comme le classicisme du XVIIᵉ siècle, qui avait abouti aux excès du baroque, l'architecture moderniste et *high-tech* a fini par donner lieu, en 1976, à la plus specta-

Voir page 275

culaire des nouvelles constructions de la capitale: le Centre Georges Pompidou dans le quartier des Halles, non loin du musée du Louvre. L'extérieur, tout de métal et de verre, laissait apparaître non seulement l'ossature du bâtiment mais aussi ses tuyaux d'alimentation et d'évacuation d'eau et d'air, peints de couleurs vives. On ne pouvait guère faire plus «moderne».

Même si on a critiqué, souvent à juste titre, certains excès de zèle chez les architectes contemporains, il est certain que leurs innovations ont ouvert la voie à une nouvelle architecture monumentale en France qu'on appelle «les grands travaux». A la suite de «Beaubourg» se sont succédées, sous la présidence de Valéry Giscard d'Estaing, la rénovation du musée d'Orsay puis la construction de la Cité des Sciences et de l'Industrie, avec sa célèbre Géode, dans le quartier de La Villette.

Figure 18

François Mitterrand a ajouté à ce dernier projet un parc du XXIᵉ siècle où se trouve également la Cité de la Musique (1993). Dans le domaine de la création culturelle,

Voir pages 290, 293
Figure 19
Figure 20
Figure 21
Figure 22

c'est sous la présidence de Mitterrand qu'ont été construits l'Institut du Monde arabe, conçu par Jean Nouvel (1987), le nouvel Opéra-Bastille de Carlos Ott (1989), le Muséum national d'Histoire naturelle de Chemetov et Huidobro (1994), la Grande Bibliothèque de France (1995) et, peut-être le plus vanté des grands travaux, le Grand Louvre. Cet ensemble, dont la célèbre pyramide de verre ultra-moderne dans ce contexte historique a suscité une polémique assez virulente, n'a pu se réaliser que grâce au transfert du ministère des Finances qui avait occupé l'aile Richelieu du musée pendant plus de cent ans. La construction du nouveau

Figure 23

ministère des Finances à Bercy (1984–1988), par Chemetov et Huidobro, a inauguré le déplacement progressif des locaux administratifs, des centres de conférences et des stades omnisports vers l'est de la ville et ses quartiers longtemps négligés par les responsables de la construction officielle. La fin du XXᵉ siècle aura ainsi contribué à faire passer l'architecture monumentale des arcs de triomphe, statues et colonnes traditionnels sans aucune véritable utilité publique, vers la réalisation de nouveaux édifices qui joignent l'utile à l'agréable.

Découvertes culturelles

Trouvez dans la liste ci-après l'idée qui complète le mieux chacune des constatations suivantes en ajoutant, si possible, des renseignements supplémentaires.

1. A la fin de la guerre, en 1945, la France a dû aborder les problèmes de...
2. Le style architectural «M.R.U.», sous la IVᵉ République, était...
3. La ville-dortoir de Sarcelles, réalisée vers la fin des années cinquante, est...
4. L'architecte Emile Aillaud, créateur de La Grande-Borne,...
5. Port-Grimaud et La Grande-Motte sont...
6. Les architectes «postmodernistes»...
7. Le style architectural sous la Vᵉ République...
8. Parmi les exemples d'architecture moderniste, on peut citer...
9. L'architecture postmoderniste est représentée par...
10. Parmi les contributions du régime de Mitterrand à l'architecture moderne, on compte...

a. terne, monotone, conformiste.
b. des villes nouvelles en province qui réunissent des ensembles résidentiels et commerciaux.
c. ont opéré un certain retour à l'esthétique classique, par exemple dans leurs façades.
d. le nouvel Opéra-Bastille et la pyramide du Louvre.
e. la reconstruction industrielle et de l'urbanisation.
f. le Centre Pompidou, l'aérogare de Roissy et la maison de la Radio.
g. une concentration de ruches en béton, énormes et sans âme.
h. cherche à symboliser un esprit nouveau représenté, par exemple, par la Grande Arche.
i. a introduit des courbes et des couleurs dans l'architecture urbaine.
j. les créations architecturales de Portzamparc et de Bofill.

L'aérogare Charles-de-Gaulle à Roissy est aussi un monument à la gloire de l'architecture moderniste.

Image et arts graphiques

Notre ère est celle de l'image. Celle-ci aura véritablement dominé le XXe siècle. Le cinéma, la télévision, la photographie, les bandes dessinées, la vidéo, l'art assisté par ordinateur et ses ouvertures vers le monde de la réalité virtuelle, par exemple, sont autant de phénomènes qui contribuent à transformer nos modes de vie et, par conséquent, nos concepts culturels.

L'industrie cinématographique française, la plus grande d'Europe et la deuxième à l'échelle mondiale après les Etats-Unis, quant à sa production, reçoit un important soutien financier de l'Etat. Cette aide provient en particulier de la taxe spéciale sur les billets de cinéma ainsi que d'un prélèvement effectué sur la redevance que doit payer chaque année en France tout détenteur d'un poste de télévision. Les subventions sont destinées à ceux (producteurs, distributeurs et entreprises d'exploitation telles que les cinémas d'art et d'essai et les salles des petites et moyennes villes) qui favorisent le développement et la promotion du cinéma français.

Le financement partiel du cinéma français par l'Etat a eu un effet positif et même crucial sur ce domaine artistique, mais il a aussi contribué à élever le prix des places, ce qui a peut-être causé la baisse progressive de fréquentation des salles. Le nombre des entrées, à Paris comme en province, n'a en effet pas cessé de diminuer entre la fin des années cinquante et 1992, une reprise s'étant manifestée depuis. Pourtant, les Français continuent à apprécier le cinéma, même s'ils attendent souvent le passage d'un film à la télévision pour le découvrir.

La contribution française à l'évolution du cinéma a toujours été importante. Depuis le début des années soixante, en particulier, le «septième art» a bénéficié d'une meilleure considération de la part du public, et le statut des cinéastes d'aujourd'hui est égal à celui des romanciers et des poètes. Grâce surtout aux réalisateurs qui ont formé la «Nouvelle Vague» dans les premières années de la Ve République, le cinéma français a su créer un style original. Ce cinéma d'auteur, résultat d'une orientation vers la recherche et l'expérimentation individuelle, a révélé au monde entier le talent incontestable de Louis Malle (*Les Amants*, 1958), de Claude Chabrol (*Le Beau Serge*, 1959 et *Les Cousins*, 1959), de François Truffaut (*Les 400 coups*, 1959 et *Jules et Jim*, 1962), de Jean-Luc Godard (*A bout de souffle*, 1960) et d'Alain Resnais. Leurs films, marqués par une rupture avec la narration linéaire et une certaine distance par rapport au déroulement logique de l'histoire, partagent beaucoup de points communs avec le nouveau roman en littérature. Resnais, d'ailleurs, a fait appel à des écrivains appartenant à ce mouvement pour réaliser deux films qui ont représenté un moment significatif dans l'histoire du cinéma: Marguerite Duras pour *Hiroshima mon amour* (1959) et Alain Robbe-Grillet pour *L'Année dernière à Marienbad* (1961). Les procédés narratifs et les techniques que ces cinéastes ont utilisés, tels que les voix «off», les flash-back, le mélange de fiction et de réalité, ainsi que la nature fragmentée du «récit», ont fasciné les cinéphiles qui recherchaient un cinéma de réflexion, mais n'ont pas attiré le grand public, plus attaché au cinéma de divertissement.

Les films d'auteurs n'ont pas disparu pour autant, et c'est dans leur lignée que se situent le cinéma féminin d'Agnès Varda (*Cléo de cinq à sept*, 1961 et *Le Bonheur*, 1964), de Diane Kurys (*Diabolo-menthe*, 1977 et *Un Homme amoureux*, 1987) et de Coline Serreau (*Trois Hommes et un couffin*, 1985), et les réalisations d'un cinéaste comme Bertrand Tavernier qui, tout en faisant partie du cinéma d'auteurs, a su toucher le grand public. Mais de tous les réalisateurs français contemporains, François Truffaut, mort au sommet de sa carrière en 1984, reste sans doute celui qui représente, pour les étrangers aussi bien que pour ses concitoyens, le véritable style cinématographique français. *L'Argent de poche*, *L'Homme qui aimait les femmes*, *Le Dernier Métro*, et son dernier film, *Vivement dimanche*, symbolisent un certain cinéma intimiste et tendre où les bouleversements qui frappent la société sont traduits au niveau de l'individu, du couple ou de la famille.

Le succès d'un film dépend aussi en grande partie de la qualité d'interprétation des rôles, et les acteurs et actrices incarnent souvent des personnages qui s'enracinent dans l'imaginaire des spectateurs. Parmi les centaines d'artistes du cinéma français de la deuxième moitié du siècle, certains ont connu une gloire internationale. On pourrait citer en exemple les noms de Jean-Louis Barrault (1910–1994), Catherine Deneuve (née en 1943), Gérard Depardieu (né en 1948), Fernandel (1903–1971), Yves Montand (1921–1991), Jeanne Moreau (née en 1928), et Simone Signoret (1921–1985). D'autres vedettes, à travers les rôles qu'elles ont joués dans certains films biographiques, ont imposé leur visage à des personnages littéraires ou historiques. C'est le cas d'Isabelle Adjani, devenue Camille Claudel dans le film du même nom (1988) et d'Isabelle Huppert qui a interprété le rôle d'Emma dans *Madame Bovary* (1993).

L'industrie du cinéma français est donc toujours très active, tant chez les cinéastes que chez les interprètes. Pourtant, les possibilités semblent encore plus illimitées pour d'autres secteurs de l'art de l'image et celui des arts graphiques. Depuis les années soixante-dix, les progrès techniques ont révolutionné la façon de capter l'image. Un matériel de plus en plus sophistiqué a permis à la photographie, entre autres, d'accéder au rang des arts. En 1982, l'Etat a consacré ce phénomène en créant à Arles l'Ecole nationale de la photographie qui perpétue la tradition établie par les grands photographes français du siècle, tels que Brassaï, Henri Cartier-Bresson, Robert Doisneau et Jacques Henri Lartigue.

Par ailleurs, les événements de mai 68 ont beaucoup contribué à valoriser l'image, particulièrement au moyen des arts graphiques. Les manifestants, dans les rues, ont couvert les murs d'affiches et de pancartes produites au moyen d'une technique appelée «sérigraphie», procédé qui consiste à laisser une impression sur des supports de toutes sortes à l'aide d'un écran formé d'un tissu à mailles. Cette technique est souvent employée aussi pour créer des œuvres originales sur des tee-shirts, par exemple, preuve s'il en faut que le visuel est incontestablement devenu le véhicule privilégié de la communication à notre époque. Ainsi, la publicité a recours à des images «choc» pour faire passer ses messages. La littérature populaire elle-même, ou plus exactement la «paralittérature», qui comprend la bande dessinée aussi bien que les textes interactifs de science-fiction sur ordinateur, ne semble plus pouvoir ni vouloir se passer de l'image. En ce qui concerne la bande dessinée, d'ailleurs, ce genre est devenu beaucoup moins marginal. Il tend même maintenant à être considéré comme un classique dans la société française qui vénère depuis longtemps les personnages de Goscinny et Uderzo dans les albums d'*Astérix* et réserve une place d'honneur aux grands auteurs de «B.D.» comme Claire Bretécher (voir *Dossier deux*, page 103), dont les *Frustrés* et autres œuvres ont longtemps assuré une critique sociale très appréciée dans les pages du *Nouvel Observateur*. Un grand festival de la bande dessinée est organisé chaque année à Angoulême, et toute librairie française consacre désormais un rayon assez vaste à ce genre dont les variétés sont presque infinies et dont la créativité plaît aux enfants comme aux adultes.

Découvertes culturelles

1. Quels sont les effets positifs et négatifs du soutien financier accordé par l'État au cinéma français?

2. Citez les cinéastes célèbres de la «Nouvelle Vague». Quelles techniques ces metteurs en scène ont-ils eues en commun avec les auteurs du «nouveau roman»?

3. Citez quelques réalisatrices qui ont beaucoup contribué au développement du cinéma français moderne.

4. Pouvez-vous associer chacun des acteurs de la liste de gauche au titre d'un film de la liste de droite?

Isabelle Adjani	«Indochine»
Gérard Depardieu	«Camille Claudel»
Isabelle Huppert	«Green Card»
Catherine Deneuve	«Adèle H»
	«Tous les matins du monde»
	«Madame Bovary»
	«Le Dernier métro»
	«Cyrano de Bergerac»

5. Qu'est-ce que la «sérigraphie» et comment cette technique est-elle employée?

6. Qui est Claire Bretécher? A quelle forme d'art graphique a-t-elle contribué?

Tous les ans, en mai, les yeux du monde sont fixés sur le Festival du Cinéma à Cannes.

La musique classique est restée, en général, un phénomène de classe et d'âge en France, même si le pourcentage de Français qui disent en écouter régulièrement est en hausse depuis vingt ans. La majorité d'entre eux sont des cadres ou des membres de professions intellectuelles, d'âge moyen dans l'ensemble, qui achètent la musique classique sous forme de disques compacts et fréquentent les salles de concert. Une tentative remarquable de démocratisation culturelle a cependant été menée sous la présidence de François Mitterrand, lorsque le nouvel Opéra-Bastille a été inauguré en 1990. Depuis cette date, la région parisienne dispose d'une place à l'Opéra pour dix habitants (alors que New York n'en a qu'une pour quinze et Londres, une pour vingt). On estime, cependant, que ceux qui assistent à un opéra ne dépassent pas 2% de la population française. Le jazz, par contre, très apprécié par un nombre croissant de catégories sociales (alors qu'il avait été interdit pendant l'Occupation allemande), assure une sorte de transition entre les personnes d'âge moyen et les jeunes qui, eux, préfèrent généralement le rock.

Que dire de la danse, art souvent associé à celui de la musique? Un sondage réalisé récemment par le ministère de la Culture, auprès de Français de plus de quinze ans, a révélé que 30% ont suivi au moins une fois un spectacle de danse à la télévision, même si 66% ne sont jamais allés en voir un. L'Etat consacre d'ailleurs plus de cinq cent millions de francs par an à la subvention et à l'aide des compagnies chorégraphiques, des écoles et conservatoires nationaux de danse et des centres et festivals régionaux. Maurice Béjart est celui qui, de tous les chorégraphes, danseurs et maîtres de ballets, s'est imposé au monde de la danse moderne en France depuis quarante ans.

Toutefois, pour la culture moderne, c'est incontestablement la chanson qui a le plus marqué le domaine musical de la deuxième moitié du siècle. Déjà pendant les années cinquante et soixante, on écoutait à la radio, puis sur disques, des chanteurs comme Edith Piaf, Georges Brassens, Jacques Brel, Léo Ferré, Juliette Gréco, Barbara et Gilbert Bécaud, pour qui le texte était aussi sinon plus important que le rythme lui-même. A partir des années soixante, ce sont les «tubes» de rock'n roll et de musique «yé-yé», inspirés des créations anglo-saxonnes, qui ont fait connaître au grand public, et surtout aux jeunes, les nouvelles stars de l'industrie du spectacle. Tout le monde pouvait alors citer le nom de Johnny Hallyday et de Sylvie Vartan, d'Eddy Mitchell, de Claude François ou de Françoise Hardy. Si ces chanteurs s'inspiraient de la musique étrangère de l'époque, certains de leurs contemporains, tels que Charles Aznavour, Serge Gainsbourg et, plus récemment, Jean-Jacques Goldman, Renaud et Yves Duteil, parmi beaucoup d'autres, se sont attachés à chanter des textes qui reflètent les aspirations, les inquiétudes, les joies et les tristesses de la société entière. La musique a toujours joué un rôle important dans la vie quotidienne des Français et elle continuera à le faire, surtout grâce aux nombreux appareils—radios, baladeurs (ou «walkmans») ou lecteurs de CD—qui sont très répandus dans toutes les catégories de la population. L'Etat, pour encourager l'avenir de la chanson française, a d'ailleurs décidé qu'à partir de 1995, toutes les émissions de musique populaire à la radio devraient consacrer au moins 40% de leur temps d'antenne à la musique de langue française. La chanson se porte donc plutôt bien en France, ce qu'on peut attribuer essentiellement à la qualité et à la créativité des artistes français.

Découvertes culturelles

1. En quoi les goûts en matière de musique sont-ils fonction de l'âge et de la classe sociale en France? Ce principe est-il vrai dans votre pays?
2. Que fait l'Etat pour promouvoir la danse en France?
3. Qui est Maurice Béjart?
4. Quelles sont les deux tendances qui s'opposent actuellement dans le monde de la musique populaire en France?
5. Pourquoi, à votre avis, l'Etat a-t-il décidé que les émissions de musique populaire devaient consacrer 40% de leurs programmes à la musique de langue française?

Festivals

Notre époque a créé une civilisation des loisirs. Le temps libre s'est accru, et les revenus ont augmenté: deux facteurs propices au développement de l'exploitation du temps libre. Les Français consacrent donc une partie de plus en plus importante de leur temps et de leur budget à ce qui n'est ni travail ni activité obligatoire, c'est-à-dire aux pratiques culturelles prises dans le sens large du terme. Il ne faut pas pour autant surestimer le niveau de culture de la population en général: la grande majorité des Français ne vont jamais aux concerts de musique classique, au théâtre, aux expositions d'art ni dans les musées. Pourtant, il est vrai que les possibilités de loisirs dits «culturels» abondent en France—à quelque catégorie sociale qu'on appartienne. L'été, par exemple, les festivals de tous genres fleurissent en tous points du pays.

La plus connue sans doute de ces grandes manifestations est le festival du cinéma qui se tient chaque année à Cannes, au mois de mai. La Palme d'or, pour le film qui la remporte, a une importance comparable à celle des Oscars de Hollywood. Dans le domaine du cinéma, il faut aussi citer le Festival du film américain, qui a lieu à Deauville en septembre, et le Festival du film fantastique qui se déroule à Avoriaz en hiver.

Depuis 1946, Avignon accueille, dans la cour d'honneur du Palais des Papes ainsi que dans d'autres points de la ville, des milliers de spectateurs venus de partout pour assister à l'un des plus prestigieux festivals de théâtre. Non loin de cette ville médiévale, à Aix-en-Provence, le grand Festival de musique et d'opéra attire chaque année un public international. Toujours dans la région du littoral méditerranéen, les estivants peuvent assister au Festival de jazz d'Antibes-Juan-les-Pins et à celui de Nice, qui se déroulent tous deux en juillet. Dans le Midi encore, et à la même époque, les Rencontres internationales de la photo, à Arles, sont devenues un rendez-vous important pour le monde de la photographie. La chanson, elle aussi, dispose de son festival, appelé «le Printemps de Bourges», qui incite surtout la jeunesse à se réunir dans cette ville ancienne autour de chanteurs célèbres ou moins connus. Les fanatiques de la bande dessinée, quant à eux, ne manquent pas de se rendre à Angoulême—non pas en été, cette fois, mais au mois de janvier.

Cette liste, loin d'être exhaustive, confirme malgré tout deux faits, à titre indicatif: la variété et la popularité d'un large éventail de loisirs culturels en France, et l'existence d'un réel effort de décentralisation dans le domaine des manifestations de ce genre. Dans leur ensemble, les Français, même s'ils ne profitent pas tous de ces occasions pour pratiquer des activités culturelles, sont néanmoins conscients des possibilités qui leur sont proposées. Le nombre de ceux qui y participent activement continuera sans doute à s'accroître, au fur et à mesure que la civilisation deviendra moins industrielle et que le niveau d'instruction augmentera. On peut donc dire que, grâce aux festivals et autres manifestations culturelles que nous venons de mentionner, les Français sont et seront certainement de plus en plus nombreux à profiter des chances qui leur sont offertes de s'enrichir en se tournant vers le passé, vers la culture amassée par les générations précédentes, mais aussi vers l'avenir, c'est-à-dire toutes les nouvelles formes de culture qui favorisent le développement personnel. Ce creuset de possibilités représente en effet autant de chances pour l'individu de se protéger contre l'un des plus grands dangers d'une société scientifique, technique et souvent déshumanisante—celui de devenir une sorte de robot au lieu de ce que Pascal appelait l'«homme qui apprend continuellement».

Découvertes culturelles

Pour quel festival chacune des villes suivantes est-elle connue?

1. Cannes
2. Avignon
3. Aix-en-Provence
4. Antibes et Juan-les-Pins; Nice
5. Arles
6. Angoulême

Témoignages culturels

La culture de masse et la haute culture

Lecture 1

Edgar Morin, sociologue contemporain, s'est penché sur le rôle que joue la culture dans la société moderne. Dans le texte suivant, il analyse l'écart que le phénomène culturel a creusé entre la culture dite de masse et celle de l'élite.

Les «cultivés» vivent sur une conception valorisante, différenciée, aristocratique de la culture. C'est pourquoi le terme «culture du XXe siècle» leur évoque immédiatement, non pas le monde de la télévision, de la radio, du cinéma, des comics, de la presse, des chansons, du tourisme, des vacances, des loisirs, mais Mondrian, Picasso, Stravinsky, Alban Berg, Musil, Proust, Joyce.

Les intellectuels rejettent la culture de masse dans les enfers infra-culturels. Une attitude «humaniste» déplore l'invasion des sous-produits culturels de l'industrie moderne, des sous-produits industriels de la culture moderne.

Cette culture, ce ne sont pas les intellectuels qui l'ont faite; les premiers auteurs de films étaient des forains,° des amuseurs de baraques; les journaux se sont développés hors des sphères glorieuses de la création littéraire; radio et télévision ont été le refuge des journalistes ou comédiens ratés. Certes, progressivement les intellectuels ont été attirés, appelés dans les salles de rédaction, les studios de radio, les bureaux des producteurs de films. Beaucoup y ont trouvé un métier. Mais ces intellectuels sont employés par l'industrie culturelle. Ils n'y réalisent que par chance ou après des luttes épuisantes les projets qu'ils portent en eux. Dans les cas limites, l'auteur est séparé de son œuvre: celle-ci n'est plus son œuvre. La création est brisée par la production: [Eric von] Stroheim, [Orson] Welles, vaincus, sont rejetés par le système puisqu'ils ne s'y plient pas.

L'intelligentsia littéraire est dépossédée par l'avènement d'un monde culturel où la création est désacralisée, disloquée. Elle proteste d'autant plus contre l'industrialisation de l'esprit qu'elle participe partiellement, en petite employée, à cette industrialisation.

Ce n'est pas seulement d'une dépossession que souffre l'intelligentsia. C'est toute une conception de la culture, de l'art, qui est bafouée par l'intervention des techniques industrielles, comme par la détermination mercantile et l'orientation consommatrice de la culture de masse. Au mécénat° succède le mercenariat. Le capitalisme installe ses comptoirs au cœur de la grande réserve culturelle. La réaction de l'intelligentsia est aussi une réaction contre l'impérialisme du capital et le règne du profit.

Enfin, l'orientation consommatrice détruit l'autonomie et la hiérarchie esthétique propres à la culture cultivée. «Dans la culture de masse, pas de discontinuité entre l'art et la vie [dit Clément Greenberg].» Ni retraite solitaire, ni rites cérémoniels n'opposent la culture de masse à la vie quotidienne. Elle est consommée tout au long des heures. Les valeurs artistiques ne se différencient pas qualitativement au sein de la consommation courante: les juke-boxes offrent à la fois [Louis] Armstrong et Brenda Lee, Brassens et Dalida, les rengaines° et la mélodie. A la radio, à la télévision, au cinéma, même éclectisme. Cet univers n'est pas régi, réglementé par la police du goût, la hiérarchie du beau, la douane de la critique esthétique. Les magazines, journaux d'enfants, programmes de radio et, sauf exception, films ne sont guère plus régentés par la critique «cultivée» que la consommation des légumes, détersifs ou machines à laver. Le produit culturel est étroitement déterminé par son caractère

organisateurs de foires ou de cirques

aide financière apportée aux artistes par des personnes riches

chansons banales, sans cesse répétées

industriel d'une part, son caractère de consommation quotidienne de l'autre, sans pouvoir émerger à l'autonomie esthétique. Il n'est pas policé, ni filtré, ni structuré par l'Art, valeur suprême de la culture des cultivés.

Tout semble opposer la culture des cultivés à la culture de masse: qualité à quantité, création à production, spiritualité à matérialisme, esthétique à marchandise, élégance à grossièreté, savoir à ignorance. Mais avant de nous demander si la culture de masse est bien telle que la voit le cultivé, il faut nous demander si les valeurs de la «haute culture» ne sont pas dogmatiques, formelles, fétichisées, si le «culte de l'art» ne recouvre pas souvent un commerce superficiel avec les œuvres. Tout ce qui fut novateur s'opposa toujours aux normes dominantes de la culture. Cette remarque qui vaut pour la culture de masse ne vaut-elle pas aussi pour la culture cultivée? De Rousseau l'autodidacte à Rousseau le douanier, de Rimbaud au surréalisme, un «révisionnisme» culturel conteste les canons et les goûts de la haute culture, ouvre à l'esthétique ce qui semblait rival ou enfantin.

Ce sont les avant-gardistes de la culture qui ont les premiers aimé et intégré [Charlie] Chaplin, [Dashiell] Hammett, le jazz, la chanson des rues. Inversement, on dédaigne avec hauteur la culture de masse là où règnent les snobismes esthétiques, les recettes littéraires, les talents maniérés, les platitudes conventionnelles. Il y a un philistinisme des «cultivés» qui relève de la même stéréotypie vulgaire que les standards méprisés de la culture de masse. Et c'est dans le moment même où elles semblent s'opposer à l'extrême que «haute culture» et «culture de masse» se rejoignent, l'une par son aristocratisme vulgaire, l'autre par sa vulgarité assoiffée de «standing».

Extrait d'un ouvrage d'Edgar MORIN, *L'Esprit du temps*, Grasset, 1962 cité par Gabriel BELLOC, *L'Homme et le Monde moderne*, Librairie Delagrave, Paris, 1986.

Découvertes culturelles

1. Pourquoi les intellectuels rejettent-ils la culture de masse?
2. En quoi la culture de masse a-t-elle une orientation consommatrice? Donnez des exemples de ce phénomène dans votre propre culture.
3. Pourquoi la culture de masse n'est-elle pas «policée, filtrée»?
4. Dans quel sens les «cultivés» font-il preuve de snobisme, selon l'auteur?

Architecture: Le style Mitterrand

En dix ans, Paris a plus changé qu'en un siècle. Les grands travaux l'annonçaient, l'exposition de Séville l'a confirmé: l'architecture à la française revient. Et l'étranger s'y intéresse. En créant un secrétariat d'Etat aux Grands Travaux, sous l'égide d'Emile Biasini, François Mitterrand a-t-il réussi à imposer un style? Qu'y a-t-il de commun entre l'Arche de la Défense et la Grande Bibliothèque, l'Opéra-Bastille et la pyramide du Louvre? Nos architectes vedettes répondent à ces questions.

Les Grands Travaux du président ont tiré dans tous les coins, et c'est bien. Il y a le classicisme puissant de Chemetov et Huidobro au ministère des Finances, il y a la pompe diaphane° de l'Arche de la Défense du Danois von Spreckelsen. Il y a l'élégante complexité de Christian de Portzamparc, auteur de la Cité de la Musique. Et un seul ratage, ce qui est très honorable: l'Opéra de la Bastille, un mauvais pastiche du maître américain Richard Meier que le jury a laissé passer. Mais un genre se dessine au gré des concours: le bâtiment aux lignes pures, gris, en aluminium et verre, plein de subtilités techniques.

Cela a commencé par l'Institut du Monde arabe de Jean Nouvel. Une belle courbe au bord de la Seine, un mur de diaphragmes mobiles changeant avec le soleil et un intérieur strict qui tient parfois du décor. Cela a continué avec la Grande Bibliothèque de Dominique Perrault. Quatre

transparente

L'Institut du Monde arabe, sur la rive gauche de la Seine à Paris, de l'architecte Jean Nouvel

tours en livre ouvert autour d'un cloître paysager. Et toujours le verre, le métal, les lignes fines....

Aujourd'hui, on retrouve ces bâtiments fins et gris dans toute la France, réussis ou moins. Les grands travaux accomplis ou en passe de l'être, leurs auteurs répandent le nouveau genre partout.... Jean Nouvel vient d'inaugurer un hôtel thermal à Dax, grande verrière abritant... un bassin elliptique sous une seconde verrière....

Alors, Jean Nouvel, y a-t-il un style Mitterrand? *«Il y a dans les Grands Travaux une tendance générale à la simplification des volumes, au verre. Mais, vus de plus près, ils peuvent être très complexes. Si une tendance émerge en France, c'est que le pouvoir a accepté de se représenter par la modernité.»* A l'étranger, Jean Nouvel construit le siège social° d'un éditeur à Cologne, bientôt les Galeries Lafayette de Berlin. Signe des temps: *«L'architecture française est prise de nouveau au sérieux à l'étranger depuis cinq ou six ans. Nous avons notre place dans ces tournois de tennis que sont les concours, avec toujours les mêmes.»*

lieu où se trouve concentrée la vie juridique d'une société

Dominique Perrault est le Mozart de notre architecture. Jeune, joueur, ce grand travailleur communique l'impression que l'effort a quelque chose d'inconvenant.... Le style d'aujourd'hui, selon lui, c'est le triomphe de la jeunesse: *«Ça tient à la fraîcheur des architectes français. Une question de génération: ils ont tous autour de 40 ans. J'observe dans les concours une jubilation, un vrai plaisir à faire de l'architecture. Les jeunes ont une chance fantastique d'accéder si tôt à la commande.»*

Pourrait-on l'appeler style Mitterrand? *«C'est un moment, pas un style. Les Grands Travaux ont eu une résonance. Il reste par bonheur d'autres tendances, d'autres noms dans l'architecture française. Ces dix ans de création représentent une explosion fantastique, même avec des loupés.° Mais le résultat reste fragile, éparpillé. Il nous a fallu dix ans pour expier notre héritage. Il faudra encore dix ans pour voir éclore° des directions historiques. L'essor de l'architecture française durera tant que le pouvoir y prêtera attention.»* Comme Jean Nouvel, Dominique Perrault rend un hommage discret mais inquiet à la volonté du président. Serait-il seul à décider?

échecs

s'ouvrir

L'architecte Christian de Portzamparc,... l'auteur du Café Beaubourg et de la Cité de la Musique, démultiplie un bâtiment en plusieurs formes et les agence comme un sculpteur ou un étalagiste. Des volumes très purs, très français.... Pourtant, dans l'extension du musée Bourdelle qu'il a récemment inaugurée, Portzamparc est surprenant de gris et de sobriété.

Serait-il, lui aussi, saisi par le style Mitterrand? *«C'est une volonté d'effacement, corrige-t-il. J'ai choisi le gris en fonction du bronze. Il absorbe la lumière, alors que le blanc aveugle. Je voulais éviter la grande verrière, le bel objet technique des années 80 comme certains l'ont proposé. Je n'aime pas que l'architecture soit claire d'un coup, comme celle des grands projets. C'est une tendance française. A la Renaissance, Serlio disait déjà: "On devrait croire qu'un beau bâtiment a été fait en un jour et pouvoir le comprendre dès l'abord." Cela nous a menés au classicisme.»*

L'étranger a bien accueilli Portzamparc. Il a construit au Japon, l'autre Mecque de la construction ouverte aux Français. Mais il tient à garder ses distances: «*Les étrangers disent "French" avec un certain sourire, un peu d'humour et de distance. Ce style est assez vite repéré grâce à sa fraîcheur. C'est notre étatisme qui étonne les étrangers. Ils voient du Louis XIV dans notre ministère de la Culture, un ministère intelligent mais qui décide de tout.*»

Claude Parent a défrayé la chronique° architecturale dans les années 70 avec sa théorie de la «fonction oblique». Ses maisons avaient des planchers inclinés. Il a construit une église bunker à Nevers et des supermarchés de béton brut qui émergeaient de terre. Il a fait de nos centrales nucléaires des objets religieux, impressionnants et rassurants à la fois. C'était il y a tout juste vingt ans, l'époque du «brutalisme», ce triomphe du béton puissant, des masses simples et rudes. Aux antipodes de l'architecture d'aujourd'hui, légère, métallique, juchée sur pilotis, couverte de toits incertains, truffée° de détails techniques qui ne fonctionnent qu'un temps, revêtue de peaux fragiles en tôle, en métal ondulé, en verre et à la

rigueur en béton, s'il sait se faire oublier par son grain fin et sa minceur. Claude Parent n'a rien perdu de sa verdeur. Il s'interroge lui aussi sur le style Mitterrand: «*Je ne sais pas s'il s'agit du goût personnel du président. Mais le mot est juste s'il désigne l'architecture de son temps. C'est un style très pasteurisé, bon chic bon genre, sans aspérités.° J'appelle ça de l'architecture "bateau", pas "paquebot" comme dans les années 30, mais bien dans le sens "passe-partout". Ce*

style fait son trou concours après concours. C'est le reflet de la demande des maires, de la haute administration. Un style sans danger politique, qui ne fait pas de vagues. On en trouve aussi bien dans une ville neuve que dans un site historique, comme le centre de Guérande, aussi bien dans un village que dans une grande ville.» Alors, c'est le génie modéré de la France? Claude Parent rit, à en oublier que son brutalisme a aussi traversé l'Atlantique: «*La France a souvent eu des périodes d'architecture de bon goût, surtout au XVIIIᵉ siècle! Cela fait longtemps que cela ne lui était pas arrivé. Depuis notre Art déco, qui a fait le tour du monde, on repique dans notre bon goût. Je suis moins sûr quant à son originalité.*» Portzamparc éprouve de l'indulgence pour le phénomène d'école actuel, mais dans une certaine limite: «*J'en parle sans ironie. Il peut garantir une certaine qualité. Mais s'il devient un style, on tombe dans un académisme nouveau. C'est typiquement français, ce besoin de créer une ligne et des camps. Ça simplifie le débat. La France est un pays centralisé. Si un groupe tient le centre, il règne. Lully et Boulez l'ont réalisé en musique.*» Sommes-nous alors tombés dans l'académisme? Claude Parent est net: «*Le nouvel académisme? Il est déjà là depuis longtemps.*» Pour le plus grand nombre sûrement. Nos étoiles, elles, semblent encore à peu près indemnes,° du moins tant

qu'elles ne vieillissent pas et ne tirent pas trop à la ligne.

Jean Vᴇʀᴍᴇɪʟ, «Architecture: Le style Mitterrand», *Le Nouvel Observateur*, 25 mars 1993.

Découvertes culturelles

1. Citez des exemples qui illustrent qu'«en dix ans, Paris a plus changé qu'en un siècle».
2. Quel est la seule grande innovation architecturale ratée, selon l'auteur de l'article?
3. Quels sont les matériaux préférés de cette nouvelle architecture française?
4. Selon Dominique Perrault, en quoi consiste ce «style Mitterrand»?
5. Décrivez le style traditionnel de Portzamparc. En quoi l'a-t-il modifié dans ses constructions plus récentes?
6. Comparez le style «brutaliste» d'il y a vingt ans avec le «style Mitterrand».
7. Selon Claude Parent, quel autre style français a eu une influence internationale dans un passé assez récent?
8. Comment les questions de style en France ont-elles tendance à refléter le principe de la centralisation si importante dans la culture française?

Dans cette salle de lecture de l'Institut du Monde arabe, la lumière est modulée par les diaphragmes mobiles du mur qui, tels les iris des yeux, ouvrent et ferment selon l'intensité du soleil.

Activités d'expansion

Repères culturels

A. A quel concept de la liste ci-après associez-vous chacun des noms suivants? Ajoutez, si possible, des renseignements supplémentaires sur les théories de chacun de ces «intellos».

Pascal
Jacques Lacan
Claude Lévi-Strauss
Michel Foucault
Michel Serres

Jean-Paul Sartre
Julia Kristeva
Bernard-Henri Lévy
Gilles Lipovetsky
Montaigne

Raymond Aron
Voltaire et Diderot
Jacques Derrida
Roland Barthes

1. l'existentialisme
2. l'élaboration d'un art de vivre
3. la notion d'«honnête homme»
4. les principes de Freud appliqués au comportement humain
5. l'analyse des mythes
6. l'*Encyclopédie*
7. l'analyse de la société contemporaine et de la mode
8. l'opposition aux «religions séculières»
9. la «sémiotique» appliquée à la critique littéraire
10. le rapprochement de la science et de la poésie
11. les structures de base des différentes sociétés
12. la «déconstruction» des textes littéraires
13. l'analyse du rapport entre le langage et le pouvoir
14. l'interprétation du système de codes qui constitue la réalité

B. De qui s'agit-il? Choisissez dans la liste ci-après la description qui s'applique le mieux à chacun des noms suivants.

Claude Simon
Alain Robbe-Grillet
Simone de Beauvoir
Michel Butor
J.M.G. Le Clézio
Saint-John Perse

Albert Camus
Léopold Sédar Senghor
Eugène Ionesco
Tahar Ben Jelloun
Marguerite Duras
Samuel Beckett

Hélène Cixous
Patrick Modiano
Marguerite Yourcenar
Nathalie Sarraute
Marie Cardinal

1. écrivain féministe dont le style se caractérise par une rupture avec la structure du langage traditionnel
2. dramaturge qui a exprimé l'absurdité de la vie moderne
3. auteur existentialiste et initiatrice du féminisme moderne
4. auteur de romans historiques; première femme reçue à l'Académie française

5. poète sénégalais membre de l'Académie française
6. écrivain et romancier dont les protagonistes se révoltent contre l'absurdité de l'existence
7. auteur de la génération d'après 68 qui a poursuivi les innovations stylistiques du «nouveau roman»
8. Prix Nobel de littérature
9. romancier et poète d'origine marocaine pour qui la langue française est une arme pour combattre le racisme
10. auteur de «nouveaux romans»
11. auteur de la génération d'après 68 dont les romans conservent une forme traditionnelle
12. poète dont le style se caractérise par un certain classicisme

C. De quoi s'agit-il? Expliquez chacun des éléments suivants qui se rapportent aux médias en France.

1. *Marie Claire* et *Elle*
2. TF1, F2 et F3
3. *Libération*
4. Canal +
5. *L'Humanité*
6. l'O.R.T.F.
7. *Le Monde*
8. NRJ
9. *Télé 7 Jours*
10. la redevance
11. *Le Figaro*
12. le «zapping»
13. France-Inter et France Culture
14. *L'Express* et *Le Point*
15. Arte
16. *Ouest-France*
17. EUROPE 1 et RTL
18. l'audimat
19. la privatisation
20. la Haute Autorité de la Communication audiovisuelle

D. A quelle tendance artistique de la liste ci-après associez-vous chacun des artistes ou des groupes suivants? Ajoutez, si possible, des renseignements supplémentaires sur les styles de ces artistes.

Jean Dubuffet   Yves Klein   Support-Surface
Victor Vasarely   Nicolas de Staël   Gérard Garouste
César   Niki de Saint-Phalle Claude Viallat
COBRA

1. une figuration inspirée par les dessins d'enfants et les graffiti
2. des compositions structurées et une peinture épaisse
3. des formes géométriques et des couleurs pures
4. des compressions, d'automobiles, par exemple
5. des formes humaines déshumanisées
6. un expressionnisme aux couleurs violentes
7. des peintures monochromes
8. la peinture comme expression d'elle-même plutôt que de l'individu
9. des allusions mythologiques, des styles empruntés au passé
10. un art minimal, la matérialité de la peinture

E. Où sommes-nous? Retrouvez dans la liste le nom de chacun des bâtiments représentés ci-dessous. Expliquez la place de chacune de ces réalisations dans le développement de l'architecture en France.

1

2

3

4

5

6

7

8

a. l'Opéra-Bastille
b. le Centre Pompidou (Beaubourg)
c. la maison de la Radio
d. l'aéroport Charles de Gaulle à Roissy
e. la Grande Arche
f. la ville-dortoir de Sarcelles
g. la pyramide du Louvre
h. la ville nouvelle de la Grande-Motte

F. Pourquoi sont-ils connus? Voici une liste de personnages représentatifs de la culture moderne en France. Expliquez l'importance de chacun d'entre eux en ajoutant, si possible, des renseignements supplémentaires.

1. François Truffaut
2. Françoise Hardy
3. Diane Kurys
4. Edith Piaf
5. Louis Malle
6. Johnny Hallyday
7. Henri Cartier-Bresson
8. Maurice Béjart
9. Marguerite Duras
10. Gérard Depardieu
11. Catherine Deneuve
12. Jacques Brel
13. Agnès Varda
14. Charles Aznavour
15. Simone Signoret
16. Alain Resnais
17. Claire Bretécher
18. Isabelle Adjani
19. Jacques Lang
20. Léo Ferré

Quelques liens culturels

Discussion

1. Les intellectuels en France sont-ils des individus qui vivent dans des tours d'ivoire et évitent de se mêler à la vie? Développez votre réponse en donnant des exemples tirés d'époques différentes.
2. Les intellectuels modernes ont-ils tendance à s'aligner sur une politique de droite ou de gauche? Comment interprétez-vous ce phénomène?
3. Si Raymond Aron et Jean-Paul Sartre ont appartenu à la même génération et subi la même formation, leurs idéologies sont pourtant opposées. Expliquez.
4. Trouvez deux ou trois caractéristiques générales de la pensée de Lacan, Foucault, Lévi-Strauss et Barthes qui permettent de les rapprocher.
5. Expliquez pourquoi des philosophes comme Michel Serres, Bernard-Henri Lévy et Gilles Lipovetsky parviennent à attirer l'attention du grand public en France.
6. De quels auteurs les Français d'aujourd'hui ont-ils entendu parler? Si l'on vous posait cette même question, que répondriez-vous?
7. Existe-t-il en France ce qu'on pourrait appeler une politique de la lecture? Que fait la société française pour encourager les écrivains? Pour encourager les lecteurs?
8. Comment un événement essentiellement politique et social comme «mai 68» a-t-il pu influencer l'orientation de la littérature en France?

9. Indiquez trois ou quatre aspects caractéristiques du nouveau roman. En quoi ce genre s'est-il démarqué du roman traditionnel?

10. Pourquoi une activité aussi créatrice que la poésie est-elle devenue un genre marginal dans la société actuelle?

11. Quelles circonstances expliquent le succès de la littérature féministe en France?

12. Pourquoi les Français semblent-ils préférer la presse comme moyen d'information? Comment choisissent-ils leurs journaux?

13. Quel type de personne lirait les journaux ou périodiques suivants?
    a. *Le Monde*
    b. *Le Figaro*
    c. *La Croix*
    d. *L'Equipe*
    e. *L'Evénement du jeudi*

14. Quel changement important dans le domaine de la télévision s'est produit en 1986?

15. Expliquez un ou deux effets de la diminution du rôle de l'Etat dans l'administration de la télévision en France.

16. En quoi l'influence sociale de la publicité devient-elle de plus en plus importante en France?

17. Comment l'individu peut-il choisir «sa» radio en France?

18. Quel rapport y a-t-il actuellement en France entre les médias et la «culture»?

19. Quels noms du cinéma français connaissez-vous? Que pensez-vous des films français en général? Connaissez-vous des films américains qui sont des «remakes» des films français suivants: *Trois Hommes et un couffin*; *Nikita*; *Le Retour de Martin Guerre*; *La Totale*?

20. Qu'est-ce que le succès des différents festivals d'été indique au sujet des Français et de l'idée qu'ils se font des loisirs et des vacances? Est-ce que ce genre de divertissement serait populaire dans votre pays? Pourquoi?

Mise en scène

A. Imaginez une conversation entre Sartre et Robbe-Grillet au sujet de la notion d'engagement dans la création littéraire.

B. Choisissez un événement récent et lisez dans *Le Monde* et *Le Figaro* le compte rendu qui en est fait. Ensuite, imaginez une conversation entre un lecteur de chacun de ces journaux au sujet de l'événement que vous avez étudié.

Activités écrites

1. Choisissez un écrivain «engagé» et un écrivain qui a privilégié dans son œuvre l'analyse de la théorie littéraire, et discutez du contraste entre ces deux tendances littéraires au XXe siècle.

2. Etudiez de façon plus approfondie un des mouvements artistiques du XXe siècle et faites une analyse de l'œuvre d'un artiste représentatif de cette tendance.

3. Choisissez un événement récent et analysez la perspective de trois journaux ou périodiques français sur cet événement.

4. Discutez des avantages et des inconvénients d'une télévision privée et d'une télévision subventionnée par l'Etat.

5. Faites l'étude du concept des «villes-dortoirs» et des «villes nouvelles» dans la société française depuis 1950. Comment ce concept a-t-il évolué en France du point de vue social et architectural?

Perspectives interculturelles

A. Qui sont les «intellos» actuellement dans votre pays? Sont-ils connus et bien considérés par votre société?

B. Quel rôle les médias et la publicité jouent-ils dans votre société à l'heure actuelle?

C. Un des auteurs dont vous avez lu un extrait («Vivre et mourir en direct» à la page 270) a fait la critique de la violence à la télévision française, en particulier en ce qui concerne la diffusion d'événements réels. Etes-vous d'accord avec le point de vue présenté dans cet article? Ce phénomène pose-t-il un problème dans votre culture? Croyez-vous à l'efficacité de la «puce V»?

D. La notion de «culture» est-elle aussi importante et aussi répandue dans votre société qu'en France? Que représente la culture dans le milieu où vous vivez? Une personne est-elle mieux considérée parce qu'elle est «cultivée»? Selon quels critères dit-on de quelqu'un qu'il est «cultivé» dans votre société? Cette définition est-elle proche ou différente de celle que l'on fait de la «culture» en France?

DOSSIER SIX

La présence française
dans le monde

La présence française dans le monde

On dit que la mémoire porte avec elle le meilleur et le pire. La France est un pays qui se souvient. Monuments, cimetières, anniversaires, commémorations, les Français ne cessent de se souvenir ou de célébrer. Cette mémoire est d'ailleurs souvent sélective et reconstruit parfois l'histoire à sa façon: on tend, par exemple, à confondre la Révolution de 1789, la Terreur, la décapitation de Louis XVI, les droits de l'homme et les débuts de la nation souveraine. Mais ce goût de la mémoire, qui n'est pas toujours celui de la vérité, a longtemps contribué à maintenir dans la population française une certaine image du pays qui renforçait la notion de continuité et soutenait celle d'une identité culturelle.

Classée parmi les grandes puissances occidentales depuis des siècles, la France a suivi, jusqu'à une époque relativement récente, une politique coloniale qui lui avait permis d'exercer son influence sur des peuples et des terres situés souvent très loin de l'Europe. Pendant de nombreuses années, les Français dans leur immense majorité ont amélioré leur situation grâce au régime colonial, particulièrement dans le domaine économique, mais aussi dans celui du prestige international. Pourtant, ces rapports entre la France et ses colonies ou protectorats ne s'étaient presque jamais traduits par la présence d'étrangers sur le sol de l'Hexagone. La société «franco-française» avait donc pu conserver son identité ethnique, linguistique et culturelle. Depuis les années soixante, tout a changé.

La fin de l'ère coloniale a été suivie de très près par l'arrivée en France de ressortissants des anciennes colonies et de Français rapatriés, ces deux groupes manifestant d'ailleurs souvent leur antagonisme. Quelle voie allait alors suivre le pays: celle d'un multiculturalisme qu'il n'avait pour ainsi dire jamais connu; ou celle de l'assimilation des populations nouvelles pour reformer une culture homogène selon la tradition française?

Ce problème, loin d'être résolu par la société, s'est vu compliqué par une autre crise, celle qu'a engendrée le projet d'unification européenne. En plus de «l'étranger de l'intérieur», il faut désormais prendre aussi en compte «l'étranger de l'extérieur». L'Etat-nation qu'est la France acceptera-t-elle de se soumettre, bien qu'à contre-cœur, à des décisions prises au niveau du Conseil européen? Ou faudra-t-il plutôt construire l'Europe comme on a construit la nation française à la fin du XVIIIᵉ siècle? La mémoire, qui se rappelle cet événement capital dans l'histoire de la France mais aussi dans celle des démocraties, pourrait bien travailler dans un esprit de coopération européenne pour faire avancer la France dans une voie nouvelle.

(page précédente) Restaurant sénégalais à Paris. Depuis les années soixante, l'arrivée des immigrés en France y a introduit un multiculturalisme inconnu auparavant sur le sol français.

I
La France d'outre-mer

Voir la carte du monde francophone aux pages P8–P9.

Comme la plupart des grandes puissances occidentales, la France a long-temps maintenu une politique de colonisation. Aujourd'hui, on ne parle plus d'empire ni de colonies. En effet, depuis le vote sur la constitution de la IVᵉ République, en 1946, l'expression d'«empire colonial» a disparu des textes officiels pour être remplacée d'abord par «l'Union française», puis par «la Communauté» en 1958. La constitution de la Vᵉ République, en 1958, a défini en tant que membres de cette Communauté la République française (c'est-à-dire la France métropolitaine, les départements algériens et sahariens, quatre DOM ou départements d'outre-mer, six TOM ou territoires d'outre-mer) et douze Etats africains autonomes. En 1960, les Etats africains et Madagascar sont devenus indépendants, suivis de l'Algérie en 1962 et d'autres territoires en 1974 et 1977. A la suite de leur accession à l'indépendance, la plupart de ces nouveaux états sou-verains ont signé des accords bilatéraux de coopération avec la France.

De nos jours, que reste-t-il donc de l'ancien empire colonial français? La Martinique, la Guyane, la Guadeloupe, l'Ile de la Réunion et St-Pierre-et-Miquelon sont toujours des départements français ayant, dans l'ensemble, les mêmes droits et responsabilités que les départements de la France métropolitaine. En tant que régions, les DOM élisent un conseil régional et participent directe-ment à l'organisation de leur développement économique, social, culturel et scientifique. Les TOM, c'est-à-dire la Nouvelle-Calédonie, Wallis-et-Futuna, la Polynésie Française, les Terres australes et antarctiques françaises et Mayotte font, eux aussi, partie intégrante de la République. Leurs habitants sont citoyens français et élisent des représentants au Parlement à Paris. La République française, cependant, est encore représentée dans les TOM par un gouverneur, tout comme elle l'était dans les anciennes colonies. En Nouvelle-Calédonie, le désir d'autono-mie qui a incité certains groupes d'indépendantistes à se révolter contre l'autorité républicaine pendant les années quatre-vingt, a donné lieu à un statut particulier pour ces îles de la mer de Corail et à la préparation d'un référendum sur leur

Port de pêche à St-Pierre-et-Miquelon.
Cet archipel voisin de Terre-Neuve est l'un des départements d'outre-mer.

autodétermination prévu pour 1998. Pour l'instant, les autres territoires ne donnent aucun signe de vouloir marcher sur ces traces.

Par ses départements et ses territoires d'outre-mer, la France est donc officiellement présente dans la mer des Caraïbes, le Pacifique Sud, l'océan Indien et la mer de Corail. La République exerce également son pouvoir en Antarctique et dans l'Atlantique, sur la côte nord-est de l'Amérique du Sud et sur la côte nord-est de l'Amérique du Nord, près de Terre-Neuve. Mais il s'agit là des derniers vestiges d'un domaine colonial qui comptait encore plus de 61 millions d'habitants en 1939, alors que la métropole elle-même n'en recensait que 42 millions. Aujourd'hui, les habitants des DOM-TOM ne sont plus que 2 millions à peine pour une population de 57,5 millions en France métropolitaine. Comment est-on arrivé à une situation où les sujets français d'outre-mer, beaucoup plus nombreux que les Français de la métropole au début de la Seconde Guerre mondiale, ne représentent plus qu'un très faible pourcentage de la population actuelle? L'histoire de la colonisation permet d'expliquer ce phénomène.

Quelle a donc été l'aventure coloniale de la France? Si l'on fait exception des croisades du Moyen Age et de leurs nombreuses expéditions militaires et religieuses vers la Terre Sainte, la France a lancé sa première expédition vers l'étranger au XVIe siècle. C'est en 1534 que Jacques Cartier a navigué vers l'Amérique du Nord et pris possession du Canada. Une vingtaine d'années plus tard, d'autres explorateurs mettraient le cap sur le Brésil et d'autres encore sur la côte américaine, à la hauteur de la Caroline du Sud actuelle, où ils fonderaient Fort-Caroline en souvenir du roi Charles IX.

Ce n'est qu'au XVIIe siècle, cependant, que de véritables colonies durables ont été établies. Toujours au Canada, Champlain a découvert l'Acadie, appelée aujourd'hui Nouvelle-Ecosse, puis a fondé la ville de Québec. Par la suite, le cardinal de Richelieu, principal ministre et conseiller de Louis XIII, a formé la Compagnie des Iles de l'Amérique, qui a colonisé la Guadeloupe et la Martinique en 1635. Quelques années plus tard, d'autres Français se sont établis à Madagascar et au Sénégal. Puis, Colbert, désireux d'élargir les possibilités commerciales de la France sous le règne de Louis XIV, a fondé la Compagnie des Indes Occidentales et la Compagnie des Indes Orientales, qui ont abouti à l'établissement de nouvelles colonies en Inde, près de Bombay, à Madagascar et ailleurs dans l'océan Indien. Au cours du XVIIIe siècle, la France s'est surtout concentrée sur ses agences de commerce en Inde, en particulier à Pondichéry, et sur sa nouvelle colonie en Louisiane qui, en gros, correspondait à treize états actuels des U.S.A. Mais cette époque a été marquée par de nombreux bouleversements dans le maintien des terres colonisées: certains établissements ont été cédés à d'autres puissances, dont l'Angleterre; d'autres terres perdues ont été rendues à la France.

C'est le XIXe siècle, cependant, qui allait devenir celui de la grande colonisation française. Tout d'abord, pour des raisons plus politiques que commerciales, Napoléon s'est lancé à la conquête de l'Egypte, puis de l'Europe. Pourtant, le territoire français n'a réalisé aucune expansion permanente à la suite des efforts de cet empereur. En 1830, le roi Louis-Philippe a ordonné la prise de la ville d'Alger, marquant ainsi le début d'une présence coloniale française en Afrique du Nord qui allait durer plus de cent trente ans. A partir du milieu du XIXe siècle, il y a eu une poussée de la colonisation qui, désormais, s'est inscrite comme partie intégrante de la politique extérieure de la France. Sous Napoléon III, le régime impérial a annexé la Nouvelle-Calédonie, élargi l'étendue des terres dominées en Algérie, rétabli la présence française sur la côte occidentale de l'Afrique, au Sénégal, pour partir ensuite à la conquête de l'Indochine, en Cochinchine d'abord, c'est-à-dire au Viêtnam, puis au Cambodge. Toutefois, cette politique de colonisation n'a pas pris fin avec le départ de Napoléon III. Elle s'est au contraire accélérée sous la IIIe République. En premier lieu, la région du Viêtnam du Nord, près de la mer de Chine, a été conquise. Puis, on a établi des protectorats en Afrique, au Congo et en Tunisie, avant de coloniser le Gabon, le Soudan, Djibouti, la Somalie, le Niger, la Guinée, la Côte-d'Ivoire, le Dahomey (l'actuel Bénin) et la Haute-Volta (aujourd'hui, le Burkina-Faso). Pendant ce temps, l'aventure indochinoise s'est poursuivie avec la création d'un protectorat sur le Laos. A la fin de ce siècle, et au début du XXe, la France avait donc réalisé une véritable domination sur une superficie impressionnante de l'Afrique, concrétisée par la fondation, en 1895, de l'Afrique-Occidentale française, avec sa capitale à Dakar, puis de l'Afrique-Equatoriale française en 1910, avec sa capitale à Brazzaville. En 1912, le Maroc est devenu un protectorat de la France et, après la guerre, le Cameroun (en 1919), le Grand-Liban et la Syrie (en 1920), puis le Togo (en 1922) sont passés sous mandat français.

La lente marche vers la colonisation des terres étrangères par la France, commencée quatre cents ans plus tôt, s'est donc terminée entre les deux grandes guerres du XXe siècle. A partir des années quarante viendrait le temps de la décolonisation, infiniment plus rapide que la colonisation. Mais la culture française continuerait à exercer son influence dans les anciennes colonies, bien au-delà de sa présence physique.

Découvertes culturelles

1. Lesquelles des régions géographiques suivantes: la Guyane, la Nouvelle-Calédonie, Tahiti, la Martinique, la Guyane, font partie des DOM? des TOM? Indiquez un aspect de leur organisation administrative qui distingue les territoires des départements d'outre-mer.

2. Mentionnez quatre océans et mers où la France est toujours officiellement présente.

3. Remettez dans l'ordre chronologique les événements suivants en les numérotant de 1 à 12:

   la fondation de la ville de Québec

   la conquête de l'Egypte

   la prise de possession du Canada par Cartier

   la prise de la ville d'Alger

   les croisades en Terre Sainte

   le protectorat sur le Congo

   la colonisation de la Louisiane

   la conquête de la Cochinchine

   l'arrivée en Caroline du Sud

   le mandat sur le Liban

   la première présence française au Sénégal

   la découverte de la Nouvelle-Ecosse

4. Le XIXe siècle a été l'une des époques les plus actives pour la France en tant que puissance coloniale. Mentionnez les personnalités politiques ou les régimes qui ont joué le plus grand rôle dans ce domaine. A votre avis, quelles sont les deux régions dont la colonisation a eu la plus grande influence sur l'évolution de l'histoire française? Expliquez votre choix.

La fête de Juillet à Tahiti

Lecture 1

Mahina, jeune Tahitienne qui prépare une maîtrise d'anglais à l'université de Montpellier III fait ici le compte rendu d'un aspect particulier de la vie polynésienne à l'usage des étrangers.

La Polynésie française, dont la superficie couvre un territoire de 4 millions de kilomètres carrés, est aussi vaste que l'Europe. Ce territoire d'outre-mer, constitué d'environ 130 îles minuscules, parfois volcaniques (comme Tahiti), plus souvent coralliennes, est formé de plusieurs archipels dispersés dans l'Océan Pacifique. La Polynésie française compte cinq divisions administratives: les îles Australes (chef-lieu, Mataura); les îles Marquises (ch.-l., Taiohae); les îles Sous-le-Vent (Papeete, capitale de Tahiti); et les îles Tuamotu-Gambier. Si l'on superposait la carte de l'Océanie française sur celle de l'Europe en plaçant l'île de Tahiti sur Paris, l'archipel Tuamotu-Gambier serait en Roumanie et celui des Marquises en Suède! L'île de Tahiti, la plus grande, couvre un peu plus de 1000 km², soit le quart de toute la Polynésie française. Tahiti se trouve à: 17 000 km de la France; 9500 km du Japon; 6500 km de Los Angeles; 6000 km de Sydney et 4500 km de la Nouvelle-Calédonie.

Son isolation a pendant longtemps maintenu à l'écart la Polynésie des flux migratoires. En effet, il a fallu attendre la fin du XVIᵉ siècle pour qu'un premier explorateur espagnol découvre les îles Marquises. Tahiti ne fut découverte que deux siècles plus tard par l'Anglais Wallis, en 1767. Perdue au milieu du Pacifique, elle compte à elle seule les trois quarts de la population totale de la Polynésie française (185 000 habitants). La séparation ethnique se fait de la façon suivante: 68,5% de Polynésiens; 14,5% de métis (Polynésiens-Européens; Polynésiens-Chinois; Européens-Chinois); 11,6% d'Européens (principalement Français); 4,5% de Chinois; 4,5% d'autres origines ethniques. La diversité des ethnies a enrichi la vie culturelle polynésienne qui reste cependant attachée aux coutumes et aux traditions particulières aux peuples des îles.

La particularité du climat (chaud et humide), la beauté des paysages et la facilité relative de la vie ont contribué à rendre les Polynésiens hospitaliers, chaleureux, et curieux envers ce qui leur est inconnu. Le chant, la danse et la musique font partie intégrante de leur vie quotidienne: ils adorent faire la fête. Toute occasion, tout prétexte est bon pour pouvoir se regrouper, chanter et danser.

La fête de Juillet, aujourd'hui appelée le Heiva, à Tahiti, en Polynésie française.

La fête de Juillet est la plus grande fête de l'année. Elle illustre très bien la mentalité et le caractère polynésien: c'est un gigantesque rassemblement où tout n'est que joie de vivre, éclats de rires, de couleurs et de musique.

Historique de la fête de Juillet

A partir de la fin du XVIe siècle, plusieurs navigateurs européens ont atteint la Polynésie: des Anglais (Wallis, Cook), des Hollandais (Shouten, Lemaire), des Espagnols et des Français (Bougainville). Après cette première vague ont suivi les missionnaires qui, dès la fin du XVIIIe siècle, ont tenté de christianiser les indigènes. Il a fallu attendre cependant 1843 pour que la reine Pomaré IV accepte le Protectorat français sur Tahiti.

La colonisation qui s'est faite progressivement, sans trop de violence, a été à l'origine de la fête de Juillet. Dès 1853, la fête à la gloire de l'empereur Napoléon III représentait déjà le plus grand événement de l'année. Elle était célébrée le 15 août, avec la participation de groupes de chant et de danse de tous les districts de Tahiti et de Moorea. (Tahiti est situé à une cinquantaine de kilomètres de Moorea: on dit que ce sont des îles-sœurs. Elles ont été découpées administrativement en districts pour permettre la gestion du territoire.)

La chute de Napoléon III en 1870 mit un terme à ces fêtes, mais elles reprirent aussitôt, dès le 29 juin 1880, jour où le roi Pomaré V signa l'acte d'annexion de Tahiti à la France. La signification de la fête avait changé mais le programme restait le même avec des chants, des danses, des courses de pirogues° et de baleinières.° Un an plus tard, en été 1881, toute la population se réunit à Papeete pour faire la première fête nationale de la IIIe République, commémorant la prise de la Bastille du 14 juillet 1789, symbole de la République française. On baptisa la fête Tiurai, provenant d'une déformation du mot anglais «July». Ce premier Tiurai a été mémorisé comme étant la concrétisation du lien entre la France et la Polynésie. Le roi Pomaré V et le gouverneur français Grévy le présidèrent, associant ainsi l'image de la France à celle de Tahiti. D'un côté, les bâtiments de guerre français arboraient leurs pavillons,° leurs canons tonnaient; d'un autre côté, différents groupes de Polynésiens venaient représenter leur district ou leur île dans des concours de chants, de danse, ou dans des courses de chevaux ou de pirogues. Cette célébration de la prise de la Bastille pouvait paraître assez étrange: les Tahitiens chantaient la Marseillaise dans leur propre langue; la nuit, la population blanche se mêlait à la population indigène pour danser sur les rythmes des *toere*, tambours et percussions polynésiens.

Ainsi s'est prolongé le Tiurai jusqu'à nos jours. Autrefois cantonné° à la ville de Papeete, capitale de Tahiti, il s'est étendu aux autres îles où on le fête avec autant de plaisir. Toutefois, Papeete reste encore le siège principal où se déroulent les grands rassemblements et concours inter-insulaires. On fête ainsi le Tiurai en même temps que la prise de la Bastille.

Depuis 1985, on a changé le nom de la fête de Juillet: le Tiurai a fait place au Heiva pour fêter cette fois-ci l'accession de Tahiti à son statut d'autonomie interne, qui offre aux institutions locales des pouvoirs très étendus. Encore une fois, le nom et le motif de la fête ont été modifiés sans toutefois que son déroulement et son contenu le soient. Fêter l'empereur Napoléon III, fêter la prise de la Bastille et l'annexion de Tahiti à la France ou bien encore fêter l'autonomie de Tahiti... qu'importe la raison de faire la fête? L'important c'est de se retrouver et, ensemble, de célébrer la vie!

canots longs et étroits / canots longs et légers, construits à l'origine pour la pêche à la baleine

petits drapeaux qui indiquent la nationalité d'un bateau

limité

La fête de Juillet actuelle: le Heiva

Donc une fois par an, tous les groupes de chant et de danse se réunissent à Tahiti et dans les îles pour le «juillet» polynésien. La fête du Tiurai, actuellement Heiva, est particulièrement intéressante du point de vue ethnographique, en raison des nombreuses manifestations folkloriques anciennes qui ont pu être tirées de l'oubli. Devenu héritage culturel pour certains, le Heiva n'en demeure pas moins une invite à prendre conscience de cette propension, profondément enracinée, qu'ont les Polynésiens à se rassembler, à se rencontrer. Les habitants des îles Marquises, Australes, Tuamotu-Gambier ou des Iles du Vent se retrouvent à l'occasion de cette fête; ils viennent là pour représenter leur île lors des divers concours et manifestations culturelles.

Le lancer du javelot, les courses de pirogues, celles des porteurs de fruits ou de sable, le concours des plus beaux légumes, de la plus grosse pastèque, la marche sur le feu et les activités artisanales constituent l'essentiel des festivités. Chacune de ces «disciplines» est un moyen d'expression voué à établir un lien, à perpétuer un regard sur l'extérieur. Plus qu'un folklore, plus qu'un art, il s'agit donc de regards, de paroles, de gestes, de chants, de danses. Selon Coco Hotahota, fondateur du groupe de danse Te Maeva: «Le Heiva n'est pas uniquement la danse, c'est aussi s'amuser, se parler... Une rencontre qui donne à cette fête son vrai sens, c'est-à-dire la vie, la fête. Celle des Polynésiens qui ne peut se produire que si nous nous amusons, que s'il y a cette rencontre.» Voici les différentes activités lors du Heiva.

Les concours de chants et de danses

Chaque groupe est constitué de chanteurs, de musiciens et de danseurs. Chacun raconte par des gestes et des chants la vie de son île, sa beauté, son charme particulier, ses légendes aussi. Chaque geste dans les danses a sa signification et vient compléter ainsi les paroles des chants: ils décrivent par exemple des scènes de la vie quotidienne ancienne telles que la pêche, la préparation des repas, la baignade ou la toilette dans la rivière, les querelles ou les guerres. Les légendes des dieux et des rois, les sacrifices rituels lors des anciennes cérémonies religieuses sont aussi racontés lors de ces chants et danses. Costumes, chorégraphie, rythmes, coordination, réactions de l'assistance, choix et interprétations des thèmes par les groupes, sont les éléments d'appréciation du jury qui devra ainsi désigner un groupe vainqueur chaque année.

Le concours de javelot

Autrefois, le lancer du javelot était considéré comme un «jeu des dieux»: seuls quelques initiés parmi les humains pouvaient y prendre part. Aujourd'hui c'est un sport exercé uniquement par des hommes (pour l'instant!), qui consiste à lancer un javelot dans une noix de coco perchée à vingt mètres de hauteur. Le javelot est fabriqué à partir de l'écorce d'un arbre; il est marqué des couleurs de l'île du concurrent. Celui qui réussit à planter le plus de javelots dans la noix de coco remporte la victoire.

Le concours de pirogues

Le Polynésien est avant tout un marin. Dans les temps reculés, la pirogue a joué un rôle indispensable pour permettre le peuplement des îles. Le secret de sa construction était jalousement tenu par les prêtres. A l'origine, les pirogues étaient jumelées et pouvaient atteindre parfois trente mètres. Elles étaient munies de balanciers et avaient des voiles en fibre végétale. Ces pirogues pouvaient contenir jusqu'à 150 personnes en plus des animaux, eau potable et vivres: pour eux, une randonnée de 3000 kilomètres n'avait alors rien d'extraordinaire. Aujourd'hui les courses de pirogues ont lieu dans la rade du port de Papeete. Hommes et femmes des différentes îles y participent pour la plus grande joie des spectateurs et des touristes.

Les courses de chevaux

Le cheval est un animal importé par le colon. Lors du Heiva, les Polynésiens montent les chevaux à cru, en *pareo* (sorte de pagne multicolore souvent utilisé comme vêtement dans la vie quotidienne), et font ainsi des courses de vitesse.

Les courses de porteurs de fruits

En général, il s'agit de régimes de bananes entiers que les concurrents doivent transporter le plus vite possible.

Ces principales compétitions, tout en étant d'actualité, retracent aussi les traditions du passé. C'est en cela que le Heiva est une manifestation culturelle. Dans sa rencontre avec les autres, le Polynésien renoue les liens avec son passé, son histoire. Cependant, le Heiva s'étend de nos jours à bien d'autres activités qui ne sont pas seulement d'ordre culturel et qui sont apparues récemment au cours des dernières décennies. On peut citer par exemple:

—les concours de beauté avec l'élection de miss Tahiti, miss Heiva, miss Dragon (plus de 10% de la population est d'origine chinoise: le dragon est un animal mythique de la culture chinoise);

—les bals populaires où l'on danse jusqu'au petit matin sur des musiques tahitiennes traditionnelles ou modernes, ou sur des musiques occidentales;

—les fêtes foraines: on peut y gagner pareos, guitares, postes de radio, ou même un petit cochon noir;

—les «baraques», sortes de cabanes construites pour la circonstance où l'on peut manger du poisson cru (mariné dans du citron vert et dans du lait de coco), du veau à la broche ou des multitudes de plats chinois.

Il reste encore, mais dans une moindre mesure comparativement aux débuts de la colonisation, des défilés militaires français rappelant toujours la prise de la Bastille et les liens qui se sont instaurés entre Tahiti et la France. Tout cela reste en second plan, et les uniformes militaires vert-de-gris, stricts, détonent étrangement dans cette foule en liesse, colorée, parfumée par les senteurs du *monoï* (huile de coco parfumée à la fleur de tiare, utilisée pour la peau et les cheveux) et des fleurs.

Pour les Polynésiens, les fleurs sont l'une des multiples manières de traduire leur joie de vivre avec le soleil. Les couronnes et les colliers se font d'un geste spontané. C'est un langage aux multiples significations. Un art au quotidien, confié par les *mamas* (les grands-mères et les femmes âgées), à travers les «parures» de leur jardin, et portées au moindre prétexte par les *vahinés* (les femmes, en tahitien).

Découvertes culturelles

1. Situez Tahiti sur une carte géographique. Expliquez la composition de la population de la Polynésie française. Que nous apprend-elle sur le passé (et le présent) de la région? Y a-t-il eu beaucoup de métissage entre les divers groupes ethniques? Expliquez.

2. Faites une étude de la fête de Juillet à Tahiti, au passé et au présent. En quoi ce phénomène est-il symbolique de la colonisation? Comment les Polynésiens se le sont-ils «approprié»? Donnez des exemples concrets.

Lecture 2

L'utopie créole de Patrick Chamoiseau

Patrick Chamoiseau, écrivain martiniquais, a été nommé lauréat du prix Goncourt, fin novembre 1992, pour son roman *Texaco*. L'Académie Goncourt décerne ce prix au meilleur ouvrage en prose de l'année. Voici un compte rendu du roman, paru dans la presse française dès la sortie du livre en librairie.

———

Il fallait s'y attendre. L'auteur de «Chronique des sept misères» et de «Solibo Magnifique» allait un jour ou l'autre nous offrir son chef-d'œuvre. Le voici. Il s'appelle «Texaco», incantatoire et foisonnante chronique de cent cinquante ans d'histoire de la Martinique que Patrick Chamoiseau a arrachés au silence colonial et au brouillage métropolitain. Ce jeune romancier sait mieux que personne que l'histoire antillaise est une tresse° d'histoires et qu'elle réclame, si l'on veut la dénouer, toutes les puissances de la littérature. Il sait aussi que cette histoire obscure et multiple s'est faite sans témoins, ou plutôt sans témoignage. L'enfer esclavagiste, c'est un monde luxuriant et secret de mots, de contes, de

entrelacement

fables et de rêves, mais un monde sans écriture. C'est cette mémoire enfouie de traces individuelles et de trajectoires collectives que Patrick Chamoiseau s'est donné pour mission de déchiffrer et de rapporter.

Pour ce faire, il lui fallait s'inventer un témoin, une informatrice de légende, une porte-parole de l'épopée créole. Dans «Texaco», elle a pour nom Marie-Sophie Laborieux, fille de l'esclave affranchie Esternome, «femme-matador» qui, avec l'énergie de tous les désespoirs, partit à la conquête de l'«en-ville» et créa dans les faubourgs de Fort-de-France le quartier bientôt mythologique de Texaco. Mais ce quartier que les urbanistes qualifieraient de bidonville° est plus qu'un quartier. C'est un trésor. Ce brouillon de ville est pour Chamoiseau une fabuleuse «mangrove urbaine» où s'est expérimenté au jour le jour un fascinant savoir de la survie qui pour l'auteur ressemble à s'y méprendre à de l'art. Oui, Marie-Sophie Laborieux, en faisant surgir Texaco à la force de son désir, est devenue l'artiste de la vaillance créole, la magicienne-bâtisseuse d'un monde héroïque en perpétuel sursis.°

En écrivant «Texaco», Chamoiseau a voulu explorer l'inconscient collectif de la culture orale antillaise et faire, grâce au pouvoir des mots, l'inventaire de l'imaginaire caraïbe. En cela, il reste fidèle au «programme» qu'avec son ami Raphaël Confiant et leur maître Edouard Glissant il s'est il y a quelques années fixé: inventer une écriture qui, tout en ne dérogeant° en rien aux exigences modernes, puisse rendre compte dans toutes ses richesses de l'identité-mosaïque de la Martinique et rendre possible la mise au jour d'une mémoire à la fois vraie et rêvée en prenant langue avec l'histoire effacée du peuple antillais.

Ce programme littéraire et ambitieux que Confiant et Chamoiseau avaient défini magistralement dès 1988 dans un texte-manifeste, «Eloge de la créolité», est miraculeusement en train de se réaliser. Raphaël Confiant, en nous donnant deux superbes romans—«le Nègre et l'Amiral» (1988) et «Eau de

Quartier commerçant à Fort-de-France en Martinique

partie de la ville où habitent les gens les plus pauvres

délai de grâce

manquant d'observer

café» (1991), tous deux parus chez Grasset—et Patrick Chamoiseau par ce somptueux «Texaco» prouvent que l'utopie créole qui passionnément les porte est sans doute la plus réjouissante aventure qui soit arrivée à la littérature d'expression française d'aujourd'hui. Au fond, il se passe, grâce à Confiant et Chamoiseau, dans l'art du roman français ce qui est apparu ces dernières années dans la littérature anglaise grâce aux nouveaux romanciers de la périphérie de l'ex-empire britannique. Ces nouveaux écrivains—qu'il s'agisse de l'Indien Salman Rushdie, du Nigérian Ben Okri, du Pakistanais Hamif Kureishi, du Bengali Amitav Gosh et bien sûr de leur maître, l'Indien de Trinidad V.S. Naipaul—savent que l'écriture est le seul moyen qui leur reste pour recomposer le puzzle d'identités en éclats. La littérature n'est pas pour eux prétexte à se lamenter sur un monde perdu ou égrener° leurs nostalgies, mais le moyen le plus efficace d'habiter une langue métisse et forger un projet. De même pour Chamoiseau la reconquête de l'imaginaire créole est à la fois urgence et... désir.

«Texaco», c'est d'abord un acte de foi dans la puissance de la parole antillaise. Chamoiseau ne pose pas à l'écrivain. Non pour jouer la comédie de l'humilité mais parce qu'il se veut l'héritier direct des conteurs de son île. Lui, le «marqueur de parole», s'assigne comme mission de porter témoignage du génie quotidien d'un peuple venu d'Afrique, d'Amérique, de Chine, d'Inde ou du Levant à qui on a volé la mémoire. Quelle trace reste-t-il de l'opaque résistance de ces nègres-esclaves des plantations bandés dans leur refus? Qui a dit les palpitations d'un monde qui sut toujours s'enivrer de merveilleux et de magie? En rapportant somptueusement la foisonnante parole de Marie-Sophie Laborieux, en contant avec tous les bonheurs d'une langue qui semble à chaque ligne réinventée, Chamoiseau rend justice à tous les héros anonymes de l'histoire antillaise. Histoire rêvée et incantatoire qu'il va dénicher dans les recoins d'un quartier insensé où se sont tressés les fils invisibles de la solidarité créole. «Texaco», c'est les mille histoires d'une communauté qui vient se cogner° contre les mirages de la ville et qui inaugure pour continuer à espérer une poétique urbaine inédite.

«Texaco» est une chronique magicienne et écologique. L'auteur, en redonnant le sentiment de la durée historique à ceux qui n'avaient pas d'histoire, découvre l'épopée souterraine des esclaves qui, de génération en génération, vont abandonner habitations, plantations et mornes° pour s'élancer à la conquête de Saint-Pierre et de Fort-de-France. Cette épopée° obscure est rythmée par d'autres temps que ceux de l'histoire officielle. Pour Chamoiseau, l'histoire martiniquaise c'est aussi celle, concrète, des matériaux qui servirent à construire les invraisemblables cases qui abritèrent les oubliés de la chronique coloniale: temps de paille, temps de bois-caisse, temps de fibrociment et temps-béton.°

Patrick Chamoiseau n'entretient pas de relation idolâtre avec la langue française. Milan Kundera, dont l'article magnifique qu'il consacra à Chamoiseau et à la culture martiniquaise dans le numéro 34 de la revue «l'Infini», explique très justement que si l'auteur de «Solibo» prend toutes les libertés avec la langue française et s'il n'hésite pas à lui désobéir, sa langue n'en est pas pour autant un mixte hybride. «*Sa langue, écrit-il, c'est le français, bien que transformé; non pas créolisé (aucun Martiniquais ne parle comme ça) mais chamoisisé.*»....

«Texaco», c'est aussi l'un des plus beaux portraits de femme de la littérature de ces dernières années. A travers la guérilla urbaine de Marie-Sophie, Chamoiseau rend un flamboyant hommage à la femme créole. Par son courage, son opiniâtreté, son rayonnement poétique, elle devient l'âme de Texaco. Face à des hommes que rien ne peut fixer, elle incarne l'esprit de résistance. Elle est celle qui à force d'ingéniosités baroques et quotidiennes, d'inventions minuscules et prodigieuses et tous les tours de magie de la parole, organise les conditions de la survie du groupe. Agrippée° à la pente de Texaco, cet amas de fibrociment, de tôle° et de béton, elle est condamnée chaque jour à faire corps avec un monde en ébullition et à être la gardienne de la flamme créole.

Gilles ANQUETIL, *Le Nouvel Observateur*, 27 août 1992.

accrochée, se tenant très fort
plaque de fer ou d'acier laminé

Découvertes culturelles

1. Que savez-vous de Patrick Chamoiseau? Qui est-il? Quelle est sa profession? Quels liens y a-t-il entre lui et la France?

2. Qui est Salman Rushdie? Quel rapprochement le journaliste Anquetil fait-il entre un écrivain francophone comme Patrick Chamoiseau et Salman Rushdie?

3. Qui est Marie-Sophie Laborieux? Où habite-t-elle? Quelle sorte de langue parle-t-elle, à votre avis? Quelles caractéristiques attribuées à cette femme dans l'article font de Marie-Sophie le porte-parole idéal de l'épopée créole?

4. Quelle impression avez-vous du quartier que Chamoiseau appelle «Texaco»? Où se trouve-t-il? Quels types de matériaux de construction y trouve-t-on? Quels rapports y a-t-il entre ces matériaux et l'histoire de la colonisation de la Martinique?

5. Avez-vous envie de lire *Texaco* après avoir parcouru ce compte rendu? Dites pourquoi.

II

La francophonie

Quelle est la situation actuelle de la langue française dans le monde? Nous venons de voir qu'elle est officiellement présente dans les départements et territoires qui dépendent politiquement de la France, soit comme langue unique dans les DOM, soit comme langue officielle avec d'autres dans les TOM. En Polynésie, par exemple, le tahitien est langue officielle au même titre que le français. Mais la francophonie, c'est-à-dire l'ensemble des régions du monde où l'on parle habituellement le français, se compose de personnes qui n'ont souvent aucun lien actuel avec la France, sinon dans la mesure où elles partagent un héritage linguistique commun avec elle. Par ailleurs, s'il est facile d'expliquer la présence du français dans les régions ayant connu une domination politique française, il est moins simple de comprendre pourquoi cette langue a connu un si grand prestige et une importance presque mondiale à certains moments de l'histoire. Quelques rappels historiques aideront peut-être à éclaircir la question.

Dans beaucoup de pays d'Europe, le latin a longtemps servi de langue officielle, surtout dans les documents et les procédures juridiques. Tel a été le cas en France jusqu'au XVIᵉ siècle, lorsque le roi François Iᵉʳ a signé, en 1539, l'ordonnance de Villers-Cotterêts, précisant que les actes de notaires, les procédures et les jugements seraient désormais rédigés en langue française. Les mots latins utilisés par la justice dans ces documents étaient souvent devenus si ambigus qu'il fallait constamment faire appel à l'interprétation pour les rendre plus clairs. Peu de temps après, en 1549, le poète Joachim du Bellay a publié sa très éloquente *Défense et illustration de la langue française* pour établir la suprématie du français sur le latin comme véhicule de la communication dans une France moderne. Il ne faut pas oublier par ailleurs que, même en Angleterre, les lois promulguées ont été publiées en latin et en français jusqu'au XVᵉ siècle et que la langue française y était encore employée au XVIIIᵉ siècle dans les tribunaux. En 1694, l'Anglais William Penn a proposé dans son «Essai pour une paix présente et future en Europe» de faire du français la langue universelle en Europe.

Le français allait, de fait, devenir langue diplomatique au XVIIIᵉ siècle et serait utilisé pour la rédaction des traités jusqu'à la Première Guerre mondiale. Des souverains d'Europe tels que Frédéric II de Prusse et l'impératrice Catherine II de Russie, l'empereur germanique Joseph II ainsi que sa mère, Marie-Thérèse, reine de Hongrie, avaient une parfaite maîtrise de la langue française et s'en servaient pour communiquer entre eux. En Russie surtout, le français, utilisé de façon obligatoire dans la correspondance diplomatique, est longtemps resté la langue préférée de la cour et des gens cultivés. On sait qu'au début du XXᵉ siècle, le tsar Nicolas écrivait encore à son épouse Alexandra en français.

Petit à petit, cependant, l'anglais et l'allemand allaient prendre de l'importance, en particulier dans le domaine du commerce. Lorsque Georges Clémenceau a accepté que le traité de Versailles de 1919 soit rédigé en français et en anglais, le prestige du français en tant que langue diplomatique a entamé son déclin. Jusqu'alors, seule la version française des traités avait fait autorité en cas de contestation. Aujourd'hui, le français reste l'une des langues officielles de certaines organisations mondiales telles que l'ONU et le Comité international olympique, et la langue de travail de certaines autres telles que l'Organisation maritime internationale à Londres, l'UNESCO à Paris, l'Union internationale des télécommunications à Genève, l'Union postale universelle à Berne, et la Commission européenne à Bruxelles.

L'histoire coloniale de la France ainsi que son rôle diplomatique au cours des siècles expliquent donc la présence de la langue française dans presque toutes les parties du monde d'aujourd'hui. Sur les 120 millions de francophones recensés actuellement, près de 60% ont appris le français comme langue maternelle. En Amérique du Nord, ils sont 8 millions, présents surtout au Canada. Le lien entre les divers pays francophones est devenu si important pour eux, d'ailleurs, que depuis 1986, ils sont une quarantaine à se réunir tous les deux ans, environ, lors de congrès appelés les «sommets de la francophonie». Parmi les sites ayant accueilli ces conférences, on compte Versailles, Québec, Dakar, Paris, l'Ile Maurice et Cotonou, au Bénin.

En dehors des états et des régions de la francophonie, il existe aussi des pays ou des territoires où l'on a maintenu une certaine francophilie en pratiquant la langue française ainsi que des traditions d'origine française. Ainsi, 25 pays d'Afrique se servent du français comme langue officielle ou administrative de fait, comme langue d'enseignement ou, souvent, simplement comme langue enseignée à statut privilégié. D'autres pays sans réel passé francophone possèdent des communautés francophones composées de descendants de vignerons français (le Chili) ou de bergers basques (Veracruz au Mexique) ou encore d'émigrants franco-canadiens (les villes industrielles de la Nouvelle-Angleterre aux USA). En tout, plus de 44 états et trois gouvernements appartiennent à la francophonie institutionnelle et témoignent de la situation privilégiée accordée au français. De plus, le français est enseigné comme langue étrangère à plus de 25 millions de personnes dans le monde entier.

Dans *Les Français vus d'en face* (Laffont, 1990), la sociologue Dominique Frischer cite les remarques de deux de ses contemporains européens, un Italien et

La Guadeloupe, en tant que département français, est gouvernée par la même administration que la France métropolitaine. La population créole de cette île possède, en plus, sa propre culture orale antillaise, témoignage des origines diverses du peuple.

un Danois, sur le statut de la langue française aujourd'hui et autrefois. Selon l'Italien, maître Morera, avocat milanais de 60 ans, partenaire d'un cabinet international dont le siège est à Paris, «le français représente aujourd'hui ce que le grec ancien représentait jadis. De même l'anglais remplace le latin. Jadis tous les échanges se faisaient en latin et seuls les gens cultivés connaissaient le grec. Maintenant tous les échanges commerciaux, diplomatiques, scientifiques ont lieu en anglais et le français reste réservé aux gens cultivés.» [p. 128] Pour sa part, le journaliste danois, ayant réfléchi à la question, aboutit aux conclusions suivantes: «Jadis au Danemark il n'était pas rare que les familles fortunées envoient leurs enfants en France pendant une année pour acquérir une teinture de culture et de langue françaises. De même le français a été aux XVIIe, XVIIIe et XIXe siècles la langue de culture, et les écrivains danois étaient particulièrement imprégnés de culture française. Un poète danois, Christian Wilster, a d'ailleurs précisé avec humour, dans un texte daté de 1827, la meilleure manière d'utiliser chaque langue. Tout homme qui, avec intelligence, approfondissait sa culture ne pouvait écrire qu'en latin. Il parlait français avec les femmes, allemand avec son chien, danois avec ses serviteurs. Le français est une langue pour diplomates parce qu'il permet, tout à la fois, d'exprimer les choses clairement et de rester en dehors de la question...» [pp. 128–9]

Tous ces exemples montrent bien que le français, en tant que moyen de communication, n'est pas la propriété exclusive des Français. C'est une langue répandue dans un très grand nombre de pays, dans toutes les parties du monde, mais surtout en Afrique où elle joue souvent le rôle de langue officielle ou de langue étrangère privilégiée. Il est difficile d'imaginer qu'elle soit menacée de n'être plus qu'un moyen d'expression limité à une élite, comme l'avocat italien cité plus haut semble le croire. Mais son avenir à l'échelle mondiale reste à déterminer.

L'identité culturelle de certains groupes francophones dépend directement du maintien de la langue française dans leurs régions ou pays. L'exemple du Québec le prouve bien, et ses efforts pour instituer le français comme seule langue officielle dans cette province à majorité francophone (à plus de 80%) sont bien connus. Ailleurs sur le continent nord-américain, en Louisiane où plus d'1,5 million de personnes sont d'origine française et environ 250 000 d'entre elles parlent ou comprennent le français, la disparition progressive de cette langue a incité les autorités locales à créer le Conseil pour le développement du français en Louisiane (CODOFIL). Cet organisme, qui repose sur la compétence pédagogique de plusieurs centaines de professeurs américains francophones aussi bien que sur la participation active d'environ deux cents enseignants belges, français et canadiens du Québec et du Nouveau-Brunswick, anime un programme d'action en faveur du français que viennent par ailleurs renforcer la diffusion d'une presse ainsi que d'émissions de radio et de télévision en langue française.

En dehors du domaine de l'enseignement et de la politique socio-linguistique, il faut signaler les nombreux artistes antillais, canadiens, belges, suisses, africains, etc. dont les chansons, films et publications littéraires enrichissent le paysage culturel mondial tous les ans. Ces créateurs, comme leurs compatriotes, apportent au français, qui représente pour eux la langue de base de la communication, une richesse et un dynamisme nécessaires à toute langue de vocation internationale. Historiquement, l'importance universelle du français a longtemps été liée à l'action politique et économique de la France dans le monde. De nos jours, la langue française n'est plus exclusivement attachée à la bonne fortune d'un seul pays. La voix du français est devenue polyphonique et poursuit une évolution naturelle qui constitue son seul véritable moyen de survivre.

Découvertes culturelles

Les phrases suivantes contiennent des erreurs. Corrigez-les et expliquez en quoi elles sont fausses.
1. La francophonie regroupe un ensemble de pays ayant actuellement un lien politique avec la France.
2. Le français a été la principale langue diplomatique de l'Europe entre les XVIe et XVIIIe siècles.
3. Le traité de Versailles de 1919 a confirmé le rôle primordial du français dans la diplomatie internationale.
4. L'état de Louisiane, aux Etats-Unis, a échoué dans ses efforts pour mettre en place un organisme de défense de la langue française.
5. La langue française n'évolue plus chez ceux qui la pratiquent dans le monde.

Témoignages culturels

Lecture 1

Français malgré tout

(extrait)

Docteur d'Etat en sciences politiques, F.-B. Huyghes a travaillé plusieurs années à l'UNESCO et enseigne à l'Ecole des hautes études en sciences de l'information et de la communication (Paris IV-Sorbonne). Il analyse dans l'extrait qui suit la situation du français dans le monde.

... Voici qu'il nous arrive quelque chose de superbe et d'un peu effrayant: notre langue nous dépasse, elle n'est plus notre propriété, elle devient notre devoir. Elle se parle davantage hors de nos frontières qu'à l'intérieur. Cette majorité de francophones non européens nous impose une obligation de résultat. C'est la rançon° de cette fraternité qui se crée si naturellement avec celui, africain, maghrébin, qui aime notre parler parfois plus que nous, c'est le prix d'une vocation de l'ouverture au Sud: un patrimoine se conserve pour tous les héritiers, et le nôtre s'appelle francophonie: une cinquantaine d'Etats, plus de 150 millions de francophones auxquels s'ajoutent plus de 100 millions de «francisants».

prix exigé

Ajoutons que quatre francophones sur dix sont citoyens de pays en voie de développement et que beaucoup ressentent sans doute comme le président Senghor [du Sénégal] que le français est *«un liant entre toutes les identités nationales des bords de la Méditerranée, face au rouleau compresseur venu de l'Atlantique».*[1] Ils sont en tout cas nombreux non seulement à ne ressentir nul complexe du colonisé à utiliser le français (et à ne pas éprouver le plus petit besoin d'y renoncer au nom d'une hypothétique efficacité ou d'une mythique modernité), mais encore à y voir un symbole de liberté et de diversité. Etre moins militants qu'eux ne serait pas un paradoxe, ce serait une lâcheté sans même l'excuse de l'intérêt.

Trop tard, il ne fallait pas faire du lyrisme sur le génie et l'universalité de la langue, ni en convaincre une part de la planète: nos poncifs° nous reviennent dans la figure et se font vérité; il y a toujours un moment où les séducteurs doivent assumer. Nous voilà promus, un peu malgré nous, un peu gênés (ah! la crainte franchouillarde° du ridicule!), défenseurs du pluralisme, rebelles. On fera avec.

clichés

typiquement française (dans un sens péjoratif)

---

[1] Cité dans Claude Hagège, *Le Français et les siècles*, Paris: Odile Jacob, 1989.

Et pourquoi pas? Nous serons braillards° et insolents. Fétichistes sans honte. Nous nous vanterons de nos bizarreries, nous ferons des concours d'orthographe, nous nous disputerons sur sa réforme et nous obligerons nos hommes politiques à écrire au moins un livre pour être respectés. Nous dissiperons les bons élèves, les matheux° par nos bavardages. Jouisseurs, nous redirons que le beau parler est plaisir de gueule et le français *«parlure plus délectable»* comme le savait déjà Marco Polo. [C'est pourquoi l'original de son récit, connu comme *le Devisement du monde ou le Million*, et qui s'adresse clairement à un public cosmopolite, est rédigé en français, langue européenne dès le XIIIe siècle.] Nous ferons désordre. Nous ferons plaisir.

François-Bernard HUYGHES, *Le Monde des débats*, juillet–août 1993, no 10.

personnes qui se rendent ridicules en criant très fort

forts en maths

Découvertes culturelles

1. Pour F.-B. Huyghes, le fait que plus de personnes parlent français hors de France qu'à l'intérieur du pays est-il un bien ou un mal?
2. D'après ce texte, combien de francophones y a-t-il dans le monde?
3. Selon ce professeur de sciences politiques, quelle attitude ont vis-à-vis de la langue française les francophones des pays en voie de développement?

Métissage du texte

Lecture 2

Marc Gontard, de l'université de Rennes, présente la question du texte littéraire écrit par des écrivains bilingues et cite, en particulier, l'un des écrivains marocains de langue française les plus connus, Abdelkebir Khatibi.

La question du métissage° est aujourd'hui au cœur de la problématique culturelle et identitaire.... Si l'on veut sortir du mythe où s'enracinent les fondamentalismes, il faut renoncer à la pureté de l'origine et poser l'identité comme valeur métisse.

Une telle position implique toutefois que l'on considère le métissage non plus comme un mélange entropique° où s'aliènent toutes les différences, mais comme un dynamisme créateur où la tension devient la clé de l'évolution et la condition même du progrès de toute société. Dès lors, la réussite de telle culture par rapport à telle autre pourrait se mesurer à son aptitude au métissage.

mélange de races

caractérisé par un désordre progressif

Le texte littéraire francophone offre un bon champ d'observation de cette problématique en multipliant interférences culturelles, hybridations inter-génériques, frottements de langues, croisements dans l'écriture de formes issues de l'oral—ce que j'appelle ici le «métissage textuel»: manifestation dans l'écriture d'un syncrétisme° producteur à travers lequel se construit une figure identitaire.

fusion de deux éléments culturels différents

Il me paraît difficile, aujourd'hui, de bien comprendre la littérature maghrébine de langue française, dans ses fonctionnements textuels, si l'on oublie qu'il s'agit avant tout d'une littérature métisse s'écrivant entre deux continents, deux cultures et deux langues, la situation étant parfois localement plus complexe (diglossie arabe dialectal/arabe classique, présence d'une autre langue maternelle et vernaculaire, le berbère). Or cette dualité même, au lieu d'être simplement le lieu d'un clivage, d'une déchirure, comme on l'a écrit si souvent, manifeste, jusque dans ses tensions, cette dynamique identitaire qu'évoque ainsi l'écrivain marocain Abdelkebir Khatibi:

gouvernée

> Si nous acceptons l'idée d'une identité qui n'est plus fixité au passé, nous pourrions aboutir à une conception plus juste, celle d'une identité qui est en devenir, c'est-à-dire qu'elle est un héritage de traces, de mots, de traditions se transformant avec le temps qui nous est donné à vivre avec les uns et les autres. Car un homme qui ne survit que grâce à son passé lumineux est comme un mort pétrifié, un mort qui n'aurait jamais, en quelque sorte, vécu.
>
> Ainsi l'identité ne se définit pas par une structure éternelle, mais, d'après notre propos, elle est régie° par des relations dissymétriques entre le temps, l'espace et la culture structurant la vie d'un groupe, d'une ethnie, d'une société, traduction du mouvement d'être et de sa flexibilité, de son adaptation aux événements, à sa propre énergie de renouvellement.

Marc GONTARD, *Francographies, Bulletin de la Société des Professeurs français et francophones d'Amérique*, numéro spécial II, New York, 1993.

Découvertes culturelles

1. Que veut dire le mot «métissage»? Expliquez comment ce terme s'applique à une œuvre littéraire, selon M. Gontard.
2. Quelle explication l'écrivain marocain Abdelkebir Khatibi donne-t-il de ce même phénomène?

Littératures nationales d'écriture française

Deux chercheurs français se sont penchés sur la question des rapports qu'entretiennent les écrivains francophones non français, avec la langue française. Leurs attitudes peuvent souvent surprendre.

... Ne voyons aucun paradoxe à ce qu'une langue partagée rapproche des écrivains d'horizons divers. Ce n'est pas la langue des Français qui leur donne aujourd'hui une audience plus vaste, plus universelle. Ce n'est plus du «français de France, du français français» comme l'appelait [le poète guyanais Léon-Gontran] Damas, qu'il s'agit. A Léon Laleau qui disait «ce désespoir à nul autre égal / d'apprivoiser avec des mots de France / ce cœur qui m'est venu du Sénégal», [l'écrivain ivoirien] Jean-Marie Adiaffi répond: «Le français n'est pas pour moi un obstacle, je peux le plier, le moduler à ma guise et lui faire exprimer le passé, le drame, le rire, la magie et mes visions de l'Afrique» (*Magazine littéraire*, Mai 1983). Et [le poète et diplomate congolais] Tchicaya U Tam'si clôt le débat en précisant, dans le même magazine: «Ecrire en français n'a pas été pour moi le fait d'un choix intérieur, mais procède d'une exigence externe. J'assume un environnement et refuse de me mettre en cause, sous prétexte que ce qui me rendrait plus authentique serait de ne plus écrire en français. Je n'en suis pas si sûr... Je me réserve ma révolte pour d'autres tragédies.» Le français est devenu un outil, un véhicule de la pensée, il n'est plus LE mode d'inspiration (nous assistons depuis quelques années à l'éclosion° d'écrivains qui n'ont jamais fait leurs études en France et qui, pour certains, n'ont jamais quitté leur pays). Ces littératures ne constituent pas une excroissance° de la littérature française, elles ont, elles aussi, acquis leur indépendance.

apparition

petite tumeur superficielle

Alain ROUCH et Gérard CLAVREUIL, *Littératures nationales d'écriture française*, Paris: Bordas, 1986.

Découvertes culturelles

1. D'après les auteurs du manuel intitulé *Littératures nationales d'écriture française*, divers écrivains africains qui écrivent en français ont adopté des perspectives assez différentes en ce qui concerne cette langue. Expliquez.

2. Que pensent à ce sujet L.-G. Damas? L. Laleau? J.-M. Adiaffi? et Tchicaya U Tam'si?

Lecture 4

Pour une nouvelle manière de vivre le français

Dans le cadre d'une conférence donnée lors de l'International Symposium on African Literatures à Lagos (Nigéria) en mai 1988, l'écrivain béninois G.O. Midiohouan a tenté de «démythifier le français», comme le montre l'extrait qui suit de son discours.

Dans presque tous les pays francophones d'Afrique, la place qu'occupe la langue française par rapport aux langues locales crée un sentiment de frustration qui se retourne de plus en plus ouvertement contre la première, même chez les intellectuels. On se venge du français, instrument de brimade° des cultures locales, en le brimant, c'est-à-dire en le parlant mal, en le déformant; en l'agressant, ce qui, à la longue, risque d'aboutir à un créole impropre aux relations inter-africaines et internationales et de réinstaller chaque Etat dans l'isolement que le maintien du français est censé éviter. Comme on le voit, il importe que le français parlé dans chaque Etat africain soit le plus proche possible du français international et qu'il soit d'emblée compréhensible pour tout locuteur francophone.

vexation

Démythifier le français, ce n'est donc pas le dénigrer, ni le négliger.

Cela dit, l'enseignement du français ne doit en aucun cas prendre des allures d'un culte à la culture française, au génie du Blanc. Le but à viser° ne doit pas être de cultiver chez les apprenants l'amour du français (langue pour laquelle ils éprouvent presque tous une aversion plus ou moins consciente, tout en se soumettant à la nécessité de la connaître), mais de leur fournir les moyens de vaincre le handicap que constitue pour eux cette langue pour mener une vie à peu près normale.

atteindre

Le souci constant de tous ceux qui ont la responsabilité de l'enseignement du français en Afrique, et particulièrement du professeur africain de français, doit être d'éviter que l'apprentissage de cette *langue étrangère* ne détourne les élèves d'eux-mêmes, ne débouche sur un francotropisme. Car, maintenant nous le savons, "le français ne constitue pas une discipline aux frontières bien définies, mais réunit sans grande cohérence une mosaïque de savoirs hétérogènes... En français, l'objet du savoir est un continent sans frontières: la culture": et la culture, comme l'a écrit quelque part le romancier argentin Julio Cortazar, "n'est pas autre chose, au fond, que la présence et l'exercice de notre identité dans toute sa force". Le but de l'enseignement du français doit être d'amener l'élève à maîtriser cette langue sans s'aliéner et sans devenir un névrosé....

L'usage du français nous impose une allégeance à la culture française qui risque de nous cacher à nous-mêmes, une allégeance à la France qui s'emploie à nous cacher le monde, une allégeance au Blanc qui ne cesse de nous cacher depuis trop longtemps l'homme. Le franco-

tropisme est un appauvrissement incommensurable. La nouvelle pédagogie du français doit être fondée sur un nouvel humanisme élargi
ayant sa source et son aboutissement en Afrique.

Guy Ossito MIDIOHOUAN, *Peuples noirs – Peuples africains*, nos. 59–62,
sep–déc 1987/ jan–avr 1988, Rouen: Editions des Peuples Noirs.

Découvertes culturelles

1. Pour G. Midiohouan, «la place qu'occupe la langue française par rapport aux
   langues locales crée un sentiment de frustration» chez beaucoup d'Africains
   aujourd'hui. Pourquoi ces gens se retournent-ils contre le français?
2. Que représente cette langue dans leur univers de tous les jours?

Apprentissage de la langue française en Algérie

Michèle Lalonde, «*Speak White*»

Chez les francophones du Québec, le désir de maintenir une identité culturelle à travers le français est devenue légendaire. Mais plus que d'une simple préférence linguistique, il s'agit là en fait de la défense d'un peuple.

speak white
il est si beau de vous entendre
parler de Paradise Lost
ou du profil gracieux et anonyme qui tremble
    dans les sonnets de Shakespeare

nous sommes un peuple inculte et bègue°
mais ne sommes pas sourds au génie d'une langue
parlez avec l'accent de Milton et Byron et Shelley et Keats
speak white
et pardonnez-nous de n'avoir pour réponse
que les chants rauques de nos ancêtres
et le chagrin de Nelligan°

speak white
parlez de choses et d'autres
parlez-nous de la Grande Charte
ou du monument à Lincoln
du charme gris de la Tamise°
de l'eau rose du Potomac
parlez-nous de vos traditions
nous sommes un peuple peu brillant
mais fort capable d'apprécier
toute l'importance des crumpets
ou du Boston Tea Party
mais quand vous really speak white
quand vous get down to brass tacks
pour parler du gracious living
et parler du standard de vie

et de la Grande Société
un peu plus fort alors speak white
haussez vos voix de contremaîtres°
nous sommes un peu durs d'oreille
nous vivons trop près des machines
et n'entendons que notre souffle au-dessus des outils

qui articule mal la langue

poète canadien d'expression française (1879–1941)

fleuve qui traverse Londres

personnes responsables d'équipes d'ouvriers

speak white and loud
qu'on vous entende
de Saint-Henri à Saint-Domingue
oui quelle admirable langue
pour embaucher°

engager (un ouvrier) en vue d'un travail

donner des ordres
fixer l'heure de la mort à l'ouvrage
et de la pause qui rafraîchit
et ravigote° le dollar

revigore, renforce

speak white
tell us that God is a great big shot
and that we're paid to trust him
speak white
parlez-nous production profits et pourcentages
speak white
c'est une langue riche
pour acheter
mais pour se vendre
mais pour se vendre à perte d'âme
mais pour se vendre

ah!
speak white
big deal
mais pour vous dire
l'éternité d'un jour de grève
pour raconter
une vie de peuple-concierge
mais pour rentrer chez nous le soir
à l'heure où le soleil s'en vient crever au-dessus des ruelles
mais pour vous dire oui que le soleil se couche oui
chaque jour de nos vies à l'est de vos empires
rien ne vaut une langue à jurons
notre parlure pas très propre
tachée de cambouis° et d'huile

huile noircie

speak white
soyez à l'aise dans vos mots
nous sommes un peuple rancunier°

vindicatif

mais ne reprochons à personne
d'avoir le monopole
de la correction du langage

dans la langue douce de Shakespeare
avec l'accent de Longfellow
parlez un français pur et atrocement blanc
comme au Viêtnam au Congo
parlez un allemand impeccable
une étoile jaune entre les dents
parlez russe parlez rappel à l'ordre parlez répression
speak white
c'est une langue universelle
nous somme nés pour la comprendre
avec ses mots lacrymogènes°
avec ses mots matraques°
speak white
tell us again about Freedom and Democracy
nous savons que liberté est un mot noir
comme la misère est nègre
et comme le sang se mêle à la poussière des rues d'Alger
    ou de Little Rock

speak white
de Westminster à Washington relayez-vous
speak white comme à Wall Street
white comme à Watts
be civilized
et comprenez notre parler de circonstance
quand vous nous demandez poliment
how do you do
et nous entendez vous répondre
we're doing all right
we're doing fine
we
are not alone

nous savons
que nous ne sommes pas seuls

qui font pleurer (ex. gaz lacrymogènes) / armes en forme de bâtons, qui servent à frapper

Michèle LALONDE, *Défense et illustration de la langue québécoise*, Paris: Editions Seghers/Laffont, 1979.

Découvertes culturelles

1. Dans son poème *Speak White*, Michèle Lalonde montre bien en quoi la langue peut devenir une arme politique et un moyen d'oppression. Que signifie le titre de ce texte poétique?
2. A quels mouvements historiques, à quels phénomènes sociaux la langue anglaise est-elle associée dans ce poème?
3. Faites une liste des différents aspects de l'activité humaine qui correspondent à chacune des divisions du poème.
4. De quels peuples non québécois Michèle Lalonde rapproche-t-elle son propre peuple? Expliquez pourquoi.
5. Comparez les trois premiers documents (Lectures 1,2,3), écrits par des Français, et les deux derniers (Lectures 4,5), écrits par des francophones non français. Dressez une liste d'attitudes qui permettent de distinguer les Français des autres.

Le Château Frontenac, Québec

III
L'identité culturelle de la France

Nous avons évoqué plus haut la question de l'identité culturelle de la population française d'outre-mer ainsi que celle des autres francophones dans le monde. Mais qu'en est-il de l'identité culturelle de ceux qui habitent depuis toujours l'Hexagone, les «Français de France»?

Chaque pays a hérité de son passé un certain nombre de particularités auxquelles il tient et qu'il essaie de maintenir. Parmi celles qui caractérisent la France, il faut d'abord noter le bon usage de la langue, la passion du beau langage et le goût de la rhétorique qu'illustre par exemple le style très classique utilisé, aujourd'hui encore, par les hommes politiques. Pour les étrangers qui vivent en France, cet attachement à la langue paraît souvent excessif, surtout lorsque les Français se servent de la maîtrise de leur langue comme d'une barrière pour exclure ceux qui, tout en parlant le français avec un accent, s'efforcent néanmoins de s'intégrer à la société française. En France, la méconnaissance de la langue de la part d'un étranger est souvent utilisée comme un facteur de discrimination. Ce n'est pas toujours le cas dans d'autres pays, en particulier ceux qui, comme l'Amérique du Nord, ont l'habitude d'assimiler les immigrants en grand nombre. Aux Etats-Unis, par exemple, une personne peut très bien annoncer, dans un anglais approximatif et fortement teinté d'accent, qu'elle est citoyenne américaine. Cette façon de se définir ne surprendra guère les Américains d'origine qui, dans beaucoup de régions, sont assez habitués aux nouveaux immigrés dont la maîtrise de l'anglais peut laisser à désirer.

On pourrait certes, dans cette recherche d'une identité française, ajouter d'autres traits caractéristiques tels que la réticence de bon nombre de Français à toute forme de changement ou encore le manque d'ouverture à ce qui leur est étranger. Ces attitudes s'expliquent, d'ailleurs, par le fait que la France est un pays qui n'a jamais connu, avant les années soixante, de vastes arrivées de populations étrangères devant s'intégrer rapidement à la nation. Chaque fois que certains groupes s'étaient présentés à la frontière française (les Polonais au XIXe siècle, les Italiens au début du XXe, les Espagnols pendant les années trente, etc.) quelques difficultés s'étaient manifestées, tout à fait prévisibles et limitées aux régions concernées, mais aucun bouleversement ne s'était produit à l'échelle nationale. De plus, ces immigrants, en nombre généralement assez réduit pour qu'ils puissent être accueillis sans trop de peine dans les villes ou les campagnes, faisaient l'apprentissage de la langue française et de leur nouveau style de vie selon un rythme qui laissait aux Français eux-mêmes le temps d'assimiler les changements sociaux. C'était d'ailleurs aux nouveaux arrivés de faire l'effort de se conformer à la culture française et non l'inverse. Autrement dit, les Français ne s'étaient jamais sentis atteints dans leur propre culture.

De nos jours, à la suite de certains phénomènes socio-politiques récents, il semble que les Français ne soient plus très sûrs de l'immuabilité de leur identité culturelle. La présence subite de nombreux étrangers sur le sol français, d'une part, et la nécessité d'établir sa position au sein du nouvel univers de l'Union européenne, d'autre part, semblent avoir troublé la quiétude de l'Hexagone. De vieilles peurs renaissent au cœur de la société française, ce qui explique en partie le succès des partis politiques d'extrême droite, comme le Front national de Jean-Marie Le Pen, aussi bien que la très faible majorité de «oui» remportée par le référendum sur le traité de Maastricht, par lequel la France s'est engagée à réaliser avec ses partenaires européens une union politique, économique et monétaire. Les valeurs françaises se voient donc confrontées actuellement à deux grands problèmes: l'immigration et l'Europe.

Entre deux cultures, y a-t-il rencontre ou choc?

Découvertes culturelles

1. L'immigration a-t-elle joué un rôle important dans l'évolution de votre propre pays? Comment les immigrés sont-ils perçus par la population en général? Leur situation a-t-elle évolué dans la société aux cours des années?
2. A votre avis, y a-t-il des événements socio-économiques qui contribuent à rendre l'assimilation des étrangers plus difficile? Expliquez.
3. La notion de l'identité culturelle d'une nation est difficile à définir. Indiquez trois ou quatre éléments qui interviennent dans la formation d'une identité culturelle. Pensez à votre propre société d'abord, et à la France en second lieu.

Les immigrés et l'identité culturelle de la France

Environ 4,5 millions d'étrangers en situation régulière habitent en France, soit près de 8% de la population totale. Officiellement, les frontières françaises sont fermées à l'immigration de travailleurs permanents depuis 1974. Mais les regroupements familiaux et les régularisations (60 000 personnes par an), l'accueil des réfugiés politiques (20 000 par an) et l'entrée illégale des clandestins (ils sont à l'heure actuelle entre 300 000 et 1 million dans le pays) expliquent pourquoi le nombre d'étrangers continue à croître légèrement, même si la proportion d'étrangers est restée à peu près stable. Sept étrangers sur dix sont en France depuis plus de dix ans, et un sur cinq ne parle pas le français.

Un peu plus de la moitié des étrangers en France sont d'origine maghrébine ou viennent d'un pays de l'Afrique noire. Les réfugiés du sud-est asiatique, surtout Cambodgiens, Laotiens et Vietnamiens, ont été accueillis en assez grand nombre depuis les années soixante-dix. Mais ceux qu'on appelle «les immigrés» en France aujourd'hui sont surtout les Algériens, les Marocains et les Portugais. Si l'on fait exception des Portugais, la plus grande partie des immigrés est donc originaire de pays ayant vécu sous un régime colonial français. Parmi ceux-ci, les Maghrébins sont de loin les plus nombreux.

A l'époque des colonies, la France avait, bien sûr, pris connaissance des spécificités culturelles des peuples qu'elle gouvernait. Elle s'en était même approprié quelques-unes: certains éléments de vocabulaire (par exemple, *bakchich* = pourboire et *bled* = région isolée, en arabe, sont entrés dans le lexique français) ou certains aspects de la cuisine dite exotique (comme le *méchoui* ou rôti de mouton chez les Arabes). Rien, pourtant, n'avait ébranlé la société française dans ce qu'elle avait de plus profond. Lorsque les années de prospérité, les «trente glorieuses» de 1945 à 1975, ont touché à leur fin à la suite de deux gros chocs pétroliers, la société française a connu une période de difficultés économiques et de chômage croissant. Malheureusement, c'est aussi à cette époque que le nombre d'immigrés a atteint son plus haut niveau dans le pays. Le résultat n'est pas surprenant: de nos jours, leur présence se fait sentir en France de façon nettement plus lourde qu'au moment de leur arrivée, dans les années soixante, où l'expansion économique avait beaucoup facilité leur insertion sociale.

La plupart des immigrés appartiennent à des milieux modestes et à des catégories socio-professionnelles qui sont particulièrement touchées par le chômage.

En tant que résidents français, ils ont les mêmes droits que les Français, en ce qui concerne par exemple la scolarisation des enfants et la protection sociale contre les risques de maladie, de vieillesse et de chômage. Par contre, comme ils ne sont pas citoyens français, ils ne jouissent pas à proprement parler de droits civiques: ils ne votent pas, même dans les élections municipales, et n'ont donc aucune voix officielle pour s'exprimer lorsqu'ils se sentent désavantagés dans leurs intérêts. Ils peuvent, par contre, participer aux élections prud'homales et élire des prud'hommes ou magistrats chargés de régler les différends d'ordre professionnel entre employeurs et employés. Les actes de racisme ou de discrimination sont interdits par la loi, cependant, et les étrangers qui se considèrent victimes d'une injustice peuvent porter plainte, soit individuellement soit par l'intermédiaire d'une association telle que SOS Racisme. A ceux qui désirent retourner dans leur pays d'origine, le gouvernement français offre, depuis 1977, une aide financière au retour, orientée surtout vers les chômeurs. Les sondages montrent toutefois que la plupart de ceux qui se sont installés en France y restent.

Si l'on examine la question de l'identité culturelle des Français à la suite de l'époque des grandes vagues d'immigration, on constate que le modèle d'assimilation selon lequel les immigrés plus anciens s'étaient adaptés à la vie en France a sensiblement changé. Les Maghrébins qui, par leur nombre et par leur situation culturelle et ethnique, marquent l'écart le plus fort par rapport au reste d'une population relativement homogène, représentent la plus grande «menace» pour la portion conservatrice ou conformiste de la société française. Après s'être établis en France, les immigrés maghrébins cherchent d'abord un travail, puis une identité culturelle, souvent à l'intérieur d'une communauté «arabe». La proximité de voisins et de parents maghrébins est sécurisante pour eux, surtout dans les grandes villes où plus de 70% d'entre eux résident. Les familles s'élargissent, et ce sont surtout les nouvelles générations, nées en France, qui jouent un rôle capital dans l'évolution de la communauté maghrébine.

Les jeunes de la deuxième et, tout récemment, de la troisième générations, qu'on appelle les «Beurs», sont de plus en plus nombreux dans la société française, car le taux de natalité chez les étrangers est plus élevé que dans le reste de la population. S'ils sont conscients des différences de coutumes, de religion et même de langue qui distinguent leurs familles de celles des Français de souche, beaucoup de ces jeunes font de gros efforts pour réduire la distance qui sépare les deux groupes. Toutefois, un nombre très important de Beurs traversent une phase de crise d'identité, ne se sentant ni tout à fait maghrébins ni tout à fait français. Récemment, la montée, en Afrique du Nord, des idéologies fondamentalistes, qui prônent le rejet de la société occidentale en faveur d'un régime fondé sur les préceptes de l'Islam, a attiré la sympathie de certains membres des communautés arabes en France. La peur d'une crise ou d'une révolte de la part de ces extrémistes, qui ne sont pourtant pas représentatifs de l'ensemble de la population maghrébine en France, a provoqué certaines réactions dans l'Hexagone. Pour citer quelques exemples assez notoires, il faut rappeler le cas de la jeune lycéenne maghrébine qui avait affirmé ses croyances religieuses et culturelles, il y a quelques années, en portant à l'école le foulard islamique ou tchador. L'administration scolaire, défendant

femme qui aller au lycée

les principes de l'école laïque, qui interdisent la propagation des convictions religieuses dans les établissements publics, l'a renvoyée de l'école, refusant de l'admettre tant qu'elle porterait le voile islamique. Un débat politique s'est ensuivi, s'articulant sur les questions suivantes: le tchador n'est-il pas le symbole, non seulement d'un principe religieux, mais aussi d'une soumission imposée aux femmes par une culture patriarcale et phallocrate? A-t-on le droit de manifester des principes ouvertement religieux ou discriminatoires à l'encontre des femmes dans les écoles de France? Et, lorsque le fondamentalisme en Algérie prend la forme d'un mouvement subversif ayant comme objet la disparition de toute présence occidentale sur le sol algérien, y compris celle des étrangers eux-mêmes, n'a-t-on pas lieu de croire que les adhérents d'un groupe tel que le Front Islamique du Salut se sont aussi infiltrés en France à travers certaines associations culturelles et religieuses de la communauté arabe? A la suite de plusieurs attentats à la bombe en 1995, les contrôles d'identité se sont multipliés dans les rues de Paris et d'autres grandes villes afin de repérer les terroristes. Mais en procédant à l'arrestation arbitraire de tout individu soupçonné d'être un musulman subversif, la police ne risque-t-elle pas de causer du tort à des personnes innocentes?

Les remous dans l'opinion publique qui découlent de situations de ce genre accroissent toujours le risque d'hystérie collective. C'est peut-être ce qui explique la radicalisation, depuis 1990, des opinions des Français face à la question de l'immigration. L'enracinement en France d'une nouvelle culture a remis en question l'image d'une société monolithique et homogène. Le pays avance vers une pluriculture, malgré les résistances de certains Français qui croient toujours à l'ancien modèle d'une immigration qui nivelle les différences plutôt qu'il ne les résorbe.

Dans un entretien radiophonique à Radio France Internationale, le 11 février 1989, Harlem Désir, le fondateur du mouvement SOS Racisme, répondait ainsi à la question: Les immigrés sont-ils les boucs émissaires d'une crise de l'identité française?: «Lors de chaque crise brutale dans un pays, on cherche un responsable. Dans les années trente, en Europe, ce furent les Juifs. Aujourd'hui ce sont les étrangers dont l'origine et la culture sont les plus éloignées de la culture française, les Arabes essentiellement. Les Français ont peur pour l'avenir de leurs enfants, peur de l'échec scolaire que ceux-ci subissent parfois. Ils ont également un sentiment diffus d'incertitude quant à l'avenir même du pays. Ils ont peur que la France ne soit pas à la hauteur du défi européen, ne soit plus une grande puissance. Ils rejettent toutes ces peurs sur un bouc émissaire: l'étranger. Et ce faisant, ils ont l'impression de reconquérir une certaine supériorité. Trouver quelqu'un sur qui "cracher" signifie être un peu au-dessus de lui.»[2]

---

[2] Cité dans Gérard MERMET, *Francoscopie 1991* (Hachette, 1990), p. 204.

La main ouverte et la devise «*Touche pas à mon pote*» (*Ne cherche pas à nuire à mon copain*) sont les symboles du mouvement SOS Racisme.

Découvertes culturelles

Dites si les remarques suivantes sont vraies ou fausses. Si elles sont fausses, rectifiez-les.

1. La population de la France est d'environ 57,5 millions d'habitants, parmi lesquels on compte environ 4,5 millions d'étrangers en situation légale.
2. La population étrangère est composée de 75% d'Africains (y compris les Maghrébins).
3. La France a accueilli, à partir des années soixante-dix, un assez grand nombre de *boat people*.
4. Les années de 1965 à 1975 ont été une période de faible immigration en France.
5. Officiellement, l'immigration est toujours autorisée en France, mais très peu d'étrangers en profitent pour venir s'y installer.
6. Les «Beurs» sont les Maghrébins de la deuxième et de la troisième générations en France.
7. La France est un pays où la religion musulmane ne peut pas s'établir car sa culture monolithique ne le permet pas.
8. Harlem Désir ne croit pas que les immigrés jouent le rôle de boucs émissaires pour les Français en temps de crise.

L'Europe et l'identité culturelle de la France

La Communauté économique européenne, qu'on appelle de nos jours l'Union européenne, existe depuis la fin des années cinquante. Le «marché commun» est donc un concept auquel les Français ont pu s'adapter pendant assez longtemps. L'idée d'une Europe unie sur le plan géopolitique ou culturel est beaucoup plus récente. Le référendum sur le traité de Maastricht, traité qui fixait les lignes directrices de l'Union européenne, n'a été approuvé que par une faible majorité des Français qui ont voté sur la question en septembre 1992. On peut donc croire que certaines résistances à l'intégration européenne existent toujours dans la population française. Il semble d'ailleurs que ces hésitations soient souvent de caractère affectif, car la plupart des Français se déclarent en fait plutôt optimistes en ce qui concerne le processus qui mènera à la réalité des Etats-Unis d'Europe.

Lorsqu'en 1994, le président Mitterrand a invité des militaires allemands à se joindre au défilé du 14 juillet sur les Champs-Elysées, certains Français ont vivement contesté cette participation de l'ennemi d'autrefois à la fête nationale. Pourtant il existe, dans le domaine militaire, une brigade franco-allemande depuis 1988 en Allemagne, et la création d'un Corps d'armée franco-allemand, embryon d'un futur Corps d'armée européen, date d'une décision prise par le chancelier Kohl et le président Mitterrand en 1992. Les jeunes Français, ceux qui devront assurer la réalisation des rêves d'unification européenne, sont d'ailleurs massivement favorables à toute forme de coopération supranationale. Ils se considèrent bien souvent beaucoup plus comme des citoyens de l'Europe que leurs parents et grands-parents et sont prêts à assumer une identité culturelle européenne, sans pour autant renoncer à ce qu'il y a en eux de spécifiquement français, dans le sens positif du terme.

Une majorité de la population étant déjà acquise à l'idée de l'Europe dans le domaine quelque peu abstrait de l'économie internationale, il reste surtout à redéfinir l'identité des Français dans le domaine culturel, à l'échelle de la vie de tous les jours.

La télévision, l'instrument le plus efficace pour faire passer un message dans notre culture contemporaine, est aussi le véhicule idéal des innovations dans le domaine interculturel européen. Les téléspectateurs français qui sont équipés du câble ont accès à un nombre assez important d'émissions en langue étrangère. Ils peuvent capter les programmes de la RAI italienne, des chaînes espagnoles, la BBC, MTV, etc. Ces programmes, toutefois, ont été conçus pour une audience essentiellement nationale et nécessitent une connaissance au moins superficielle de la langue dans laquelle ils sont diffusés. C'est pourquoi l'idée d'une chaîne bilingue comme ARTE (Association Relative à la Télévision Européenne), co-production de la télévision allemande et de la télévision française, a constitué une innovation fort intéressante dans ce domaine. Programmée à partir d'une centrale à Strasbourg, la chaîne produit des émissions qui sont diffusées en deux langues dans plusieurs pays. Les téléspectateurs français et allemands peuvent donc visionner le même programme, chacun dans sa propre langue. L'originalité de cette tentative vient surtout de la conception des thèmes, choisis pour susciter l'intérêt de deux populations culturellement différentes. Occupant le canal de la Cinquième en France, ARTE diffuse tous les jours de 19 heures à 3 heures du matin.

A 20h30, un journal d'une dizaine de minutes offre un panorama des points forts de l'actualité sous forme d'images commentées en voix off, sans présentateur. Trois fois par semaine, la chaîne propose des soirées thématiques composées de fictions, de documentaires, de débats, etc., sur des sujets aussi variés que la publicité, la bande dessinée ou la vie à Liverpool, par exemple. Elle offre aussi des spectacles dramatiques et musicaux, ainsi qu'un magazine quasi quotidien de 30 minutes, intitulé «7½», qui permet aux téléspectateurs français et allemands un échange de points de vue sur des thèmes actuels. Le défi majeur pour les responsables de la programmation est de trouver une formule qui puisse associer deux équipes de nationalité différente et deux populations dont l'imaginaire n'est pas forcément le même. La création de cette chaîne culturelle, bilingue et publique, a marqué un pas important dans la coopération européenne en ce qu'elle respecte certaines prérogatives nationales, comme celle de pouvoir s'informer ou se divertir dans sa propre langue, tout en forgeant des liens internationaux au moyen d'un échange culturel.

Autre tentative européenne, de plus grande envergure cette fois, le système d'échanges universitaires appelé ERASMUS (*European Action Scheme for the Mobility of University Students*), à l'intérieur du programme SOCRATES, permet la circulation des professeurs et des étudiants dans l'ensemble des pays de l'Europe unie en plus de certains autres pays comme l'Islande, la Norvège et le Liechtenstein. En France, chaque université et bon nombre d'écoles d'ingénieurs et de gestion passent des accords avec des partenaires étrangers pour créer des contrats institutionnels, qui sont sélectionnés par le bureau central d'ERASMUS à Bruxelles. Les étudiants, généralement en licence ou maîtrise, passent de trois mois à une année universitaire entière dans un autre établissement européen où ils complètent des études commencées dans leur pays. Les disciplines qui attirent actuellement le plus grand nombre de participants sont, dans l'ordre, la gestion, les sciences de l'ingénieur, les langues et les lettres. Chaque étudiant reçoit une aide financière qui contribue à couvrir les frais occasionnés par un déplacement à l'étranger. Les étudiants sont également déchargés de la totalité des droits d'inscription par l'université d'accueil.

Les Français sont assez nombreux à partir ainsi à l'étranger et bénéficient de près de 20% des aides financières ERASMUS. Ces étudiants participent surtout à des programmes de coopération en Grande-Bretagne, la destination préférée de 40% d'entre eux, suivie de l'Allemagne, de l'Espagne et de l'Italie. On constate, d'ailleurs, que les Britanniques, les Espagnols et les Allemands sont les plus nombreux à choisir des établissements français comme destination. Les diplômes sont toujours délivrés par l'Etat dont dépendent les étudiants car il n'y a pas, pour le moment, de diplômes européens. Mais environ 100 000 étudiants européens choisissent de partir tous les ans dans un autre pays d'Europe, malgré les différences de langue et de culture. Ces personnes constituent une sorte d'avant-garde pour qui la supranationalité européenne est plus importante que la seule appartenance nationale. Mais elles renouent aussi en cela avec une tradition très ancienne, celle de la mobilité et du cosmopolitisme universitaires, caractéristiques des étudiants et professeurs du Moyen Age et de la Renaissance. Erasme, ce

Hollandais dont la pensée humaniste s'est répandue bien au-delà des limites de son pays, aurait été fier de parrainer une telle œuvre.

Doit-on conclure de l'étude qui précède que l'identité française est en danger de disparaître, en raison de la présence des étrangers en France ou de l'appartenance du pays à la nouvelle Europe? L'avenir apparaît toujours comme une aventure qui comporte certains risques. Les Français, toutefois, malgré la résistance de certains groupes, semblent prêts à les assumer. Le mythe d'une culture monolithique disparaîtra assurément au profit d'une pluriculture, car celle-ci a en fait toujours existé, à l'intérieur de la plupart des pays, entre les divers groupes sociaux. Au-delà des langues et des pratiques particulières, la vie moderne tend à rapprocher plutôt qu'à éloigner ceux qui partagent des valeurs et des modes de vie similaires. Peut-être, au lieu d'aborder les questions suscitées par certains phénomènes sociaux en faisant appel aux réponses traditionnelles, les Français pourront-ils trouver dans leurs rapports à l'intérieur de l'Europe un début de réponse nouvelle?

Le Parlement européen

Découvertes culturelles

Choisissez les réponses qui complètent le mieux les phrases suivantes.

1. Le traité de Maastricht sur l'Union européenne...
   a. a reçu le vote favorable d'une majorité écrasante en France.
   b. a été approuvé sans référendum.
   c. a reçu un peu plus de 50% de voix favorables en France.
2. La coopération supranationale existe déjà en Europe, car...
   a. il existe une armée européenne.
   b. les Allemands et les Français ont créé ARTE.
   c. tout étudiant français doit étudier à l'étranger.
3. L'idée d'une Europe unie...
   a. n'a pas encore été réalisée sur le plan économique.
   b. risque de faire disparaître les spécificités culturelles.
   c. a été facilitée par le fait que la vie moderne rapproche les gens.

Un parlement pour l'Europe

Le Parlement européen représente «les peuples des Etats réunis dans la Communauté européenne». Actuellement, quelque 370 millions de citoyens européens participent, à travers le Parlement européen, à la construction de l'Europe.

Depuis 1957 les pouvoirs du Parlement se sont progressivement renforcés et étendus, en particulier depuis la signature de l'Acte unique européen en 1986 et du traité sur l'Union européenne signé en 1992. Désormais, le Parlement européen participe pleinement au processus d'élaboration de la législation communautaire et occupe un rôle essentiel, au côté de la Commission et du Conseil, dans la gestion de l'Union européenne.

Juin 1979, le Parlement européen est élu au suffrage universel direct. Pour la première fois dans l'histoire, des millions de citoyens de neuf nations européennes se rendent aux urnes pour élire les députés d'une même Assemblée.

Tout avait commencé par une certaine idée de l'Europe dans l'esprit de quelques visionnaires...

Témoignages culturels

Lecture 1

Europe: la langue française est-elle menacée?

Dans un entretien avec le linguiste Claude Hagège, professeur au Collège de France, un journaliste du *Nouvel Observateur* a posé à cet éminent spécialiste toute une série de questions, parmi lesquelles: «Quelle langue l'emportera, demain, dans une Europe peut-être unifiée?» et «Que sera la personnalité culturelle de la nouvelle Europe dessinée par les mots?»

N.O.—*Le français n'est pas porté par une monnaie aussi forte que le mark. En outre, il ne traduit pas, comme l'anglais, les appétits contemporains. Quelles sont ses chances européennes?*

C. Hagège.—Tout d'abord, je suis convaincu que, si nous assistions à un certain retour de la germanophonie, le français, dans la foulée, y gagnerait. La preuve serait faite qu'une langue européenne autre que l'anglais est capable, dans son champ de rayonnement traditionnel (Europe du Centre et du Nord-Est), d'opposer une réelle résistance à sa diffusion.

N.O.—*Où le français peut-il rayonner?*

C. Hagège.—La France a déjà connu au moins deux grandes périodes de rayonnement européen—l'une aux XIIᵉ–XIIIᵉ siècles, l'autre au XVIIIᵉ siècle. Son intégration dans l'Europe ne signifie donc rien d'autre qu'un retour: retour en force même, puisqu'elle arrive avec le poids supplémentaire de la francophonie, conséquence directe de l'aventure coloniale. Et puis, il ne faut tout de même pas oublier que le français est aussi la langue de pays voisins, de la Suisse romande comme de la Belgique wallonne ou du Val d'Aoste. Et comment ne pas tenir compte surtout de sa vocation méditerranéenne! Même si, depuis quelques décennies, l'anglais, toujours lui, le déloge progressivement d'Espagne, d'Italie ou de Grèce—trois pays qui étaient, traditionnellement, de culture française. Je ne crois pas pour autant que ce déclin soit irréversible. Le rayonnement d'une langue s'inscrit le plus souvent dans le sillage° de sa réussite économique. Si donc le dynamisme de l'économie française se maintient et se renforce et si, en outre, l'engagement européen de la France s'affirme, alors les chances du français, en Europe, seront sérieuses.

N.O.—*Mais que préconiseriez-vous pour que nous réussissions vraiment?*

suite

C. Hagège.—Dans les années 50, l'éducation nationale italienne, entre autres, a augmenté de façon considérable les heures d'enseignement de l'anglais dans ses écoles, et la population s'est anglicisée. Or l'Italie, de même que nos autres voisins, l'Allemagne, l'Espagne, la Belgique, le Luxembourg et même la Grande-Bretagne, ne peuvent pas, pour des raisons économiques, ignorer la France. Ces pays redeviennent donc des candidats potentiels pour l'apprentissage de notre langue. Cependant, pour aider à cette réussite, je crois que nous avons nous-mêmes un rôle important de réciprocité à jouer. Il faudrait que, désormais, dans nos collèges et lycées, italien, grec, et espagnol soient enseignés à une plus grande échelle. Si tel était le cas, rien ne nous empêcherait de parier° sur le fait que bientôt les écoles du bassin méditerranéen rendraient au français la place qu'il avait. Il conviendrait aussi pour cela que les éditeurs français, à l'exemple de ceux d'Allemagne, dont le dynamisme est bien connu, prennent une part active à une puissante promotion du livre écrit en français.

compter

N.O.—*N'avez-vous pas été tenté d'aller frapper vous-même aux portes des ministères, afin d'alerter, de mobiliser?*

C. Hagège.—J'appartiens au Haut Conseil de la Francophonie. Je suis donc conduit à rencontrer le ministre de tutelle° [Catherine Tasca], précisément. Il y a quelque temps, elle m'a emmené dans son avion à Budapest, où j'ai pu voir le magnifique Institut français, élevé au bord du Danube. L'effort que la France consent en ce moment pour promouvoir sa langue est très important. A cet égard, on rencontre souvent des gens qui brocardent° cette politique, surpris que nous ayons un ministère chargé de la langue, chose bien française, et que nous nous «offrions» des instituts à l'étranger. Ils ignorent sans doute, les moqueurs, ce qui se passe aux Etats-Unis. Là-bas, la défense de l'anglais ne passe pas par le pouvoir politique. Les organismes privés, pour soutenir la langue, proposent souvent aux universités étrangères qu'ils financent des sommes considérables... si elles éliminent le français de leur enseignement!

qui supervise ce secteur

se moquent de

N.O.—*La France est riche en langues régionales. Le linguiste que vous êtes serait-il heureux si demain les Basques ou les Bretons demandaient à être entendus dans leur langue à Bruxelles?*

C. Hagège.—Ce serait dans la logique des choses. Au moment où certaines prérogatives nationales s'effacent derrière un pouvoir supranational, il est normal que des régions qui se sont souvent rebellées contre un pouvoir central trouvent auprès du Parlement européen une écoute attentive. A ce moment-là, nous serons dans ce que doit être vraiment l'Europe par vocation, dans la multiplicité, la diversité, la fécondité. Le breton et ses variantes locales (trégorrois, vannetais, etc.), le basque (et le navarrais, le labourdin, le souletin) sont des illustrations de cette riche diversité.

N.O.—*Y a-t-il un danger de regroupement par affinités linguistiques? Les Catalans français, par exemple, risquent-ils de vouloir s'unir avec la Catalogne d'Espagne, les Alsaciens avec l'Allemagne... ?*

C. Hagège.—Précisément non. Car il est bien connu que le fait de parler un idiome génétiquement relié à la langue d'un grand pays voisin n'implique en aucune façon l'adhésion politique ou identitaire. Nous savons que ceux qu'on a appelés les «malgré nous», ces Alsaciens incorporés de force dans la Wehrmacht et envoyés sur le front russe durant la Seconde Guerre mondiale, étaient profondément attachés à la France comme l'avaient été leurs pères de 1870 à 1914, et comme le sont aujourd'hui leurs enfants.

N.O.—*Le français a donc devant lui de vastes possibilités. Mais, dans le cadre de l'Europe, ne risque-t-il pas d'être relégué lui-même au rang de langue régionale?*

C. Hagège.—Je ne le crois pas. Car les Français ne sont que les dépositaires, non les propriétaires exclusifs, du français. Dès lors, ce n'est pas avec les limites politiques et géographiques de la France que coïncide la francophonie. On ne voit pas bien comment une langue répandue en tant que langue officielle, unique ou conjointement avec une autre, dans un grand nombre de pays, pourrait être menacée de n'être plus qu'un idiome régional. Dans le cri polyphonique des langues dont vibre l'Europe d'aujourd'hui, chacune apporte son tribut. Cette immense richesse, voilà le message de l'Europe.

Claude HAGEGE, *Le Nouvel Observateur*, n° 1455, septembre 1992.

Découvertes culturelles

Mettez-vous à la place de Claude Hagège: répondez par oui ou par non aux questions suivantes et justifiez votre réponse.

1. Pensez-vous que la langue française puisse rayonner en dehors de l'Hexagone?
2. Les Français devraient-ils, dans leurs écoles, enseigner les langues des autres pays de la Méditerranée à une plus grande échelle?
3. La France a-t-elle raison de tant s'intéresser à la promotion de sa langue?
4. Aux Etats-Unis d'Amérique, les pouvoirs publics se chargent-ils de la défense de la langue anglaise?
5. Les langues régionales devraient-elles pouvoir compter sur le Parlement européen pour assurer leur maintien?
6. Le français est-il condamné à devenir en quelque sorte une langue régionale?

La "mouvance beure": émergence médiatique

Le terme «beur» est désormais entré dans le langage courant. Derrière ce nouvel élément du lexique français se cache une histoire passionnante et importante, à connaître pour ceux qui s'intéressent à la culture française contemporaine. Spécialiste de la question, Michel Laronde la retrace dans l'article qui suit.

Dans les années soixante, le terme "pieds-noirs" se répandait en France pour désigner les rapatriés d'Algérie d'origine française. A la même époque, le terme "harkis" désigne les anciens militaires arabes, en général algériens, qui ont servi comme supplétifs° dans l'armée française, surtout au cours de la guerre d'Algérie. Dans les années quatre-vingt, le terme "beurs" désigne certains jeunes Maghrébins de France, descendants des travailleurs nord-africains immigrés au cours des quelque vingt-cinq dernières années.

militaires engagés temporairement en complément

Il convient d'ajouter ce bout d'histoire des Maghrébins en France à celle de leurs parents et grands-parents qui ont contribué à modifier la France depuis maintenant plus d'un demi-siècle. Sous son aspect culturel, le mouvement beur a moins de dix ans d'existence. Mais il a pris une ampleur telle depuis le début des années quatre-vingt, à la fois par l'abondance et, souvent, la qualité de sa production artistique et littéraire qu'il faut d'ores et déjà en tenir compte comme composante nouvelle de la culture française....

Le terme "beur" semble être né de la difficulté que beaucoup de ces jeunes ont à se dire "Algériens", ou "Français musulmans", et encore moins "Français".... Parmi les Français d'origine arabe, certains ne se reconnaissent pas sous le vocable de "Beurs". Pour Bouzid, qui relate le déroulement de "la Marche pour l'égalité et contre le racisme" [en 1983], "le Beur est un Arabe habitant Paris", alors que, venant de la zône urbaine d'Aix-en-Provence, il se considère lui-même comme un Arabe du Sud de la France. Il reconnaît cependant que le terme d'Arabe n'est pas toujours fondé car Libanais, Palestiniens ou Maghrébins sont souvent qualifiés d'Arabes au même titre. Il n'accepte pas plus le terme de Maghrébin qu'il trouve "bizarre". Mais il refuse catégoriquement l'appellation de "jeune de la deuxième génération", arguant que les Arabes sont les seuls immigrés à qui on donne un numéro....

Les interprétations sur l'origine et la signification du terme "beur" sont, au départ, multiples. Dans *Parle mon fils parle à ta mère* [Paris: Stock], court roman publié en 1984, Leïla Sebbar, écrivain confirmé qui touche au plus près à la spécificité beure, fournit le panorama le plus complet des étymologies du mot. Dans le roman, la mère maghrébine s'adresse à son fils:

*Je sais pas pourquoi ils disent Radio Beur; pourquoi ça **Beur**, c'est le beurre des Français qu'on mange sur le pain? Je comprends pas. Pour la couleur? Ils sont pas comme ça, c'est pas la couleur des Arabes... les jeunes savent, moi je sais pas; j'ose pas demander. [...] Peut-être c'est* **le Pays**... *El Ber, chez nous, en arabe, ça veut dire le pays tu le sais, mon fils, c'est ça ou non?—Le fils apprit à la mère que le mot **Beur** avait été fabriqué à partir du mot **Arabe**, à l'envers. Il eut du mal à la convaincre que **Arabe** à l'envers, en partant de la dernière syllabe, donnait **Beur**; où étaient passés les **a**, on ne les entendait plus alors qu'il y en avait deux... Le fils ajouta que **Beur** n'avait rien à voir avec le mot **pays**. On disait aussi **Rebeu** pour Arabe... Là il n'y avait plus de **a** et à l'envers, on obtenait facilement **Beur**. Elle ne croyait pas qu'on ne retrouvait pas **le pays** dans **Beur**... (27–28)*

Le terme "Beur" ne veut pas dire "Berbères d'Europe"; ce n'est pas non plus une racine arabe érudite; pas plus qu'une étymologie populaire faisant référence au teint des Maghrébins par analogie avec le beurre. "Beur" provient bien du mot "arabe", que les jeunes des cités HLM des banlieues parisiennes ont inversé deux fois en verlan—c'est-à-dire en parlant à l'envers ("verlan" en est un exemple: "l'envers"). Pour "beur", "arabe" inversé une première fois donne "rebeu" qui, inversé lui-même, donne "beur". Malgré certaines polémiques soulevées parmi les jeunes Maghrébins, surtout ceux qui ne pratiquent pas le verlan, cette désignation spécifique aux jeunes de la région parisienne a été largement diffusée dans les médias comme identification de tous les jeunes Maghrébins de France.

Etre beur, se reconnaître comme tel, c'est souvent, de manière incomplète et globale, être maghrébin de la deuxième ou même de la troisième génération, adopter la France comme lieu de résidence, et être de religion musulmane. C'est surtout avoir une certaine perception de sa situation ethno-culturelle. Dans l'un des essais sociologiques les plus pertinents publiés sur les jeunes issus de° l'immigration, Adil Jazouli classifie les Maghrébins de France en quatre groupes [*La nouvelle génération issue de l'immigration maghrébine: essai d'analyse sociologique*, Paris: CIEMI L'Harmattan, 1982].

a) Il y a d'abord ceux qui passent par l'affirmation: **"Je suis français comme les autres"**. Ils veulent s'assimiler à tout prix, gommer leur différence, faisant tout pour nier leur appartenance ethnique, leur origine et leur famille. Généralement, ce sont des jeunes qui ont fait une bonne scolarité et accèdent à l'enseignement supérieur. Ils se caractérisent par un conformisme social et un conservatisme outré qui se traduit par le respect des normes sociales dominantes. Leur choix est une défense contre la société et contre eux-mêmes. Ce désir très fort d'assimilation peut s'expliquer par la pression exercée par un système social et culturel normatif

nés après

et relativement homogène. Il permet aussi de réduire une anxiété identifi-catoire en suivant le chemin de la majorité qui offre une cohésion interne sécurisante. C'est un équilibre fragile qui peut facilement basculer sous le poids du racisme. D'après Jazouli, ces jeunes seraient une minorité.

b) A l'opposé de ce comportement, une autre composante de la nou-velle génération affirme avec force son appartenance à l'univers socio-culturel des parents. Elle revendique l'arabité ou la berbérité, une identité fière et à continuité historique basée sur les principes islamiques fonda-mentaux. Montrer sa différence et sa singularité est considéré comme un acte de contestation et de subversion. L'occidentalisation menace cette affirmation identitaire qui reprend à son compte les éléments constitutifs de la culture des sociétés maghrébines auxquelles appartien-nent les parents.... Ainsi le mythe sécurisant du "retour" au pays d'origine s'effondrera souvent au cours d'un premier voyage au pays des parents.

c) La partie sans doute la plus importante de la jeune génération maghrébine se caractérise par une grande hétéronomie. Ne se sentant ni maghrébine ni française, mais entre les deux, elle n'a aucune identité et adopte une attitude de laisser-faire. Une personnalité non-formée, un déchirement constant entre l'hostilité et l'admiration pour plusieurs modèles culturels et sociaux lui donnent une impression d'impuissance à agir, innover, et exprimer ses sentiments de manière concrète. Ce déchirement constant se traduit par l'échec dans les études (80%), suivi du chômage ou de petits travaux d'intérim mal payés. C'est dans cette catégorie qu'on trouve le plus de tentatives de suicide, le plus de délinquants, de détenus° mineurs (43%), de prostitution féminine et masculine, de drogués.

° prisonniers

Les jeunes écoliers sont souvent de la deuxième et même de la troisième génération de Maghrébins ou d'Africains en France aujourd'hui.

d) Un quatrième type de conduite chez les jeunes Maghrébins consiste à se construire une identité nouvelle. Ne se sentant eux non plus ni français ni maghrébins, ils refusent cependant de n'être rien et se considèrent à la fois français *et* maghrébins. Réclamant le droit à l'ambiguïté qu'ils considèrent comme une étape nécessaire dans leur quête d'une identité, ils affirment leur origine sociale et culturelle ambivalente. Ils prennent aux deux cultures ce qui leur convient sans être à l'aise dans aucune des deux. Se sentant déracinés par rapport au patrimoine culturel transmis par les parents, le retour vers un pays inconnu—Maroc et surtout Algérie—n'est pas envisageable; ce serait un exil. C'est en restant en France que chaque individu doit se trouver une identité personnelle et un espace social et culturel où cette identité puisse s'exprimer. Une communauté se constitue ainsi, réclamant de vivre ses différences, ethniques, culturelles et religieuses, dans l'égalité des droits au même titre que les autres citoyens français. Cette minorité qui prend chaque jour plus d'importance s'exprime surtout par une action culturelle chargée beaucoup plus de questionnement que de contestation active. Les vrais "Beurs", ce sont eux, à travers qui naît peu à peu une culture spécifique à la nouvelle génération maghrébine.

Dans la société contemporaine où la communication joue un rôle primordial, il faut faire une place importante aux radios libres dans l'appropriation de la parole maghrébine populaire en France, et en particulier à Radio-Beur. Radio-Beur est lancée à Paris par un groupe de jeunes issus de l'immigration maghrébine.... Sa démarche est à la fois interculturelle et communautaire. Elle ne s'enferme pas dans une logique purement ethnique mais reste ouverte à d'autres communautés immigrées en France, et surtout à la culture française comme partie intégrante de la culture des minorités. La mixité culturelle est le fil conducteur des programmes où se mêlent les musiques et les langues, et où les émissions culturelles, historiques et politiques portent aussi bien sur la France que sur les pays et communautés d'origine étrangère.

Pour la nouvelle génération, les radios libres sont le lien qui soude la communauté.... Pour la génération des parents, les radios libres sont le lien à la fois avec la culture des enfants et avec leur propre culture.... L'intérêt des médias contribue [aussi] à l'élargissement de l'éventail de la création artistique beure. La bande dessinée et le dessin sont particulièrement bien représentés.... La multiplication des groupes de musique et de théâtre ouvre les portes de la production artistique. C'est dans ce cadre que se manifestent de nouveaux talents.

"Carte de séjour", un des premiers groupes musicaux constitué de jeunes d'origine maghrébine et né dans la banlieue lyonnaise au début des années quatre-vingt, ainsi que "Rock against Police" dans la région parisienne, esquissent à la fois une première action défensive contre les actes racistes et ouvrent la voie à la création artistique. "Carte de séjour" chante certaines de ses chansons en arabe. Créé en 1980, "Rock against Police" organisait jusqu'en 1982 des concerts gratuits et "autonomes" dans la région parisienne, ce qui a permis à divers talents de se manifester. Un chanteur comme Lounis Lounes appelle les jeunes à la révolte dans *Kader Blues*. D'autres groupes comme "Abranis" ou "El Hijra" chantent surtout en kabyle ou en arabe. Kabyles et Algériennes, les femmes du groupe "Djurdjura" chantent les aspirations et préoccupations de la femme maghrébine. Certains groupes—"Forbans"—ou chanteurs—Karim Kacel—écrivent pour un public plus large mais les thèmes restent en prise directe avec la situation des jeunes d'origine maghrébine.

Dès 1978–1980, le cinéma amateur de Touuti Terenti essaie de montrer la réalité maghrébine en France: *Le Garage, Avoir 15 ans dans le béton, Retour en Kabylie....* *Le Thé au harem d'Archi Ahmed*, de Mehdi Charef, film tiré de son roman,... obtient le prix Jean Vigo, ainsi que *Les ANI du Tassili*, film tiré du roman d'Akli Tadjer....

Le théâtre interroge et donne un sens aux actions sociales et politiques. Moins médiatisé que le film ou la chanson, il élargit le champ culturel du mouvement beur. Dès la deuxième moitié des années soixante-dix apparaissent des troupes d'amateurs, souvent éphémères.... D'outil militant qu'il était à ses débuts, le théâtre des années quatre-vingt reste de témoignage et de contestation mais fait de l'humour et de l'auto-dérision un instrument de distanciation. "Il touche à la critique sociale et à l'autocritique individuelle et collective" (Jazouli, *Action collective [des jeunes Maghrébins de France]*. Paris: CIEMI L'Harmattan, 1986). La plupart des troupes sont implantées au niveau local ou régional...

C'est en littérature que le phénomène beur est à la fois le plus flou et, à mon avis, le plus prometteur. Certains auteurs refusent l'existence d'une telle littérature. D'autres lui refusent leur appartenance. Une dissidence se dessine par rapport aux écrivains maghrébins de langue française qui ont vécu ou vivent encore en France et qui gardent le souci d'écrire "à partir du Maghreb". La rupture introduite par les écrivains beurs plus jeunes, souvent nés en France, consiste en leur décision d'écrire "à partir de la France", même si l'Algérie peut être présente. Cette rupture me sert à délimiter la littérature "beure", qui a moins de dix ans d'existence et ne totalise que quelques titres. De plus, elle est embryonnaire dans la mesure où la plupart des écrivains n'ont publié qu'un roman, très souvent de forme autobiographique....

La production littéraire beure est née d'un contexte ethnique, social, politique et culturel privilégié.... Dans son état présent, cette écriture se situe le plus souvent dans la sphère politique et sociale. Elle témoigne d'une condition. Les points communs de ces textes sont une certaine tendance à l'humour qui s'inscrit dans le discours de la banlieue et de son mal de vivre à l'intérieur de la culture dominante française. C'est un art de contestation et souvent de classe qui met en scène des jeunes vivant dans la difficulté, sinon l'humiliation ou le déchirement. Ils tentent d'affirmer leur présence et leur spécificité dans un environnement qui les nie et avec lequel le rapport est violent, voire meurtrier. Ces textes de fusion, de contradictions parfois dramatiques, touchent à l'aspect militant par leur revendication, leur traduction d'une réalité et d'un vécu conflictuels et douloureux. C'est une parole de malaise, d'écartèlement° et de différence, donc à contre-courant, qui suscite un questionnement. Elle porte en elle la dénonciation, la colère, la rupture. Elle dévoile ou dénonce les inégalités, les injustices, la violence apparente ou souterraine de la culture française conventionnelle.

déchirement

Michel LARONDE, *The French Review*, vol. 161, no. 5, April 1988.

Découvertes culturelles

1. Si vous étiez français, que répondriez-vous aux questions suivantes: Qui sont les «pieds-noirs»? Les «harkis» étaient-ils favorables à une Algérie française ou indépendante? Qu'est-ce qu'un «Beur»?
2. D'où vient le mot «verlan»? Si vous parlez en «verlan», que voulez-vous dire quand vous annoncez qu'un homme est arrivé avec sa «meuf»? Que signifie le titre du film français *Les Ripoux*?
3. Résumez, en quelques mots, les quatre types de comportement que les sociologues utilisent pour classifier les jeunes de la nouvelle génération de Beurs en France.
4. Trouvez dans l'étude de Michel Laronde un fait intéressant qui vous permettra de composer une phrase décrivant les activités beures dans chacun des quatre domaines artistiques suivants: la musique, le cinéma, le théâtre, la littérature.

Devenir français sans oublier d'où je viens

Depuis la réforme du Code de la nationalité instaurée par la loi de mai 1993 et mise en application à partir de janvier 1994, l'acquisition de la nationalité française pour les jeunes de 16 à 21 ans repose sur une «manifestation de volonté». Cette réforme ne s'applique pas aux jeunes d'origine algérienne dont les parents sont nés en Algérie avant 1962. Ils sont déjà français. L'article qui suit expose le cas de divers jeunes gens nés et habitant en France, mais d'origine africaine, portugaise et haïtienne, qui considèrent qu'ils auraient dû obtenir automatiquement la nationalité française à leur majorité.

Mercredi après-midi, dans une bibliothèque de banlieue. La salle est comble, l'atmosphère potache.° Entre fous rires et chuchotements, des adolescents s'acharnent à résoudre des équations. Nordine et Mohammed, 16 et 18 ans, ont mieux à faire. Cartables° bouclés, ils devisent° à mots couverts. Leurs visages s'assombrissent. Celui de Nordine surtout. Ses parents, marocains, vivent dans une cité de Chanteloup-les-Vignes (Yvelines) depuis le milieu des années 70. *«Moi, je devais devenir français automatiquement. Mais depuis Pasqua,° c'est plus pareil: il faut réclamer la carte d'identité»*, soupire-t-il. Depuis un cours d'instruction civique consacré à la réforme du Code de la nationalité, qui contraint les jeunes nés en France de parents étrangers à manifester leur volonté de devenir français, Nordine s'interroge. Entre colère et perplexité.

«Ils nous obligent à faire des démarches pour renforcer nos différences. Comme s'ils voulaient nous dire qu'être français est un honneur. Et ça leur permettra d'expulser plus facilement les jeunes qui refusent de s'abaisser à demander la nationalité», poursuit Nordine en se mâchouillant° les lèvres. Il marque une pause. Et évoque les menaces d'expulsion faites à un maître auxiliaire étranger qui enseignait dans son collège. *«Il a failli être reconduit à la frontière juste parce qu'il avait des papiers arabes.»* Nordine n'aime pas se soumettre: *«Je me sens marocain avant tout. Au bled,° ils croiront que je les ai trahis.»* *«C'est pas parce qu'il y a écrit Français sur un papier que tu vas oublier que tu es marocain dans ton cœur. Si tu veux entrer dans une administration, sans carte d'identité, c'est mort»*, conclut Mohammed, d'origine marocaine lui aussi.

Entre intégration et rébellion

Fidélité à leurs racines, désir d'intégration, racisme et discrimination sont autant de questions soulevées par une loi qui ajoute à la confusion, sinon au malaise. *«Il faut être plus malins que ceux qui nous montrent du doigt. Avec cette loi, ils voulaient nous dissuader: à nous de les décourager en devenant français»*, préconise° Karine, 17 ans et demi. Née en France de parents portugais, cette élève de première déplore *«le repli des Français*

comparable à celle d'un collège ou d'un lycée

serviettes d'écolier
parlent

ministre de l'Intérieur responsable de la réforme du Code de la nationalité

mâchant légèrement

village marocain d'où vient sa famille

recommande

sur eux-mêmes. De plus en plus d'enfants d'immigrés font des études et peuvent prétendre à des emplois qualifiés, c'est ça qui leur fait peur. Nos parents représentaient une main-d'œuvre° bon marché mais nous, les jeunes, sommes de trop°».

Même s'il «*a fait le nécessaire pour devenir français*», Jean-Dadi, dont la famille haïtienne vit à Arcueil, est plus virulent encore: «*Quand j'ai vu les affiches censées° nous informer, j'ai eu un choc. "Manifestez votre volonté de devenir français"; ça sonne facho° à mort.*» «*C'est comme si les Français nous disaient "soyez comme nous", ça fait mal parce que ça rappelle leur supériorité*», reprend Alain, d'origine camerounaise. «*Une loi comme celle-là exclut pleins de jeunes. Les plus "chauds", ceux qui zonent° toute la journée dans leurs cités ne demanderont rien*», explique Alain, domicilié à la cité des Indes à Sartrouville (Yvelines). A 17 ans, Ahmed, d'origine tunisienne, est suivi par la Protection judiciaire de la jeunesse (PJJ). A Garges-lès-Gonesse (Val-d'Oise), il navigue de plans miteux° en deals° juteux. «*J'embrouille° trop pour aller bosser. Alors cette carte, je m'en tape.° Je suis fier de ma race. Les autres la renient juste pour trouver un job ou pour éviter les bavures.*»° Rompu° aux contrôles d'identité, Farid, «français» depuis quelques mois, se sent moins exposé: «*Les keufs° continuent à m'arrêter et à taper mon nom sur leur terminal pour voir si mes papiers sont valables, mais moi, j'aime bien les leur présenter, ça les énerve.*» Reste «*le délit de sale gueule.° Quand je suis dans la rue avec un Gaulois,° c'est moi qu'on arrête*», sourit-il.

Passeport pour l'embauche

Malgré le sentiment «de perdre un peu d'eux-mêmes», beaucoup optent pour la nationalité française pour faciliter leur insertion professionnelle. «*Evidemment, nous devrons en faire plus que les vrais Français mais, avec la carte, on aura au moins une chance*», indique Alain. Comme Najat, jeune fille d'origine marocaine, qui fait allusion «*à un cousin devenu agent de service dans un centre commercial malgré un Bac+2*», tous ont en mémoire des exemples de discrimination. «*Nos parents, diplômés ou pas, sont devenus OS° ou femmes de ménage. Et dans leur entreprise, ils la ferment° parce qu'un immigré n'a pas le droit de revendiquer°*», s'emportent Alain et Jean-Dadi. Très attaché à la terre haïtienne, Jean-Dadi conserve dans sa chambre un discours du père Aristide. Alain, lui, est ravi que l'association créée par l'ethnie Bassa, «*celle de mes ancêtres*», ait réuni assez de fonds pour construire une bibliothèque dans un village camerounais.

«*A Pâques, quand je cuisine des brioches comme le veut la coutume portugaise, j'ai l'impression que je rejoins ma famille restée là-bas*», sourit Karine. Perpétuer les traditions pour comprendre l'exclusion. «*Si on se sentait français à 100%, ce serait l'enfer. Connaître ses différences, c'est savoir pourquoi on gêne*», explique Jean-Dadi. Ses parents, comme beaucoup d'autres, lui ont rappelé que «*devenir français ne devait pas me faire oublier d'où je venais. Et le problème pour les racistes, c'est que je tiens à cette double culture*».

Margin glosses:
- ensemble des ouvriers / considérés comme inutiles
- supposées
- fasciste
- restent dans leur quartier sans rien faire
- très médiocres / ventes de drogue, en anglais / suis occupé (à des affaires douteuses) / moque / abus commis par la police / habitué
- flics, policiers
- visage de méchant
- Français de souche
- ouvriers spécialisés / ne disent rien / réclamer ses droits

> Karine fait cligner ses yeux verts et résume, «*on a besoin de se souvenir que nos parents sont venus en France pour qu'on ait une vie meilleure. Mais je crois qu'ils s'attendaient à mieux pour nous.*»

Nathalie GATHIE, *Libération*, 7 février 1995.

Découvertes culturelles

1. Faites une fiche d'identité pour chacun des jeunes interviewés par la journaliste de *Libération*. Indiquez-y leur prénom, leur âge, le pays d'origine de leurs parents, et une caractéristique particulière qui vous permet de les distinguer les uns des autres.
2. Les menaces d'expulsion semblent préoccuper certains de ces jeunes. De fait, l'accès à la nationalité peut être refusé si la personne concernée a fait l'objet d'une peine égale ou supérieure à six mois, d'un emprisonnement ferme ou d'un arrêté d'expulsion du territoire. Pourquoi ces jeunes se sentent-ils particulièrement vulnérables?
3. Quelles raisons sont invoquées pour expliquer que certains jeunes finissent par se conformer à la loi et tiennent à acquérir la nationalité française?
4. A votre avis, ces jeunes ont-ils tort ou raison d'avoir les attitudes qu'ils affichent vis-à-vis de la France?

Lecture 4

Allocution prononcée par M. Jacques Andréani, ancien ambassadeur de France aux Etats-Unis, à l'occasion du 14 juillet 1994

(extrait)

Porte-parole du gouvernement français à l'étranger, l'ambassadeur a exprimé dans le discours, dont un extrait suit, la position politique de son pays, tout en s'attachant à rappeler au public certains sujets qui lui tenaient particulièrement à cœur à l'époque où cette allocution a été faite.

... En ce jour de fête, nous nous souvenons que nos ancêtres ont fait triompher la liberté, en détruisant le despotisme, et en même temps proclamé la fraternité, en instituant la Nation moderne. Dans les moments à la fois exaltants et déconcertants que nous vivons depuis la fin de la guerre froide, c'est moins la liberté qui est en cause que la solidarité. Dans une partie de l'Europe heureusement très limitée, on assiste à un retour frénétique du nationalisme le plus aveugle, et la haine raciale y est poussée jusqu'au délire. Face à cette tragédie, l'Union européenne est un modèle de solidarité et de stabilité, et sa tâche, dans les années à venir, est d'étendre cette solidarité et cette stabilité aussi loin que possible dans le reste du continent, ce qu'elle ne peut faire qu'en se consolidant elle-même et en s'élargissant.

Mais, même dans l'Union européenne, la tentation existe, devant les difficultés et les incertitudes, de reporter le blâme sur le voisin, de se replier sur la nation. Et à l'intérieur de chaque nation, il y a aussi, ici et là, une certaine tendance au recul des solidarités.

Ces hésitations, cette tentation de repli, existent également dans notre pays. Moins qu'ailleurs, peut-être.

La France continue à mettre en avant le projet d'une Europe fortement solidaire, unie pour la défense de ses intérêts, animée par une ambition.

La France croit qu'une nation doit savoir se donner les moyens de sa défense, et que l'Europe devra apprendre à le faire, ou se résigner à ne pas compter.

La France croit que, devant des situations internationales extrêmes, il faut savoir réagir. Répondant à la sensibilité de son opinion publique, au sens des responsabilités de ses élites devant les grands malheurs qui assaillent notre monde, guerres civiles, massacres, famines, elle s'efforce de prendre sa part, et souvent plus que sa part, à des œuvres de paix, qui, compte tenu de la gravité des événements, sont souvent des œuvres de sauvetage d'extrême urgence.

A droite, Monsieur Andréani, l'ancien ambassadeur de France aux Etats-Unis

C'est ce qu'elle a fait dans l'ex-Yougoslavie, par son action humanitaire, par l'envoi de 6 000 hommes et sa participation aux opérations navales et aériennes, par ses efforts diplomatiques visant à une action coordonnée des Européens, des Américains et des Russes pour pousser les parties en guerre à une solution négociée du problème de Bosnie. Effort constant, obstiné, conséquent, qui, depuis la levée du siège de Sarajevo, obtenu à la suite d'un ultimatum de l'OTAN proposé conjointement par la France et les Etats-Unis, a mené à des progrès indiscutables.

C'est encore ce que la France a fait devant le drame du Rwanda, quand, en présence de l'inaction des autres pays, des organisations internationales, elle a lancé presque seule—en compagnie du Sénégal—une intervention militaire à but humanitaire qui a arrêté les massacres et sauvé des milliers d'innocents.

La France croit aussi qu'il est important de promouvoir la solidarité à l'échelle de toute la planète, en prenant en compte les problèmes des pays les plus pauvres, en matière d'assistance, d'allègement de la dette. Elle dit à ses partenaires industrialisés: n'oubliez pas l'Afrique!...

[S]ouvenons-nous ensemble que, ce qui donne sa force à nos sociétés, c'est la liberté qui y règne. Et que ce qui donne son sens à cette liberté, c'est la solidarité qu'elle permet de développer entre les citoyens.

Cette solidarité que les hommes de 1789 appelaient fraternité....

Communication par courrier électronique de l'Ambassade de France à Washington.

Découvertes culturelles

En tant qu'ambassadeur, M. Andréani s'est exprimé au nom de la République française. Dites si les affirmations suivantes sont vraies ou fausses et expliquez vos choix.

La France croit que (qu')...
1. l'Europe entière connaît un retour important des nationalismes.
2. il existe dans les pays de l'Union européenne des tendances au repli sur soi et un moins grand sentiment de solidarité.
3. une politique de défense commune est possible dans le cadre de l'Union européenne.
4. les efforts de sauvetage humanitaire, en Afrique par exemple, ne sont pas la responsabilité des pays individuels.
5. les pays pauvres ont besoin de la compréhension des pays riches en ce qui concerne le remboursement de leur dette.
6. la solidarité est une notion qui n'existait pas en France il y a deux cents ans.

Activités d'expansion

Repères culturels

A. Où se trouve... ? Indiquez où chaque pays, région ou ville de la liste de gauche se situe dans le monde, en lui associant l'emplacement géographique qui convient parmi ceux qui vous sont proposés dans la liste de droite.

1. l'Ile de la Réunion   a. Est de la France
2. Pondichéry   b. Sud des Etats-Unis
3. le Cambodge   c. Inde
4. la Tunisie   d. Océan Indien
5. le Bénin   e. Afrique occidentale
6. Papeete   f. Martinique
7. Fort-de-France   g. Polynésie française
8. la Louisiane   h. Afrique du Nord
9. Strasbourg   i. Asie du Sud-Est
10. la Catalogne   j. Nord-est de l'Espagne

B. Chacun des personnages suivants est lié à un aspect de l'évolution de la francophonie. Choisissez l'élément de la liste de droite qui se rattache le mieux à chacun des noms de la liste de gauche.

1. Colbert   a. explorateur français
2. Louis-Philippe   b. ministre de Louis XIV
3. Napoléon III   c. conquête d'Alger
4. Bougainville   d. président du Sénégal
5. L. S. Senghor   e. conquête de l'Indochine

C. Les noms mentionnés dans la liste de gauche font tous référence au domaine artistique d'expression française. Associez à chacun d'eux l'élément de la colonne de droite qui convient.

1. *mama* tahitienne   a. *Défense et illustration de la langue française*
2. Patrick Chamoiseau   b. écrivain et «Beure»
3. Joachim du Bellay   c. poète et Québécoise
4. Abdelkebir Khatibi   d. écrivain marocain
5. Tchicaya U Tam'si   e. écrivain couronné par le prix Goncourt
6. Michèle Lalonde   f. poète et diplomate congolais
7. Leïla Sebbar   g. groupe musical beur de Lyon
8. «Carte de séjour»   h. couronnes et colliers de fleurs

Agadir, port atlantique du Maroc.
La langue officielle du Maroc est l'arabe, mais on y parle le berbère, le français et l'espagnol.

D. **Petit test de géographie.** Expliquez de manière détaillée où se trouvent les endroits suivants. (Vous pouvez les indiquer sur une carte géographique, si vous préférez). Quel rapport chacun a-t-il avec la France?

1. St-Pierre-et-Miquelon
2. Mayotte
3. Terre-Neuve
4. la Guyane
5. la ville de Québec
6. la Guadeloupe
7. Madagascar
8. le Viêtnam
9. le Burkina-Faso
10. Djibouti
11. le Rwanda
12. les îles Marquises
13. le Val d'Aoste
14. la région wallonne
15. l'Hexagone
16. le Maghreb
17. Bruxelles
18. l'Union européenne
19. Brazzaville
20. Moorea

Quelques liens culturels

1. Depuis les années cinquante, la France pratique une politique de décolonisation. Quelles sont les grandes dates qui ont marqué l'évolution de cette politique entre 1958 et 1977?

2. Indiquez, pour chaque siècle depuis le XVIe siècle, le nom d'un pays passé sous domination française.

3. Dans chacun des deux textes «La fête de Juillet à Tahiti» et «L'utopie créole de Patrick Chamoiseau», choisissez un exemple qui illustre comment les Tahitiens et les Martiniquais ont réussi à maintenir «l'âme» de leur île, malgré la présence officielle de la France.

4. A votre avis, qu'est-ce qui rapproche les trois régions suivantes: la Belgique, le Québec, la Louisiane? Songez surtout à la notion d'identité culturelle.

5. Qu'advient-il de la langue française lorsqu'elle est employée par une population non française mais francophone? Choisissez un ou deux pays africains et une ou deux régions non africaines pour illustrer votre réponse.

6. Pourquoi certains Français ont-ils peur des immigrés? A votre avis, est-ce un problème d'ordre psychologique ou bien existe-t-il une menace sociale ou économique réelle? Donnez des exemples pour soutenir votre réponse.

7. Pourquoi les immigrés en France ne sont-ils pas plus nombreux à profiter de l'aide financière au retour que la France offre à ceux qui désirent rentrer chez eux? Suggérez deux ou trois raisons.

8. Quelles difficultés doivent surmonter deux pays lorsqu'ils décident de co-produire une chaîne de télévision?

9. Imaginez que vous êtes un(e) étudiant(e) français(e). Vous préparez une licence en lettres (vous vous intéressez particulièrement à la Renaissance). Quelles démarches allez-vous effectuer pour poursuivre vos études dans le cadre d'ERASMUS?

10. D'après le linguiste Claude Hagège, la langue française a-t-elle des chances d'enrayer son déclin en Europe? Quels sont les arguments qu'il avance?

1. Imaginez la scène suivante: un jeune Martiniquais, convaincu que l'avenir de la Martinique repose sur son indépendance d'avec la France, entre en discussion avec un jeune Français pour qui la France se doit de poursuivre sa «mission ci-vilisatrice». Quel dialogue pourrait s'ensuivre?

2. Vous êtes journaliste pour une station de radio française et vous interviewez les membres du groupe beur «Rock against Police». Imaginez cet entretien.

1. L'Algérie a acquis son indépendance en 1962. Pourtant, beaucoup d'Algériens ont continué à s'installer en France et certains d'entre eux font partie de mouvements islamiques fondamentalistes. Quelle politique la France devrait-elle adopter vis-à-vis de ces personnes?

2. Le débat entre les Français qui se croient menacés par l'Union européenne et ceux qui sont favorables à sa réalisation est souvent motivé par des différences d'âge ou des divergences d'ordre politique ou culturel. En utilisant les arguments avancés dans les textes que vous avez lus, faites le panorama de la France actuelle sur ce sujet.

Perspectives interculturelles

A. L'Alaska, les îles Hawaii, Guam et Porto Rico ne font pas partie des quarante-huit états contigus des Etats-Unis d'Amérique. Quels rapprochements peut-on faire entre ces régions et les DOM-TOM français? Faites une étude comparative de leurs structures politiques et/ou culturelles. Y a-t-il plus de similarités ou de différences entre les deux groupes? Servez-vous des textes que vous avez lus comme point de départ pour la partie de votre étude qui se rapporte aux DOM-TOM.

B. En tant qu'anglophone, vous maîtrisez déjà la langue anglaise. Mais vous faites aussi l'apprentissage du français. Expliquez vos sentiments sur votre appartenance à la communauté francophone. En particulier, en quoi êtes-vous avantagé par ce lien avec d'autres populations dans le monde?

C. On a quelquefois fait le rapprochement entre la communauté beure en France et la communauté afro-américaine aux Etats-Unis. En quoi ces deux groupes se ressemblent-ils? En quoi la comparaison est-elle inadéquate?

D. Si vous habitez l'Amérique du Nord, vous êtes «visé» par Michèle Lalonde dans son poème «Speak White». Réagissez.

E. Vous habitez un pays qui a connu et connaît toujours le phénomène de l'immigration. Comparez la façon dont l'identité culturelle s'est élaborée chez vous et celle dont les Français réagissent à ce même phénomène.

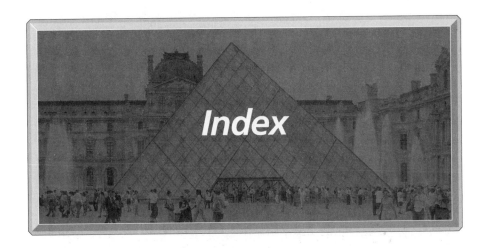

Index

population
- active *vs.* inactive, 104
- catégories socioprofessionnelles de, 105–106
- densité de, 60, 62
- étrangère, 73
- fracture sociale de, 64, 73, 77, 77

Portzamparc, Christian de, 279, **Figure 13**
postmodernisme, 279
pouvoir d'achat, 32–33
préfet de département, 183
président de la République, 119–122, **155**
presse, la, 41, 259–261, **260**
primaire, secteur, 105
privatisation, 151, 196–197, 262
prix littéraires, 247
prolétariat, 71–72, 110
protestantisme, 81
Proust, Marcel, 238, 247, 249
Provence-Côte d'Azur, région, 59–60, 73
province, 65, 68, 278
publicité, **248,** 264–265, 283

Q

Québec, 305, 319, **329**
quotidiens, journaux, 260–261

R

racisme, 64. *Voir aussi* SOS Racisme
radiodiffusion, 262–263
Rancillac, Bernard, 277, **Figure 8**
recherche, 208–210
- abstraite *vs.* appliquée, 205

recyclage, 224
régions
- division politique en, **P7,** 60–61, **61,** 137, 145
- économiques, 186. *Voir aussi* département
- inégalité économique entre, 59

réinsertion sociale, 73
religion, **85**
- guerres de, 81
- pratique de la, 80, **81,** 83

repas, 25–27, **27,** 45
République, IVᵉ, 119– 120, 127, 278, 303
République, Vᵉ, 119–120, 122–123, 125–126, 274–275, 278–279, 303
RER, **185,** 215, 217
Réseau Express Régional, *Voir* RER
résidence secondaire, 15, 45, 65
Resnais, Alain, 282
restauration, rapide, 25–26
restructuration, 105
retraités, 104
revenu minimum d'insertion (RMI), 108
Révolution française, 87
révolution industrielle, 194
Rhône, 59
Rhône-Alpes, région, 59–60, 73
Richelieu, cardinal de, 305
Robbe-Grillet, Alain, 249, 282
Rocard, Michel, 149, 151
roman, **238,** 248–250
Rome, traité de, 223, 226

S

Saint-Phalle, Niki de, 276, **Figure 6**
salaire, 33, 145
salaire minimum interprofessionnel de croissance. *Voir* SMIC
sans-domicile-fixe. *Voir* SDF
Sarcelles, 278, **Figure 10**
Sarraute, Nathalie, 249, 253–254
Sartre, Jean-Paul, 238, 240, 247–248
Schuman, Robert, 167, 170
scolarisation. *Voir* éducation; enseignement
sculpture, 275–277
SDF (sans-domicile-fixe), 73, 81
secondaire, secteur, 105
Sécurité sociale, 72, 159
Sée, Camille, 87
Seine, 59
sémiotique, 241–242
Sénat, 120–121, 123, 137
Sénégal, 305
Senghor, Léopold Sédar, 250

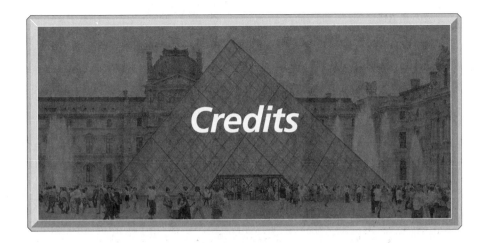

Credits

The authors and the publisher wish to thank the following for their permission to reprint the selections that appear in this book:

Text Credits

Dossier un

Page **8** Monique S., «La Parole aux lecteurs,» *Le Nouvel Observateur,* 18 novembre 1992; **9** Marie-France Etchegoin, «Où sont passés les parents?,» *Le Nouvel Observateur,* 14 octobre 1992; **10–11** Vincent Jauvert, «Dix-sept ans de solitude,» *Le Nouvel Observateur,* 14 octobre 1992; **17** Christian Jauberty, «Nouveaux films, Compétition officielle Cannes 95,» *Première,* juin 1995; **16–19** Vincent Jauvert, «Les cités interdites,» *Le Nouvel Observateur,* 26 octobre–1ᵉʳ novembre 1995; **20–21** Jean-Claude Guillebaud, «Melun, au bout du monde,» *Le Nouvel Observateur,* 17 février 1993; **22–24** Claude-François Jullien, «Paris: comment loger les pauvres?,» *Le Nouvel Observateur,* 23 décembre 1992; **27** Advertisement, «Heureusement, il y a Cuisine Légère!,» © Cuisine Légère; **28–29** Roland Barthes, «Le bifteck et les frites,» *Mythologies,* Editions du Seuil, 1957; **29–30** Yvon le Vaillant, «L'Histoire de France racontée aux gourmands,» *Le Nouvel Observateur,* 14 octobre 1992; **30–31** «Allégées ou non, la différence est mince,» *Que Choisir,* juillet 1991; **35–36** Sophie Loustau, «Commerce de détail: la concentration de la grande distribution s'accentue,» *L'Etat de la France,* Edition 1992, Editions La Découverte, Paris, 1991; **37** Chart from INSEE and *L'Etat de la France,* Editions La Découverte, Paris, 1991; **39** Brochure from the Banque Nationale de Paris; **38–40** Corinne Lhaik et al, «Europe: la France moins chère,» and chart, *L'Express,* 18 juin 1992; **45–46** «Les Français n'ont jamais autant joué,» *Midi Libre,* mardi 27 juillet 1993; **47** M. C. I., «Le Tour de France à la télévision,» *Le Monde,* jeudi 29 juillet 1993; **48** Bleuette Dupin, «Le week-end aux onze millions d'automobilistes,» *Libération,* vendredi 30 juillet 1993; **50–51** Marie-Pierre Houssay, «Vacances en faux solo,» *Jeune et Jolie,* août 1991; **52–53** Dominique Le Brun, «Les Sentiers de l'équilibre,» *Vital,* août 1991

Dossier deux

Page **66** Chart, *Le Nouvel Observateur*, 31 mars 1994; **67** Extrait d'une brochure éditée par l'Office du Tourisme de Montpellier; **68** Marie-France Etchegoin, «Où vit-on le mieux?,» *Le Nouvel Observateur*, 23 septembre 1993; **69–70** Robert Solé, «La ville et ses banlieues,» *Le Monde*, Dossiers et documents, no. 185, février 1991; **74–76** Jean Daniel, «Je choisis la République française,» *Le Nouvel Observateur*, 13 mai 1993; **77–79** Frank Nouchi, «Une France divisée,» *Le Monde*, 22 décembre 1994; **83–84** «Mieux connaître les religions,» *Le Monde*, 10 novembre 1988; **98–101** Anne Fohr, «L'école publique en crise?» *Le Nouvel Observateur*, 20 janvier 1994; **102–3** Claire Bretécher, «Le bac avant tout!» cartoon, *Le Nouvel Observateur*, 22 juin 1995; **110–11** Andrée Mazzolini, «La fin des paysans et des ouvriers,» *L'Evénement du jeudi*, 29 avril 1993; **112–13** Dominique Nora, «Travailler où on veut, quand on veut,» *Le Nouvel Observateur*, 23 septembre 1993

Dossier trois

Page **122–23** «Les institutions de la Ve République,» *Label*, no. 21, août 1995; **125** Maurice Duverger, *La Cinquième République*, éd. Presses Universitaires de France, 1964; **132–34** Emmanuel Todd, «L'évolution du conflit gauche-droite,» *La Nouvelle France*, Editions du Seuil, 1988; **138** Charles de Gaulle, *Mémoires de Guerre. L'Appel*, Editions Plon, 1954; **139–40** Statistics, *Le Nouvel Observateur*, octobre 21–27 1993; **142–44** Valéry Giscard d'Estaing, *Démocratie française*, Livre de Poche, 1977; **153–54** François Mitterrand, «Sur tous ces points, j'ai annoncé mes mesures concrètes...,» *L'Express*, 23 mars 1981; **156** Thomas Ferenzi, «Le renouveau nécessaire,» *Le Monde*, 23 avril 1993; **157** François Mitterrand, *Le Monde*, 31 mars 1993; **158** Edouard Balladur, *Le Monde*, 31 mars 1993; **161–63** Diffusion de ce texte assurée par les Services consulaires de France dans le monde entier; **173–75** Olivier Duhamel et Gérard Grunberg, «Les dix France,» *Le Monde*, 29 novembre 1992; **176** Chart, *Le Monde*, 29 novembre 1992

Dossier quatre

Page **187–88** Alain Peyrefitte, *Le mal française*, Plon, Paris, 1976; **189** Philippe Lorino, «Radioscopie de l'économie,» *L'Etat de la France*, édition 1992, Editions La Découverte, Paris; **190–93** *La France dans le monde*, «Introduction,» Editions Nathan, Paris, 1992; **198–99** Christian Saint-Etienne, «L'avenir de l'économie mondiale,» *Le Monde*, mardi 27 juillet 1993; **200–201** Jacques Isnard, «Dassault et Aérospatiale rapprochent certaines de leurs activités,» *Le Monde*, 30 décembre 1992; **202–4** Thierry Philippon, «Chirac contre Leclerc,» *Le Nouvel Observateur*, 30 novembre–3 décembre 1995; **208–10** Nicole Leibowitz et Fabien Gruhier, «Sciences: La guerre Europe-Amérique,» *Le Nouvel Observateur*, 10 février 1993; **211–12** «Villeneuve-d'Ascq,» *Quid* 1990, Editions Robert Laffont, Paris, 1989; **213** François Launay, «Les orgues de la renommée,» *Les Clés de l'actualité*, 24 décembre au 6 janvier 1993; **214** Fabien Gruhier, «Découvertes,» *Le Nouvel Observateur*, 18 novembre 1992; **218–19** Martine Gilson, «Economie,» *Le Nouvel Observateur*,

29 octobre 1991; **220–21** «Les solutions ferroviaires,» *La France dans le monde*, Editions Nathan, Paris, 1992; **222** Claude-François Jullien, «TGV ou train-train,» *Le Nouvel Observateur*, 23 janvier 1993; **225-27** Jacques Julliard, «Maastricht,» *Le Nouvel Observateur*, 16 octobre 1992; **228–30** Caroline Brizard et al, «Le Guide du citoyen européen,» *Le Nouvel Observateur*, 23 septembre 1992; **231–32** Josette Alia, «Avoir 20 ans le dimanche de Maastricht,» *Le Nouvel Observateur*, 23 septembre 1992

Dossier cinq

Page **241** Cover, Roland Barthes, *Le degré zéro de l'écriture*, Éditions du Seuil, 1953, 1972; **243–44** *Le monde*, 13 juillet 1993; **245–46** Gilles Lipovetsky, *L'Empire de l'éphémère*, Gallimard, Paris, 1987; **247** Gérard Mermet, *Francoscopie*, 1989; **253–54** Nathalie Sarraute, *Le Planétarium*, Gallimard, Paris, 1959; **255–56** Tahar Ben Jelloun, *A l'Insu du souvenir*, Editions La Découverte, Paris, 1987; **257–58** Hélène Cixous, *Entre l'Ecriture*, Des Femmes, Paris, 1986; **266–67** Alain Peyrefitte, «L'Hommage du monde aux libérateurs de l'Europe,» *Le Figaro*, 6 juin 1994; **268** Patrick Sabatier, «L'Histoire d'un jour,» *Libération*, 6 juin 1994; **269** Richard Liscia, «Le Saut de la mémoire,» *Le Quotidien de Paris*, 6 juin 1994; **270–72** Philippe Gavi, «Vivre et mourir en direct,» *Le Nouvel Observateur*, 17 au 23 juin 1993; **284** Cover, *Le Nouvel Observateur*, 12 mai 1994; **287–89** Extrait d'un ouvrage d'Edgar Morin, *L'Esprit du temps*, Grasset, 1962 cité par Gabriel Belloc, *L'Homme et le Monde moderne*, Librairie Delagrave, Paris, 1986; **290–92** Jean Vermeil, «Architecture: Le style Mitterrand,» *Le Nouvel Observateur*, 25 mars 1993

Dossier six

Page **312–15** Gilles Anquetil, *Le Nouvel Observateur*, 27 août 1992; **320–21** François-Bernard Huyghes, «Français malgré tout,» *Le Monde des débats*, juillet-août 1993, no. 10; **321–22** Marc Gontard, *Francographies, Bulletin de la Société des Professeurs français et francophones d'Amérique*, número spécial II, New York, 1993; **323** Alain Rouch et Gérard Clavreuil, *Littératures nationales d'écriture française*, Paris: Bordas, 1986; **324–25** Guy Ossito Midiohouan, *Peuples noirs-Peuples africains*, nos. 59–62, sep–déc 1987/jan–avr 1988, Rouen: Editions des Peuples Noirs; **326–28** Michèle Lalonde, «Speak White,» *Défense et illustration de la langue québécoise*, Paris: Editions Seghers/Laffont, 1979; **334** Gérard Mermet, *Francoscopie 1991*, Hachette, 1990; **338–39** «Le Parlement européen,» Brochure published by Office des Publications officielles des Communautés Européennes; **340–42** Claude Hagège, *Le Nouvel Observateur*, no. 1455, septembre 1992; **343–48** Michel Laronde, *The French Review*, vol. 161, no. 5, April 1988; **349–51** Nathalie Gathié, «Devenir français sans oublier d'où je viens,» *Libération*, 7 février 1995; **351–53** Communication par courrier électronique de l'Ambassade de France á Washington

Photo Credits

All photos by Jonathan Stark of Heinle & Heinle Publishers except the following:

Préface
Page **xiii** © Bruce Kennett

Dossier 1
Page **1** Pierre Boulat / Material World; **6** © 1989 Comstock; **13** © Stuart Cohen / Comstock 1989; **23** Mark Antman / The Image Works; **33** © R. Stott / The Image Works; **43** Superstock; **55** © R. Stott / The Image Works

Dossier 2
Page **57** Peter Menzel; **63** © Bruce Kennett; **73** © Gontier / The Image Works; **77** © Stuart Cohen / Comstock 1992; **82** © Stuart Cohen / Comstock 1993; **85** © Bruce Kennett; **88** © Zachmann, Patrick / Magnum Photos; **92** © Stuart Cohen / Comstock; **95** © Gonzalez / The Image Works; **108** © Mark Antman / The Image Works

Dossier 3
Page **117** Superstock; **124** © Tabuteau / The Image Works; **128** © Abbas / Magnum Photos; **133** © J. P. Paireault / Magnum Photos; **136** © Bruno Barbey / Magnum Photos; **141** © Guy Le Querrec / Magnum Photos; **145** © Jean Gaumy / Magnum Photos; **146** © R. Lucas / The Image Works; **149** © Abbas / Magnum Photos; **155** © Ulrike Welsch; **160** © Richard Kalvar / Magnum Photos; **165** AFB / Corbis-Bettmann; © Comstock; **177** Reuters / Corbis-Bettmann

Dossier 4
Page **181** Adam Woolfitt / Corbis; **191** © Superstock; **192–193** © Bruce Kennett; **201** © De Richemond / The Image Works; **207** © Mark Antman / The Image Works; **218** (**1**) © Stuart Cohen / Comstock; (**2**) © Stuart Cohen / Comstock; (**3**) © IPA / The Image Works; (**4**) © Lee Snider / The Image Works; **220** © Stuart Cohen / Comstock; **226** © B. Roland / The Image Works; **232** © Patrick Zachmann / Magnum Photos

Dossier 5
Page **237** © Mark Antman / The Image Works; **251** UPI / Corbis-Bettmann; **267** Reuters / Corbis-Bettmann; **279** © Bruce Kennett; **281** © Mark Antman / The Image Works; **290** © Macduff Everton / The Image Works; **293** © Macduff Everton / The Image Works; **296** (**2**) © Loïc Gibet / Rapho; **296** (**3**) © F. Bibal / Rapho; **296** (**4**) © Beaune / Rapho; **296** (**5**) © Mark Antman; **296** (**6**) © Bruce Kennett

Dossier 6
Page **301** © Ulrike Welsch; **304** Wolfgang Kaehler / Corbis; **308** Owen Franken / Corbis; **313** © Stuart Cohen / Comstock; **325** © Magnum Photos; **331** © Peter Menzel; **335** © Antman / The Image Works; **352** UPI / Corbis-Bettmann; **355** Superstock.

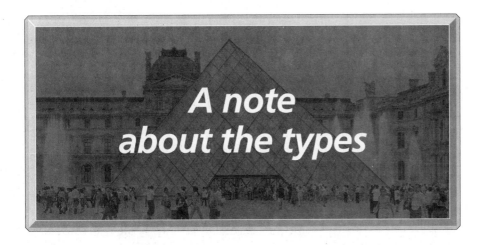

A note about the types

In his *Printing Types: Their History, Forms and Use* (3d ed., 1962), the renowned Boston printer D. B. Updike said: "[The French printer's] best typography—like much else that is French—was all along the centuries characterized by distinction and elegance. And this was not all. Hand in hand with these went lucidity of thought and resultant lucidity of product—that *inspired practicality* which is the fascinating and peculiar possession of the brave sons and daughters of Gaul!"

The production team and the authors are pleased to have used printing types of francophone origin in this book. Brief descriptions of the types follow:

Galliard *with italic and* **bold roman**

We have used Carter & Cone's ITC Galliard for all basal text throughout the book (including the words you are reading right now). Matthew Carter (b. 1937) designed this family of typefaces for Mergenthaler Linotype in 1978, basing it in part on the designs of Robert Granjon, the great French type-cutter. Along with Claude Garamond (who, a generation earlier, had set himself up as the world's first independent type-founder), Granjon exerted a powerful influence on type design for all time. In fact, the eventual combination of Garamond's romans and Granjon's italics came to dominate European printing for 200 years.

In an era when very few printing establishments were able to afford their own type-cutters on staff, and type was difficult to obtain, Garamond and Granjon also became commercial pioneers: they exported their punches and matrices to printers throughout Europe, enabling them to cast their own high-quality types on site.

Méridien *with italic and* **medium roman**

France's Adrian Frutiger (b. 1928) is one of the most important type designers of the twentieth century. In addition to his important Univers designs of the 1950s (used in Europe in much the same way that Helvetica is used in the U.S.), he has produced over a dozen other type-faces. Frutiger created Méridien in 1955 for the Deberny & Peignot foundry in Paris; we have used it to set the **Lecture** sections.

Frutiger roman, *light italic and* **bold italic**

During the construction of the Charles de Gaulle airport in 1968, Adrian Frutiger was commissioned to design a "universal" typeface for all signage at the airport—something that visitors from all cultures would be able to read quickly and easily. In 1976, the Stempel foundry released a version modified for text composition. This humanistic design tends toward warmth rather than cold efficiency, and is considered to be one of the most successful of all sans-serif types. We have used the roman for **Lecture** introductions; the light italic for illustration captions and for running feet at the page bottoms; and the bold italic for heads.

Caflisch Script

Max Caflisch, the great Swiss typographer and book designer, was managing director of the graphics department at the School of Arts and Crafts in Zurich from 1963 until 1981. His everyday handwriting is a beautiful, flowing calligraphic style based on the chancery letter-forms used by Renaissance scribes. In 1993 Adobe's Robert Slimbach collaborated with Caflisch to produce this multiple-master typeface. You will see Caflisch Script in the headings of the **Activités d'expansion** sections.

Around 1800 the Didot family in France, concurrently with Bodoni in Italy, began to create new alphabet designs in a style that typographers now call "modern face." These letters had much more contrast between the thick strokes and the thin strokes, a characteristic made possible by advances in the technologies of making paper and casting type. The high-contrast style also catered to the growing public taste for thin lines that had been created by the invention of the spring-steel pen nib—*which resulted in handwriting that looked like this*—and the use of steel engravings in prints and book illustrations. (Since Didot types were not available in a diamond format, we have adopted a similar design—Monotype Bodoni—for use on the opening page of each dossier. Giambattista Bodoni [1740–1813], the master printer and type-founder, worked as Court Printer to the Duke of Parma. Most experts consider his books to be among the most beautiful ever printed.)

The Didots made important contributions to printing and typography for 150 years, beginning around 1700. Among the family's many accomplished members, François Ambroise Didot *l'aîné* (1730–1804) is the most prominent. This Didot introduced to France the technique of making *papier vélin,* the smooth-surfaced paper that improved the clarity of text in printed books, and he established the point-and-pica measurement system that European printers still use with today's digital equipment. Although Pierre Simon Fournier had begun to standardize type measurements in 1737, it was Didot who made a practical, fully workable system. Benjamin Franklin thought highly enough of Didot to place his own grandson, Benjamin Franklin Bache, as an apprentice in Didot's printing office.

These notes were written by Bruce Kennett, who is grateful to Heinle & Heinle for permitting him to use the space for this purpose.

About the authors

Ross Steele
Ross Steele is a Professor of French and former Chair of the Department of French Studies at the University of Sydney. He is an Adjunct Fellow of the National Foreign Language Center, Washington, D.C., and a member of the editorial board of *The Modern Language Journal*. He holds the rank of *officier* in the *Ordre National du Mérite* and in the *Ordre des Palmes Académiques*.

Susan St. Onge
Susan Smith St. Onge, Ph.D. is a Professor of French and former Chair of the Department of Foreign Languages and Literatures at Christopher Newport University. She holds the rank of *chevalier* in the *Ordre des Palmes Académiques*.

Ronald St. Onge
Ronald René St. Onge, Ph.D. is a Professor of French and former Chair of the Department of Modern Languages and Literatures at The College of William and Mary in Virginia. He holds the rank of *chevalier* in the *Ordre des Palmes Académiques*.